KB214551

성경 맥잡기

(문제편)

김우권 지음

예영커뮤니케이션

저자 : 김우권

  1969년 목회자 집안의 2남 1녀 중 장남으로 출생한 김우권은 반포고등학교와 서울신학대학교 교회음악과를 졸업하였다.

  2001년 장로회신학대학교 신학대학원에 입학하였으며, 한남제일교회, 연동교회를 거쳐 현재 영락교회 전도사로 섬기고 있다. 1999년부터 장로회신학대학교 신대원 입시 성경 Study 강사로, 그리고 장로회신학대학교 신대원 중창단 지휘자로 활동하였다.

  저서로 『성경 맥잡기』 『성경 문제집』 등이 있다.

성경 맥잡기(문제편)

지은이 · 김우권
초판 1쇄 펴낸 날 · 2002년 8월 20일
개정판 1쇄 펴낸 날 · 2004년 6월 10일
펴낸이 · 김승태
출판본부장 · 김춘태
표지디자인 · 황수진
등록번호 · 제2-1349호(1992.3.31)
펴낸곳 · 예영커뮤니케이션
            110-616 서울 광화문우체국 사서함 1661
            (출판유통사업부) T. (02)766-7912 F. (02)766-8934 E-mail : jeyoungsales@chollian.net
            (출판사업부) T. (02)766-8931 F. (02)766-8934 E-mail : jeyoungedit@chollian.net
            E-mail : jeyoung@chol.com
            홈페이지 : WWW.jeyoung.com

ISBN 89-8350-244-4   03230

값 12,000원

■ 잘못 만들어진 책은 교환해 드립니다.

머 리 말

"여호와는 나의 분깃이시니 나는 주의 말씀을 지키리라 하였나이다 내가 전심으로 주의 은혜를 구하였사오니 주의 말씀대로 나를 긍휼히 여기소서"(시 119:57-58)

하나님의 말씀인 성경을 보다 깊게 공부하고자 하는 분들은 먼저 출판된 『성경 맥잡기』를 통해서 신·구약 성경의 필수 구조와 암기 비법을 통한 성경 전체를 이해하기 바랍니다.

그러나 성경 시험을 준비하는 분들이나 성경 문제를 통해서 성경 전체의 사건과 중요 출처를 외우기 원하는 분들을 위해서 이 책을 내놓았습니다.

이 책은 장로회신학대학원 입시를 준비하면서 필수적으로 공부해야 될 예상 문제와 필수 문제들을 한 권의 책으로 만들었습니다. 구약은 2,340문제로 중요하게 같이 외워야 할 문제들을 수록하였으며, 신약은 2,075문제로 신약 전반에 꼭 다루어야 할 내용을 문제로 만들었습니다. 그리고 부록으로 『성경 맥잡기』에서 다루고 있는 시가서 문제들 중에서 핵심 문제와 서신서 필수 출처를 합하여 559문제를 수록하였습니다. 그래서 총 4,984문제를 본서에서 다루고 있습니다. 중요하게 취급되는 문제는 몇 번 반복해서 나오는 것이 이 책의 특징입니다.

이 책을 통하여 신학대학원 입학시험을 준비하는 모든 분들에게 도움이 되리라 확신합니다. 마지막으로 이 책이 나오기까지 수고해 주신 이종순, 하영용, 류도현 전도사님과 예영커뮤니케이션에 감사드립니다. 그리고 저를 위해 항상 기도해 주시는 부모님께 감사드립니다.

2004년 5월
김우권

차 례

구약 문제_로 맥잡기

"내가 산을 항하여 눈을 들리라 나의 도움이 어디서 올꼬 나의 도움이 천지를 지으신 여호와에게서로다"(시 121:1-2)

성경 문제 - 구약

1	창 14:13에 나오는 아브람과 동맹한 자는 누구인가?	마므레, 에스골, 아넬
2	아브라함의 후처 그두라의 아들 6명은 누구인가? (창 25)	시므란, 욕산, 므단, 미디안, 이스박, 수아
3	'엔미스밧'의 다른 이름은 무엇인가?	가데스
4	'헤브론'의 다른 이름은 무엇인가?	기럇아르바, 마므레
5	에스라가 성전을 건축할 때 방해했던 사람은 어느 왕 때 누구이며, 성전을 완공했을 때 왕과 총독은 누구인가?	아닥사스다(르훔,심새) 다리오(닷드네,스달보스내)
6	라반과 리브가의 할머니이며, 아브람의 형 하란의 딸인 사람은 누구인가?	밀가
7	"나는 전능한 하나님이라 너는 내 앞에서 행하여 완전하라"는 말의 출처는?	창 17 : 1
8	이삭과 계약을 맺은 아비멜렉의 친구와 군대 장관은 누구인가? (창 26)	친구: 아훗삿, 군대 장관: 비골
9	이스라엘(야곱)의 자손 중 장자 명분은 누구에게 있으며 주권자는 누구인가? (대상 5:1-2)	장자 명분 : 요셉 주권자 : 유다
10	창 11 장의 내용을 분류하시오.	창 11:1-9 바벨탑, 창 11:10-26 셈 족보
11	'브엘라 헤로이'의 위치는?	가데스와 베렛 사이 (창 16:14)
12	하갈이 여호와의 사자를 만난 곳은 어디인가?	광야의 샘 곁 곧 술길 샘물 곁(창 16:7)
13	총회에 들어가지 못하는 자들에 대해서는 어느 책 몇 장에 나오는가?	신 23(신낭 상한 자, 신을 베인 자, 사생자, 암몬, 모압인)
14	창세기에서 처음 선지자라고 부른 곳은 몇 장 몇 절인가?	창 20:7
15	노아의 자손 70족속 곧 함(30족속), 셈(26족속), 야벳(14족속)을 언급하는 창세기의 장은?	창 10
16	창 21장에 나오는 아브라함과 아비멜렉, 비골이 맹세한 곳의 이름은?	브엘세바
17	창 26장에 나오는 이삭과 아비멜렉, 비골과 아훗삿이 맹세한 우물의 이름은 무엇인가?	에섹(다툼), 싯나(대적), 르호봇(넓음)
18	창49장의 야곱의 12아들 축복에서 ①나귀를 포도나무에 매는 축복을 받은 자와 ②양의 우리 사이에 꿇어앉은 건장한 나귀라는 축복을 받은 자는 누구인가?	①유다 ②잇사갈
19	롯이 선택한 요단 들은 무엇과 같았는가?(창 13)	여호와의 동산, 애굽 땅
20	바로가 요셉을 총리로 세울 때 해 주었던 것은 무엇인가? (창 41)	버금 수레, 금사슬, 인장 반지, 세마포
21	야곱의 11아들이 총리 요셉에게 예물로 가지고 왔던 것은 무엇인가? (창 43)	유향, 향품, 비자, 파단행, 꿀, 몰약
22	창세기에서 최초로 가나안 족속을 언급한 곳은?	창 10:15-20 시돈, 헷, 여부스, 아모리, 기르가스, 히위, 알가, 신, 아르왓, 스말, 하맛
23	리브가가 올 때 이삭은 어디에서 무엇을 하고 있었는가?	브엘라 헤로이에서 묵상하고 있었다(창24:62-63)
24	메소보다미아 동맹 4국은 무엇인가?(창 14:1) 왕과 나라 이름을 쓰시오.	시날 왕(아므라벨), 엘라살 왕(아리옥), 엘람 왕(그돌라오멜), 고임 왕(디달)
25	모세의 소명장은?	출 3

26	사무엘상 15:22 말씀을 쓰시오.	순종이 제사보다 낫고 듣는 것이 수양의 기름보다 나으니
27	사무엘상 15장에서 누가 어디서 아각을 죽였는가?	사무엘이 길갈에서
28	아브라함이 그두라로부터 낳은 자녀의 이름을 쓰시오.	시므란, 욕산, 므단, 미디안, 이스박, 수아
29	창세기에서 자기 아내를 누이라고 속인 장은?	창 12, 20, 26
30	아브라함이 죽은 직후 이삭이 거한 곳은?	브엘라헤로이 (가데스와 베렛 사이)
31	"애굽으로 내려가지 말고 내가 네게 지시하는 땅에 거하라"는 말씀은 누구에게 하신 말씀인가? (창 26:2)	이삭
32	창세기에서 "의인"이라는 단어가 나오는 구절은?	창 6:9, 18:23
33	노아의 나이를 기준으로 홍수가 시작된 날짜와 끝난 날짜를 쓰시오.	시작 → 노아 나이 600세 2월 17일 끝 → 노아 나이 601세 2월 27일
34	구약에서 피임을 해서 죄를 짓고 죽임을 당한 사람은?	오난(창38: 6-11)
35	무교절은 언제인가?	1월 15일(7일간)
36	시내산 언약의 말씀인 출애굽기 19:5-6을 기록하시오.	세계가 다 내게 속하였나니 너희가 내 말을 잘 듣고 내 언약을 지키면 너희는 열국 중에서 내 소유가 되겠고 너희가 내게 대하여 제사장 나라가 되며 거룩한 백성이 되리라
37	지성소에 있는 것은?	속죄소(시은좌)
38	번제물의 제물로 드리는 것은?(레 1:3-17)	흠 없는 수소/ 수양/ 수염소/ 산비둘기, 집비둘기
39	레위기 1, 2, 3장에 나오는 제사를 쓰시오.	번제/ 소제/ 화목제
40	소제에 넣지 말아야 할 것은?(레 2:11)	누룩, 꿀(기름, 유향, 소금은 넣어도 됨)
41	'나답과 아비후의 죽음'이 나오는 책과 구절은?	레 10:1-2
42	"아사셀"의 뜻은?	내어놓음(레 16)
43	레위기 19:2을 쓰시오.	너희는 거룩하라 나 여호와 너희 하나님이 거룩함이니라
44	레위기 19:18 말씀의 요지는? (마 5:44과 동일)	원수를 사랑하라
45	레위기 25:1-7은 무엇에 대한 내용인가?	안식년(7년)
46	레위기 25:8-55은 무엇에 대한 내용인가?	희년법(50년)
47	시내산에서 1차 인구 조사시 가장 많은 지파와 가장 적은 지파는?	유다-가장 많음 므낫세-가장 적음
48	이스라엘 백성이 출애굽하여 어느 광야에서 출발해서 어느 광야에 머물렀는가?(민 10:12)	시내 광야 → 바란 광야 (2년 2월 20일)
49	제사장이 결혼해도 되는 사람과 하면 안 되는 사람은? (겔 44:22)	되는 경우 → 이스라엘 처녀, 제사장의 과부 안 되는 경우 → 과부, 이혼한 여자
50	이스라엘 자손이 애굽에서 먹던 음식은?(민 11:5)	수박, 부추, 파, 마늘, 생선, 외

51	모세가 보낸 정탐꾼이 ①정탐 보고한 곳과 ②이스라엘 회중의 반응은?(민 13)	①바란 광야의 가데스 ②두 족장을 돌로 치려 함
52	민수기 12:3 말씀을 기록하시오.	이 사람 모세는 온유함이 지면의 모든 사람보다 승하더라
53	민수기 14:11 말씀을 기록하시오.	이 백성이 어느 때까지 나를 멸시하겠느냐
54	'소금 언약'이 나와 있는 책의 구절은?	민 18:19
55	민수기 19장 6절 말씀에 기록된 부정을 깨끗하게 하는 것은?	백향목, 우슬초, 홍색실, 붉은 암송아지
56	미리암을 장사지낸 곳은?	가데스
57	모세가 죽은 산은?	느보산, 비스가산, 아바림산
58	아론은 123세에 죽었다. 아론을 장사 지낸 곳은?	호르산
59	발람의 죽음이 기록된 책의 장과 어느 전쟁에서 죽었는지 쓰시오. (수 13)	민 31, 미디안 전쟁
60	미디안의 5왕을 쓰시오.	에위, 레겜, 수르, 후르, 레바
61	불뱀의 재난을 받은 이유는? (민 21)	백성들이 물, 음식, 길로 인해 불평했으므로
62	'느후스단'(놋뱀)이란 단어가 있는 책의 구절은?	왕하 18:4(히스기야)
63	민수기 21장의 내용은?	헤스본 왕(시혼), 바산 왕(옥)
64	브돌 출신 발람에 대해 기록한 책의 장들은?	민 22, 23, 24
65	'아론-엘르아살-비느하스'의 관계는 무엇인가?	아론의 족보
66	민수기 35:33을 쓰시오.	너희는 거하는 땅을 더럽히지 말라 피는 땅을 더럽히나니
67	신명기에서 율법을 선포한 곳은?	모압 땅
68	가데스 바네아에서 세렛 시내까지 가는 데 걸린 기간은 몇 년인가?	38년
69	이스라엘과 헤스본 왕 시혼이 싸운 곳은?	야하스(신 2:32)
70	이스라엘과 바산 왕 옥이 싸운 곳은?	에드레이(신 3:1)
71	신명기 11:13을 쓰시오. (쉐마 - 신 6, 신 11)	내가 오늘날 너희에게 명하는 나의 명령을 너희가 만일 청종하고 너희의 하나님 여호와를 사랑하여 마음을 다하고 성품을 다하여 섬기면
72	신명기 3장에서 시돈 사람은 시룐이라 칭하고 아모리 사람은 스닐이라 칭한 산의 이름은?(2가지)	시온산 = 헤르몬산(신 4)
73	신명기 7장 1절에서 여호와께서 쫓아 낸 족속은 몇 족속인가?	7족속
74	출애굽기 21장, 22장, 23장과 신명기 12장-26장을 비교하시오.	① 출21장(종 규례) 신15장(종법, 면제년) ② 출22장(전당법=배상법) 신24장(전당법) ③ 출23장(3대 절기) 신16장(3대 절기)
75	신명기 15:12을 쓰시오.	네 동족 히브리 남자나 여자가 네게 팔렸다 하자 만일 6년을 너를 섬겼거든 제7년에 너는 그를 놓아 자유하게 할 것이요

76	신명기 16장은 무엇에 대한 내용인가?	3대 절기 (무교절, 칠칠절, 초막절)
77	신명기 17:18은 무엇에 대한 내용인가?	신명기의 유래
78	신명기 23:18에서 하나님께서 가증히 여기시며 여호와의 전에 가져오는 것을 금한 것은?	창기의 번 돈, 개 같은 자의 소득
79	신명기 26:5을 쓰시오. (첫열매 규례)	내 조상은 유리하는 아람 사람으로서 소수의 사람을 거느리고 애굽에 내려가서 거기 우거하여 필경은 거기서 크고 강하고 번성한 민족이 되었더니
80	'모세의 노래'가 실려 있는 책과 장은? (출 15)	신 32
81	'여수룬'이 언급된 곳은? (여수룬=이스라엘 / 아리엘=예루살렘)	신 32, 33
82	모세가 각 지파를 축복한 책과 장은?	신 33
83	아간이 훔친 물건은? (수 8)	시날산 아름다운 외투 한 벌, 은 200, 금 50세겔 덩이
84	아모리의 다섯 왕을 쓰시오.	예루살렘 왕(아도니세덱), 헤브론 왕(호함), 야르뭇 왕(비람), 라기스 왕(야비아), 에글론 왕(드빌)
85	야살의 책에서 태양은 어디에, 달은 어디에 머무는가?	태양→기브온 위, 달→아얄론
86	여호수아가 멸한 가나안 왕은?	요단(서) - 31왕, 요단(동) - 2왕
87	갈렙의 유업은?	헤브론(수 14:13-15)
88	여호수아 때 회막을 세운 곳과 제비 뽑은 곳은?	회막 세운 곳 - 실로, 제비 뽑기 - 실로
89	아셀 지파가 차지한 땅은?	지중해변 북쪽, 즉 악삽, 두로, 시돈, 가나, 갈멜
90	레위 자손의 성읍은 총 몇 성읍인가? (아론-13 / 게르손-13 / 고핫-10 / 므라리-12)	48성읍(수 21:41)
91	세겜에서 있었던 일을 쓰시오. (4가지)	요셉의 뼈를 장사 지냄, 여호수아가 고별 연설을 함, 아비멜렉이 왕으로 즉위함, 르호보암이 이스라엘 왕으로 즉위함
92	드보라의 남편은?	랍비돗(삿 4:4)
93	시스라 군대 장관을 죽인 여인은?	겐 사람 헤벨의 아내 야엘
94	시스라 군대 장관을 격파한 여인 둘은?	드보라, 야엘
95	소 모는 막대기로 블레셋 사람 600명을 죽인 사사는?	아낫의 아들 삼갈(삿 3:31)
96	기드온의 다른 이름은?(2가지)	여룹바알(삿 6:32), 여룹베셋(삼하 11:21)
97	기드온 군대가 물리친 대적은?	미디안
98	기드온 군대가 가진 샘 이름은?	하롯샘(삿 7:1)
99	기드온 용사 선택에서 1차에서 3차까지의 군인 수는?	32,000→10,000→300
100	기드온이 에브라임과 전쟁을 피하기 위해 한 말은?	에브라임의 끝물 포도가 아비에셀의 만물 포도보다 낫지 아니하냐

101	'데베스'는 어떤 성인가?	세겜 왕 아비멜렉이 여인의 맷돌에 맞아 죽은 성
102	길르앗 사람이며 암몬 자손과 싸운 사람은?	입다
103	삼손(20년)과 관련된 3명의 여인은 ? (삿 13-16)	①딤나 - 블레셋 여인 ②가사 여인 - 기생 ③소렉 골짜기 - 들릴라
104	라이스 땅을 탐지한 단 지파의 정탐군은 몇 명이었는가?	5명(600명 중)
105	사사기 18장에 나오는 레위 소년의 이름은?	요나단
106	룻과 나오미가 베들레헴에 돌아간 계절은?	봄(룻 1:22)
107	룻기 2:20을 쓰시오.	나오미가 자부에게 이르되 여호와의 복이 그에게 있기를 원하노라 그가 생존한 자와 사망한 자에게 은혜 베풀기를 그치지 아니하도다 나오미가 또 그에게 이르되 그 사람은 우리의 근족이니 우리 기업을 무를 자 중 하나이니라
108	( ) 안에 다윗의 조상을 나열하시오. ( )→( )→( )→( )→다윗	살몬, 보아스, 오벳, 이새
109	사무엘의 아버지와 지파를 쓰시오.	아버지-엘가나, 지파-에브라임
110	하나님의 궤로 인해 부서진 다곤 신상이 있었던 곳은?	아스돗
111	블레셋에 독종 재앙이 내린 도시는?	아스돗, 가드, 에그론
112	블레셋의 다섯 도시 이름을 쓰시오.	아스돗, 가사, 아스글론, 가드, 에그론
113	사무엘의 고향은?	라마 = 라마다임소빔
114	사무엘이 순회한 곳은?	벧엘, 길갈, 미스바, 라마 (삼상 7:15-17)
115	사울과 다윗이 속한 지파는?	사울-베냐민, 다윗-유다
116	사무엘상 15:22의 말씀을 기록하시오.	순종이 제사보다 낫고 듣는 것이 수양의 기름보다 나으니
117	다윗은 이새의 (①)째 아들(삼상17:12), (②)째 아들(대상 2:15)로 기록되어 있다. ( )에 들어갈 말을 쓰시오.	① 여덟 번 ② 일곱 번
118	사울이 사무엘 앞에서 옷을 벗고 벌거벗은 몸으로 누워 예언한 곳은?	라마나욧(삼상 19)
119	다윗이 사울의 옷자락을 벤 곳은?	엔게디
120	다윗을 쫓던 사울이 십 황무지에서 잘 때 다윗이 그 부하와 사울의 거처에 들어가서 사울을 죽이지 않고 가지고 나온 것은?	창, 물병
121	다윗이 사울과 요나단이 죽은 소식을 듣고 슬픈 노래로 조상하였는데 그 활의 노래가 기록된 책은?	야살의 책
122	다윗의 세 용사는 누구인가?	요압, 아비새, 아사헬
123	하나님께서 다윗에게 왕조를 세워 주실 것과 그 왕조가 영원히 보존되도록 하겠다고 언약을 체결하신 것이 나온 곳은?	삼하 7:9
124	하나님께서 다윗과 언약을 체결하실 때 하나님의 전을 건축할 다윗의 아들이 범죄하면 사람 막대기와 인생 채찍으로 징계하시겠다고 말씀하신 출처는?	삼하 7:14
125	사울이 죽은 곳은?	길보아 산

126	사울과 그의 아들의 시체를 매단 곳은? (갑옷 - 아스다롯)	벧산 성벽
127	사무엘하 1:19을 쓰시오. (활노래)	이스라엘아 너의 영광이 산 위에서 죽임을 당하였도다 오호라 두 용사가 엎드러졌도다
128	다윗의 부하로 그렛 사람과 블렛 사람의 장관이 되었던 여호야다의 아들의 이름은?	브나야(삼하 20:23)
129	레위의 세 아들 중 한 명인 므라리의 두 아들은?	마흘리, 무시
130	여호와가 모세에게 명령하여서 바로 왕 앞에 보냈을 때 특히 아침 일찍 바로 앞에 나가라고 명령한 것은 몇 번째 재앙들이 내릴 때였나?	1, 4, 7번째 재앙
131	북이스라엘의 멸망장은?	왕하 17
132	요압, 아비새, 아사헬의 어머니 이름은? (다윗의 누이)	스루야(삼하 2:18)
133	압살롬의 어머니 이름은?	마아가
134	압살롬의 누이 이름은? (압살롬의 딸 이름도 동일)	다말
135	르호보암의 모친은 누구인가?	나아마
136	다윗이 헤브론에서 낳은 아들의 이름을 쓰시오.	암논, 길르압, 압살롬, 아도니야, 스바냐, 이드르암
137	30세에 왕이 된 다윗이 헤브론과 예루살렘에서 각각 통치한 기간을 쓰시오.	헤브론-7년 6개월 예루살렘-33년
138	바알레 유다의 다른 이름은?	기럇여아림
139	다윗 시대의 두 제사장의 이름을 쓰시오.	사독, 아비아달
140	다윗의 아들 압살롬의 딸과 압살롬의 누이의 이름은?	다말
141	압살롬에 이어 다윗에게 반역한 자는? (압살롬 반역-삼하 15)	세바(삼하 20)
142	"내가 이 일을 행함으로 큰 죄를 범하였나이다 여호와여 이제 간구하옵나니 종의 죄를 사하여 주옵소서 내가 심히 미련하게 행하였나이다"는 누가 언제 고백한 것인가?	다윗이 인구 조사 후
143	"젖과 꿀이 흐르는 땅"이라는 문장이 처음 나오는 구절은?	출 3:8
144	"여호와"라는 하나님의 고유 칭호가 처음 계시되는 구절은?	출 3:15
145	출애굽기 4:11을 쓰시오.	여호와께서 그에게 이르시되 누가 사람의 입을 지었느뇨 누가 벙어리나 귀머거리나 눈 밝은 자나 소경이 되게 하였느뇨 나 여호와가 아니뇨
146	모세가 "내 백성을 보내라 그들이 나를 섬길 것이니라"고 했을 때 바로가 거역함으로 온 재앙을 차례로 쓰시오.	피, 개구리, 파리, 악질, 우박, 메뚜기
147	'모세와 아론의 족보'가 나와 있는 곳은?	출 6:14-27
148	아론과 엘리세바가 낳은 자녀들의 이름을 쓰시오.	나답, 아비후, 엘르아살, 이다말
149	고핫의 아들들의 이름을 쓰시오.	아므람, 이스할, 헤브론, 웃시엘
150	게르손의 아들들의 이름을 쓰시오.	립니, 시므이

151	137세까지 향수한 사람의 이름을 쓰시오.(3명)	레위, 아므람, 이스마엘
152	"애굽 개국 이래로 그 같은 것이 없던 것이라"는 재앙은?	우박 재앙
153	애굽의 술객이 모세 앞에 서지 못한 이유는 어떤 재앙 때문인가?	독종 재앙
154	피 재앙과 흑암 재앙이 발생한 기간은?	피 재앙-7일 동안, 흑암 재앙-3일 동안
155	바로가 "너희 남정만 가서 여호와를 섬기라"라고 했을 때 내린 재앙은?	메뚜기 재앙
156	"너희는 가서 여호와를 섬기되 너희 양과 소는 머물러 두고 너희 어린 것은 너희와 함께 갈지니라" 했을 때 내린 재앙은?	흑암 재앙
157	그 해가 심하니 이런 ( )는 전에도 없었고 후에도 없을러라	메뚜기
158	출애굽기의 10재앙 중 가장 짧은 재앙은?(내용상)	이 재앙
159	말과 나귀, 약대, 우양 등의 생축에게 내린 재앙은?	악질
160	이 밤은 그들을 애굽 땅에서 인도하여 내심을 인하여 여호와 앞에 지킬 것이니 이는 ( )이라 이스라엘 자손이 다 대대로 지킬 것이니라	여호와의 밤
161	유월절 음식을 먹지 못하는 자는 어떤 자들인가?	이방 사람, 거류인, 타국 품군
162	여호와께서 애굽 사람으로 백성에게 ( )를 입히게 하사 그들의 구하는 대로 주게 하시므로 그들이 애굽 사람의 물품을 취하였더라(출 12:36)	은혜
163	출애굽기에서 십계명(도덕법)이 나와 있는 구절은?	출애굽기 20:1-17(신 5)
164	신 광야에 도착한 때는? (만나 내림)	출애굽 후 제2월 15일
165	이스라엘의 3대 절기를 쓰시오.	무교절, 맥추절, 수장절 (출 23:15-16)
166	출애굽기 21장 1-6절 말씀은 어떤 법에 대한 것인가?	종법(히브리 종)
167	모세가 시내산에 오른 장은?	1차 → 출 19:20 2차 → 출 24:18 3차 → 출 34:4
168	분향단을 만드는 방법에 대해 계시한 구절은?	출 30:1-10
169	제사장에게 정결과 부정에 대해 구체적으로 물어 본 예언자는?	학개(학 2:12)
170	"땅의 기둥들은 여호와의 것이라 여호와께서 세계를 그 위에 세우셨도다"는 누구의 기도인가?	한나의 기도(삼상 2:8)
171	이사야의 6화는 어디에 나오는가?	사 5(5화 - 합 2)
172	게르손의 아들 이름은?(2명)	립니, 시므이
173	아론의 아내의 이름은?	엘리세바
174	므라리의 아들의 이름은?(2명)	마흘리, 무시
175	엘, 오난, 셀라를 낳은 사람은 가나안 사람 누구의 딸인가?	수아

176	야곱이 에서의 위기에서 벗어나 정착한 곳은?	세겜
177	엘엘로헤 이스라엘이라고 명명한 곳이 있는 장소는?	세겜
178	렘 25:11, 렘 29:10, 단 9:2, 슥 1:12과 관련 있는 숫자는?	70년
179	애굽 이주 중 야곱이 희생을 드린 곳은?	브엘세바
180	르우벤과 빌하가 통간한 곳은?	에델 망대 장막 친 곳
181	야곱이 바로를 축복한 장은?	창 47
182	홀, 치리자 지팡이, 실로, 포도나무, 포도주와 관련 있는 지파는?	유다
183	요셉과 보디발의 아내가 등장하는 책과 장은?	창 39
184	므낫세, 에브라임이 출생한 장은?	창 41
185	모세의 장인 르우엘에게는 딸이 몇 명 있었나?	7명
186	모세가 하나님으로부터 소명을 받을 때 몇 번을 사양했나?	5번
187	출애굽기 6장에는 누구의 계보가 등장하는가?	르우벤, 시므온, 레위
188	홍해 도하 후 3일간 방황한 곳은?	수르 광야
189	신 광야는 어디와 어디 사이에 있는가?	엘림과 시내 산 사이
190	재덕이 겸비한 자를 설명하시오. (출 18)	하나님을 두려워하며, 진실무망하고, 불의한 이를 미워하는 자
191	출애굽기 21장에 나오는 사형에 해당하는 죄는?(인간에게)	살인, 부모 구타, 유괴, 부모 저주
192	출애굽기 22장에 나오는 사형에 해당하는 죄는?(종교상에서)	무당, 짐승 교합, 타신 숭배
193	증거궤의 크기는?(장×광×고)	2.5 × 1.5 × 1.5 규빗
194	향단의 크기는?(장×광×고)	1 × 1 × 2 규빗
195	성막 덮개의 1앙장은 가늘게 꼰 베실로 만든다. 나머지는?	2앙장 – 염소털 3앙장 – 붉게 염색한 수양피 4앙장 – 해달 가죽
196	하나님이 이스라엘과 동행하는 것을 포기한 선언이 나오는 곳은?	출 33:3
197	출애굽기에서 모세의 시내산 등정이 나오는 장은?	출 19, 24, 34
198	"너희 다섯이 백을 쫓고 너희 백이 만을 쫓으리니" 책과 장은?	레 26
199	'제사장의 성결'에 대해 언급한 것은 레위기 몇 장인가?	레 21
200	'성물의 성결'에 대해 언급한 것은 레위기 몇 장인가?	레 22

201	발람과 관계 깊은 3산은?	사태 난 산 비스가 산 브올 산(민 23)
202	아론의 죽음을 언급한 곳은?	민 20, 33, 신 10
203	호렙산에서 가데스 바네아까지 거리는?	열 하룻길(신 1)
204	'십계명'을 언급한 곳은?	출 20; 신 5
205	'쉐마'를 언급한 곳은?	신 6, 11
206	'도피성'을 언급한 곳은?	신 4, 19; 수 20; 민 35
207	'만나'를 언급한 곳은? (출 16 - 신 광야)	출 16; 민 11; 신 8
208	'호르마'를 언급한 곳은?	민 14, 21; 신 1; 삿 1
209	'화복 선포'를 언급한 곳은?	레 26; 신 28
210	'정결, 불결'을 언급한 곳은?	레 11; 신 14
211	'종에 대한 규례'를 언급한 곳은?	출 21; 신 15
212	'3년 끝 십일조'를 언급한 곳은? (십일조, 서원 - 레 27)	신 14, 26
213	'여호와 이레'의 출처는 어디인가?	창 22(땅 이름)
214	'여호와 라파'의 출처는 어디인가?	출 15(치료자)
215	'여호와 닛시'의 출처는 어디인가? (아말렉 전쟁)	출 17(단 이름)
216	'에벤에셀'의 출처는 어디인가? (도움의 돌)	삼상 7(돌 이름)
217	'여호와 삼마'의 출처는 어디인가?	겔 48(성읍 이름)
218	'여호와 살롬'의 출처는 어디인가? (기드온과 관계)	삿 6(단 이름)
219	'브니엘'의 출처는 어디인가? (하나님의 얼굴)	창 32(땅 이름)
220	'마하나임'의 출처는 어디인가? (하나님의 군대)	창 32(땅 이름)
221	솔로몬과 스바 여왕의 이야기가 나오는 곳은 어디인가?	왕상 10; 대하 9
222	룻기에 나오는 보아스의 아버지는 누구인가?	살몬
223	아브라함의 아버지 데라가 우상 숭배했다는 기록이 있는 곳은?	수 24:2
224	여호수아가 분배받은 땅은? (수 19)	딤낫세라
225	요단 동편 지파들이 세운 '엣'단에 대하여 조사하러 간 사람은 누구인가?	비느하스(수 22)

226	구약에서 복 있는 사람을 시냇가의 과일 나무로 비유한 시1편의 내용이 있는 선지서는?	렘 17
227	두루마리를 먹은 선지자는 누구인가? (작은 책 - 계10 / 말씀 - 렘 15)	에스겔(2:8)
228	"네가 아름다우므로 마음이 교만하였으며 네가 영화로우므로 네 지혜를 더럽혔음" 이라는 내용이 나오는 곳은?	겔 28:17
229	신, 구약에서 귀의 할례에 대해 나오는 곳은?	렘 6:10; 행 7:51
230	구약에서 두 독수리에 관해 이야기하고 있는 곳은 어디인가?	겔 17
231	"아침마다 새로우니 주의 성실이 크도소이다"는 어디에 나오는가?	애 3:23
232	"자랑하는 자는 이것으로 자랑할지니 명철하여 ( )과 나 여호와는 ( )와 ( )과 ( )을 땅에 행하는 자인 줄 깨닫는 것이라"에서 ( )에 들어갈 말은?	나를 아는 것, 인애, 공평, 정직(렘 9:24)
233	예레미야에 대해 두 해 안에 포로 귀환할 것이라고 거짓 예언한 자는?	하나냐(렘 28:3)
234	두로는 누구에게 망했나?	바벨론
235	"너희 묵은 땅을 기경하라"는 말이 나오는 곳은?	렘 4; 호 10
236	"너희가 전심으로 나를 찾고 찾으면 나를 만나리라"는 말이 나오는 곳은?	렘 29:13
237	"너희를 향한 나의 ( )은 내가 아나니 ( )이 아니라 곧 ( )이요 너희 장래에 ( )을 주려 하는 생각이라" 에서 ( )에 들어갈 말은?	생각, 재앙, 평안, 소망 (렘 29:11)
238	"그런즉 네 하나님 여호와를 버림과 네 속에 나를 경외함이 없는 것이 ( )이요 ( )인 줄 알라"에서 ( )에 들어갈 말은?	악, 고통(렘 2:19)
239	'남편'이라는 표현이 있는 곳은 어디인가?	사 54; 렘 3; 호 2
240	"유다인과 예루살렘 거민들아 너희는 스스로 할례를 행하여 너희 ( )을 베고 나 여호와께 속하라"에서 ( )에 들어갈 말은?	마음 가죽(렘 4:4)
241	"유다의 죄는 ( )로 기록되되 그들의 ( )과 그들의 ( )에 새겨졌거늘"에서 ( )에 들어갈 말은?	금강석 끝 철필, 마음판, 단뿔(렘 17:1)
242	"그의 날에 유다는 ( )을 얻겠고 이스라엘은 평안히 거할 것이며 그 이름은 ( )라 일컬음을 받으리라"에서 ( )에 들어갈 말은?	구원, 여호와 우리의 의 (렘 23:6)
243	'몽사를 얻은 선지자'와 '내 말을 받은 자'는 무엇을 비교하는 것인가?	겨, 밀(렘 23:28)
244	예레미야가 예언했으나 듣지 아니한 기간은 얼마 동안인가? (렘 25:1-3)	23년 (요시야 13-여호야김 4)
245	"예로부터 평안하고 포로도 되지 아니하였으므로 마치 술의 그 찌끼 위에 있고 이 그릇에서 저 그릇으로 옮기지 않음 같아서 그 맛이 남아 있고 냄새가 변치 아니하였도다"라고 표현된 나라는 어디인가?	모압(렘 48:11)
246	"에스겔에서 1/3은 성읍 안에서 불태우고, 1/3 성읍 사방에서 칼로 치고, 1/3은 바람에 흩는다"라는 내용은 어디에 나오며 무엇으로 비유하나?	겔 5장, 머리털+수염을 저울에 달아 나눔
247	렘 14장에서 칼 - 기근 - ( ) 순서에서 ( )에 들어갈 재앙은?	염병(렘 14:12)
248	겔 6장에서 칼 - 기근 - ( ) 순서에서 ( )에 들어갈 재앙은?	온역(겔 6:11)
249	"볼지어다 그 날이로다 볼지어다 임박하도다 정한 재앙이 이르렀으니 ( )가 꽃 피며 ( )이 싹 났도다"에서 ( )에 들어갈 말은?	몽둥이, 교만 (겔 7:10)
250	여호수아의 가나안 전쟁의 요충지였고, 할례를 행했고, 히위 족속(수 9)과 언약을 한 지역은 어디인가?	길갈

251	이스라엘 자손의 땅에서 아낙 자손을 없애지 못하고 남은 곳은 어디인가?	가사, 가드, 아스돗
252	기럇아르바(마므레), 기럇세벨, 기럇여아림은 무엇의 다른 이름인가?	헤브론, 드빌, 바알라
253	드빌의 본이름 2개를 쓰시오.	기럇세벨(수 15:15) 기럇산나(수 15:49)
254	에브라임 족속이 쫓아 내지 못한 자는 누구인가?(수 16:10)	게셀에 거하는 가나안 인
255	7지파 분배에서 첫번째 순서와 마지막 순서의 지파를 쓰시오.	처음 : 베냐민 마지막 : 단
256	레위 자손의 도피성 분배에 대해 쓰시오. (신 4, 19; 수 20; 민 35)	아론 : 헤브론 게르손 : 갈릴리 게데스, 바산 그핫 : 세겜 므라리 : 베셀, 길르앗라못
257	"여리고 성을 건축한 자는 죽으리라"는 저주의 성취는 어느 책 몇 장 누구에게 성취되나?	왕상 16, 벧엘 사람 히엘
258	여호수아가 하솔 왕 야빈에 대해서 진친 곳은?	메롬 물가(수 11:5)
259	이스라엘 자손이 전쟁을 알게 하려 남겨 둔 열국은 어디인가? (삿 3:3)	블레셋 5방백, 가나안, 시돈, 히위
260	사사기 3장에 나오는 사사는?	옷니엘(유), 에훗(베), 삼갈
261	여호와의 신이 삼손에게 임한 마하네단의 위치는 (　)와 (　) 사이이다.	소라, 에스다올
262	기럇여아림에서 법궤가 머문 곳, 지킨 자, 머문 기간은?	아비나답의 집/ 엘리아살/ 20년
263	다윗의 도피 경로를 지역의 앞 글자만 써서 나열하시오.	라놉가아모헤그십마엔바하가시
264	다윗이 아비아달이 가지고 온 에봇을 가지고 물은 곳은 어디인가?	그일라
265	다윗이 애가를 지은 대상은 누구인가? (왕상 1)	사울, 요나단, 아브넬
266	다윗의 유언장과 다윗의 죽음장, 다윗의 아들 솔로몬의 숙청장이라고 불리는 장은 어디인가?	왕상 2(대상 29)
267	엘리야에 대해서 이야기한 성경의 장은?	왕상 17-19
268	이스르엘 나봇의 포도원에서 죽은 사람은 누구인가?	이스라엘 왕 요람(여호람)
269	므깃도에서 죽은 사람은 누구인가?	요시야, 아하시야
270	여호사밧에게 예언한 자들은 누구인가?(4명)	미가야, 야하시엘, 예후, 엘리에셀
271	대하 11, 12장에서 스마야 선지자가 예언한 2가지는 무엇인가?	① 이스라엘과 싸우지 마시오 ② 애굽 왕 시삭이 침공함
272	'주의 벗 아브라함'에 대해서 언급한 3곳은? (하나님의 벗 - 약 2)	사 41; 약 2; 대하 20
273	여호람에게 "창자가 빠져 죽을 것"을 예언한 선지자는?	엘리야
274	욜 2:28-32의 내용이 이루어진 것을 기록한 신약의 장은?	행 2:17-21
275	여호와의 전에서 샘이 흘러나와서 어디에 대리라고 했나? (욜3:18)	싯딤 골짜기

276	"나는 감사하는 목소리로 주께 ( )를 드리며 나의 ( )을 주께 갚겠나이다" 내용이 나오는 장과 ( )에 들어갈 말은?	제사, 서원, 욘 2:9
277	"주께서는 은혜로우시며 자비로우시며 노하기를 더디하시며"라는 내용이 나오는 2곳은 어디인가?	욘 4:2; 욜 2:13
278	"오직 나는 여호와의 신으로 말미암아 ( )과 ( )와 ( )으로 채움을 얻고…" 에서 ( )에 들어갈 말과 출처는	권능, 공의, 재능/ 미 3:8
279	"선지자 하박국의 ( )로 받은 ( )라"에서 ( )의 내용은?	묵시, 경고(합 1:1)
280	①학개에게 여호와의 말씀이 임함과, ②하나님의 전 역사를 시작할 때와, ③여호와의 전 지대를 쌓은 때는 언제인가?	① 다리오 2년 6월 1일 ② 다리오 2년 6월 24일 ③ 다리오 2년 9월 24일
281	슥 5장의 날아가는 두루마리의 의미는 무엇인가?	온 지면에 두루 행하는 저주
282	슥 5장의 에바의 의미는 무엇인가?	악
283	금식에 대한 여호와의 말씀이 스가랴에게 임한 시기는 언제인가?	다리오 4년 9월4일 (슥 7, 사 58)
284	예수께서 창에 찔릴 것을 예언한 구약의 장은 어디인가?	슥 12
285	예수께서 은 30에 팔릴 것을 예언한 구약의 장은?	슥 11
286	예수의 죽음과 제자들의 흩어질 것을 예언한 구약의 장은?	슥 13
287	"여호와께 성결"이라는 표현이 있는 구약의 장은?	슥 14:20
288	여호와께서 싫어하시는 제물은 무엇인가? (말 1)	더러운 떡, 눈먼 희생, 저는 것, 병든 것
289	호세아는 어느 나라 어느 왕 때 활동했는가?	북이스라엘, 여로보암 II 세
290	다니엘은 언제 활동을 했는가?	느부갓네살 – 고레스 원년
291	"거룩하다 거룩하다 만군의 여호와여 그 영광이 온 땅에 충만하도다" 의 출처는?	사 6:3
292	연기나는 두 부지깽이, 그루터기에 불과하다고 비유한 사람은?	르신, 베가(사 7:4)
293	"이는 만군의 여호와께서 복을 주어 가라사대 나의 백성 ( )이여, 나의 손으로 지은 ( )여, 나의 산업 ( )이여 복이 있을지어다"에서 ( )에 들어갈 말은?	애굽, 앗수르, 이스라엘 (사 19:2)
294	사 22:22의 다윗의 열쇠를 준다는 것은 누가 누구에게 준다는 것인가?	하나님→엘리아김
295	파종법에 대해서 언급한 곳은?	사 28
296	이것이 너희 안식이요 이것이 너희 ( )이니 너희는 ( )에게 ( )을 주리라	상쾌함, 곤비한 자, 안식 (사 28:12)
297	'가만히 앉은 라합'이라고 애굽을 비유한 곳은?	사 30:7
298	에돔 심판에 대해 여호와의 칼, 여호와의 책으로 비유한 곳은?	사 34
299	"의의 공효는 ( )이요, 의의 결과는 영원한 ( )과 ( )이라"에서 ( )에 들어갈 말은 무엇인가?	화평, 평안, 안전 (사 32:17)
300	"모든 물가에 씨를 뿌리고 ( )와 ( )를 그리로 모는 너희는 복이 있느니라"에서 ( )에 들어갈 말은 무엇이며 출처는?	소, 나귀 / 사 32:20

301	히스기야에게 랍사게의 말을 전한 자는 누구인가?	엘리아김, 요아, 셉나
302	이사야에서 포도원에 대해서 언급한 곳은? (렘 2; 겔 15; 요 15)	사 5, 27
303	"주께서 심지가 견고한 자를 평강에 평강으로 지키시리니 이는 그가 주를 의뢰함이니이다" 라는 구절이 나오는 곳은?	사 26:3
304	느부갓네살의 ① 환관장, ②시 위대장은 누구인가?	① 아스부나스 ② 아리옥
305	수양과 수염소 환상은 어디에 나오는가?	단 8
306	부활 사상이 나타난 곳은 어디인가? (고전 15; 살전 4; 벧전 4)	사 26; 단 12; 호 13
307	하나님과 이스라엘을 결혼 관계로 표현한 곳은?	호 2; 렘 3; 사 54
308	에스겔의 아버지는?	부시
309	"사망아 네 재앙이 어디 있느냐 음부야 네 멸망이 어디 있느냐"의 출처는?	호 13:14; 고전 15
310	레위 자손의 계보 중 고핫의 자손의 계보는?	아므람, 이스할(→고라), 헤브론, 웃시엘
311	랍비돗의 아내이자 여선지는 누구인가?	드보라
312	"그 선지자들은 위인이 경솔하고 간사한 자요 그 제사장들은 성소를 더럽히고 율법을 범하였도다"는 말이 나오는 곳은?	습 3:4
313	"여호와의 눈은 온 땅을 두루 감찰하사 전심으로 자기에게 향하는 자를 위하여 ( )을 베푸시나니"에서 ( )에 들어갈 말과 출처는?	능력, 대하 16:9
314	"하나님이 참으로 ( )에 거하시리이까 하늘과 하늘들의 하늘이라도 주를 용납지 못하겠거든 하물며 내가 건축한 이 전이오리이까"에서 ( )에 들어갈 말과 출처는? (성전 봉헌 – 왕상 8; 대하 6)	사람과 함께 땅, 대하 6:18
315	"주 여호와 내가 말하노라 네가 ( )로 스스로 씻으며 수다한 ( )를 쓸지라도 네 죄악이 오히려 내 앞에 그저 있으리니"에서 ( ) 들어갈 말과 출처는? (성전 봉헌 장에서)	잿물, 비누(렘 2:22)
316	'다윗과 골리앗'이 등장하는 책과 장은?	삼상 17
317	예레미야가 예언했으나 듣지 아니한 기간은 얼마 동안인가? (렘 25)	23년 (요시야 13-여호야김 4)
318	히스기야 시대에 재앙을 예언한 선지자는 누구인가? (렘 26)	미가
319	"내게 능치 못한 일이 있겠느냐" 는 말이 있는 곳은? (창 18:14과 비교)	렘 32:27
320	"내 눈이 ( )에 상하며 내 창자가 끊으며 ( )이 땅에 쏟아졌으니"에서 ( )에 들어갈 말은?	눈물, 내 간(애2:11)
321	"주께서 인생으로 고생하며 근심하게 하심이 ( )이 아니시로다"에서 ( )에 들어갈 말은?	본심(애 3:33)
322	다윗이 사울에게 표현한 생물은 무엇인가? (삼상에서)	죽은 개(24장), 벼룩(26장)
323	"사무엘이 백성에게 나라를 새롭게 하자"고 한 장소는?	길갈(삼상 11:14)
324	"진실로 내 주 왕께서 어느 곳에 계시든지 무론사생하고 종도 그곳에 있겠나이다"는 누가 누구에게 한 말인가? (삼하 15:21)	잇대→다윗
325	다윗이 사울 자손 7명을 기브온 사람에게 붙인 때는? (삼하 21:9)	보리 베기 시작한 때

326	엘리야가 로뎀나무 아래서 죽기를 기도할 때 하나님의 사자가 와서 먹이고 마시게 했다는 그곳은?	브엘세바 (왕상 19:3)
327	"여호와의 사심과 당신의 혼의 삶을 가리켜 맹세하노니"는 누가 누구에게 한 말인가?	엘리사→수넴 여인
328	"내 아버지여 내 아버지여 이스라엘의 병거와 마병이여"는 누가 말했는가?	엘리사, 요아스
329	이스라엘 16대 왕으로 스가랴의 군장이었고, 무척 잔인하여 임산부의 배를 가르게 한 왕은?	므나헴(왕하 15:16)
330	여리고 백성이 하나님을 두려워한 이유 2가지는? (수 2:10)	① 홍해 가르심 ② 아모리 두 왕 시혼과 옥에게 행한 일
331	유다 지파 세라의 증손이요, 삽디의 손자요, 갈미의 아들이었던 사람은 누구인가?	아간(수 7:1)
332	두 번째 아이성 공격시 30,000명이 매복하였던 곳은?	벧엘과 아이 사이
333	두 지파 반이 단을 쌓은 곳은? (수 22:10)	요단가(엣단)
334	'엣' 사건 당시 이스라엘의 제사장은 누구인가? (수 22:13) (조사 – 비느하스)	엘르아살
335	삼갈의 아버지와 삼갈이 한 일은 무엇인가?	아낫, 소 모는 막대기로 블레셋 600명을 죽임
336	철병거 900승으로 20년 동안 이스라엘을 학대한 왕은 누구인가? (삿 4:2-3)	가나안 왕 야빈
337	잇사갈 사람 도도의 손자 부아의 아들은? (삿 10:1)	돌라
338	마노아가 여호와께 번제로 드린 것은 무엇인가? (삿 13:5)	어린 염소 새끼
339	삼손이 사자 새끼를 찢어 죽인 곳은? (삿 14:5)	딤나
340	모세의 손자 게르손의 아들의 이름은 무엇인가? (삿 18:30)	요나단(단 지파 제사장)
341	'엔학고레'와 '라맛레히'라는 지명이 나오는 곳은 사사기 몇 장인가?	삿 15
342	여룹바알, 양털 한 뭉치, 여호와 샬롬이라는 말이 있는 곳은?	삿 6
343	여호수아의 고별사가 있는 곳은 어디인가?	수 23
344	'아골 골짜기'가 나오는 곳은? (엘라 골짜기 – 삼상 17)	수 7
345	'상천하지의 하나님' 이라는 표현이 있는 곳은?	수 2; 신 4; 왕상 8
346	오벳-이새-다윗의 계보가 나오는 곳은?	룻 4
347	보아스가 기업 무르기 위해 초청한 장로의 수는 몇인가? (룻 4:2)	10명
348	"그는 나의 온 집에 충성됨이라 그와는 내가 대면하여 명백히 말하고 은밀한 말로 아니하며"는 누가 누구에게 한 말인가? (민 12:7-8)	하나님→아론, 미리암
349	모세가 신명기 말씀을 선포한 날짜와 장소는 어디인가?	출애굽 40년 11월 1일, 아라바 광야(모압 땅)
350	모세는 여호와께서 이스라엘 40년 광야길을 지켜 주실 것을 어떻게 표현했는가? (신 1:31)	사람이 자기 아들을 안음같이

351	"네 하나님 여호와께서 너를 인도하여 내실 때에 네가 목도한 ( )과 ( )과 ( )와 ( )과 ( )을 기억하라" 에서 ( )에 들어갈 말은?	큰 시험, 이적, 기사, 강한 손, 편 팔(신 7:19)
352	"나의 ( )은 내리는 비요 나의 ( )은 맺히는 이슬이요 연한 풀 위에 가는 비요 채소 위에 단비로다" 에서 ( )에 들어갈 말은? (모세의 노래)	교훈, 말(신 32:2)
353	번제를 드리는 방법 5가지는? (레 1)	① 머리에 안수 ② 번제물 죽임 ③ 피로 회막문 단 사면에 뿌림 ④ 각을 뜸 ⑤ 불에 나무를 벌여 놓고 태움
354	위임식 장 2곳은 ① 어디이며, ② 그때 쓰이는 제물은 무엇인가?	① 레 8, 출 29 ② 수송아지, 수양 2
355	불에 태워서 죽이는 죄는 어떤 죄인가?	제사장 딸이 간음했을 때, 아내와 장모를 취할 때
356	자식을 못 낳을 경우는 언제인가?	백숙모를 취하고, 형제의 아내를 취했을 때
357	"여호와는 그 얼굴로 네게 비취사 은혜 베푸시기를 원하며"라는 대제사장 축복문이 있는 곳은 어디인가?	민 6:25
358	모세의 기도 중 "즉시 나를 죽여 나로 나의 곤고함을 보지 않게 하옵소서"는 어느 사건 이후의 기도인가?	만나 불평 후(민 11)
359	"우물물아 솟아나라 너희는 그것을 노래하라" 는 어디에서 이스라엘 백성들이 부른 노래인가?	브엘(민 21:16-17)
360	미디안을 칠 때 모세가 엘르아살의 아들 비느하스에게 준 것은? (민 31:6)	성소의 기구, 신호 나팔
361	바산 왕 옥에게서 빼앗은 땅을 기업으로 받은 지파는?	므낫세 지파(신 3:13)
362	"네가 어떤 성읍을 치려 할 때에 그 성에 먼저 평화를 선언하라"는 어디에 나오나?	신 20:10
363	"곡식 떠는 소의 입에 망을 씌우지 말지니라"는 어디에 나오나? (고전 9; 딤전 5)	신 25:4
364	"하나님이 ( )을 창대케 하사 ( )의 장막에 거하게 하시고 ( )은 그의 종이 되게 하시기를 원하노라" 에서 ( )에 들어갈 말은?	야벳, 셈, 가나안 (창 9:27)
365	아브라함이 단을 쌓은 3곳은 어디인가?	① 세겜 땅 모레 상수리나무 ② 벧엘과 아이 사이 ③ 헤브론(13장)
366	이삭이 파서 이름지은 우물 에섹, 싯나, 르호봇이 있는 장소는 어디인가?	그랄 골짜기(26:17)
367	"내 아들의 향취는 여호와의 복 주신 밭의 향취로다"는 어디에 나오는가?	창 27:27
368	창 49에 야곱의 아들 중 동물에 비유된 것은?	유다(사자 새끼), 잇사갈(나귀), 단(뱀), 납달리(암사슴), 베냐민(이리)
369	하나님께서 할례로 인해 모세를 죽이려고 하신 곳은 어디인가?	길의 숙소(출 4:24)
370	법궤의 장광고의 규빗 수는 얼마인가?	2.5×1.5×1.5규빗
371	정금으로 만든 제단의 물건 4가지는 무엇인가?	속죄소, 등대, 등잔, 그룹
372	조각목으로 만들고 정금으로 싼 것 3가지는 무엇인가?	법궤, 상, 채
373	육지와 바다가 분리된 날은 몇째 날인가? (분리 수거 3일째)	3째 날(창 1:9-10)
374	방주가 아라랏산에 머문 것은 언제인가?	7월 17일(창 8:4)
375	사래가 여종 하갈을 아브람에게 준 때는 헤브론에 온 지 몇 년째인가?	10년째(창 16:2-3)

376	요셉이 다른 형제에게는 옷 한 벌씩을 주고 베냐민에게는 무엇을 주었나?	은 300, 옷 5벌
377	"너희 조상의 하나님 곧 아브라함의 하나님, 이삭의 하나님, 야곱의 하나님 여호와라 하라 이는 나의 영원한 이름이요 대대로 기억할 나의 표호니라"는 어디 있나?	출 3:15
378	분향단의 장, 광, 고는 몇 규빗인가?	1×1×2규빗
379	번제단의 장, 광, 고는 몇 규빗인가?	5×5×3규빗
380	왕의 제도에 대해서 언급한 2곳은 어디인가?	신 17, 삼상 8
381	다윗이 요나단과 마지막 만난 장소는?	십 황무지 수풀 (삼상 23:15)
382	길르앗 야베스 거민이 사울과 그 아들을 장사한 곳은 어디인가?	야베스의 에셀나무 아래 (삼상 31:13)
383	"다윗이 어디를 가든지 여호와께서 이기게 하시니라"가 나오는 곳은?	삼하 8:6, 대상 18:6
384	솔로몬의 지혜와 비교된 4사람은 누구인가? (왕상 4:31)	에단, 헤만, 갈골, 다르다
385	여로보암, 바아사, 아사 왕은 각각 어떤 성을 건축했나 쓰시오. (솔로몬 건축 – 성전, 밀로, 하솔, 므깃도, 게셀)	여로보암 : 세겜, 부느엘 바아사 : 라마 아사 : 게바, 미스바
386	"이스라엘을 괴롭게 하는 자여 네냐"는 말은 누가 누구에게 한 말인가?	아합→엘리야 (왕상 18:17)
387	"나의 대적이여 네가 나를 찾았느냐"는 말은 누가 누구에게 한 말인가?	아합→엘리야 (왕상 21:20)
388	아람 땅의 신 이름은 무엇인가?	림몬(왕하 5:18)
389	예후가 죽인 2왕은 누구인가?	북이스라엘 – 여호람(요람) 남유다 – 아하시야
390	"( )가 염곡에서 에돔 사람 일만을 죽이고 또 ( )를 쳐서 취하고 이름을 ( )이라 하였더니" 에서 ( )에 들어갈 말은?	아마샤, 셀라, 욕드엘 (왕하 14:7)
391	자기 아들을 불 가운데로 지나가게 한 3왕은 누구인가?	므낫세, 아하스, 모압 왕 메사
392	"여호와여 구하오니 내가 진실과 전심으로 주 앞에 행하며 주의 보시기에 선하게 행한 것을 기억하옵소서"는 어디에 나오는가?	왕하 20:3(히스기야)
393	역대상에서 다윗 족보는 몇 장에 나오나?	대상 3
394	역대상에서 사울 족보는 몇 장에 나오나?	대상 9
395	아사가 마레사의 스바다 골짜기에서 싸운 대적은 누구인가?	구스인 세라
396	여호사밧 때 선지자 4명은 누구인가?	미가야, 야하시엘, 예후, 엘리에셀
397	히스기야의 남은 행적은 어디에 기록되었는가?	이사야의 묵시책, 유다와 이스라엘의 열왕기
398	서원제나 낙헌제로 드리는 예물은 무엇인가? (레 22)	소, 양, 염소 중 흠 없는 수컷
399	번제물 중 수양, 수염소의 경우 어디에서 잡아야 하나? (레 1:11)	단 북편
400	영원한 기업으로 팔지 못하는 밭은 무엇인가? (레 25:34)	그 성읍의 들 사면 밭

401	레 23의 7대 절기는? (출 23; 신 16; 민 29)	유/ 무/ 초/ 오/ 나/ 속/ 초
402	아론과 그 자손이 기름 부음 받은 날 드린 예물은 무엇이었나? (레 6:20)	고운 가루 에바 1/10
403	아론이 첫 제사를 드린 책, 장은?	레 9
404	아이를 낳은 여인 정결 규례 중 번제와 속죄제의 예물은 무엇인가? (레 12:6)	번제물: 1년 된 어린 양 속죄제: 집비둘기, 산비둘기
405	"공평한 저울과 공평한 추와 공평한 에바와 공평한 힌을 사용하라" 는 어디에 나오나? (잠 11-속이는 저울)	레 19:36
406	"그 신을 모든 백성에게 주사 다 선지자 되게 하시기를 원하노라"는 어디에 나오나?	민 11:29
407	므리바의 뜻은 무엇이며 장소는 어디인가? (민 20:13)	다툼, 가데스
408	의심의 소제물은 무엇인가? (민 5:15)	보리 가루 에바 1/10
409	레위인 30세-50세의 총수는 몇이었나?	8,580명(민 4:48)
410	땅을 기업으로 나누는 자는 누구였나? (민 34:17)	여호수아, 엘르아살, 10족장
411	발람이 이스라엘을 축복한 횟수와 축복한 장소의 횟수는?	축복 4번, 장소 3곳
412	"너는 반드시 네 경내 네 형제의 곤란한 자와 궁핍한 자에게 네 손을 펼지니라" 는 어디에 있는가? (종 규례 – 출 21; 신 15)	신 15:11
413	"여호와여 그 재산을 풍족케 하시고 그 손의 일을 받으소서"라고 모세가 축복한 지파는?	레위(신 33:11)
414	"나는 너의 방패요 너의 지극히 큰 상급이니라"는 어디에 있는 말씀인가?	창 15:1
415	조각목과 정금으로 만든 3가지는 무엇인가?	법궤, 상, 채
416	정금으로 만든 것 4가지는 무엇인가?	속죄소, 등잔, 그룹, 등대
417	1차 인구 조사 담당자는? (민 1-603,550명)	모세, 아론, 12족장
418	2차 인구 조사 담당자는? (민 26-601,730명)	모세, 엘르아살
419	기업 분배 담당자는 누구인가?	여호수아, 엘르아살, 10족장
420	모세의 1차 설교는 어디에서 했나? (신 29)	모압 땅 아라바 광야
421	모세의 2, 3차 설교는 어디에서 했나?	요단 동편 벧브올 맞은편 골짜기
422	모세가 죽어 장사된 곳은 어디인가?	요단 동편 벧브올 맞은편 모압 땅 골짜기
423	아론 죽음이 언급된 곳은?	민 20,33; 신 10
424	창 14, 28, 신 14, 26, 레 27, 민 18, 말 3에 공통적으로 언급된 것은?	십일조
425	'기묘'에 대해서 언급한 곳은?	삿 13:18; 사 9:6

426	왕의 제도에 대해서 언급한 곳은? (신명기 유래-신 17:18)	신 17; 삼상 8
427	"이스라엘의 지존자는 거짓이나 변개함이 없으시니 그는 사람이 아니시므로 결코 변개치 않으심이니이다" 구절이 있는 곳은?	삼상 15:29
428	압살롬의 반란에 대해서 언급한 곳은 어디인가? (압살롬-유다 지파)	삼하 15
429	세바의 반란에 대해서 언급한 곳은 어디인가? (세바-베냐민 지파)	삼하 20
430	변장하고 싸우다 죽은 왕은 누구인가? (느 8; 스 6)	요시야, 아합
431	포로 귀환 후 지킨 두 절기는 무엇인가?	초막절, 유월절
432	욥기에서 욥의 긴 독백이 나오는 장은 어디인가?	욥 26-31
433	"너는 대장부처럼 허리를 묶고 내가 네게 묻는 것을 대답할지니라"는 어디에 나오는 구절인가? (하나님→욥)	욥 38:3
434	시편에서 출애굽 사건을 언급한 역사 시편은?	시 78, 105, 106, 114
435	사울이 다윗을 죽이려고 그 집을 지킬 때 쓴 시편은?	시 59
436	곤고한 자가 마음을 토하는 기도 시편은?	시 102
437	가드에서 블레셋인에게 잡힐 때 쓴 시편은?	시 56
438	"형통한 날에는 기뻐하고 곤고한 날에는 생각하라"가 나오는 곳은?	전 7:14
439	"너희 묵은 땅을 기경하라"는 내용이 있는 곳은?	렘 4; 호 10
440	벨사살 원년(사/곰/표/열뿔), 벨사살 3년(수양/수염소), 고레스 3년(큰 전쟁)에 각각 환상을 본 사람은 누구인가? (단 7, 8, 10)	다니엘
441	비에 관해서 언급한 곳은?	이른 비와 늦은 비 -욜 2, 렘 5 소낙비 – 슥 10 복된 장마비 - 겔 34
442	언약에 대해서 언급한 곳은?	새 언약 – 렘 31 화평의 언약 - 겔 34 생명과 평강의 언약 – 말 2
443	창 1, 2장에서 복 준 것 3가지는 무엇인가?	새·물고기, 인간, 안식일
444	아브라함이 죽고 이삭이 거한 곳과, 이삭이 단을 쌓은 곳은 어디인가?	브엘라헤로이, 브엘세바
445	이스라엘 진의 진행 순서는?	동→남→서→북
446	구제용 십일조에 대해서 언급한 장은?	신 14, 26
447	아모리 5왕과의 전투에서 일어난 이적은?(수 10:11)	태양이 멈춤, 우박
448	요단 서편 9지파 분배 순서는?	유-요-베-시-스-잇-아-납-단
449	엔학고레의 뜻과 위치는?	부르짖는 자의 샘, 레히
450	아합이 벤하닷을 살려 준 것을 책망한 자는?	한 선지자(왕상 20:42)

451	여호사밧 등극 나이와 치리 기간은?	35세, 25년 치리
452	이스르엘 나봇 포도원에서 죽은 왕은?	여호람
453	욥이 고백한 하나님은?	무소불능(욥 42:2)
454	"긍휼과 진리가 같이 만나고 의와 화평이 서로 입 맞추었으며"라는 구절이 나오는 곳은?	시 85:10
455	"고난당한 것이 내게 유익이라 이로 인하여 내가 주의 율례를 배우게 되었나이다" 는 말씀이 있는 곳은?	시 119:71
456	잠 30:18 심히 기이하고도 깨닫지 못하는 것은 무엇인가?	독수리, 뱀, 배의 자취, 남자와 여자 함께한 자취, 음녀의 자취
457	예레미야서에서 예루살렘 함락장은 몇 장인가?	렘 39, 52
458	느부갓네살이 다니엘에게 고백한 하나님은?	신의 신, 모든 왕의 주재 (단 2:47)
459	이른 비와 늦은 비에 대해서 언급한 곳은?	욜 2; 렘 5
460	예루살렘 회복에 대한 약속을 언급한 곳은?	슥 8
461	에서와 야곱의 절대 주권에 대해 언급한 곳은?	말 1
462	르우벤-시므온-레위-유다-스블론-잇사갈-단-갓-아셀-납달리-요셉-베냐민의 축복 순서로 된 것은 어느 책 누구의 축복인가?	창세기 49, 야곱 축복
463	호렙산-가데스바네아까지의 거리는? (가데스-세렛 시내까지 : 38년)	열하룻길
464	"여호와의 눈은 온 땅을 두루 감찰하사 전심으로 자기에게 향하는 자를 위하여 능력을 베푸시나니" 는 누가 누구에게 한 말인가?	하나니→아사 (대하 16:9)
465	"건축자의 버린 돌이 집 모퉁이의 머릿돌이 되었나니"가 나오는 시편은?	시 118
466	"그는 정직한 자를 위하여 ( )를 예비하시며 행실이 온전한 자에게 ( )가 되시나니"에서 ( )에 들어갈 말은? (잠 2:7)	완전한 지혜, 방패
467	"정한 재앙이 이르렀으니 몽둥이가 꽃 피며 교만이 싹 났도다"는 어디 있나?	겔 7:10
468	에스겔 24장에서 에스겔이 본 환상은?	녹슨 가마(아내 죽음)
469	예레미야 19장에서 오지병 환상이 의미하는 것은?	유다 멸망
470	뇌물 받고 느헤미야에게 거짓 예언을 한 자는?	스마야
471	"여호와를 경외하며 그 도에 행하는 자마다 복이 있도다"는 어디 있나?	시 128:1
472	야곱이 쌓은 단의 이름을 장별로 쓰시오.	28장 : 벧엘 33장 : 엘엘로헤이스라엘 35장 : 엘벧엘
473	아브라함이 의롭다 하심을 얻은 곳은 어디인가?	마므레 상수리 근처
474	10재앙 중 경고 없이 내린 것은?	이, 독종, 흑암
475	미스바 대각성 장은 어디인가?	삼상 7

476	시혼의 모든 성읍을 차지한 지파와 숙곳을 차지한 지파는?	르우벤, 갓
477	바산 왕 옥의 전국을 차지한 지파와 에돔에서 신 광야까지를 차지한 지파는?	므낫세 반, 유다
478	여리고와 예루살렘을 차지한 지파와 시돈과 두로를 차지한 지파는?	베냐민, 아셀
479	아도니야와 함께 반역을 모의한 자는 누구인가? (왕상 1:7)	요압, 아비아달
480	"진리는 땅에서 솟아나고 의는 하늘에서 하감하였도다"는 표현은 어디에 있는가?	시 85:11
481	요아스-여호야다, 요시야-힐기야, 여호사밧-아마랴의 관계의 공통성은?	왕-제사장
482	르호보암-스마야, 여호사밧-야하시엘, 예후, 미가야, 엘리에셀의 공통성은?	왕-선지자
483	"내가 비록 검으나 아름다우니 게달의 장막 같을지라도 솔로몬의 휘장과도 같구나"는 어디에 나오는 구절인가?	아 1:5
484	창 14, 28; 신 14, 26; 레 27; 민 18; 말 3에서 공통으로 언급하고 있는 것은?	십일조
485	이삭이 농사하여 그 해 수확을 백 배나 얻은 땅은 어디인가?	그랄
486	이스라엘 백성이 사는 고센 땅에 구별하여 내리지 않은 재앙은?	우박, 파리
487	번제단의 장, 광, 고는 몇 규빗인가?	5×5×3규빗
488	법궤의 장, 광, 고는 몇 규빗인가?	2.5×1.5×1.5규빗
489	레위인의 족장들의 어른이 되고 성소 맡은 자를 통할한 자는 누구인가?	엘르아살
490	신명기에서 모세의 설교장은 어디인가?	신 1, 5, 32
491	액체 몰약+향기로운 육계+창포+계피+감람 기름을 섞어서 만드는 것은 무엇인가?	관유
492	"곡식 떠는 소의 입에 망을 씌우지 말지니라" 는 어디에 있는가?	신 25:4(고전 9; 딤전 5)
493	창세기 35장에서 장사지낸 3사람은 누구인가?	이삭, 라헬, 드보라
494	우박 재앙시 상한 식물은?	보리와 삼
495	출애굽기에서 제사장의 옷 규례는 어디에 있는가?	출 28, 39(레 8)
496	서원제, 낙헌제(번제) 예물에 쓰이는 것은? (레22:18-19)	소, 양, 염소 중 흠 없는 수컷
497	"생명은 생명으로 갚는다" 는 규례는 어디에 나오는가? (동해 보복법)	출 21; 레 24; 신 19(마 5)
498	서원법에 대해서 언급하고 있는 책과 장은?	민 30; 레 27; 신 23(전 5)
499	맛사, 므리바 사건에 대해서 언급하고 있는 곳은 어디인가?	민 20; 출 17
500	도피성에 대해서 언급하고 있는 곳은 어디인가?	신 4, 19; 민 35; 수 20

501	가나안 정탐에 대해서 언급하고 있는 곳은?	민 13; 신 1
502	여호와를 격노케 한 곳은 어디인가? (신 9:22)	다베라, 맛사, 기브롯 핫다아와
503	데라가 아브람과 나홀과 하란을 낳은 나이는?	70세
504	10재앙 중 고센 땅을 구별하여 임한 재앙은 어느 재앙인가?	파리, 우박
505	물두멍의 위치는 어디인가?	회막과 단 사이
506	성생활 규례에 대하여 언급한 곳은?	레 18, 20; 신 22
507	므라리 식구들의 족장은 누구인가? (유다-나손 / 납달리-아히라)	수리엘
508	벧엘 동편 벧아웬 곁에 있는 성은?	아이 성(수 8)
509	모세의 처남 호밥의 자손 중 겐 사람 헤벨의 아내 야엘에 대해서 언급된 곳은?	삿 4
510	"( )에 에브라임 사람 엘가나라 하는 자가 있으니"에서 ( )에 들어갈 말은?	라마다임소빔(삼상 1)
511	한나가 실로 여호와의 집에 드린 예물은 무엇인가? (삼상 1:24)	수소 3, 가루 1에바, 포도주 1 가죽 부대
512	남유다 왕 중 요사갈과 여호사바드가 죽인 왕은?	요아스
513	잠언에서 '음녀'가 나오는 장은? (음녀 옷 사이즈 55, 66, 77)	잠 5, 6, 7
514	'아담 ( )세, 셋 912세, 에노스 905세, 게난 910세, 마할랄렐 895세, 야렛 962세, 에녹 ( )세, 므두셀라 ( )세, 라멕 777세, 노아 950세'에서 ( )에 들어갈 숫자는?	930, 365, 969
515	각 사람의 소명장 중 ( )에 들어갈 것은? 아브라함-( )장, 에스겔-( ), 모세-( ), 기드온-( ), 이사야-( ), 사무엘-( ), 예레미야-( )	창 12; 겔 2; 출 3; 삿 6; 사 6; 삼상 3; 렘 1
516	'나의 표호'라는 표현이 있는 곳은?	출 3:15
517	'기념 칭호'라는 표현이 있는 곳은?	호 12:5
518	이스라엘의 절기에 관해서 언급한 곳은?	출 23; 레 23; 신 16; 민 28, 29
519	유출병 환자가 제8일 만에 드리는 예물은?	산비둘기 2, 집비둘기 새끼 2
520	가정 성결에 대한 규례가 언급된 곳은? (성 윤리)	레 18, 20; 신 22
521	여호수아 6장에서 여호와께 구별된 것은 무엇인가?	은금, 동철 기구
522	도피성에 대해서 언급한 곳은 어디인가?	민 35; 신 4,19; 수 20 (출 21; 대상 6)
523	'호르마'가 나오는 장은?	민 14, 21; 삿 1; 신 1
524	다윗은 누구를 위해서 애가를 지었는가?	사울, 요나단, 아브넬
525	( )-여호아하스-요아스-여로보암Ⅱ로 이어지는 왕가에서 ( )에 들어갈 왕은?	예후

526	솔로몬 성전을 건축한 기간은 출애굽 몇 년째 또 솔로몬 왕 언제인가?	출애굽 480년째, 솔로몬 4년 시브월(2월)-11년 불월(8월)
527	므깃도에서 죽은 왕은?	요시야, 아하시야
528	'주의 벗 아브라함'이라고 표현한 3곳은?	사 41; 대하 20(약 2)
529	에스더의 아버지는?	아비하일
530	시편과 연결된 역사적 사건의 장은?	시 3→삼하 15/ 시 18→삼하 22/ 시 51→삼하 12/ 시 105→대상 16
531	"하나님이 사람을 정직하게 지으셨으나 사람은 많은 꾀를 낸 것이니라"는 어디에 있는 내용인가?	전 7:29
532	부활 사상에 대해서 언급된 곳은? (벧전 5; 고전 15; 살전 4)	사 26; 단 12; 호 13
533	토기장이 비유가 있는 곳은?	사 29, 30, 45, 64; 렘 18; 롬 9
534	포도나무 비유가 있는 곳은 어디인가?	사 5, 27; 시 80; 겔 15; 렘 2; 호 10; 요 15
535	먹는 것에 대해서 언급된 곳이다. 출처는 어디인가? 주의 말씀 ( ), 두루마리 ( ), 작은 책 ( )	렘 15; 겔 3; 계 10
536	다음 환상의 출처는 어디인가? 베띠/포도주 ( ), 깨진 오지병 ( ), 녹슨 가마 ( )	렘 13; 렘 19; 겔 24
537	예루살렘의 멸망을 잘 묘사한 곳은?	애 4(렘 39, 52)
538	이스라엘과 하나님을 부부 관계로 표현한 곳은?	사 54; 렘 3; 호 2
539	히스기야의 현손이요 아마랴의 증손이요 그다랴의 손자요 구시의 아들인 사람은?	스바냐
540	여호수아 3:14-17에 요단물이 갈라질 때의 시기는?	모맥 거두는 시기
541	아이성 정복 후 여호수아가 번제와 화목제를 드린 장소는 어디인가?	에발 산
542	아모리 5왕의 피신처는 어디인가?	막게다 굴(수 10:16)
543	모압 왕 에글론이 이스라엘 백성을 쳐서 점령한 곳은?	종려나무 성읍
544	모압 왕 에글론이 죽은 곳은 어디인가? (에훗이 죽임)	서늘한 다락방 (삿 3:20-23)
545	하솔 왕 야빈과 싸운 이스라엘 두 지파는?	납달리, 스불론(삿 4:6-7)
546	"이스라엘의 두령이 그를 영솔하였고 백성이 즐거이 헌신하였으니 여호와를 찬송하라"는 말이 나오는 곳은? (드보라 헌신 예배)	삿 5:2
547	"우리가 이스라엘 모든 지파 중에서 백에 열, 천에 백, 만에 천을 취하고 그 백성을 위하여 양식을 예비하고' 라는 말이 있는 곳은?	삿 20:10
548	룻기의 총 장수는?	4장
549	세라의 증손이고, 삽디의 손자요, 갈미의 아들이었던 사람은 누구인가?	아간
550	여호와의 도를 시험하고자 남겨 둔 나라는 어디어디인가?	블레셋 5방백, 가나안, 시돈, 히위

551	사사기 10장의 사사들은?	돌라, 야일, 입다
552	삼손의 수수께끼를 푸는 기간과 선물은?	7일 / 베옷 30, 겉옷 30
553	미가의 어머니와 미가가 각각 만든 것은 무엇인가? (삿 17)	미가의 어머니(은 200개로 신상), 미가(에봇, 드라빔)
554	사울이 블레셋 전쟁에서 죽자 블레셋 사람들이 그의 갑옷과 그의 시체를 어떻게 했는가?	아스다롯 신당 / 벧산 성벽에 못 박음
555	왕상에 나오는 성전과 왕궁의 장, 광, 고의 규모는 얼마인가? (방주 300x50x30)	성전 60×20×30규빗 왕궁 100×50×30규빗
556	르호보암-여로보암, 아사-바아사, 아비암-여로보암의 관계는?	항상 전쟁 있었던 왕
557	예루살렘 멸망은 시드기야 왕 몇 년 몇 월 며칠이었나?	11년 4월 9일
558	각 책의 마지막 장은 몇 장인가? 삼상( ), 삼하( ), 왕상( ), 왕하( ), 대상( ), 대하( )	31/ 24/ 22/ 25/ 29/ 36
559	헤만은 무엇을 하던 자이며, 우편과 좌편에 누가 있었나?	찬송 부르는 자/ 아삽, 에단
560	고라 자손 중 살룸의 장자로서 남비에 지지는 것을 맡은 자는?	맛디댜(대상 9:31)
561	이사야에서 메시야장은 몇 장인가?	사 7, 9, 11, 53
562	이사야 정리와 관련된 다음( )에 들어갈 말은? 13장( ), 14장(바. 앗. 블), 15-16장( ), 17장(다, 에), 18장( ), 19장( ), 20장(애굽, 구스), 21장(바, 두, 아), 22장( ), 23장( )	바벨론/ 모압/ 구스/ 애굽/ 예루살렘/ 두로
563	블레셋에 대한 경고는 어느 해에 이사야가 받은 것인가?	아하스 왕의 죽던 해 (사 14:28)
564	이사야의 축복장은?	사 35
565	"내가 너를 이방의 빛을 삼아"라는 표현이 나오는 이사야 2곳은?	사 42, 49 (행 13-비시디암 안디옥)
566	"나는 여호와니 이는 내 이름이라" 표현이 나오는 이사야 1곳은?	사 42
567	"알파와 오메가"라는 말이 나오는 성경 전체의 5곳은?	사 44, 48, 계 1, 21, 22
568	"안식일"을 언급한 이사야의 2곳은?	사 56, 58
569	에돔의 수도는 어디인가?	보스라(사 63:1)
570	"그리 아니하실지라도"라는 표현이 있는 곳은?	단 3:18
571	"뜨인 돌"에 대한 기록이 있는 곳은 어디인가?	단 2:34
572	다니엘의 중보 기도가 나오는 곳은?	단 9
573	"그는 깊고 은밀한 일을 나타내시고 어두운 데 있는 것을 아시며 또 빛이 그와 함께 있도다"라는 구절이 있는 곳은?	단 2:22
574	이스라엘 자손이 길갈에 도착한 것은 언제이며, 도착해서 한 일은?	41년 1월 10일 / 할례와 열두 돌 세움
575	삿 15장에 나오는 지명 라맛레히와 샘 이름 엔학고레의 뜻은?	턱뼈의 산, 부르짖는 자의 샘

576	"여호와께서 네 행한 일을 보응하시기를 원하며 이스라엘의 하나님 여호와께서 그 날개 아래 보호를 받으러 온 네게 온전한 상 주시기를 원하노라" 는 누가 누구에게 한 말인가?	보아스→룻 (룻 2:12)
577	솔로몬이 예루살렘에 세운 전에서 제사장 직분을 행한 자는?	아사랴
578	레위 자손의 구분과 임무에 대해서 이야기한 장은?	대상 23장
579	제사장의 24반차에 대해서 이야기한 장은?	대상 24장
580	성가대에 대해서 나오는 장은?	대상 25장
581	문지기의 반차에 대해서 나오는 장은?	대상 26장
582	이스라엘 자손의 1차 포로 귀환 후 하나님께 단을 만들어 초막절을 지킨 중심 인물 2사람은?	예수아, 총독 스룹바벨 (스 3:2)
583	힐기야의 증손, 아사랴의 손자, 스라야의 아들인 사람은 누구인가?	학사 에스라
584	총독의 녹을 12년(아닥사스다 20-32년) 동안 안 받은 사람은?	느헤미야(느 5:14)
585	이스라엘 자손이 다 모여 금식하고 굵은 베를 입고 티끌을 쓴 날짜는?	7월 24일 (느 9:1)
586	기도할 때 감사하는 말씀을 인도하는 어른이 된 사람은?	맛다냐 (느 11:17)
587	에스더의 아버지는 누구인가?	아비하일 (에 2:15)
588	하만의 아내는 누구인가?	세레스(에 6:13)
589	아가서에서 "석류 한 쪽"으로 비유된 곳은?	뺨(아 4:3)
590	"곡식단을 가득히 실은 수레가 흙을 누름같이 내가 너희 자리에 너희를 누르리니"는 누구에 대한 예언인가?	이스라엘(암 2:13)
591	"사람이 옷자락에 거룩한 고기를 쌌는데 그 옷자락이 만일 떡에나 국에나 포도주에나 기름에나 다른 식물에 닿았으면 그것이 성물이 되겠느냐 하라"는 정결과 부정에 대한 질문은 어디에 있는가?	학 2:12
592	예루살렘 함락에 관해 언급한 장은 어디인가?	렘 39, 52; 겔 33; 왕하 25
593	행구를 지고 나아간 선지자는 누구인가?	에스겔(겔 12)
594	멍에를 메고 다닌 선지자는 누구인가?	예레미야
595	예루살렘 멸망을 잘 묘사한 곳은 어디인가?	애 4
596	에스겔이 예루살렘 환상을 본 장은 에스겔 몇 장인가?	겔 8, 40
597	우상 숭배에 대한 환상을 본 장은 몇 장인가?	겔 8장(성전 우상)
598	암사자와 포도나무 비유가 있는 곳은 어디인가?	겔 19
599	독수리와 포도나무 비유가 있는 곳은 어디인가?	겔 17
600	"때를 따라 비를 내리되 복된 장마비를 내리리라"의 출처는?	겔 34:26

601	"나는 여호와요 모든 육체의 하나님이라 내게 능치 못한 일이 있겠느냐"는 말씀은 어디에 있나?	렘 32:27
602	렘 2:28에 나오는 우상의 수와 같은 것은 무엇인가?	성읍의 수
603	"그날에 내가 너를 취하여 너를 인을 삼으리니 너를 택하였음이라" (학 2:23)는 누구에게 한 말인가?	스룹바벨
604	각 선지자의 출신지를 쓰시오. 아모스 ( ), 미가 ( ), 나훔 ( )	드고아, 모레셋, 엘고스
605	"사마리아 산에 거하는 바산 암소들아"가 나오는 곳은?	암 4:1
606	하나님께서 사무엘에게 나타나신 총 횟수는? (소명 때만 4번)	5번(삼상 3:21)
607	사울 시대의 제사장은 누구인가?	아히야 (삼상 14:3)
608	유다, 베들레헴 에브랏 사람 이새라 하는 자의 아들은 누구인가?	다윗
609	"속담에 소경과 절뚝발이는 집에 들어오지 못하리라"는 다윗이 언제 한 말인가?	여부스 사람을 칠 때 (삼하 5:8)
610	왕하 1장에서 처음으로 등장하는 왕은?	아하시야
611	유다 왕 아하스에게 대적한 자는 누구인가?	아람 르신, 북 이스라엘 베가
612	'이스라엘의 멸망'이 기록된 장은?	왕하 17
613	'유다의 멸망'이 기록된 장은?	왕하 25(렘 39, 52))
614	아말렉의 조상은 누구인가?	에서(엘리바스)
615	레위 사람 족장 중 노래에 익숙하므로 노래를 주장하여 사람에게 가르치는 자는?	그나냐 (대상 15:22)
616	므낫세가 왕위에 오른 나이는?	12세
617	여호사밧의 시종 행적을 기록한 사람은?	예후
618	망대와 성곽 위에 투석기, 화전포를 제작한 왕은 누구인가? (농업 장려)	웃시야 (대하 26:15)
619	출애굽을 예언한 곳은 어디인가?	창 46
620	아모리 왕 시혼의 도성 헤스본을 분배받은 지파는?	르우벤
621	에스라가 통곡할 때 회개하고 율법을 준수하겠다고 말한 자는 누구인가?	스가냐(스 10:2)
622	"악인의 이기는 자랑도 잠시요 사곡한 자의 즐거움도 잠간이니라"는 누가 말했나?	소발(욥 20:5)
623	"하물며 벌레인 사람, 구더기인 인생이랴"는 말을 한 사람은?	빌닷(욥 25:6)
624	"내 입의 말과 마음의 묵상이 주의 앞에 열납되기를 원하나이다"라는 말은 어디에 있나?	시 19:14
625	"저희를 학대하는 자의 손에는 권세가 있으나 저희에게는 위로자가 없도다"는 어디에 있나?	전 4:1

626	"(　　)는 주의 이름을 경외함이니라" (미 6:9)	완전한 지혜
627	"여호와께서 오늘날 너희를 위하여 행하시는 구원을 보라"는 누가 한 말인가?	모세(출 14:13)
628	가사, 가드, 아스돗에만 약간 남고 이스라엘이 나머지를 진멸시킨 족속은?	아낙 자손
629	실로에서 나머지 7지파의 땅을 분배한 순서는?	베/ 시/ 스/ 잇/ 아/ 납/ 단
630	"나의 가는 길을 오직 그가 아시나니 그가 나를 단련하신 후에는 내가 정금같이 나오리라"는 어디에 나오는 말씀인가?	욥 23:10
631	시편 중 추수 감사시 3편은?	시 65, 67, 131
632	할렐루야로 시작해서 할렐루야로 끝나는 시편은?	8개 (106, 113, 135, 146-150)
633	고라의 시편은 모두 몇 편인가?	7개
634	새 노래가 나오는 시편은 어디인가?	시 33, 40, 96, 98, 149
635	잠언 23장에 나오는 사고 팔지 말 것 4가지는?	진리, 지혜, 훈계, 명철
636	'투기와 보복의 하나님', 니느웨의 멸망을 언급하는 선지서는?	나훔
637	천지 창조 중 씨 가진 열매 맺는 모든 나무를 너희에게 주노니 너희 식물이 되리라는 몇 번째 날에 해당하는가?	6째 날
638	"몸에 무늬를 놓지 마라"는 어디에 있는가?	레 19
639	여호사밧 시대 여호와께 속한 모든 일에는 대제사장 (　　)가 너희를 다스리고 왕에게 속한 모든 일은 유다 지파의 어른 이스마엘의 아들 (　　)가 다스리고 레위 사람들은 너희 앞에 관리가 되리라(대하19:11)에서 (　　) 들어갈 말은?	아마랴, 스바댜
640	"여호와의 도가 정직한 자에게는 (　　)이요 행악한 자에게는 (　　)이니라"에서 (　　)에 들어갈 말은?	산성, 멸망 (잠 10:29)
641	"너희가 믿지 아니하면 굳게 서지 못하리라"는 누가 누구에게 한 말인가?	이사야가 유다 왕 아하스에게
642	"그런즉 너희 하나님께 돌아가서 (　　)와 (　　)를 지키며 항상 너의 하나님을 바라볼지니라"에서 (　　)에 들어갈 말은?	인애, 공의 (호 12:6)
643	요나의 깨달음을 위해 하나님이 준비하신 것 3가지는 무엇인가?	뜨거운 동풍, 박 덩굴, 벌레
644	"그 선자자들은 위인이 경솔하고 간사한 자요 그 제사장들은 성소를 더럽히고 율법을 범하였도다"는 말은 어디에 있는가?	습 3
645	"대저 물이 바다를 덮음같이 여호와의 영광을 인정하는 것이 세상에 가득하리라"는 구절은 어디에 나오는가?	합 2:14
646	유다 목백 세스바살에게 그릇을 계수해 준 사람은 누구인가?	미드르닷(스 1:8)
647	에스라서에서 성전이 완공된 때는 언제인가? (스 6:15)	다리오 6년 아달월 3일
648	에스라가 바벨론을 떠나 예루살렘에 도착한 기간은? (스 7:7,9)	아닥사스다 7년 1월 1일-5월 1일
649	에스라서에서 포로 귀환 후 지킨 두 절기는? (스 3:4, 6:19)	초막절, 유월절
650	에스라는 사독의 몇 대손인가? (스 7:2)	5대손

651	느헤미야가 왕께 예루살렘성 중건을 호소한 날은? (느 2:1)	아닥사스다 20년 니산월
652	"하나님의 율법책을 낭독하고 그 뜻을 해석하여 백성으로 그 낭독하는 것을 다 깨닫게 하매 백성이 율법의 말씀을 듣고 다 우는지라"는 말씀은 어디에 있나?	느 8:8-9
653	기도할 때에 감사하는 말씀을 인도하는 어른이 된 사람은 누구인가? (느 11:17)	맛다냐
654	"죽으면 죽으리이다"라는 말은 누구의 말이며 어디에 있나?	에스더(에 4:16)
655	욥의 마지막 변론장은?	욥 26-31
656	욥의 결론장은 어디인가?	욥 31
657	"지혜가 많으면 번뇌도 많으니 지식을 더하는 자는 근심을 더하느니라"는 어디에 있는 말씀인가?	전 1:18
658	"여자들 중에 내 사랑은 가시나무 가운데 백합화 같구나"의 출처는?	아 2:2
659	"나의 누이, 나의 신부는 잠근 동산이요 덮은 우물이요 봉한 샘이로구나"의 출처는?	아 4:12
660	아가서에서 다메섹을 향한 레바논 망대로 비유된 것은?	코
661	에스라서에서 성전 건축을 착공할 때는 언제인가? (스 3:8)	귀환 후 2년 2월
662	에스라서에서 성전 건축이 언제까지 중단되었는가? (스 4:24)	다리오 2년
663	"하가랴의 아들 느헤미야의 말이라 아닥사스다 왕 20년 기슬르월에 내가 수산궁에 있더니"라는 구절이 있는 곳은?	느 1:1
664	에스더서에서 왕후 선택 주관 내시는 누구인가?	헤개
665	하만의 아버지는 누구인가?	아각 사람 함므다다
666	유대인이 대적을 죽인 수는? (에 9:16)	75,000명
667	"늙은 자에게는 지혜가 있고 장수하는 자에게는 명철이 있느니라"는 어디에 나오는가?	욥 12:12
668	욥이 하나님의 변론을 희망하여 스스로 의롭다고 한 장은?	욥 13
669	"내가 알기에는 나의 구속자가 살아 계시니 후일에 그가 땅 위에 서실 것이라"는 어디에 나오는 구절인가?	욥 19:25
670	람 족속 부스 사람 바라겔의 아들은 누구인가?	엘리후
671	"너는 대장부처럼 허리를 묶고 내가 네게 묻는 것을 대답할지니라"는 어디에 있는 말씀인가?	욥 38:2
672	"형통한 날에는 기뻐하고 곤고한 날에는 생각하라"는 어디에 있는가?	전 7:14
673	아히도벨과 관련된 시편은 어디인가?	시 41
674	사울이 다윗을 죽이려고 그 집을 지킬 때 지은 시편은?	시 59
675	고라 자손의 시편은 어디인가?	시 42, 44-49, 84-85, 87-88

676	'추수 감사시'는 시편 몇 편인가 ?	시 65, 67, 131
677	'왕의 결혼, 축혼가' 시편은?	시 45
678	'성전을 간절히 사모'하는 시편은? (고라)	시 84
679	'곤고한 자의 마음을 토하는 기도' 시편은?	시 102
680	"여호와를 의뢰하여 선을 행하라 땅에 거하여 그의 성실로 식물을 삼을지어다"는 어디에 있는가?	시 37:3
681	"고난당한 것이 내게 유익이라 이로 인하여 내가 주의 율례를 배우게 되었나이다" 는 구절이 나오는 곳은?	시 119:71
682	"이는 내 영혼을 음부에 버리지 아니하시며 주의 거룩한 자로 썩지 않게 하실 것임이니이다"라는 구절이 나오는 곳은?	시 16:10(부활시)
683	"여호와여 구하옵나니 이제 구원하소서 여호와여 우리가 구하옵나니 이제 형통케 하소서" 라는 구절은 어디에 있는가?	시 118:25
684	"여호와의 말씀은 순결함이여 흙도가니에 일곱 번 단련한 은 같도다"는 말씀이 있는 곳은? (12세 때 단련)	시 12:6
685	잠언에서 음녀 이야기가 나오는 곳은 어디인가?	잠 2, 5, 6, 7
686	잠언에서 지혜장은?	잠 3, 8
687	잠언에서 "게으른 자는 그 손을 그릇에 넣고도 입으로 올리기를 괴로워하느니라"는 말이 있는 2곳은?	잠 19:24, 26:15
688	잠언 중 히스기야의 신하가 편집한 잠언은 어디인가?	잠 25~29
689	"탐학이 지혜자를 우매하게 하고 뇌물이 사람의 명철을 망케 하느니라"의 구절이 있는 곳은?	전 7:7
690	"곧 하나님이 사람을 정직하게 지으셨으나 사람은 많은 꾀를 낸 것이라"는 말씀이 있는 곳은?	전 7:29
691	시편 29편에서 '여호와의 소리'는 몇 번 나오나?	7번
692	"나를 기가 막힐 웅덩이와 수렁에서 끌어 올리시고 내 발을 반석 위에 두사 내 걸음을 견고케 하셨도다"라는 구절이 있는 곳은? (웅덩이 40개)	시 40
693	결혼식시 왕의 축혼가로 쓰인 시편은?	시 45
694	"네 짐을 여호와께 맡겨 버리라 너를 붙드시고 의인의 요동함을 영영히 허락지 아니하시리로다"는 말씀이 있는 곳은? (짐이 55kg)	시 55:22
695	"하나님이여 내 마음이 확정되었고 내 마음이 확정되었사오니" 말씀이 나오는 곳은?	시 57
696	다윗의 제사장적 축복 기도는?	시 67
697	"여호와라 이름하신 주만 온 세계의 지존자로 알게 하소서"는 어디에 있는가?	시 83:18
698	"나는 사랑하나 저희는 도리어 나를 대적하니 나는 기도할 뿐이라"는 어디에 있는가?	시 109:4
699	"고난당한 것이 내게 유익이라 이로 인하여 내가 주의 율례를 배우게 되었나이다"는 구절은 어디에 있는가?	시 119:71
700	하나님께 허탄과 거짓말을 멀리하고 가난하지도 부하지도 말고 필요한 양식만 있을 것을 구한 사람은 누구인가?	아굴(잠 30)

701	여호와의 미워하는 '육칠 가지' 죄에 대하여 이야기하는 책, 장은?	잠 6
702	"무릇 지킬 만한 것보다 더욱 네 마음을 지키라"는 구절이 있는 곳은?	잠 4:23
703	"사람이 귀를 돌이키고 율법을 듣지 아니하면 그의 기도도 가증하니라"는 말씀이 있는 곳은?	잠 28:9
704	잠 6장에서 "대저 명령은 (　)이요, 법은 (　)이요, 훈계의 (　)은 곧 (　)의 길이라"에서 (　)에 들어갈 말은 ?	등불/ 빛/ 책망/ 생명 (잠 6:23)
705	시편 중 '역사시'는?	시 78, 105, 106, 114
706	"너희는 시온을 편답하고 그것을 순행하여 그 망대들을 계수하라"는 말씀이 있는 곳은? (사방팔방 편답)	시 48
707	시편에서 '왕의 입성'에 대해 쓴 시편은?	시 24
708	시편 중 '성전 낙성가'는?	시 30
709	시편 중 '왕의 축혼가'는?	시 45
710	시편 중 이스라엘 백성의 범죄와 수난의 역사를 나타낸 시는?	시 106
711	"여호와께서 시온의 포로를 돌리실 때에 우리가 꿈꾸는 것 같았도다"는 구절이 있는 시편은?	시 126
712	"사망 중에서는 주를 기억함이 없사오니 음부에서 주께 감사할 자 누구리이까"라는 말씀이 있는 곳은?	시 6:5
713	"궁핍한 자가 항상 잊어버림을 보지 아니함이여 가난한 자가 영영히 실망치 아니하리로다"라는 말씀이 있는 시편은?	시 9:18
714	"여호와를 의뢰하여 선을 행하라 땅에 거하여 그의 성실로 식물을 삼을지어다"라는 말씀이 나오는 곳은?	시 37:3
715	"내 영혼아 여호와를 송축하라 내 속에 있는 것들아 다 그 성호를 송축하라"는 말씀이 있는 시편은?	시 103:1
716	'건축자의 버린 돌'에 대해서 언급하고 있는 시편은?	시 118
717	'멜기세덱의 반차'에 대해서 언급하고 있는 시편은?	시 110 (창 14; 히 5, 6, 7)
718	솔로몬, 히스기야의 신하, 아굴, 르무엘의 어머니는 어떤 사람인가?	잠언의 저자
719	잠언에서 지혜와 어리석음에 대해서 이야기하고 있는 곳은?	잠 9
720	"흩어 구제하여도 더욱 부하게 되는 일이 있나니 과도히 아껴도 가난하게 될 뿐이라"는 말씀이 있는 곳은?	잠 11:24
721	아가서에서 "예루살렘 여자들아 내가 너희에게 부탁한다"는 말씀이 몇 회 반복되었나?	3회
722	아가서에 나오는 솔로몬의 연 재료는 무엇이며, 용사의 수는?	레바논 나무, 60명
723	시 3편의 내용은 삼하 몇 장의 내용인가? (압살롬 시편)	삼하 15
724	시 105편의 내용은 대상 몇 장의 내용인가?	대상 16
725	'우주적 시편'이라 불리는 시편은?	시 148

726	시 2편에서 '예수'를 뜻하는 말은?	기름받은 자, 왕, 아들
727	'성전 낙성가'는 시편 몇 편인가?	시 30
728	'왕의 출전가'는 시편 몇 편인가?	시 24
729	'민족적인 애가'는 시편 몇 편인가?	시 44
730	"궁핍한 자가 항상 잊어버림을 보지 아니함이여 가난한 자가 영영히 실망치 아니하리로다"는 구절은 어디에 있는가?	시 9:18
731	"여호와여 나를 살피시고 내 뜻과 마음을 단련하소서"라는 말씀이 있는 곳은?	시 26:2
732	할렐루야로 시작해서 할렐루야로 끝나는 시편은?	시 106, 113, 135, 146-150
733	"내가 여호와를 송축함이여 그를 송축함이 내 입에 계속하리로다"는 구절은 어디 있는가? (94가지 생각)	시 34:1
734	"내 속에 생각이 많을 때에 주의 위안이 내 영혼을 즐겁게 하시나이다"는 구절은 어디 있는가?	시 94:19
735	요셉이 애굽에서 감옥에 있을 때 연단 받음을 기록한 시편은?	시 105
736	"주의 증거는 나의 즐거움이요 나의 모사니이다"는 구절은 어디 있는가?	시 119:24
737	잠언에서 말하는 사고 팔지 말아야 할 것을 쓰시오.	진리, 지혜, 훈계, 명철 (잠 23:23)
738	잠언 30장 '이 말씀은 ( )의 아들 ( )의 잠언이니 그가 ( )과 ( )에게 이른 것이니라'에서 ( )에 들어갈 말은?	야게, 아굴, 이디엘, 우갈 (잠 30:1)
739	문둥병 규례와 관련된 제사는 무엇인가?	속죄제, 번제, 속건제, 소제
740	헤르몬산과 관계하여 ( )에 연결될 말을 쓰시오. 시돈 → ( ), 아모리→( )	시룐, 스닐(신 3:9)
741	바산의 다른 이름은 무엇인가?	하봇야일(신 3:14)
742	호 12:7, 미 6:11, 암 8:5에서 공통적으로 이야기하는 것은?	거짓 저울
743	'무화과 두 광주리' 환상을 본 것은 어디에 기록되어 있나?	렘 24:1
744	'여름 실과 한 광주리' 환상이 기록된 것은 어디인가?	암 8
745	거짓 선지자에 대한 기록은 어디에 있는가?	사, 렘, 겔, 미, 슥
746	생기 없는 우상에 대한 표현이 있는 곳은?	렘 10:14; 합 2:14
747	하사손다말은 어디인가?	엔게디(대하 20)
748	다윗의 죽음에 대해서 기록된 곳은?	왕상 2; 대상 29
749	구스 사람 세라가 침입하여 진 친 곳은?	마레사의 스바다 골짜기
750	셈의 후손이자 에벨의 두 아들은 누구인가?	벨렉, 욕단

751	대상 1, 2, 3장의 내용을 구분하여 쓰시오.	1장:아담에서 야곱까지 족보 2장:유다 자손들 3장:다윗 자손
752	시드기야 때 대제사장과 부제사장은 누구인가?	스라야, 스바냐
753	변장하고 싸움에 나간 왕은 누구인가?	아합(왕상 22:30), 요시야(대하 35:22)
754	다윗과 솔로몬의 제사를 비교하시오. 다윗은 언제, 무슨 제사(삼하 6:17), 솔로몬은 언제, 무슨 제사(왕상 3:15)를 드렸는가?	다윗(법궤 되찾은 후) -번제, 화목제 솔로몬(꿈에서 깬 후) -번제, 수은제
755	요압이 죽게 된 이유는? (왕상 2장)	아브넬과 아마사를 죽였기 때문에
756	다윗의 인구 조사 기간은 얼마인가? (삼하 24장)	9달 20일
757	'무론사생'하고 다윗을 따르기로 한 사람은?	가드 사람 잇대
758	사울의 갑옷은 어디에 두었나? (삼하 31장)	아스다롯의 집
759	사울 왕 때의 제사장은 누구인가? (삼상 14장)	아히야
760	신명기 2장에서 모세가 시혼에게 사자를 보낸 곳은?	그레못 광야
761	아침의 아들 계명성에 비유한 것은?	바벨론(사 14)
762	장망성은 어디를 가리키는가?	애굽(사 19)
763	이사야가 3년 동안 벗은 몸, 벗은 발로 다닌 것은 어디에 대한 경고인가?	애굽, 구스(사 20)
764	이상 골짜기에 대해 나오는 장은? (창 22-여호와 이레)	사 22
765	종말에 관한 예언에 대해 나오는 장은?	사 24-27
766	"외치는 자의 소리여 광야에서 여호와의 길을 예비하라"는 어디에 있는가?	사 40:3
767	"풀은 마르고 꽃은 시드나 우리 하나님의 말씀은 영영히 서리라"는 말씀이 있는 곳은?	사 40:8
768	"소년이라도 피곤하며 장정이라도 넘어지며 자빠지되"라는 구절이 있는 곳은?	사 40:30
769	'지렁이 같은 야곱'이라는 표현이 나오는 곳은?	사 41
770	'상한 갈대'라는 표현이 나오는 곳은?	사 42:3
771	"보라 내가 새 일을 행하리니"라는 구절이 나오는 곳은?	사 43:19
772	"너는 내 것이라 내가 너를 지명하여 불렀나니"라는 표현이 있는 곳은?	사 43:1
773	"너희는 여호와를 만날 만한 때에 찾으라 가까이 계실 때에 그를 부르라"는 말씀이 있는 곳은?	사 55:6
774	"일어나라 빛을 발하라"는 표현이 있는 곳은?	사 60
775	"주 여호와의 신이 내게 임하셨으니"라는 표현이 나오는 곳은?	사 61

776	'헵시바, 뿔라'라는 말이 나오는 곳은 어디인가? (므낫세 어머니-헵시바)	사 62
777	유브라데 강가에 썩은 베띠가 나오는 곳은?	렘 13
778	예레미야 때와 느헤미야 때 거짓 선지자는 누구인가?	하나냐, 스마야
779	"곡의 병기는 7년 동안 땔감으로 쓰고 시체를 장사하는 데 7개월이 걸렸다"는 표현이 나오는 곳은?	겔 39 (하몬곡 골짜기에 장사)
780	"배지 못하는 태와 젖 없는 유방을 주시옵소서"는 표현이 나오는 곳은?	호 9:14
781	약혼자가 결혼 전에 죽음으로 애곡하는 처녀의 모습에 비유된 곳은?	욜 1:8
782	"거룩한 고기를 싼 옷자락은 다른 예물을 거룩하게 만들지 못한다"는 구절이 있는 곳은?	학 2:12
783	학개 2장에 여호와의 전 지대를 쌓던 날은 언제인가?	9월 24일
784	죄와 더러움을 씻는 샘에 대해서 나오는 곳은?	슥 13:1
785	'복된 장마비'에 대해서 언급하고 있는 곳은?	겔 34:26
786	'소낙비'에 대해서 언급하고 있는 곳은?	슥 10:1
787	'새 언약'에 대해서 언급하고 있는 곳은?	렘 31:31
788	'화평의 언약'에 대해서 언급하고 있는 곳은?	겔 34
789	'생명과 평강의 언약'에 대해서 언급하고 있는 곳은?	말 2
790	거짓 선지자에 대한 기록이 있는 곳은?	사, 렘, 겔, 미, 슥
791	"지혜자의 말씀은 찌르는 채찍 같고, 회중의 스승의 말씀은 잘 박힌 못과 같다"고 말하는 곳은 어디인가?	전 12:11
792	파수하는 성루에 서서 하나님의 대답을 기다리던 모습의 예언자에 대해서 이야기하고 있는 곳은 어디인가?	합 2:1
793	다니엘은 어느 왕 몇 년에 포로가 되었나?	여호야김 3년
794	예루살렘이 2차 함락된 것은 언제인가?	여호야긴 왕
795	"주께서 저희를 눈물 양식으로 먹이시며 다량의 눈물을 마시게 하셨나니"란 말씀이 있는 곳은?	시 80
796	"밭 가는 자가 내 등에 갈아 그 고랑을 길게 지었도다"는 구절이 있는 곳은?	시 129
797	여호수아에게 패배한 31왕의 명단이 있는 곳은?	수 12
798	앗수르 사람을 향해 하나님의 진노의 막대기로 묘사한 자는?	이사야(10장)
799	바벨론으로 잡혀 간 유다 백성들의 수를 정확히 밝히는 책은?	렘 52 (왕하 25)
800	요시야를 애도해 예레미야가 애가를 지었다는 내용이 나오는 곳은?	대하 35:25

801	아비아달의 고향은 어디인가?	아나돗(왕상 2)
802	"산들은 단 포도를 흘리며 작은 산들은 녹으리라"는 구절이 있는 곳은?	암 9(지진 - 암, 슥)
803	포도원에 대해 노래한 포도원 노래가 나오는 곳은?	사 5, 27; 시 80; 렘 2; 겔 15; 호 10
804	르신과 베가가 아하스를 공격한 내용이 나오는 곳은?	사 7; 왕하 16
805	"우리의 콧김 곧 여호와의 기름 부으신 자가 저희 함정에 빠졌음"이 나오는 곳은?	애 4
806	"나의 날은 ( )보다 빠르니 소망 없이 보내는구나"에서 ( )에 들어갈 말은?	베틀의 북 (욥 7:6)
807	시편에서 에돔 멸망에 대해 나오는 곳은?	시 137
808	"여호와여 이스라엘 천만인에게로 돌아오소서"는 어디에 나오는가? (궤가 쉴 때)	민 10:36
809	한 사람이 그릇 범죄했을 때 드리는 제사, 제물은?	속죄제, 1년 된 암염소 (민 15장)
810	"너희가 나의 흰 머리로 슬피 음부로 내려가게 함이 되리라"는 누구의 말이며 어디에 나오는가?	야곱, 창 42:38
811	잠 30장의 저자는 누구이며, 누구를 위해 썼는가?	야게의 아들 아굴, 이디엘과 우갈
812	단 4장 29절에서 느부갓네살이 꿈에 본 나무 이상이 실현된 때는 언제인가?	12달 지난 후
813	히스기야의 현손이요 아마랴의 증손이요 그다랴의 손자요 아버지가 구시인 사람은? (왕족 선지자 -이사야, 스바냐)	스바냐
814	학개서의 수신자는 누구인가?	스룹바벨, 여호수아
815	"나는 너의 방패요 너의 지극히 큰 상급이니라"는 어디에 있는가?	창 15:1
816	"볼지어다 하나님께 징계받는 자에게는 복이 있나니 그런즉 너는 전능자의 경책을 업신여기지 말지니라"는 말은 누가 한 말인가?	엘리바스(욥 5:17)
817	"예루살렘은 진리의 성읍이라 일컫겠고 만군의 여호와의 산은 성산이라 일컫게 되리라"는 말씀이 있는 곳은?	슥 8:3
818	호세아의 장인은 누구인가?	디블라임
819	"너희로 천하 만민 중에서 명성과 칭찬을 얻게 하리라 나 여호와의 말이니라"는 어디에 있는가?	스바냐
820	"솔로몬이 바알하몬에 포도원이 있어 지키는 자들에게 맡겨 두고 그들로 각기 그 실과를 인하여서 은 일천을 바치게 하였구나"는 구절이 있는 곳은?	아 8:11
821	"우리의 전한 것을 누가 믿었느뇨 여호와의 팔이 뉘게 나타났느뇨"라는 말씀이 있는 곳은?	사 53
822	"너희는 정다이 예루살렘에 말하며 그것에서 외쳐 고하라 그 복역의 때가 끝났고 그 죄악의 사함을 입었느니라"는 말씀은 어디에 있는가?	사 40:2
823	"그 때에 내가 열방의 입술을 깨끗게 하여 그들로 다 나 여호와의 이름을 부르며 일심으로 섬기게 하리니"라는 구절이 있는 곳은?	습 3:9
824	민 4장에서 회막 역사에 참가할 만한 모든 자는 몇 세에서 몇 세까지인가?	30세-50세
825	민 8장에서 회막에 들어가서 봉사할 자는 몇 세에서 몇 세까지인가?	25세-50세

826	"이스라엘 자손이 애굽 땅에서 나온 후 (　　)에 여호와께서 시내 광야 회막에서 모세에게 일러 가라사대" (민 1:1)	제2년 2월 1일
827	진 중에서 신을 받은 사람은?	엘닷, 메닷
828	남방에는 아말렉이요, 산지에는 헷, 여부스, 아모리요 해안 요단가에는?	가나안
829	'아론의 싹난 지팡이'라는 말이 신약에는 어디에 나오는가? (살구나무)	히 9(민 17)
830	레위 지파의 분깃에 대한 이야기가 나오는 곳은?	레 7; 민 18; 신 18
831	발락의 아비는? (발람의 고향-브돌 / 아버지-브올)	십볼
832	'이예아바림'은 어디에 있나?	모압 변경(민 33:45)
833	'호르마'라는 지명이 나오는 곳은? (완전히 멸함)	민 14, 21; 신 1; 삿 1
834	'소멸하는 불, 질투하는 하나님'이라는 표현이 나오는 곳은?	신 4:24
835	모세의 모압 평지에서의 율법은 언제 선포되었나?	출애굽 40년 11월 1일
836	다단과 아비람의 아비는?	엘리압
837	"너희 중 모든 남자는 일년 삼차 여호와께 보이되 공수로 여호와께 보이지 말고"의 출처는?	신 16:16
838	노아의 방주가 머문 산은?	아라랏 산(7월 17일)
839	'이삭의 번제'(창 22), '다윗의 제사'(삼하 24), '솔로몬 성전 건축 시작'(대하 3)과 관련 있는 산은?	모리아 산
840	에서의 기업이 된 산은?	세일 산
841	하나님의 율법이 전수된 산은?	호렙 산(시내 산)
842	아론이 죽은 산은?	호르 산(신 10 - 모세라)
843	아론의 후계자는?	엘르아살
844	모세가 가나안 땅을 바라보며 죽은 산은?	느보 산(신 34)
845	축복의 산은?	그리심 산(신 27, 수 8)
846	드보라와 바락이 시스라를 멸한 산은? (삿 5)	다볼 산
847	기드온의 군사 중 정예 군사를 선별한 산은?	모레 산(삿 7)
848	사울이 그 아들과 함께 전사한 산은?	길보아 산(삼상 31)
849	도피성이 나오는 곳은?	신 4, 19; 수 20; 민 35
850	"성을 칠 때 먼저 평화를 선언하라"는 말씀이 있는 곳은?	신 20:10

851	에돔 사람은 형제이므로 미워하지 말라는 말씀이 있는 곳은? (총회 제외자)	신 23:7
852	신명기 23:7에는 "애굽 사람을 미워하지 말라"고 하는 이유는?	그 땅에서 객이 되었기 때문
853	모세가 하나님의 율법을 모압 평지에서 낭독했다면 에스라는 어디서 율법을 낭독하였는가?	수문 앞 광장(느 8)
854	모세의 율법을 낭독하는 시기는?	매7년 끝 면제년 초막절에
855	"어찌 한 사람이 천을 쫓으며 두 사람이 만을 도망케 하였을까"의 출처는?	신 32:30
856	2차 인구 조사에서 그 수가 가장 적은 지파는?	시므온
857	모세의 축복에서 제외된 지파는?	시므온
858	모세의 축복이 나오는 곳은?	신 33
859	"첫 수송아지같이 위엄이 있으니 그 뿔이 들소의 뿔 같도다" 는 어느 지파와 관련이 있는가?	요셉
860	"의로운 제사를 드릴 것이며 바다의 풍부한 것, 모래에 감추인 보배를 흡수하리로다"는 어느 지파에 해당하는가?	잇사갈
861	모세의 축복 중에서 축복이 머리 위에 임하기를 빌어 준 지파는?	요셉(신 33:17)
862	'기럇 세벨'의 다른 이름은?	드빌
863	"여호와의 사랑을 입은 자는 그 곁에 안전히 거하리로다…그로 자기 어깨 사이에 처하게 하시리로다" 어느 지파에 해당하는가?	베냐민
864	여호수아가 두 정탐군을 보낸 곳은?	싯딤
865	'상천하지의 하나님'이라고 말한 세 사람은?	모세(신 4:39), 솔로몬(왕상 8:23), 라합(수 2:11)
866	요단을 건넌 후 유월절을 지킨 곳은?	여리고 평지(수 5:10)
867	'유다 – ( ) – ( ) – ( ) – 아간'에서 ( )에 들어갈 사람은?	세라, 삽디, 갈미
868	아모리 5왕과의 전쟁에서 우박이 내린 곳은? (수 10-야살의 책)	벧호른 비탈에서 아세가까지
869	여호수아의 정복 때 아낙 자손이 남아 있던 곳은?	가사, 가드, 아스돗
870	바산 왕 옥은 어느 족속인가?	르바임 족속
871	브올의 아들 발람을 죽인 지파는?	르우벤
872	갈렙은 누구의 아들인가?	여분네
873	'므낫세 – ( ) – 마길'에서 ( ) 안에 들어갈 사람은?	길르앗
874	여리고를 차지한 지파는?	베냐민(수 18:21)
875	이스라엘을 20년간 괴롭힌 가나안 왕은?	야빈

876	가나안 왕 야빈의 군장은?	시스라
877	바락의 아버지는?	아히노암
878	바락이 살던 곳은? (바락 = 납달리 지파)	납달리 게데스
879	"주여 내가 무엇으로 이스라엘을 구원하리이까 보소서 나의 집은…제일 작은 자니이다"는 누구의 말인가?	기드온(삿 6:15)
880	기드온은 어느 지파 사람인가? (고향-오브라)	므낫세 지파
881	기드온이 미디안을 칠 때 한 말은? (삿 7:20)	여호와와 기드온의 칼이여
882	기드온의 부친은?	요아스
883	"용사여 여호와께서 너와 함께 계시도다"라는 말을 들은 사람은?	기드온(삿 6:12)
884	기드온 때 미디안이 진친 곳은?	모레산(삿 7:1)
885	미디안 방백 두 사람은?	스엡, 오렙
886	미디안 두 왕은?	세바, 살문나
887	기드온이 세바와 살문나를 잡은 곳은?	갈골
888	기드온이 미디안으로부터 탈취한 금 중수는?	1700세겔
889	기드온의 아들로 반란을 일으킨 자는?	아비멜렉(삿 9)
890	아비멜렉이 죽은 망대는?	데베스 망대
891	돌라는 어느 지파 사람인가?	잇사갈 지파
892	입다의 아버지는?	길르앗(삿 11:1)
893	입다가 출생 후 쫓겨나서 거한 곳은?	돕
894	입다와 에브라임 사람들이 싸울 때 에브라임 사람은 몇 명이 죽었나?	42,000명
895	엘론은 어느 지파 사람인가?	스불론
896	압돈의 아버지는?	힐렐
897	압돈의 출생지는?	비라돈
898	삼손이 여호와의 신에 감동한 마하네단은 어디와 어디 사이 있는가? (삿 13:25)	소라와 에스다올 사이
899	삼손이 수수께끼를 맞히는 사람에게 상품으로 내건 것은?	베옷 30벌과 겉옷 30벌
900	삼손은 수수께끼 상품을 어떻게 구하였나?	아스글론 사람 30명을 죽이고

901	레위인 첩으로 인한 내전으로 죽은 베냐민 사람의 수는? (삿 20:46)	25,000명
902	베냐민 600명이 4개월 동안 거한 곳은? (삿 20:47)	림몬 바위
903	"그가 생존한 자와 사망한 자에게 은혜 베풀기를 그치지 아니하도다"는 누가 누구에게 한 말인가?	나오미가 룻에게
904	사무엘을 하나님께 드릴 때 바친 예물은?	수소 3마리, 가루 1에바, 포도주 1가죽 부대
905	"여호와는 지식의 하나님이시라 행동을 달아 보시느니라"는 누구의 말인가?	한나
906	"땅의 기둥들은 여호와의 것이라 여호와께서 세계를 그 위에 세우셨도다"는 누구의 말인가?	한나
907	사도행전 3장에 등장하는 구약 인물은? (3명)	모세, 아브라함, 사무엘
908	시편 99편에 언급되는 인물은?	모세, 아론, 사무엘
909	블레셋 사람이 법궤를 위해 드린 제사는?	속건제
910	바아사가 나답 왕을 죽인 곳은?	깁브돈
911	"일의 끝이 시작보다 낫고 ( ) 마음이 교만한 마음보다 나으니라"	참는(전 7:8)
912	"보라 날이 이를지라 내가 기근을 땅에 보내리니 양식이 없어 주림이 아니며 물이 없어 갈함이 아니요 여호와의 말씀을 듣지 못한 기갈이라"의 출처는?	암 8:11
913	역대하에서 바벨론에 사로잡혀 갔던 왕은?	므낫세, 여호야김, 여호야긴
914	"날은 날에게 말하고 밤은 밤에게 지식을 전하니" 책, 장?	시 19(2절)
915	에스겔이 그발 강가에서 환상을 받은 때는 제30년 4월 5일이다. 즉 여호야긴 왕이 사로잡힌 지 몇 년인가?	5년
916	성전에 올라가는 시편은?	시 120-134
917	"호렙에서 이스라엘 자손과 세우신 언약 외에 여호와께서 모세에게 명하사 ( ) 땅에서 또 그들과 세우신 언약의 말씀이 이러하니라"	모압(신 29:1)
918	"너희는 내가 호렙에서 온 이스라엘을 위하여 내 종 모세에게 명한 법 곧 율례와 법도를 기억하라" 책과 장은?	말 4(4절)
919	하나님의 지시를 따라 모세가 이스라엘 백성 중 70명의 장로를 세운 곳은?	기브롯 핫다아와
920	시온 심판에 대한 미가(모레셋 사람)가 인용한 예언은?	렘 26:18
921	"너는 귀먹은 자를 저주하지 말며 소경 앞에 장애물을 놓지 말고 네 하나님을 경외하라 나는 여호와니라" 책, 장?	레 19(14절)
922	요시야의 아들로 유다의 왕이 된 사람은? (3명)	여호아하스, 여호야김, 시드기야
923	여로보암 2세 때 북왕국에서 활동한 예언자는?	아모스, 호세아
924	"너는 하나님 앞에서 함부로 입을 열지 말며 급한 마음으로 말을 내지 말라 하나님은 하늘에 계시고 너는 땅에 있음이여" 책과 장은?	전 5(2절)- 서원장
925	"그들이 내 백성의 상처를 심상히 고쳐 주며 말하기를 평강하다 평강하다 하나 평강이 없도다" 책과 장은?	렘 6(14절)

926	"그들이 내 백성의 상처를 심상히 고쳐 주며 말하기를 평강하다 평강하다 하나 평강이 없도다" 책과 장?	렘 8(11절)
927	"청컨대 그치소서 야곱이 미약하오니 어떻게 서리이까" 책과 장?	암 7(5절)
928	"너는 네 형제를 마음으로 미워하지 말며 이웃을 인하여 죄를 당치 않도록 그를 반드시 책선하라" 책과 장은?	레 19(17절)
929	여로보암은 어느 지파 사람인가?	에브라임
930	"네 헛된 평생의 모든 날 곧 하나님이 해 아래서 네게 주신 모든 헛된 날에 사랑하는 아내와 함께 즐겁게 살지어다 이는 네가 일평생에 해 아래서 수고하고 얻은 분복이니라" 책, 장은? (사랑하는 아내와 구구콘)	전 9(9절)
931	"나의 거룩한 산 모든 곳에서 해됨도 없고 상함도 없을 것이니 이는 물이 바다를 덮음같이 여호와를 아는 지식이 세상에 충만할 것임이니라" 책과 장은?	사 11(9절)
932	"대저 물이 바다를 덮음같이 여호와의 영광을 인정하는 것이 세상에 가득하리라" 책과 장은?	합 2(14절)
933	에스겔에서 여호와의 영광이 성전을 떠난 장과 다시 돌아오는 장은?	겔 11, 43
934	'애가, 애곡'이 나오는 책과 장은?	렘 9; 겔 19
935	'도적의 굴혈'이 나오는 책과 장은?	렘 7(11절)
936	'마골밋사빕'이 나오는 것은 예레미야 몇 장인가?	렘 20(바스훌)
937	예레미야서에서 의로운 가지가 나오는 장은?	렘 23, 33
938	"이새의 줄기에서 한 싹이 나며 그 뿌리에서 한 가지가 나서 결실할 것이요" 책과 장은?	사 11(1절)
939	예레미야서에서 포도나무 비유가 등장하는 장은?	렘 2
940	이사야, 예레미야, 에스겔의 소명장은?	사 6; 렘 1; 겔 2
941	다니엘은 을래 강변, 에스겔은 어디에서 소명을 받았나?	그발강가
942	사반의 아들 아히감(렘 26), 구스 사람 에벳멜렉(렘 38)이 구한 사람은?	예레미야
943	에스라는 어느 왕 때 잡혀 갔나?	여호야긴
944	바벨론에서 예루살렘 함락 소식을 들은 선지자는?	에스겔
945	'양과 양 사이와 수양과 수염소 사이에 심판하노라'가 나오는 책과 장은?	겔 34(17절)
946	"나는 처음이요 나는 마지막이라 나 외에 다른 신이 없느니라" 책과 장은?	사 44(6절)
947	이스마엘의 암살 음모를 총독 그다랴에게 말한 사람은?	요하난(렘 41)
948	예레미야 19장에서 오지병을 깨뜨린 곳은?	힌놈의 골짜기 (살육 골짜기)
949	이사야는 웃시야 왕이 죽던 해, 예레미야는 요시야 13년에 소명을 받았다. 다니엘은?	잡힌 지 5년 4월 5일
950	"너희 중에 다른 신을 두지 말며 이방신에게 절하지 말지어다" 책과 장은? (시편에서)	시 81(9절)

951	"네 입을 넓게 열라 내가 채우리라" 책과 장은? (입 크기 81cm)	시 81(10절)
952	성전이 완공된 것은 다리오 ( )년 ( )월 3일이다.	6, 아달
953	할렐루야로 시작해서 할렐루야로 끝나는 시편은?	시 106, 113, 135, 146-150
954	아삽의 시편은?	시 50, 73-83
955	고라의 시편은?	시 42, 44-49, 84, 85, 87, 88
956	"노염은 잠간, 은총은 평생, 저녁에는 울음이 기숙, 아침에는 기쁨"에 대한 시편은?	시 30(5절)
957	다윗이 유다 광야에 있을 때 지은 시편은?	시 63
958	느헤미야의 아버지는?	하가랴
959	모세 오경에서 절기를 언급한 책과 장은?	출 23; 레 23; 신 16; 민 29
960	제사장 위임식이 나오는 책과 장은?	레 8; 출 29
961	레위의 분깃이 나오는 책과 장은?	레 7; 민 18; 신 18
962	동해 보상법이 나오는 책과 장은?	출 21; 레 24; 신 19
963	화와 복에 대해 교훈하는 책과 장은?	신 28; 레 26
964	고핫의 아들들의 이름은?	아므람, 이스할, 헤브론, 웃시엘
965	'호르마'라는 말이 나오는 책과 장은?	민 14; 민 21; 신 1; 삿 1
966	발람을 언급하고 있는 책과 장은?	민 22-24, 31; 수 13 (벧후 2; 유 1; 계 2)
967	"내가 오늘날 네 행복을 위하여 네게 명하는 여호와의 명령과 규례를 지킬 것이 아니냐" 책과 장은?	신 10(13절)
968	'쉐마'에 대해 언급한 책과 장은?	신 6, 11
969	3년 끝 십일조를 언급하는 책과 장은?	신 14, 26
970	종에 대한 규례를 언급하고 있는 책과 장은?	신 15; 출 21
971	초태생 언약이 나오는 책과 장은?	출 13; 신 15
972	"뇌물을 받지 말라 뇌물은 지혜자의 눈을 어둡게 하고 의인의 말을 굽게 하느니라" 책과 장은?	신 16(19절)
973	서원에 대한 내용이 나오는 곳은?	신 23(21절); 전 5(3절)
974	"여호와께서 그로 땅의 높은 곳을 타고 다니게 하시며 밭의 소산을 먹게 하시며 반석에서 ( )을 굳은 반석에서 ( )을 빨게 하시며"	꿀, 기름(신 32:13)
975	"그가 그 갈빗대 하나를 취하여 ( )로 대신 채우시고"	살(창 2:21)

976	구스, 미스라임, 붓, 가나안의 아버지는?	함(창 10)
977	그랄은 어디와 어디 사이에 있는가?	가데스와 술 사이(창 20)
978	'마므레'의 다른 이름은?	기럇 아르바, 헤브론
979	"밤에 하나님이 ( ) 사람 라반에게 현몽하여 가라사대 너는 삼가 야곱에게 ( ) 말하지 말고"에서 ( ) 안에 들어갈 말은?	아람, 선악간(창 31:24)
980	"너와 나 사이에 감찰하옵소서"와 관계 있는 지명은?	미스바(창 31:49)
981	창세기 25장에서 죽은 사람은? (창 35에서 죽은 자 -이삭, 라헬, 드보라)	아브라함, 이스마엘
982	이사야서에서 '나의 진노의 막대기'라고 표현된 나라는?	앗수르
983	"도끼가 어찌…톱이 어찌…막대기" 등의 표현이 나오는 책과 장은?	사 10(15절)
984	"여호와의 책을 보라 하나도 빠진 것이 없고 하나도 그 짝이 없는 것이 없으리니" 책과 장은?	사 34
985	"손바닥으로 바다물을 헤아렸으며 뼘으로 하늘을 재었으며 땅의 티끌을 되에 담아 보았으며 명칭으로 산들을 간칭으로 작은 산" 책, 장은?	사 40(12절)
986	'여수룬' 이라는 명칭이 나오는 책과 장은? (여수룬 = 이스라엘)	사 44; 신 32; 신 33
987	'고레스'라는 이름이 나오는 책과 장은?	사 44; 사 45; 대하 36; 스 1
988	"우리의 전한 것을 누가 믿었느뇨, 여호와의 팔이 뉘게 나타났느뇨" 책과 장은?	사 53(1절)
989	"크게 외치라 아끼지 말라 네 목소리를 나팔같이 날려 내 백성에게 그 허물을, 야곱 집에 그 죄를 고하라" 책과 장은?	사 58(1절)
990	"그들이 나가서 내게 패역한 자들의 시체를 볼 것이라 그 벌레가 죽지 아니하며 그 불이 꺼지지 아니하며 모든 혈육에게 가증함이 되리라" 책과 장은?	사 66(24절)
991	"휙휙하는 채찍 소리, 굉굉하는 병거 바퀴 소리, 뛰는 말, 달리는 병거, 충돌하는 기병, 번쩍이는 칼, 번개 같은 창, 살육당한 떼, 큰 무더기 주검, 무수한 시체여, 사람이 그 시체에 걸려 넘어지니" 책과 장은?	나 3
992	"예루살렘을 위하여 평안을 구하라 예루살렘을 사랑하는 자는 형통하리로다" 책과 장은?	시 122(6절)
993	출 32장의 내용은?	금송아지 만듦 / 모세의 중보 기도 / 십계명 돌판을 깨뜨림
994	제사장의 예복을 쓰시오. (6가지)	관, 띠, 흉패, 에봇, 겉옷, 반포 속옷
995	관유는 무엇으로 만드는가? (몰육감계창)	몰약, 육계, 창포, 계피, 감람 기름
996	향 재료는? (소풍나감유)	소합향, 나감향, 풍자향, 유향
997	성막을 완공하여 봉헌한 때는?	출애굽 제2년 1월1일
998	십계명은 어디 나오는가?	출 20:1-17; 신 5:5-21
999	솔로몬이 다윗 사후에 죽인 사람은?	아도니야, 요압, 시므이
1000	맏아들을 번제로 드린 모압 왕의 이름은?	메사

1001	예루살렘의 못과 수도와 관련 있는 왕은?	히스기야
1002	'악인의 번영, 의인의 고난'에 대한 내용이 있는 시편은?	시 73
1003	이사야가 3년 동안 벗은 몸과 발로 행한 것은 어느 나라에 대한 예표인가? (애굽!)	애굽, 구스
1004	다니엘서에서 두 뿔 가진 수양은 메데와 바사를 말한다. 그러면 수염소는?	헬라
1005	모세 5경의 각각의 장수는?	50장/40장/27장/36장/34장
1006	창조 순서를 쓰시오.	빛, 어두움⇒궁창⇒바다, 육지(풀, 채소, 나무)⇒광명체⇒어조류⇒육축, 인간
1007	"보시기에 좋았더라"가 없는 날은 몇째 날인가?	둘째 날
1008	아담의 계보는 창세기 몇 장에 언급되는가?	창 5
1009	노아의 후손들은 창세기 몇 장에 언급되는가?	창 10
1010	야곱의 자녀들은 창세기 몇 장에 언급되는가?	창 30
1011	레위 지파 족보는 출애굽기 몇 장에 언급되는가?	출 6
1012	노아의 홍수가 시작된 것은 언제인가?	600년 2월 17일
1013	아라랏산에 머문 것은 언제인가?	600년 7월 17일
1014	산들의 봉우리가 보인 것은 언제인가?	600년 10월 1일
1015	지면의 물이 걷힌 것은 언제인가?	601년 1월 1일
1016	땅이 마른 것은 언제인가?	601년 2월 27일
1017	창 23장에서 죽은 사람은 누구인가?	사라
1018	창 25장에서 죽은 사람은 누구인가?	아브라함, 이스마엘
1019	창 35장에서 죽은 사람은 누구인가?	이삭, 라헬, 드보라
1020	창 50장에서 죽은 사람은 누구인가?	요셉
1021	창세기에서 '의인'이라는 말이 나오는 곳은?	창 6, 18
1022	창세기에서 십일조에 대해 언급한 곳은?	창 14, 28
1023	창세기 외에 '십일조'에 대해 언급한 곳은?	신 14; 신 26; 레 27; 민 18; 말 3
1024	멜기세덱에 대해 언급하고 있는 성경은?	창 14; 시 110(히 5, 6, 7)
1025	아브라함의 아내 3명은?	사라, 하갈, 그두라(첩)

1026	출애굽을 예언한 부분이 있는 성경은?	창 46
1027	'벧엘'이라는 지명의 출처를 밝히는 곳은? (하나님의 얼굴, 야곱 서원)	창 28
1028	'브니엘'이라는 지명의 출처를 밝히는 곳은?	창 32
1029	'엘엘로헤이스라엘'이라는 지명의 출처를 밝히는 곳은?	창 33
1030	'엘벧엘'이라는 지명의 출처를 밝히는 곳은?	창 35
1031	이삭이 단을 쌓은 곳은?	브엘세바
1032	유다-사자 새끼, 잇사갈-건강한 나귀, 단-뱀, 납달리, 베냐민은?	놓인 암사슴/물어뜯는 이리
1033	성경 인물의 소명장 / 아브라함-창 12, 예레미야, 사울, 모세, 사무엘, 기드온, 이사야, 에스겔은?	렘 1; 삼상 9; 출 3; 삼상 3; 삿 6; 사 6; 겔 2
1034	야곱이 아들을 축복한 순서를 쓰시오.	르-시-레-유-스-잇-단-갓-아-납-요-베
1035	출애굽기는 총 몇 장인가?	40장
1036	레위의 아들은?	게르손, 고핫, 므라리
1037	아론의 아들은?	나답, 아비후, 엘르아살, 이다말
1038	모세의 아들은?	게르솜, 엘리에셀
1039	미리암은 어디에서 죽었는가?	가데스
1040	애굽에 내린 열 가지 재앙에서 바로가 멀리 가지 말고 애굽에서 희생을 드리라고 한 재앙은?	파리
1041	애굽에 내린 열 가지 재앙에서 바로가 남정만 가라고 한 재앙은?	메뚜기
1042	애굽에 내린 열 가지 재앙에서 양과 소는 두고 가라고 한 재앙은?	흑암
1043	독종 재앙의 재료는 풀무 재 두 움큼이었다. '이' 재앙의 재료는?	땅의 티끌
1044	7일 동안 내린 재앙은?	피
1045	3일 동안 내린 재앙은?	흑암
1046	안식일에 대해 기록하고 있는 성경은?	출 16, 20, 23, 31, 35; 레 23; 신 5
1047	모세의 시내 산 등정은 출애굽기에서 몇 장에 나오는가?	출 19, 24, 34
1048	'질투의 하나님'이라는 말이 나오는 성경은?	출 20, 34; 신 4; 수 24
1049	돈을 꾸어 주어도 변리를 못 받는 경우는?	가난한 자(출 22), 동족(신)
1050	출 23장에 나오는 절기는? (무맥수-출)	무교절, 맥추절, 수장절

1051	레위기 23장에는 7대 절기가 나온다. 그 절기는?	유/ 무/ 초/ 오/ 나/ 속/ 초
1052	민수기 29장에 나오는 절기는?	나팔절/ 속죄일/ 초막절
1053	신명기 16장에 나오는 절기는? (무칠초-신)	무교절/ 칠칠절/ 초막절
1504	성막 중에서 정금으로 싼 것은?	속죄소, 등잔, 그룹, 등대
1055	성소의 건축 비용은?	금 29달란트, 730세겔
1056	한 오멜은 에바 1/10 이다. 한 세겔은 몇 게라인가?	20게라
1057	보리 한 호멜지기는 은 몇 세겔인가?	은 50세겔
1058	제사장의 의복이 나오는 곳은?	출 28, 39; 겔 42
1059	주요 중보 기도장을 쓰시오.	창 18, 32; 단 9; 요 17; 롬 9
1060	'인자'라는 말이 나오는 곳은?	출 34:7; 미 6:8; 시 42:8; 시 57:3
1061	'금송아지'가 나오는 곳은?	출 32; 신 9
1062	'투기하시며 보복하시는 하나님' 이라는 표현이 나오는 곳은?	나훔 1:2
1063	'수건'이라는 말이 있는 곳은?	고전 11; 고후 3; 출 34
1064	1차 시내 산 등반자는?	모세(출 19)
1065	2차 시내 산 등반자는? (74명)	모세, 아론, 나답, 아비후, 70인 장로(출 24)
1066	3차 시내 산 등반자는?	모세(출 34)
1067	출애굽 경로를 쓰시오.	라암셋-숙곳-에담-바알스본 맞은편 비하히롯-홍해 도하- 수르 광야-마라-엘림-신광 야-르비딤-시내 광야-바란 광야- 세렛 시내
1068	건너는 데 38년 걸린 시내는?	세렛 시내
1069	아말렉과의 전투는 어디에서 있었나?	르비딤(출 17)
1070	만나가 내리기 시작한 광야는?	신 광야(2월 15일)
1071	종려 70주가 있는 곳은?	엘림
1072	쓴물이 있었던 곳은?	마라
1073	출애굽한 이스라엘 백성이 처음으로 원망한 곳은?	바알스본 맞은편(비하히롯)
1074	레위기 총 몇 장인가?	27장
1075	제사장의 경우 속죄제를 드릴 때의 제물은?	흠 없는 수송아지

1076	이스라엘 온 회중이 범죄했을 때 속죄제의 제물은?	흠 없는 수송아지
1077	족장이 범죄했을 때 속죄제의 제물은?	흠 없는 수염소
1078	평민이 범죄했을 때 속죄제의 제물은?	흠 없는 암염소
1079	화제, 거제, 나머지 두 가지는?	요제, 전제
1080	아론이 성소에 들어가는 절차를 기록한 부분은?	레 16
1081	나팔절은 언제인가? (민 29)	7월 1일
1082	속죄일은 언제인가?	7월 10일
1083	초막절은 언제인가?	7월 15-21일
1084	3대 절기를 언급한 곳은?	출 23, 34
1085	7대 절기를 언급한 곳은?	레 23
1086	레 23장에서 성물을 먹지 못하는 자는?	문둥병자, 유출병자, 외국인, 제사장의 객, 품군
1087	"그들의 반석이 그들을 팔지 아니하였고 여호와께서 그들을 내어 주지 아니하셨더면 어찌 한 사람이 천을 쫓으며 두 사람이 만을 도망케 하였을까" 책, 장?	신 32(1.천.2.만)
1088	"너희 중 한 사람이 천 명을 쫓으리니 이는 너희 하나님 여호와 그가 너희에게 말씀하신 것같이 너희를 위하여 싸우심이라" 책, 장?	수 23(1.천)
1089	"너희 다섯이 백을 쫓고 너희 백이 만을 쫓으리니 너희 대적들이 너희 앞에서 칼에 엎드러질 것이며" 책, 장?	레 26(5.백.만)
1090	"이스라엘 중에서 천 명이 나가던 성읍에는 백 명만 남고 백 명이 나가던 성읍에는 열 명만 남으리라"의 출처는?	암 5(3절)
1091	옷니엘은 어느 지파인가?	유다
1092	옷니엘이 대적한 나라는?	메소보다미아
1093	사사 중에 왼손잡이는?	에훗
1094	에훗의 출신 지파는?	베냐민
1095	드보라의 출신 지파는?	에브라임
1096	기드온의 출신 지파는? (삿 6-8)	므낫세(고향 - 오브라)
1097	돌라의 출신 지파는?	잇사갈
1098	야일은 어디 사람인가?	길르앗
1099	입다는 어디 사람인가?	길르앗
1100	입산은 어디 사람인가?	베들레헴

1101	엘론의 출신 지파는?	스블론
1102	압돈은 어디 사람인가?	비라돈
1103	삼손의 출신 지파는? (삿 13-16)	단(父 - 마노아)
1104	에훗의 아버지는? (왼손잡이)	게라
1105	에훗의 대적은?	모압, 에글론
1106	삼갈의 대적은?	블레셋
1107	소 모는 막대기로 600명을 죽인 사사는?	삼갈(父 - 아낫)
1108	에훗 사사 때 몇 년간 평화가 있었나?	80년
1109	드보라의 대적은? (드보라-에브라임 지파, 바락-납달리 지파)	가나안 왕 야빈
1110	이스라엘 백성은 가나안 왕 야빈에게 몇 년간 압제를 받았나?	20년
1111	기드온의 대적은?	미디안의 왕 세바와 살문나
1112	기드온 사사 때 몇 년간 평화가 있었나?	40년
1113	여사사는?	드보라
1114	드보라의 남편은?	랍비돗
1115	여룹바알과 관계 있는 사사는?	기드온
1116	돌라의 아버지는? (잇사갈 지파)	부아
1117	딸을 제물로 바친 사사는?	입다
1118	아들 40, 나귀 70, 손자 30인 사사는?	압돈
1119	입다 사사 시절에 평화는 몇 년간 이어졌나?	6년
1120	입산 사사 시절에 평화는 몇 년간 이어졌나?	7년
1121	아들 30, 딸 30, 며느리 30인 사사는?	입산
1122	가나안 왕 야빈의 군장은?	시스라
1123	드보라와 바락의 노래는 사사기 몇 장에 나오는가?	삿 5
1124	미디안의 방백은?	오렙, 스엡
1125	미디안의 왕은?	세바, 살문나

1126	요담의 우화는 사사기 몇 장에 나오나?	삿 9
1127	여호수아는 몇 세에 죽었나?	110세
1128	여호수아는 어디에 장사되었나?	딤낫세라
1129	겐 사람 헤벨의 아내 야엘에게 죽임을 당한 사람은?	시스라
1130	'여호와 살롬'의 책, 장은?	삿 6
1131	기드온이 미디안을 치려고 진친 곳은?	하롯샘
1132	기드온의 부하의 이름은?	부라
1133	"에브라임의 끝물 포도가 아비에셀의 맏물 포도보다 낫지 아니하냐" 누가 한 말인가?	기드온
1134	기드온의 장자의 이름은?	여델
1135	기드온이 금으로 에봇을 만들어 어디에 두었는가?	오브라
1136	기드온의 아들은 몇 명인가?	70명
1137	세겜에 있는 기드온의 아들의 이름은?	아비멜렉(삿 9)
1138	기드온의 말째 아들 이름은?	요담
1139	요담이 그리심산 꼭대기에서 세겜을 향해 우화를 말한 후 어디로 피신하였는가?	브엘
1140	요담의 우화에서 아비멜렉을 상징하는 나무는?	가시나무
1141	데베스의 한 여인에게 죽임을 당한 사람은?	아비멜렉
1142	돌라의 아버지는?	부아
1143	이스라엘 여자들이 길르앗 사람 입다의 딸을 위해 일 년에 며칠씩 애곡하는가?	나흘
1144	엘론은 어디에 장사되었는가?	아얄론
1145	"당신의 이름이 무엇이니이까 당신의 말씀이 이룰 때에 우리가 당신을 존숭하리이다" 누가 한 말인가? (삿 13:17)	마노아
1146	삼손이 나귀 턱뼈로 1,000명을 죽인 곳은?	레히(라맛레히)
1147	삼손의 두 번째 여인은?	가사의 한 기생
1148	삼손의 세 번째 여인은?	소렉 골짜기의 들릴라
1149	대하 27장의 내용은?	요담 행적, 여호와의 전 윗문 건축, 오벨 성 증축
1150	유월절을 지킨 것은 요시야 왕 몇 년 때인가?	18년

1151	양털 깎는 자로 아합이 죽은 후 조공을 바치지 않고 이스라엘을 배반한 왕은?	모압 왕 메사
1152	대하 25장에서 부왕을 죽인 자는 죽였지만 자녀는 살린 왕은?	유다 왕 아마샤
1153	웃시야(아사랴)는 몇 년간 통치하였나?	52년(제사장 - 아사랴)
1154	문둥병이 걸린 왕은?	웃시야(수로 사업)
1155	히스기야 왕에 대한 기사가 나오는 3곳은?	사 36-39; 왕하 18-20; 대하 29-32
1156	르호보암 5년에 애굽 왕 시삭이 침략하였다. 히스기야 14년에는 누가 침입하였나?	앗수르 산헤립
1157	이사야의 아버지는?	아모스
1158	수로 공사(기혼 샘)를 한 왕은?	히스기야
1159	왕하에는 악한 왕으로 묘사하지만 대하에는 악한 왕이었지만 회개하여 선한 왕이 되었다고 묘사된 왕은?	므낫세
1160	에스라서에서 이스라엘 백성의 1차 귀환자는 몇 명인가?	49,897명(스 2, 8)
1161	에스라서는 총 몇 장으로 되어 있는가?	10장
1162	에스라 2장의 내용은?	1차 귀환자
1163	에스라 8장의 내용은?	2차 귀환자
1164	에스라 10장의 내용은?	잡혼 금지
1165	유다 목백으로 성전 기구를 가지고 귀환한 사람은?	세스바살
1166	1차 귀환 때 지도자는?	스알디엘의 아들-스룹바벨(총독) 요사닥의 아들-예수아(제사장)
1167	에스라 4장에서 성전 건축을 방해한 사람은?	르훔, 심새
1168	느헤미야가 성벽 재건 공사를 할 때 방해한 사람은?	산발랏, 도비야, 게셈
1169	맛다니야의 다른 이름은?	시드기야
1170	엘리야김 왕의 다른 이름은?	여호야김
1171	에스라서의 성전 재건을 방해한 사람 중 아닥사스다 왕 때의 사람은?	르훔, 심새
1172	에스라서의 성전 재건을 방해한 사람 중 다리오 왕 때의 사람은?	닷드내, 스달보스내(스 5)
1173	어디서 고레스의 조서를 발견하였는가?	악메다 궁
1174	에스라 6장에서 성전이 완공된 때는?	다리오 6년 아달월 3일
1175	에스라는 사독의 몇 대손이며 또 아론의 몇 대손인가?	5대, 16대

1176	에스라의 아버지는?	스라야
1177	에스라의 할아버지는?	아사랴
1178	에스라의 증조할아버지는?	힐기야
1179	에스라 8장의 내용은?	2차 귀환자 명단
1180	느헤미야는 총 몇 장으로 구성되어 있는가?	13장
1181	느헤미야의 아버지는?	하가랴
1182	느헤미야서에 양문을 건축한 사람은?	대제사장 엘리아십
1183	느헤미야 6장에서 성벽은 며칠 만에 완공되었는가?	52일
1184	느헤미야서에서 나오는 여선지자는?	노아댜
1185	느헤미야 1장의 내용은?	느헤미야의 기도
1186	느헤미야는 언제 귀국했는가?	아닥사스다 20년 니산월
1187	느헤미야 8장의 내용은?	수문 앞 광장의 율법 낭독
1188	느헤미야 9장의 내용은?	회개 기도
1189	느헤미야 12장의 내용은?	성벽 낙헌식
1190	"나는 인애를 원하고 제사를 원치 아니하며 번제보다 하나님을 아는 것을 원하노라"의 출처는?	호 6:6
1191	호세아의 자녀의 이름을 쓰시오.	이스르엘, 로루하마, 로암미
1192	정의의 선지자는?	아모스
1193	사랑의 선지자는?	호세아(부인 - 고멜)
1194	눈물의 선지자는?	예레미야
1195	호세아의 아버지는?	브에리
1196	호세아의 아내는?	고멜
1197	괴로움의 골짜기는? 여호수아 몇 장에 나오는가?	아골 골짜기, 수 7(아간)
1198	"소망의 문" 책, 장?	호 2(15절)
1199	"이스라엘의 어렸을 적에 내가 사랑하여 내 아들을 애굽에서 불러내었거늘" 책, 장, 절?	호 11:1(마 2:15)
1200	"오라, 우리가 여호와께로 돌아가자 여호와께서 우리를 찢으셨으나 도로 낫게 하실 것이요 우리를 치셨으나 싸매어 주실 것임이라" 책, 장, 절?	호 6:1

1201	"너희 묵은 땅을 기경하라" 책, 장, 절?	호 10:12; 렘 4:3
1202	아모스가 예언한 곳은?	사마리아
1203	"여호와의 만국을 벌할 날이 가까웠으니 너의 행한 대로 너도 받을 것인즉 너의 행한 것이 네 머리로 돌아갈 것이라" 책, 장, 절?	옵 1:15
1204	옵 1:18에 보면 야곱은 불, 요셉은 불꽃이라고 부른다. 에서는?	초개
1205	선지자 요나의 아버지는?	아밋대
1206	요나는 물고기 뱃속에서 얼마 동안 있었는가?	3일 3야
1207	요나가 니느웨에 가서 외친 말은?	40일이 지나면 니느웨가 무너지리라(욘 3:4)
1208	미가 6:8을 쓰시오.	사람아 주께서 선한…
1209	미가는 어디에 대해 예언하였는가?	사마리아, 예루살렘
1210	"들개같이 ( )하고 타조같이 ( )하리라"	애곡, 애통(미 1:8)
1211	"여호와는 선하시며 환난날에 산성이시라 그는 자기에게 의뢰하는 자들을 아시느니라" 책, 장, 절?	나 1:7
1212	"군병 한 사람도 없는 큰 군대" 책, 장?	나 2(1-7절)
1213	나훔의 고향은?	엘고스
1214	나훔은 니느웨 성 방백과 대장을 무엇에 비유했나?	메뚜기
1215	"정명대로 ( )가 벌거벗은 몸으로 끌려가며 그 모든 시녀가 가슴을 치며 ( )같이 슬피 우는도다"	왕후, 비둘기(나 2:7)
1216	"보라 그의 마음은 교만하며 그의 속에서 정직하지 못하니라 그러나 의인은 그 믿음으로 말미암아 살리라" 책, 장, 절?	합 2:4
1217	"주께서는 눈이 정결하시므로 악을 참아 보지 못하시며 패역을 참아 보지 못하시거늘 어찌하여 궤휼한 자들을 방관하시며 악인이 자기보다 의로운 사람을 삼키되 잠잠하시나이까?" 누가 한 질문인가?	하박국(합 1:13)
1218	"묵시를 기록하여 ( )에 명백히 새기되 달려가면서도 읽을 수 있게 하라"	판(합 2:2)
1219	"오직 여호와는 그 ( )에 계시니 온 천하는 그 앞에서 잠잠할지니라"	성전(합 2:20)
1220	"주의 일을 이 수년 내에 ( )케 하옵소서 이 수년 내에 나타내시옵소서 ( ) 중에라도 긍휼을 잊지 마옵소서"	부흥, 진노(합 3:2)
1221	하박국에는 '셀라' 라는 말이 몇 번 나오는가?	3번(합 3:3, 3:9, 3:13)
1222	아하수에로 왕의 부인 두 명은?	와스디, 에스더
1223	에스더의 다른 이름은?	하닷사
1224	에스더의 사촌 오빠는?	모르드개
1225	모르드개는 어느 지파인가?	베냐민

1226	아하수에로 왕이 다스린 나라의 범위는?	인도에서 구스까지 127도
1227	아하수에로 왕은 즉위 3년에 며칠간 잔치하였나?	180일
1228	에스더 1장의 내용은?	아하수에로 왕후 와스디 폐위
1229	에스더 2장의 내용은?	에스더 왕후로 간택
1230	에스더 3장의 내용은?	하만의 학살 음모
1231	아하수에로 왕의 문 지키는 내시는?	빅단, 데레스
1232	에스더의 아버지는?	아비하일
1233	아각 사람 함므다다의 아들은?	하만
1234	하만의 아내는?	세레스
1235	아하수에로가 조서를 내려 언제 유대인을 죽이라고 명하였는가?	아달월 13일
1236	"죽으면 죽으리라" 책, 장, 절? (부림절-12월 14-15일)	에 4:16
1237	에 4:14을 쓰시오.	이때에 네가 만일 잠잠하여…
1238	하만의 아내 세레스는 하만에게 몇 규빗의 장대를 세워 모르드개를 죽이라고 건의하였나?	50규빗
1239	충성된 말로 하만을 고발하여 하만이 세운 장대에 하만을 달 것을 건의한 내시는?	하르보나
1240	유대인들은 첫 부림절에 대적을 몇 명 죽였나?	75,000명
1241	"여호와는 지식의 하나님이시라 ( )을 달아 보시느니라" (한나)	행동(삼상 2:3)
1242	한나는 사무엘을 포함해서 몇 명의 자녀를 두었는가?	4남 2녀
1243	언약궤를 빼앗길 때 죽은 이스라엘 보병은 몇 명인가?	30,000명
1244	여호와의 궤가 블레셋에 몇 개월 있었는가?	7개월
1245	미스바와 센 사이에 있는 지명의 이름은?	에벤에셀(도움의 돌)
1246	사무엘은 이스라엘을 순회하며 통치하였다. 어디를 순회하였나?	벧엘, 길갈, 미스바, 라마
1247	사무엘의 아들은?	요엘, 아비야
1248	엘리 - ( ) - 아히둡 - ( ) - 아비아달	비느하스, 아히멜렉
1249	다윗이 골리앗을 칠 당시 블레셋은 에베스 담밈에 진치고 이스라엘은 어디에 진을 쳤나?	엘라 골짜기
1250	골리앗을 칠 당시 이 싸움에 참전한 이새의 아들은?	엘리압, 아비나답, 삼마

1251	사울의 맏딸 메랍의 남편은? (둘째 딸-미갈)	므흘랏 사람 아드리엘
1252	사울이 예언한 곳은?	라마나욧(삼상 19)
1253	요나단과 다윗이 맹세한 바위의 이름은?	에셀 바위
1254	사무엘이 죽는 것은 삼상 몇 장인가?	25장
1255	'분리하는 바위'라는 뜻을 가진 곳은? (삼상 23:28)	셀라하마느곳
1256	나발의 아내는?	아비가일
1257	"자기 백성 이스라엘에게 심히 미움을 받게 하였으니 그는 영영히 내 사역자가 되리라" 누가 누구에게 한 말인가?	가드왕 아기스가 다윗에게
1258	"사울이 여호와께 묻자오되 여호와께서 ( )으로도, ( )으로도, ( )로도 그에게 대답지 아니하시므로"	꿈, 우림, 선지자 (삼상 28)
1259	블레셋과의 전쟁에서 죽은 사울의 아들은?	요나단, 말기수아, 아비나답
1260	횃불 언약-창 15, 시내산 언약-( ), 다윗 언약-( ), 소금 언약-( )	출 19; 삼하 7; 민 18
1261	이스보셋이 왕이 된 곳은?	마하나임
1262	다윗이 아히노암으로부터 낳은 아들은?	암논
1263	아비가일-길르압, 마아가-( ), 학깃-( ), 아비달-( ), 에글라-( )	압살롬, 아도니야, 스바댜, 이드르암
1264	'바알브라심'이라는 말과 관련 있는 골짜기는?	르바임 골짜기
1265	바알레 유다의 다른 이름은?	기럇 여아림, 바알라
1266	하나님의 궤가 기럇 여아림에 몇 년간 있었나?	20년간
1267	법궤가 오벧에돔의 집에 몇 개월 간 있었나?	3개월
1268	'사람 막대기, 인생 채찍' 책, 장?	삼하 7(14절)
1269	기스-사울-요나단-( )-( )	므비보셋, 미가
1270	다윗이 밧세바와 간음한 사건이 기록된 곳과 이와 관련 있는 시편은?	삼하 11; 시 51
1271	압살롬은 암논을 어디에서 죽였는가?	에브라임 곁 바알하솔
1272	압살롬의 딸의 이름은?	다말
1273	다윗이 염곡에서 에돔 사람 몇 명을 죽였는가?	18,000명
1274	사울의 종으로 요나단의 절뚝발이 아들 므비보셋에 관해 다윗에게 말한 사람은?	시바
1275	암몬 왕 나하스의 아들은?	하눈

1276	솔로몬의 별명은?	여디디야
1277	아히도벨의 손녀이며 엘리암의 딸인 사람은?	밧세바
1278	압살롬의 머리털의 무게는? (요압이 압살롬 죽임)	200세겔
1279	아렉 사람으로 아히도벨의 모략을 무효케 한 사람은?	후새
1280	압살롬의 반역 때 다윗 편의 연락병은? (삼하 15)	사독의 아들 아히마아스, 아비아달의 아들 요나단
1281	압살롬의 군장은?	아마사
1282	"이는 왕께서 미워하는 자는 사랑하시며 사랑하는 자는 미워하시고"라고 말한 사람은?	요압(삼하 19:6)
1283	바실래(바르실래)의 아들은?	김함
1284	베냐민 사람 비그리의 아들은?	세바(삼하 20)
1285	시편 18편과 동일한 내용이 있는 곳은?	삼하 22
1286	이스비브놉을 죽인 사람은?	스루야의 아들 아비새
1287	삽을 죽인 사람은?	십브개
1288	골리앗의 아우 라흐미를 죽인 사람은?	엘하난
1289	한때 800명을 죽인 다윗의 용사는?	요셉밧세벳
1290	도대의 아들로 칼이 손에 붙을 정도까지 싸운 다윗의 용사는?	엘르아살
1291	하랄 사람으로 녹두나무 가득한 밭에서 블레셋을 친 다윗의 용사는?	삼마(녹두 삶아)
1292	여호와께서 이스라엘에 진노하사 치시려고 인구 조사를 시켰다고 기록하 는 성경은?	삼하 24
1293	인구 조사의 재앙으로 죽은 사람의 수는?	7만 명
1294	인구 조사의 결과로 임한 재앙 때 아라우나의 타작 마당에서 여호와를 위 해 단을 쌓았다고 기록하는 성경은?	삼하 24 (대상은 오르난의 타작 마당)
1295	삼하 24장에 보면 9달 20일 동안 인구를 조사한다. 이스라엘이 80만이었 는데 유다는?	50만
1296	왕국이 분열되는 것은 왕상 12장과 또 어디 나오는가?	대하 10
1297	아도니야가 왕이 되려 한 곳은?	에느로겔
1298	솔로몬이 왕이 된 곳은?	기혼 샘
1299	왕상은 누구부터 누구까지 기록하고 있는가?	다윗의 죽음-이스라엘 아하시야
1300	다윗의 죽음에 대한 것은 왕상 2장과 또 어디 나오나?	대상 29

1301	요압이 죽인 사람 3명은?	아마샤, 아브넬, 압살롬
1302	브냐야가 죽인 사람 3명은?	아도니야, 요압, 시므이
1303	솔로몬의 지혜로운 판결에 대한 기사가 나오는 곳은?	왕상 3:16-28
1304	다윗의 신하를 열거한 것은 어디에 나오나?	삼하 8, 20
1305	솔로몬 신하를 열거한 것은 어디에 나오나?	왕상 4
1306	솔로몬의 딸의 이름은? (사울의 딸-메랍, 미갈)	다밧, 바스맛
1307	솔로몬이 히람에게 매년 준 것은?	밀 2만 석, 맑은 기름 20석
1308	솔로몬이 성전 건축을 시작한 것은 출애굽한 지 몇 년인가?	480년(솔로몬 4년)
1309	솔로몬의 성전이 완공된 것은 언제?	솔로몬 11년 8월(불월)
1310	성전 봉헌 기도는 어느 책 몇 장?	대하 6; 왕상 8
1311	'상천하지의 하나님'이라는 고백을 한 사람은?	모세, 솔로몬, 라합
1312	성전 낙성식 때 솔로몬의 예물은?	소 22,000, 양 120,000
1313	솔로몬이 건축한 건축물은?	여호와의 전, 자기 궁, 밀로, 예루살렘 성, 하솔, 므깃도, 게셀
1314	솔로몬이 히람에게 갈릴리 성읍 20개를 주었다. 이때 히람이 솔로몬에게 준 것은?	금 120달란트
1315	스바 여왕이 나오는 장은?	왕상 10; 대하 9
1316	솔로몬의 금 방패는 200, 작은 방패는? (르호보암 5년, 애굽 왕 시삭에게 뺏김)	300개
1317	솔로몬은 후비가 700, 빈장은?	300명
1318	아가서에 보면 솔로몬의 왕후는 몇 명? (아 6:8)	60명
1319	아가서에 나오는 솔로몬의 비빈의 수는?	80명
1320	솔로몬을 대적한 사람은?	느밧의 아들 여로보암, 에돔 사람 하닷, 르손
1321	"나의 새끼손가락이 내 부친의 허리보다 굵으니"라고 말한 사람은?	르호보암
1322	유다와 베냐민 지파 18만이 이스라엘을 회복하기 위해 싸우러 가려고 할 때 올라가지 말라고 하나님의 말씀을 전한 선지자는?	스마야
1323	다윗의 집 요시야가 나타날 것이라고 예언한 사람은?	하나님의 사람
1324	거짓 예언으로 하나님의 사람에게 떡과 물을 먹게 한 사람은?	벧엘의 늙은 선지자
1325	여로보암의 아들 중 누가 병이 들었는가?	아비야(=아비얌)

1326	세겜, 부느엘을 건축한 이스라엘의 왕은?	여로보암
1327	여로보암의 아들은?	나답, 아비야
1328	르호보암의 어머니는?	나아마(암몬 사람)
1329	르호보암 5년에 유다를 침략한 사람은?	애굽의 시삭
1330	히스기야 14년에 유다를 침략한 사람은?	앗수르의 산헤립
1331	이스라엘의 왕 예후의 아버지는?	하나니
1332	북이스라엘의 왕으로 반역으로 왕위에 오른 사람은?	바, 시, 오, 예, 살, 므, 베, 호
1333	북이스라엘의 왕 아합 때 벧엘 사람 누가 여리고를 건축하려고 하였나?	히엘
1334	벧엘 사람 히엘의 죽은 두 아들은?	아비람, 스굽
1335	엘리야는 사르밧 과부, 엘리사는?	수넴 여인
1336	"여호와께서 지나가시는데 여호와의 앞에 크고 강한 (　)이 산을 가르고 바위를 부수나 (　) 가운데 여호와께서 계시지 아니하며 (　) 후에 (　)이 있으나 (　) 가운데도 여호와께서 계시지 아니하며 또 (　) 후에 (　)이 있으나 (　) 가운데도 여호와께서 계시지 아니하더니 (　) 후에 (　)가 있는지라" (왕상19)	바람, 바람, 바람, 지진, 지진, 지진, 불, 불, 불, 세미한 소리
1337	엘리야가 기름 부은 사람은?	하사엘(아람왕),예후(이스라엘왕), 엘리사(사밧의 아들)
1338	여로보암의 아버지는?	느밧
1339	엘리사의 아버지는?	사밧
1340	벤하닷을 살린 아합을 향해 무명의 선지자가 한 말은?	너의 목숨으로 저를 대신하리라
1341	아합의 죽음이 기록되어 있는 곳은?	왕상 22
1342	"아합이 죽은 후에 모압이 이스라엘을 배반하였더라"로 시작하는 성경은?	왕하 1:1
1343	히스기야에 대한 내용은 왕하 18-20과 또 어디에 나오나?	대하 29-32; 사 36-39
1344	"벧엘, 대머리, 암콤, 42명" 과 관련 있는 사람은?	엘리사
1345	모압 왕 메사가 배반하자 이스라엘 왕 여호람과 유다 왕 (　), 에돔 왕이 연합하였다.	여호사밧
1346	왕하 4장에 나오는 4가지 기적은?	선지자 생도 과부 기름, 수넴 여인 아이 살림, 국 해독, 급식 기적
1347	아람의 수도와 대표적 강 2개는? (왕하 5)	다메섹, 아마나, 바르발
1348	유다 왕 여호람 때 배반한 민족은?	에돔, 립나
1349	예후가 죽인 왕은?	이스라엘 왕 요람, 유다 왕 아하시야
1350	"주인을 죽인 시므리여 평안하냐"라고 말한 사람은?	이세벨

1351	예후를 이어서 북이스라엘의 왕이 된 예후의 자손은?	여호아하스, 요아스, 여로보암, 스가랴
1352	유다 왕 아하시야의 누이는?	여호세바
1353	여호야다의 직책은?	제사장
1354	유다의 왕으로 부왕을 죽인 자는 죽이고 그 자녀는 살린 왕은?	아마샤
1355	므낫세의 어머니는?	헵시바(사 62)
1356	그나아나의 아들로 철로 뿔을 만들어 예언하였으며 미가야의 뺨을 친 거짓 선지자는?	시드기야
1357	여호사밧과 아하시야가 협력하여 에시온게벨에서 배를 지어 어디로 보내려다가 파선하였나?	다시스
1358	염곡에서 에돔 1만을 죽이고 셀라를 치고 욕드엘이라 칭한 왕은?	아마샤
1359	아마샤의 뒤를 이어 유다의 왕이 된 왕은?	아사랴(웃시야)
1360	르신과 베가가 침입했을 때 앗수르 왕에게 도움을 요청한 왕은?	아하스(유다)
1361	유다 왕 아하스가 다메섹에 갔다가 단을 보고 식양을 그려 제사장 누구에게 보냈는가?	우리야
1362	엘라의 아들로 9년 동안 이스라엘을 다스린 왕은?	호세아
1363	북이스라엘은 어느 나라에 의해 멸망당했나?	앗수르(살만에셀)
1364	이스라엘의 왕들 중 반역으로 왕이 된 사람은?	바아사, 시므리, 오므리, 예후, 살룸, 므나헴, 베가, 호세아
1365	유다 왕 요아스의 모친은?	시비아(왕하 12:1)
1366	유다 왕 요아스의 신복으로 밀로성(밀로궁)에서 모반한 사람은?	요사갈, 여호사바드 (대하에는 사밧, 여호사밧)
1367	요아스를 대신하여 유다의 왕이 된 사람은?	아마샤
1368	북이스라엘이 멸망할 당시 유다의 임금은? (북이스라엘 호세아 9년 멸망)	히스기야(6년)
1369	앗수르 산헤립의 군장은?	랍사게, 다르단, 랍사리스
1370	요시야 18년에 지킨 절기는? (종교개혁-요시야 12년)	유월절
1371	요시야의 아들 3명을 쓰시오.	여호아하스, 여호야김, 시드기야
1372	유다 왕 여호야긴을 석방한 왕은?	에윌므로닥
1373	아브라함과 하갈의 아들인 이스마엘의 장자는?	느바욧
1374	삼상에는 다윗이 8번째 아들로 나온다. 대상에는?	7번째
1375	사무엘의 두 아들은?	요엘, 아비야

1376	역대상의 족보에서 없는 지파는? (대상 1-9장)	단, 스불론
1377	역대상의 족보에서 길이가 가장 짧은 지파는? (대상 1-9장)	납달리
1378	베냐민의 족보는 대상 몇 장에 나오나?	대상 8
1379	법궤는 오벧에돔의 집에 얼마 동안 있었나?	3개월
1380	노래 잘 하는 자-헤만, ( ), ( )	아삽, 에단
1381	언약궤 앞에서 항상 나팔을 분 제사장은?	브나야, 야하시엘 (대상 16:6)
1382	"이것은 아브라함에게 하신 언약이며, 이삭에게 하신 ( )며, 이는 야곱에게 세우신 ( ) 곧 이스라엘에게 하신 영원한 언약이라"	맹세, 율례(대상 16:16)
1383	기브온 산당의 제사장은?	사독
1384	대상 21장에서 요압이 왕의 명령을 밉게 여겨 계수하지 않은 지파는?	레위, 베냐민
1385	문지기-4,000명, 찬송하는 자-( ), 전의 시무-24,000명, 유사, 재판관-6,000명	4,000명
1386	24반차에 대한 내용은 대상 몇 장에 나오나?	대상 24
1387	문지기에 대한 것은 대상 몇 장에 나오나?	대상 26
1388	하나님의 말씀을 받드는 왕의 선견자는?	헤만
1389	레위 사람으로 하나님의 전 곳간, 성물 곳간을 맡은 자는?	아히야
1390	다윗의 사유 재산은 금 3,000달란트와 천은 ( )달란트이다.	7,000
1391	"여호와여 광대하심과 ( )과 ( )과 ( )과 ( )이 다 주께 속하였사오니 천지에 있는 것이 다 주의 것이로소이다"	권능, 영광, 이김, 위엄 (대상 29:11)
1392	솔로몬의 행적은 어디에 기록되어 있는가? (나아잇)	나단의 글, 아히야의 예언, 잇도의 묵시책
1393	다윗의 행적은 어디에 기록되어 있는가? (사나갓)	사무엘의 글, 나단의 글, 갓의 글
1394	솔로몬이 성전 건축을 시작한 것은 솔로몬 몇 년인가?	솔로몬 4년 2월 2일
1395	솔로몬이 성전을 봉헌한 것은 성경 어디에 기록되어 있나?	왕상 8; 대하 6
1396	스바 여왕이 나오는 책, 장?	왕상 10; 대하 9
1397	유다 왕 르호보암은 아내가 18명, 첩은 60명, 아들과 딸은 몇 명?	28명, 60명
1398	"르호보암과 방백들에게 너희가 나를 버렸으므로 나도 너희를 버려 시삭의 손에 붙였노라" 누가 한 말인가?	스마야
1399	르호보암의 모친은?	나아마
1400	르호보암의 모친은 어느 나라 사람인가?	암몬

1401	"강한 자와 약한 자 사이에는 도와줄 이가 하나님밖에 없다"고 말한 사람은?	아사(41년)
1402	"우리를 치러 오는 이 큰 무리를…주만 바라보나이다" 누구의 말인가?	여호사밧
1403	"그런즉 너희는 강하게 하라 손이 약하지 않게 하라 너희 행위에는 상급이 있음이니라" 누가 누구에게 한 말인가?	선지자 아사랴가 아사에게
1404	유다 왕 아사는 이스라엘 왕 바아사가 침공하자 누구에게 도움을 요청하였나?	아람 왕 벤하닷
1405	1404번의 일을 선견자 누가 책망하였나?	하나니
1406	"여호와의 눈은 온 땅을 두루 감찰하사 전심으로 자기에게 향하는 자를 위하여 능력을 베푸시나니" 누가 누구에게 한 말인가? (대하 16:9)	하나니가 아사에게
1407	"우리 하나님이여 저희를 징벌하지 아니하시나이까 우리를 치러 오는 이 큰 무리를 우리가 대적할 능력이 없고" 책, 장, 절?	대하 20:12
1408	대하 20:12의 말씀은 누가 한 말인가?	여호사밧
1409	"여호와는 감찰하시고 신원하여 주옵소서" 누가 한 말인가?	스가랴(대하 24)
1410	수도 시설을 건축한 유다 왕은?	히스기야
1411	영농 정책을 편 유다 왕은?	웃시야
1412	여호와의 전 윗문을 건축하고 또 오벨성을 많이 증축한 사람은?	요담
1413	"너희가 또 유다와 예루살렘 백성들을 압제하여 노예를 삼고자 생각하는도다 너희는 너희 하나님 여호와께 범죄함이 없느냐" 누가 한 말인가?	선지자 오뎃
1414	대하 36장은 어떤 내용으로 끝맺고 있는가?	고레스의 성전 건축
1415	에스라는 총 몇 장으로 구성되어 있는가?	10장
1416	느헤미야는 총 몇 장으로 구성되어 있는가?	13장
1417	에스라서에서 1차 귀환자, 2차 귀환자, 잡혼 금지에 대한 내용은 각각 몇 장에 나오는가?	2, 8, 10장
1418	에스라서에서 성전 건축을 방해한 사람은?	르훔, 심새
1419	느헤미야서에서 성벽 재건을 방해한 사람은?	산발닷, 도비야, 게셈
1420	성전 재건이 완공된 것은 다리오 왕 언제인가?	다리오 6년 아달월 3일
1421	에스라 8장에 나오는 잡혼 포기를 반대한 사람은?	요나단, 야스야, 므술람, 삽브대
1422	느헤미야서에서 초막절, 율법 낭독은 몇 장인가?	8장(수문 앞 광장)
1423	"가로되 하늘의 하나님 여호와 크고 두려우신 하나님이여 주를 사랑하고 주의 계명을 지키는 자에게 언약을 지키시며 긍휼을 베푸시는 주여 간구하나이다" 책, 장? 누구의 기도?	느 1:5, 느헤미야
1424	대제사장으로 양문을 건축한 사람은?	엘리아십
1425	느헤미야는 몇 년간 총독의 녹을 받지 아니하였나?	12년간

1426	느헤미야 당시 성벽은 며칠 만에 완공되었나?	52일 만에
1427	와스디를 폐위시킨 아하수에로 왕의 신하는?	므무간
1428	에스더의 다른 이름은?	하닷사
1429	에스더의 아버지는?	아비하일
1430	하만의 아내는?	세레스
1431	부림절은 언제인가?	아달월 14-15일
1432	욥기에서 엘리바스는 몇 장에서 말하는가?	욥 4-5, 15, 22
1433	욥기에서 빌닷이 말하는 장은?	욥 8, 18, 25
1434	욥기에서 소발이 말하는 장은?	욥 11, 20
1435	욥기에서 엘리후가 말하는 장은?	욥 32-37
1436	욥기에서 하나님이 말씀하시는 장은?	욥 38-42
1437	욥의 시험 전의 자녀의 수와 시험 수의 자녀의 수는?	7남 3녀/ 7남 3녀
1438	욥의 시험 전의 가축의 수는?	양 7,000, 약대 3,000, 소 500겨리, 암나귀 500
1439	욥의 시험 후의 가축의 수는?	양 14,000, 약대 6,000, 소 1,000겨리, 암나귀1,000
1440	'욥은 순전하고 정직하여 하나님을 경외하며 악에서 떠난 자'라고 묘사하는 곳은?	욥 1:1, 1:8, 2:3
1441	"죄 없이 망한 자가 누구인가 정직한 자의 끊어짐이 어디 있는가" 누가 한 말인가?	엘리바스(욥 4)
1442	"피곤한 자 곧 전능자 경외하는 일을 폐한 자" 누가 한 말인가?	욥
1443	너희가 말을 책망하려느냐 소망이 끊어진 자의 말은 ( ) 같으니라	바람(욥 6:26)
1444	나의 날은 ( )보다 빠르니 소망 없이 보내는구나	베틀의 북(욥 7:6)
1445	아침마다 ( )하시며 분초마다 시험하시나이까	권징(욥 7:18)
1446	"네 시작은 미약하였으나 네 나중은 심히 창대하리라" 누구의 말인가?	빌닷(욥 8)
1447	늙은 자에게는 ( )가 있고 장수하는 자에게는 ( )이 있느니라	지혜, 명철(욥 12:12)
1448	이런 말은 내가 많이 들었나니 너희는 다 ( )케 하는 안위자로구나	번뇌(욥 16:2)
1449	지금 나의 증인이 하늘에 계시고 나의 ( )이 높은 데 계시니라	보인(욥 16:19)
1450	나의 ( )이 어디 있으며 나의 ( )을 누가 보겠느냐	소망, 소망(욥 17:15)

1451	무덤더러 너는 내 아비라, (　　)더러 너는 내 어미, 내 자매라 할진대	구더기(욥 17:14)
1452	"내가 알기에는 나의 구속자가 살아 계시니 후일에 그가 땅 위에 서실 것이라 나의 이 가죽, 이것이 썩은 후에 내가 육체 밖에서 하나님을 보리라" 책, 장? (부활 사상)	욥19(25~26절)
1453	"악인의 이기는 자랑도 잠시요 사곡한 자의 즐거움도 잠간이니라"는 누구의 말인가?	소발(욥 20:5)
1454	네가 (　　)를 공수로 돌아가게 하며 (　　)의 팔을 꺾는구나	과부, 고아(욥 22:9)
1455	"하나님의 눈에는 달이라도 명랑치 못하고 별도 깨끗지 못하거든 하물며 벌레인 사람, 구더기인 인생이랴" 누구의 말인가?	빌닷(욥 25:5~6)
1456	욥기에서 지혜의 근본이 나오는 장은?	욥 28(시 111:10)
1457	욥 39장에 나오는 동물은?	산염소, 암사슴, 들나귀, 들소, 타조, 말, 메뚜기, 매, 독수리
1458	욥 40장에 나오는 동물은?	하마(물먹는 하마 40일 간다)
1459	욥 41장에 나오는 동물은?	악어
1460	욥이 시험을 통과한 후에 낳은 딸의 이름은?	여미마, 긋시아, 게렌합북
1461	성전에 올라가는 노래 시편은?	시 120~134
1462	3대 절기, 낙성식 때 부르는 시편은?	시 113~118
1463	참회 시편은?	시 6, 32. 38, 51, 102, 130, 143
1464	창조 시편은?	시 8, 19, 104, 147
1465	순례자 시편은?	시 48
1466	"손뼉치며 찬양하라"는 내용의 시편은?	시 47
1467	"새 노래로 찬양하라"는 시편은?	시 33, 40, 96, 98, 149
1468	요셉의 옥중 시편은?	시 105
1469	"새벽을 깨우리로다" 시편은?	시 57, 108
1470	성도의 죽음에 대한 시편은?	시 116
1471	형제 연합에 대한 시편은?	시 133
1472	가정 예찬 시편은?	시 128
1473	바벨론 포로 시편은?	시 137
1474	온유한 자가 받는 복에 대한 시편은?	시 37
1475	멜기세덱의 반차가 나오는 시편은?	시 110

1476	탄식 시편은?	시 13
1477	다윗이 굴에 있을 때 지은 시편은?	시 57, 142
1478	부활 시편은?	시 16, 49
1479	'지혜 근본' 시편은? (잠 1:7, 9:10; 욥 28:28)	시 111(10절)
1480	'건축자의 버린 돌' 시편은?	시 118
1481	축도 시편은?	시 67
1482	아삽의 시편은?	시 50, 73-83
1483	각 권이 시작하는 시편은?	시 1, 42, 73, 90, 107
1484	솔로몬이 지은 시편은?	시 72, 127
1485	모세가 지은 시편은?	시 90
1486	에단이 지은 시편은?	시 89(에단 팔구)
1487	고라가 지은 시편은?	시 42, 44-49, 84, 85, 86, 88
1488	성전 낙성 시편은?	시 30
1489	압살롬을 피할 때 지은 시편은?	시 3
1490	제왕 시편은?	시 2
1491	저녁 찬송 시편은?	시 4
1492	아침 기도 시편은?	시 5
1493	무신론을 언급하고 있는 시편은?	시 10, 14, 53
1494	삼하 22장이 내용과 같은 시편은?	시 18
1495	'여호와의 소리' 시편은?	시 29
1496	"허물의 사함을 얻고 그 죄의 가리움을 받은 자는 복이 있도다" 출처는?	시 32(1절)
1497	"여호와는 마음이 상한 자에게 가까이하시고 중심에 통회하는 자를 구원하시는도다" 출처는?	시 34(18절)
1498	"내 영혼아 네가 어찌하여 낙망하며 어찌하여 내 속에서 불안하여 하는고 너는 너의 하나님을 바라라" 출처는?	시 42, 43
1499	'도살할 양' 시편은?	시 44(22절)
1500	'해 돋는 데부터 해 지는 데' 시편은?	시 50, 113, 말 1

1501	'아히도벨' 시편은?	시 55
1502	굴에서 쓴 시편은?	시 57, 142
1503	"나의 영혼이 잠잠히" 시편은?	시 62
1504	악인의 번영과 의인의 고난에 대한 시편은?	시 73
1505	역사적 내용을 담고 있는 시편은?	시 78, 105, 106, 114
1506	"지존자의 은밀한 곳, 전능자의 그늘" 시편은?	시 91
1507	'많은 물소리' 시편은?	시 93
1508	"동이 서에서 먼 것 같이…체질-진토" 시편은?	시 103
1509	"저가 사모하는 영혼을 만족케 하시며 주린 영혼에게 좋은 것으로 채워 주심이로다" 출처는?	시 107(9절)
1510	"새벽 이슬 같은 주의 청년들이 주께 나오는도다" 출처는?	시 110(3절)
1511	"성도의 죽는 것을 여호와께서 귀중히 보시는도다" 출처는?	시 116(15절)
1512	"주의 의로운 규례를 인하여 내가 하루 일곱 번씩 주를 찬양하나이다" 출처는?	시 119(164절)
1513	사울의 목자장 도엑이 나오는 시편은?	시 52
1514	"우리 혼이 새가 사냥군의 올무에서 벗어남같이 되었나니" 출처는?	시 124(7절)
1515	"눈물을 흘리며 씨를 뿌리는 자"가 나오는 출처는?	시 126(5-6절)
1516	가정 애찬 시편은?	시 128
1517	시 128편에서 아내는 무엇에 자식은 무엇에 비유했나?	포도나무/ 어린 감람나무
1518	시편 136편의 후렴구는 몇 번 반복되는가?	26번
1519	"주께서 나의 앉고 일어섬을 아시며 멀리서도 나의 생각을 통촉하시오며" 출처는?	시 139(2절)
1520	다윗이 굴에서 쓴 시편은?	시 57, 142
1521	할렐루야로 시작해서 할렐루야로 끝나는 시편은?	시 146-150
1522	히스기야의 신하가 편집한 잠언은?	잠 25-29
1523	잠언에서 "솔로몬의 잠언"이라는 글이 있는 장은?	잠 1, 10, 25
1524	잠언 1장에서 말하는 잠언의 목적은?	지혜롭고 의롭고 공평하게 정직하게(지의공정)
1525	잠언의 지혜장은?	잠 3, 8

1526	잠언 6장에서 말하는 여호와의 미워하시는 것은?	교만한 눈, 거짓된 혀, 무죄한 자의 피를 흘리는 손, 악한 계교를 꾀하는 마음, 빨리 악으로 달려가는 발, 망령된 증인, 이간하는 자
1527	지혜를 의인화한 장은?	잠 3, 8
1528	'유순한 대답, 과격한 말'에 대해 언급한 잠언의 장은?	잠 15(1절)
1529	"마음의 경영, 말의 응답" 책, 장?	잠 16(1절)
1530	"겸손과 여호와를 경외함의 보응"은 무엇인가?	재물, 영광, 생명
1531	야게의 아들 아굴의 잠언은?	잠 30
1532	잠언 30장은 누구에게 이른 잠언인가?	이디엘, 우갈
1533	족하다 하지 아니하는 것은?	음부, 태, 땅, 불
1534	기이하고 깨닫지 못하는 것은?	독수리, 뱀, 배, 음녀, 남녀
1535	지혜가 많으면 ( )도 많으니 지식을 더하는 자는 ( )을 더하느니라	번뇌, 근심(전 1:18)
1536	전도서에서 때에 대하여 말하고 있는 장은?	전 3
1537	'삼겹줄' 책, 장?	전 4
1538	지혜자의 마음은 ( )에 있으되 우매자의 마음은 ( )에 있느니라	초상집, 연락하는 집 (전 7:4)
1539	"선을 행하고 죄를 범치 아니하는 의인은 세상에 아주 없느니라" 책, 장?	전 7(20절)
1540	"모든 산 자 중에 참여한 자가 소망이 있음은 산 개가 죽은 ( )보다 나음이니라"	사자(전 9:4)
1541	"게으른즉 ( )가 퇴락하고 손이 풀어진즉 ( )이 새느니라"	석가래, 집(전 10:18)
1542	"식물을 물 위에 던지라" 책, 장?	전 11(1절)
1543	전 12:1을 쓰시오.	너는 청년의 때 곧…
1544	"여러 책을 짓는 것은 끝이 없고 많이 공부하는 것은 몸을 피곤하게 하느니라" 책, 장?	전 12(12절)
1545	"하나님은 모든 행위와 모든 은밀한 일을 선악간에 심판하시리라" 책, 장?	전 12(14절)
1546	술람미 여인은 아가서 몇 장에 나오나?	아 6(Are you? 술람미)
1547	아가서에 보면 여인의 눈을 비둘기에 비유한다. 머리털, 이, 입술은?	염소, 양, 홍색실
1548	아가서에서 뺨, 목, 유방은 무엇에 비유하는가?	석류 한 쪽, 망대, 쌍태 노루 새끼
1549	아가서에 보면 솔로몬의 왕후의 수와 비빈의 수는? (아 6:8)	60, 80명
1550	아가서 7장에서는 배꼽을 무엇에 비유했나?	둥근 잔

1551	아가서 7장에서 목은 무엇에 비유했나?	상아 망대
1552	이사야서에서 열방에 대해 예언한 부분은 몇 장인가?	사 13-23
1553	예레미야에서 열방에 대해 예언한 부분은 몇 장인가?	렘 46-51
1554	에스겔에서 열방에 대해 예언한 부분은 몇 장인가?	겔 25-32
1555	이사야 선지자 시대의 왕은?	웃, 요, 아, 히
1556	이사야의 메시야 장은?	사 7, 9, 11, 53
1557	"하늘이여 들으라 땅이여 귀를 기울이라 여호와께서 말씀하시기를 내가 자식을 양육하였거늘 그들이 나를 거역하였도다" 책, 장?	사 1(2절)
1558	이사야 1장 3절을 쓰시오.	소는 그 임자를 알고…
1559	"너희가 손을 펼 때에 내가 눈을 가리우고 너희가 많이 기도할지라도 내가 듣지 아니하리니 이는 너희의 손에 ( )가 가득함이니라"	피(사 1:15)
1560	그가 열방 사이에 판단하시며 많은 백성을 판결하시리니 무리가 그 칼을 쳐서 ( )을 만들고 그 창을 쳐서 ( )을 만들 것이며	보습, 낫(사 2:4)
1561	"너희는 보습을 쳐서 칼을 만들지어다 낫을 쳐서 창을 만들지어다 약한 자도 이르기를 나는 강하다 할지어다" 책, 장?	욜 3(10절)
1562	"여호와께서 또 말씀하시되 시온의 딸들이 교만하여 늘인 목, 정을 통하는 눈으로 다니며 아죽거려 행하며 발로는 쟁쟁한 소리를 낸다 하시도다" 책, 장?	사 3(16절)
1563	포도나무의 비유가 나오는 곳은?	사 5, 27; 겔 15; 렘 2; 호 10; 시 80(요 15)
1564	웃시야 왕이 죽던 해에 소명을 받은 사람은?	이사야(사 6)
1565	"화로다 나여 망하게 되었도다 나는 입술이 부정한 사람이요" 누구의 말인가?	이사야
1566	임마누엘과 관계 있는 왕은? (사 7:14)	아하스(사 7,8)
1567	이사야의 아들의 이름은?	스알야숩, 마헬살랄하스바스
1568	"그가 거룩한 피할 곳이 되시리라 그러나 이스라엘의 두 집에는 ( ) ( )이 되실 것이며 예루살렘 거민에게는 함정, 올무가 되리라	거치는 돌, 걸리는 반석 (사 8:14)
1569	"흑암에 행하던 백성이 큰 빛을 보고 사망의 그늘진 땅에 거하던 자에게 빛이 비취도다" 책, 장?	사 9(2절)
1570	사 9:6을 쓰시오.	이는 한 아기가…
1571	이사야서에서 천년 왕국에 대해 기록한 장은?	사 11, 35, 65
1572	'장망성' 출처는? (애굽)	사 19(18절)
1573	'이상 골짜기' 출처는?	사 22
1574	벗은 몸, 벗은 발로 애굽과 구스에 대해 예언한 선지자는?	이사야(20장)
1575	이사야서에서 종말 사상이 나타나는 장은?	사 24-27

1576	이사야서에서 포도원을 언급하는 장은?	사 5, 27장
1577	'아리엘'은 어디를 두고 하는 말인가?	예루살렘(사 29)
1578	사 36-39장의 각 장의 내용은?	산헤립 침공(36), 성전 기도하는 히스기야(37), 병 회복(38), 히스기야의 자만(39)
1579	"너희는 위로하라 내 백성을 위로하라" 책, 장?	사 40(1절)
1580	"보라 내가 내 사자를 보내리니 그가 내 앞에서 길을 예비할 것이요 또 너희의 구하는 바 주가 홀연히 그 전에 임하리니 곧 너희의 사모하는 바 언약의 사자가 임할 것이라" 출처는?	말 3(1절)
1581	"보라 여호와의 크고 두려운 날이 이르기 전에 내가 선지 엘리야를 너희에게 보내리니" 책, 장?	말 4(5절)
1582	"외치는 자의 소리여 가로되 너희는 광야에서 여호와의 길을 예비하라 사막에서 우리 하나님의 대로를 평탄케 하라" 책, 장?	사 40(3절)
1583	"상한 갈대를 꺾지 아니하며 꺼져 가는 등불도 끄지 아니하고 진리로 공의를 베풀 것이며" 출처는?	사 42(3절)
1584	"내가 너를 지명하여 불렀나니 너는 내 것이라" 출처는?	사 43(1절)
1585	"보라 내가 새 일을 행하리니" 책, 장?	사 43(19절)
1586	"이 백성은 내가 나를 위하여 지었나니 나의 찬송을 부르게 하려 함이니라" 책, 장?	사 43(21절)
1587	이사야에서 고레스를 언급한 장은?	사 44-45
1588	사 53:4-6을 쓰시오.	그는 실로 우리의…
1589	안식일을 언급한 곳은?	사 56, 58; 시 92
1590	"너희는 여호와를 만날 만한 때에 찾으라 가까이 계실 때에 그를 부르라" 출처는?	사 55:6
1591	"내 집은 만민이 기도하는 집이라" 출처는?	사 56(7절)
1592	금식에 대한 언급이 있는 곳은?	사 58, 슥 7
1593	"여호와의 손이 짧아 구원치 못하심도 아니요 귀가 둔하여 듣지 못하심도 아니라" 출처는?	사 59(1절)
1594	"일어나라 빛을 발하라" 출처는?	사 60(1절)
1595	"주 여호와의 신이 내게 임하셨으니" 출처는?	사 61(1절)
1596	'헵시바, 쁄라' 출처는?	사 62
1597	토기장이 비유가 나오는 곳은?	사 29, 30, 45, 64; 렘 18 (롬 9)
1598	새 하늘과 새 땅에 대해 언급한 곳은?	사 65, 66(벧후 3, 계 21)
1599	이사야의 아버지는?	아모스
1600	예레미야의 아버지는?	힐기야

1601	에스겔의 아버지는?	부시
1602	예레미야의 성전 설교는 예레미야 몇 장인가?	렘 7, 26
1603	렘 1장에서 예레미야가 본 환상 2 가지는?	살구나무, 끓는 가마
1604	렘 2:13을 쓰시오.	내 백성이 두 가지 악을…
1605	70년 바벨론 포로를 예언한 것은 몇 장?	렘 25, 29(단 9; 슥 1)
1606	렘에서 포도나무 두 광주리 비유는 몇 장에 나오나?	렘 24
1607	사반의 아들로 예레미야를 백성의 손에서 보호한 사람은?	아히감(렘 26)
1608	2년 안에 바벨론 포로에서 돌아올 것을 예언한 거짓 선지자로 기브온 앗술의 아들은?	하나냐(렘 28)
1609	렘에서 썩은 베띠와 포도주 병이 나오는 장은?	렘 13
1610	하나님이 예레미야에게 내린 3가지 금지 명령은?	①아내를 취하지 말라 ②상가집에서 통곡하지 말라 ③잔치집에 가지 말라
1611	제사장 임멜의 아들은 바스훌이다. 이름이 어떻게 바뀌었나?	마골밋사빕(렘 20)
1612	자신의 생일을 저주한 두 사람은?	욥 3, 예레미야 20
1613	"이 온 땅이 황폐하여 놀램이 될 것이며 이 나라들은 70년 동안 바벨론 왕을 섬기리라" 책, 장?	렘 25
1614	내가 너를 순전한 참 종자 곧 ( )로 심었거늘 내게 대하여 ( )의 악한 가지가 됨은 어찜이뇨 주 여호와 내가 말하노라 네가 ( )로 스스로 씻으며 수다한 ( )를 쓸지라도 네 죄악이 오히려 내 앞에 그저 있으리니	귀한 포도나무, 이방 포도나무, 잿물, 비누 (렘 2:21-22)
1615	"너희 묵은 땅을 기경하라" 책, 장?	렘 4(3절), 호 10(12절)
1616	너희는 예루살렘 거리로 빨리 왕래하며 그 넓은 거리에서 찾아보고 알라 너희가 만일 ( )를 행하며 ( )를 구하는 자를 ( ) 사람이라도 찾으면 내가 이 성을 사하리라	공의, 진리, 한(렘 5:1)
1617	"너희는 이것이 여호와의 전이라 하는 거짓말을 믿지 말라" 책, 장?	렘 7(4절)
1618	"내 이름으로 일컬음을 받는 이 집이 너희 눈에는 도적의 굴혈로 보이느냐" 책, 장?	렘 7(11절)
1619	"유다 왕들의 뼈 방백들의 뼈 제사장들의 뼈 선지자들이 뼈 예루살렘 거민의 뼈" 책, 장?	렘 8(1절)
1620	"어찌하면 내 머리는 물이 되고 내 눈은 눈물 근원이 될꼬" 책, 장?	렘 9(1절)
1621	렘에서 깨진 오지병에 대한 이야기가 나오는 장은?	렘 19
1622	겔 14-노아, 다니엘, 욥 / 시 99-모세, 아론, 사무엘 / 렘 15-( )	모세, 사무엘
1623	렘 15장의 4가지 벌은?	죽이는 칼, 찢는 개, 삼켜 멸하는 공중의 새, 땅의 짐승
1624	렘에서 자고새의 비유가 나오는 장은?	렘 17
1625	"만물보다 거짓되고 심히 부패한 것은 마음이라" 책, 장?	렘 17(9절)

		내가 다시는 여호와를…
1626	렘 20:9을 쓰시오.	
1627	"내 생일이 저주를 받았더면 나의 어미가 나를 생산하던 날이 복이 없었더면" 누가 한 말인가?	예레미야(렘 20:14)
1628	"나의 난 날이 멸망하였더라면 남아를 배었다 하던 그 밤도 그러하였었더라면 그 날이 캄캄하였었더라면" 누가 한 말인가?	욥(욥 3)
1629	렘에서 살룸 왕에 대한 예언(잡혀 간 곳에서 죽으리라)이 있는 장은?	렘 22
1630	선지자들에 대한 말씀이라 내 중심이 상하며 내 모든 뼈가 떨리며 내가 취한 사람 같으며 포도주에 잡힌 사람 같으니 이는 여호와와 그 거룩한 ( )을 인함이라	말씀(렘 23:9)
1631	예레미야 24장에 보면 무화과 두 광주리 비유가 나온다. 여기서 악하여 먹을 수 없는 무화과는 누구를 말하는가?	유다 왕 시드기야와 방백, 예루살렘에 남은 자, 애굽 땅에 거하는 자
1632	예레미야의 성전 설교가 나오는 곳은?	렘 7, 26
1633	거짓 선지자로 예레미야의 목에서 멍에를 꺾고 평화를 예언한 선지자는?	하나냐(렘 26)
1634	"나 여호와가 말하노라 그 때에 내가 이스라엘 모든 가족의 하나님이 되고 그들은 내 백성이 되리라" 책, 장?	렘 31(1절)
1635	'새 언약'에 대한 내용이 있는 곳은?	렘 31; 고후 3; 히 8; 요일 2
1636	느헬렘 사람으로 거짓 선지자이다. 예레미야와 스바냐를 책망한 이 사람은 누구인가?	스마야(렘 29)
1637	예레미야가 산 땅은 누구의 땅이며 얼마에 샀는가?	아나돗 땅 하나멜의 밭, 은 17세겔
1638	포도주를 마시지 않고 집 짓지 않고 장막에 거하는 요나답의 후손 족속은?	레갑 족속(렘 35)
1639	여호야김 왕이 두루마리 태우는 것을 만류한 사람은?	엘라단, 들라야, 그마랴
1640	"일을 행하는 여호와, 그것을 지어 성취하는 여호와" 책, 장?	렘 33(2절)
1641	"너는 내게 부르짖으라 내가 네게 응답하겠고 네가 알지 못하는 크고 비밀한 일을 네게 보이리라" 책, 장?	렘 33(3절)
1642	렘에서 노예 해방 약속을 변개한 유다 왕은 누구인가?	시드기야(렘 34)
1643	레갑의 아들은?	요나답
1644	렘에서 두루마리를 태운 왕은?	여호야김
1645	예레미야를 구한 사람들은?	①아히감(렘 26) ②에벳멜렉(렘 38)
1646	아히감의 아들로 유다 총독이 된 사람은?	그다랴
1647	그다랴를 죽인 사람은?	느다냐의 아들 이스마엘
1648	이스마엘은 그다랴를 죽이고 순례자 70명도 죽였다. 이에 요하난이 추격하니 이스마엘은 어디로 도망하였나?	암몬
1649	렘 43장에 보면 아히감의 아들 그다랴가 남겨 둔 모든 사람과 예레미야, 바룩은 애굽 땅 어디로 이주하는가?	다바네스
1650	렘에서 열방을 향한 예언이 나오는 곳은?	렘 46-51

1651	렘에서 예루살렘 멸망에 대해 말하는 것은 몇 장?	렘 39, 52
1652	여호야긴 왕은 바벨론 포로에서 언제 풀려났는가?	에윌므로닥 원년 12월 25일
1653	예레미야애가에서 '슬프다'로 시작하는 장은?	애 1, 2, 4장
1654	라마에서 슬퍼하며 통곡하는 소리가 들리니 ( )이 그 자식을 위하여 애곡하는 것이라 그가 자식이 없으므로 위로받기를 거절하는도다	라헬(렘 31:15)
1655	"내 눈이 눈물에 상하며 내 창자가 끓으며 내 간이 땅에 쏟아졌으니 이는 처녀 내 백성이 패망하여" 책, 장?	애 2(11절)
1656	애 3:26-28을 쓰시오.	사람이 여호와의 구원을…
1657	"주께서 인생으로 고생하며 근심하게 하심이 본심이 아니시로다" 책, 장?	애 3(33절)
1658	"우리가 스스로 ( )를 조사하고 여호와께로 돌아가자"	행위(애 3:40)
1659	우리의 ( ) 곧 여호와의 기름 부으신 자가 저희 함정에 빠졌음이여	콧김(애 4:20)
1660	주께서 우리를 아주 버리셨사오며 우리에게 진노하심이 ( ) 하시나이다	특심(애 5:22)
1661	에스겔서는 총 몇 장으로 구성되어 있는가?	48장
1662	에스겔이 투기 우상, 담무스, 동방 태양을 경배하는 사람을 본 환상은 에스겔 몇 장에 나오나?	겔 8(성전 환상)
1663	갈대아 땅 ( )에서 여호와의 말씀이 부시의 아들 제사장 나 에스겔에게 특별히 임하고 여호와의 권능이 내 위에 있으니라	그발강가(겔 1:3)
1664	겔 24장에서 에스겔이 본 환상은?	녹슨 가마(아내 죽음)
1665	에스겔이 마른뼈 환상, 두 막대 환상을 본 것은 에스겔 몇 장?	겔 37
1666	'여호와 삼마' 책, 장?	겔 48
1667	에스겔서에서 열방에 대해 예언한 부분은 몇 장인가?	겔 25-32
1668	에스겔서에 나오는 속담 3가지는?	①날이 더디고 묵시가 응험이 없다(겔 12) ②어미가 어떠하면 딸도 그러하다(겔 16) ③아비가 신 포도를 먹었으므로 아들의 이가 시다(겔 18)
1669	겔 10장의 환상에서 그룹들 4면에 있는 얼굴은 어떤 얼굴을 하고 있나?	그룹, 사람, 사자, 독수리
1670	그가 그것을 내 앞에 펴시니 그 안팎에 글이 있는데 ( )와 ( )과 ( )의 말이 기록되었더라	애가, 애곡, 재앙 (겔 2:10)
1671	에스겔에서 파수꾼에 대한 내용이 있는 장은?	겔 3, 33
1672	에스겔 4장에 보면 예루살렘 멸망에 대한 상징적인 행동을 3가지 한다. 그 3가지는?	박석 그림, 390일-40일, 여러 곡식으로 떡을 만들어 모로 누워 먹음
1673	너는 또 좌편으로 누워 ( ) 족속의 죄악을 당하되 네 눕는 날수대로 그 죄악을 담당할지니라 내가 그들의 범죄한 햇수대로 네게 날수를 정하였나니 곧 ( )이니라	이스라엘, 삼백구십일 (겔 4:4-5)
1674	너는 그것을 보리떡처럼 만들어 먹되 그들의 목전에서 ( ) 불을 피워 구울지니라	인분(겔 4:12)
1675	"인자야 너는 날카로운 칼을 취하여 삭도를 삼아 네 머리털과 수염을 깎아서 저울에 달아 나누었다가 그 성읍을 에워싸는 날이 차거든 너는 터럭 1/3은 성읍 안에서 불사르고 1/3은 가지고 성읍 사방에서 칼로 치고 또 1/3은 바람에 흩으라 내가 그 뒤를 따라 칼을 빼리라" 책, 장?	겔 5(1-2절) (오! 불칼바)

1676	인자야 이제 너는 눈을 들어 북편을 바라보라 하시기로 내가 눈을 들어 북편을 바라보니 제단 문 어귀 북편에 그 (　　) 이 있더라	투기의 우상(겔 8:5)
1677	그가 또 나를 데리고 여호와의 전으로 들어가는 북문에 이르시기로 보니 거기 여인들이 앉아 (　　)를 위하여 애곡하더라	담무스(겔 8:14)
1678	내가 본즉 (　　) 사람이 북향한 윗문 길로 좇아오는데 각 사람의 손에 살육하는 기계를 잡았고 그 중에 한 사람은 (　　)을 입고 허리에 (　　) 을 찼더라 그들이 들어 와서 놋 제단 곁에 서더라	여섯, 가는 베옷, 서기관의 먹그릇(겔 9:2)
1679	겔 1장에 나오는 네 생물 환상에서 네 생물은?	사자, 독수리, 소, 사람
1680	내가 예언할 때에 브나야의 아들 (　　)가 죽기로 내가 엎드리어 큰 소리로 부르짖어 가로되　오호라 주 여호와여 이스라엘의 남은 자를 다 멸절하고자 하시나이까 하니라	블라댜(겔 11:13)
1681	에스겔서에서 행구를 옮기는 상징적인 행동을 보여 주는 장은?	겔 12
1682	"주 여호와의 말씀에 본 것이 없이 자기 심령을 따라 예언하는 우매한 선지자에게 화가 있을진저" 책, 장?	겔 13(3절)
1683	비록 (　　), (　　), (　　) 이 세 사람이 거기 있을지라도 그들은 자기의 의로 자기의 생명만 건지리라 나 주 여호와의 말이니라	노아, 다니엘, 욥 (겔 14:14)
1684	여호와께서 내게 이르시되 (　　)와 (　　)이 내 앞에 섰다 할지라도 내 마음은 이 백성을 향할 수 없나니 그들을 내 앞에서 쫓아내치라	모세, 사무엘(렘 15:1)
1685	그 제사장 중에는 (　　)와 (　　)이요 그 이름을 부르는 자 중에는 (　　)이라 저희가 여호와께 간구하매 응답하셨도다	모세, 아론, 사무엘 (시 99)
1686	이르기를 주 여호와께서 예루살렘에 대하여 말씀하시되 네 근본과 난 땅은 (　　)이요 네 아비는 (　　) 사람이요 네 어미는 (　　) 사람이라	가나안, 아모리, 헷 (겔 16:3)
1687	겔 18:23을 쓰시오.	나 주 여호와가…
1688	구약 성경에서 안식일을 언급한 곳은?	창 2; 출 34, 20, 23; 신 5; 시 92; 겔 20, 46; 느 10; 사 56, 58
1689	인자야 너는 탄식하되 (　　)가 끊어지듯이 그들의 목전에서 슬피 탄식하라	허리(겔 21:6)
1690	오홀라의 동생은?	오홀리바
1691	그 이름으로 말하면 오홀라는 (　　)요 오홀리바는 (　　)이니라	사마리아, 예루살렘(겔 23:4)
1692	에스겔의 아내가 죽는 것은 에스겔 몇 장?	겔 24
1693	두로 왕의 교만에 대해 언급한 에스겔 장은?	겔 28
1694	"네 마음이 교만하여 말하기를 나는 신이라 내가 하나님의 자리 곧 바다 중심에 앉았다 하도다 네 마음이 하나님의 마음 같은 체할지라도 너는 사람이요 신이 아니어늘" 책, 장?	겔 28(2절)
1695	"애굽 왕 바로야　내가 너를 대적하노라 너는 자기의 강들 중에 누운 큰 (　　)라 스스로 이르기를 내 이 강은 내 것이라 내가 나를 위하여 만들었다 하는도다" (욥 40 - 하마, 욥 41 - 악어)	악어(겔 29:3)
1696	겔 34:2-5을 쓰시오.	인자야 너는…
1697	내가 그들에게 복을 내리며 내 산 사면 모든 곳도 복되게 하여 때를 따라 비를 내리되 (　　)를 내리리라	복된 장마비(겔 34:26)
1698	이스라엘 하나님의 영광이 동편에서부터 오는데 하나님의 음성이 (　　) 같고 땅은 그 영광으로 인하여 빛나니	많은 물소리(겔 43:2)
1699	여호와의 영광이 (　　)으로 말미암아 전으로 들어가고	동문(겔 43:4)
1700	겔 47장의 성전에서 흘러 나오는 강물, 발목-(　　)-(　　)-(　　)	무릎, 허리, 헤엄할 물

1701	강 좌우 가에는 각종 먹을 실과 나무가 자라서 그 잎이 시들이 아니하며 실과가 끊치지 아니하고 달마다 ( )를 맺으리니 그 물이 성소로 말미암아 나옴이라 그 실과는 먹을 만하고 그 잎사귀는 ( )가 되리라	새 실과, 약 재료 (겔 47:12)
1702	그 사면의 도합이 18000척이라 그 날 후로는 그 성읍의 이름을 ( )라 하리라	여호와 삼마 (겔 48:35)
1703	여호와 삼마-겔 48, 여호와 닛시-( ), 여호와 살롬-( ), 여호와 이레-( )	출 17; 삿 6; 창 22
1704	다니엘 당시 왕의 환관장은?	아스부나스
1705	다니엘의 바벨론식 이름은? (요셉의 애굽 이름-사브낫바네아)	벨드사살
1706	하나냐, 미사엘, 아사랴의 바벨론식 이름은?	사드락, 메삭, 아벳느고
1707	다니엘은 총 몇 장으로 구성되어 있는가?	12장
1708	단 2장의 느부갓네살 왕이 꾼 꿈에 나오는 신상을 설명하시오.	머리-정금/ 가슴, 팔-은/ 배, 넓적다리-놋/ 종아리-철/ 발-철+진흙
1709	느부갓네살 왕의 시위대 장관은?	아리옥(왕하 25, 렘 52)
1710	"너희 하나님은 참으로 모든 신의 신이시요 모든 왕의 주재시로다" 누가 한 말인가?	느부갓네살(단 2:47)
1711	느부갓네살 왕이 60규빗 되는 신상을 만들어 어디에 두었나?	두라 평지
1712	"우리가 섬기는 우리 하나님이 우리를 극렬히 타는 풀무 가운데서 능히 건져 내시겠고 왕의 손에서도 건져 내시리이다 그리 아니하실지라도 왕이여 우리가 왕의 신들을 섬기지도 아니하고 왕의 세우신 금신상에게 절하지도 아니할 줄을 아옵소서" 출처는?	단 3(17-18절)
1713	( )는 하나님이 이미 왕의 나라의 시대를 세어서 그것을 끝나게 하셨다 함이요	메네
1714	( )은 왕이 저울에 달려서 부족함이 뵈었다 함이요	데겔
1715	( )는 왕의 나라가 나뉘어서 메대와 바사 사람에게 준 바 되었다 함이니이다	베레스
1716	다니엘이 벨사살 원년에 본 환상에 나오는 4짐승은?	사자, 곰, 표범, 열 뿔 짐승
1717	단 7:13-14을 쓰시오.	내가 또 밤 이상 중에…
1718	다니엘이 벨사살 3년에 환상을 보게 된다. 어느 강변인가?	을래 강변
1719	네가 본 바 두 뿔 가진 수양은 곧 ( )와 ( ) 왕들이요, 털이 많은 수염소는 곧 ( ) 왕이요 두 눈 사이에 있는 큰 뿔은 곧 그 첫째 왕이요	메대, 바사 / 헬라(단 8)
1720	그런데 바사 국군이 21일 동안 나를 막았으므로 내가 거기 바사국 왕들과 함께 머물러 있더니 군장 중 하나 ( )이 와서 나를 도와 주므로	미가엘(단 10:13)
1721	"지혜 있는 자는 궁창의 빛과 같이 빛날 것이요 많은 사람을 옳은 데로 돌아오게 한 자는 별과 같이 영원토록 비취리라" 책, 장?	단 12(3절)
1722	다니엘아 마지막 때까지 이 말을 간수하고 이 글을 봉함하라 많은 사람이 빨리 왕래하며 ( )이 더하리라	지식(단 12:4)
1723	'내 남편'이 나오는 책, 장은?	사 54; 렘 3; 호 2
1724	호세아의 아내의 이름은?	고멜
1725	호세아의 아들의 이름은?	로암미, 이스르엘

1726	호세아의 딸의 이름은?	로루하마
1727	호세아의 아버지는?	브에리
1728	요엘의 아버지는?	브두엘
1729	요나의 아버지는?	아밋대
1730	스바냐의 아버지는?	구시
1731	스가랴의 아버지는?	베레갸
1732	거기서 비로소 저의 포도원을 저에게 주고 (　　) 골짜기로 소망의 문을 삼아 주리니 저가 거기서 응대하기를 어렸을 때와 애굽 땅에서 올라오던 날과 같이 하리라	아골(호 2:14)
1733	"이 땅에는 진실도 없고 인애도 없고 하나님을 아는 지식도 없고" 출처는?	호 4(1절)
1734	내 백성이 (　　)이 없으므로 망하는도다 네가 (　　)을 버렸으므로 나도 너를 버려 내 제사장이 되지 못하게 할 것이요	지식, 지식(호 4)
1735	"오라 우리가 여호와께로 돌아가자 여호와께서 우리를 찢으셨으나 도로 낫게 하실 것이요 우리를 치셨으나 싸매어 주실 것임이라" 출처는?	호 6(1절)
1736	"그러므로 우리가 여호와를 알자 힘써 여호와를 알자 그의 나오심은 새벽 빛같이 일정하니 비와 같이 늦은 비와 같이" 출처는?	호 6(3절)
1737	호 6:6을 쓰시오.	나는 인애를 원하고…
1738	내가 저를 위하여 율법을 (　　) 가지로 기록하였으나 저희가 관계 없는 것으로 여기도다	만(호 8:12)
1739	"지금이 곧 여호와를 찾을 때니 너희 묵은 땅을 기경하라" 책, 장?	호 10(12절)
1740	"이스라엘의 어렸을 때에 내가 사랑하여 내 아들을 애굽에서 불러내었거늘" 출처는?	호 11(1절)
1741	아모스, 미가, 나훔의 출신지는?	드고아/ 모레셋/ 엘고스
1742	호세아서와 스가랴서는 총 몇 장으로 되어 있나?	각각 14장
1743	다음의 뜻은? 이스르엘-여호와께서 심으신다. 로루하마-(　　) 로암미-(　　)	긍휼히 여김을 받지 못한다/ 내 백성이 아니다
1744	"사망아 네 재앙이 어디 있느냐 음부야 네 멸망이 어디 있느냐 뉘우침이 내 목전에 숨으리라" 책, 장은?	호 13:14
1745	"나 여호와가 유다와 예루살렘 사람에게 이같이 이르노라 너희 묵을 땅을 갈고 가시덤불 속에 파종하지 말라" 책, 장은?	렘 4(3절)
1746	"여호와의 도는 정직하니 의인이라야 그 도에 행하리라 그러나 죄인은 그 도에 거쳐 넘어지리라" 책, 장은?	호 14(9절)
1747	'이른 비와 늦은 비' 책, 장은?	욜 2
1748	'소낙비' 책, 장은?	슥 10
1749	'복된 장마비' 책, 장은?	겔 34
1750	'여호와의 날' 책은?	욜, 습, 암(슥, 말)

1751	"팟종이-메뚜기-늣-황충" 책, 장은? (팟메늣황)	욜 1
1752	욜 2:13을 쓰시오.	너희는 옷을 찢지 말고…
1753	"그 후에 내가 내 신을 만민에게 부어 주리니" 책, 장은?	욜 2(28-32)
1754	너희 자녀들이 장래일을 말할 것이며 너희 ( )는 꿈을 꾸며 너희 ( )는 이상을 볼 것이며	늙은이, 젊은이(욜 2:28)
1755	너희는 ( )을 쳐서 ( )을 만들지어다 낫을 쳐서 창을 만들지어다 약한 자도 이르기를 나는 강하다 할지어다	보습, 칼(욜 3:10)
1756	사람이 많음이여 ( ) 골짜기에 사람이 많음이여	판결(욜 3:14)
1757	내가 이적을 하늘과 땅에 베풀리니 곧 ( )와 ( )과 ( )이라	피, 불, 연기 기둥(욜 2)
1758	내가 만국을 모아 데리고 ( ) 골짜기에 내려가서 내 백성 곧 내 기업된 이스라엘을 위하여 거기서 그들을 국문하리니	여호사밧(욜 3:2)
1759	'지진'에 대해서 언급한 책은?	아모스, 스가랴
1760	드고아의 목자로 남쪽 사람이지만 북쪽에서 예언한 선지자는?	아모스
1761	유다 왕 웃시야의 시대 곧 이스라엘 왕 요아스의 아들 ( )의 시대의 지진 전 이년에 드고아의 목자 중 ( )가 이스라엘에 대하여 묵시 받은 말씀이라	여로보암, 아모스(암 1)
1762	"목자의 초장이 애통하며 갈멜산 꼭대기가 마르리로다" 책, 장은?	암 1(2절)
1763	암 1장에 기록된 다메섹의 죄는?	철 타작기로 타작하듯 길르앗을 압박함
1764	암 1장에 기록된 가사의 죄는?	사로잡은 자를 에돔에 붙임
1765	암 1장에 기록된 두로의 죄는?	형제 계약을 기억하지 않고 에돔에 붙임
1766	암 1장에 기록된 에돔의 죄는?	칼로 형제를 쫓음, 노, 분을 품음
1767	암 1장에 기록된 암몬의 죄는?	지경을 넓히고자 길르앗의 아이 벤 여인의 배를 가름
1768	암 2장에 기록된 모압의 죄는?	에돔 왕의 뼈를 불살라 회를 만듦
1769	암 2장에 기록된 유다의 죄는?	율법 멸시, 율례 지키지 않음, 거짓에 미혹됨
1770	암 2장에 기록된 이스라엘의 죄는?	은을 받고 의인을 팔며 신 한 켤레로 궁핍한 자를 팔며 가난한 자의 머리의 티끌을 탐냄
1771	"사자가 움킨 것이 없고야 어찌 수풀에서 부르짖겠으며 젊은 사자가 잡은 것이 없고야 어찌 굴에서 소리를 내겠느냐" 책, 장은?	암 3(4절)
1772	"주 여호와께서는 자기의 비밀을 그 종 선지자들에게 보이지 아니하시고는 결코 행하심이 없으시리라" 책, 장은?	암 3(7절)
1773	사자가 부르짖은즉 누가 두려워하지 아니하겠느냐 주 여호와께서 말씀하신즉 누가 ( )하지 아니하겠느냐	예언(암 3:8)
1774	( )산에 거하는 바산 암소들아 이 말을 들으라 너희는 가난한 자를 학대하며 궁핍한 자를 압제하며	사마리아(암 4:1)
1775	너희는 ( )에 가서 범죄하며 ( )에 가서 죄를 더하며 아침마다 너희 희생을 삼일마다 너희 십일조를 드리며	벧엘, 길갈(암 4:4)

1776	이스라엘 중에서 (　) 명이 나가던 성읍에는 (　) 명만 남고 (　) 명이 나가던 성읍에는 (　) 명만 남으리라	천, 백, 백, 열(암 5:3)
1777	"한 집에 열 사람이 남는다 하여도 다 죽을 것이라" 책, 장?	암 6(9절)
1778	"너희가 만일 공의를 행하며 진리를 구하는 자를 한 사람이라도 찾으면 내가 이 성을 사하리라" 책, 장?	렘 5(1절)
1779	아모스 7장에 나오는 환상은?	황충, 불, 다림줄
1780	아모스 8장에 나오는 환상은?	여름 실과 한 광주리
1781	아모스 9장에 나오는 환상은?	문지방 환상
1782	"선견자야 너는 유다 땅으로 도망하여 가서 거기서나 떡을 먹으며 거기서나 예언하고 다시는 벧엘에서 예언하지 말라" 누가 한 말인가?	아마샤(암 7)
1783	"나는 선지자가 아니며 선지자의 아들도 아니요 나는 목자요" 누가 누구에게 한 말인가?	아모스가 아마샤에게
1784	"네 아내는 성읍 중에서 창기가 될 것이요 네 자녀들은 칼에 엎드러지며 네 땅은 줄 띄워 나누일 것이며" 누가 누구에게 한 말인가?	아모스가 아마샤에게
1785	"보라 날이 이를지라 내가 기근을 땅에 보내리니 양식이 없어 주림이 아니며 물이 없어 갈함이 아니요 여호와의 말씀을 듣지 못한 기갈이라" 책, 장은?	암 8(11절)
1786	여호와께서 가라사대 이스라엘 자손들아 너희는 내게 (　) 족속 같지 아니하냐 내가 이스라엘을 애굽 땅에서 블레셋 사람을 (　)에서, 아람 사람을 길에서 오게 하지 아니하였느냐	구스, 갑돌(암 9:7)
1787	"그 날에 내가 다윗의 무너진 천막을 일으키고 그 틈을 막으며 그 퇴락한 것을 일으켜서 옛적과 같이 세우고" 책, 장은?	암 9(11절); 행 15
1788	"내가 저희를 그 본토에서 심으리니 저희가 나의 준 땅에서 다시 뽑히지 아니하리라 이는 네 하나님 여호와의 말씀이니라" 책, 장은?	암 9(15절)
1789	"바위 틈에 거하며 높은 곳에 사는 자여 네가 중심에 이르기를 누가 능히 나를 땅에 끌어내리겠느냐 하니 너의 중심의 교만이 너를 속였도다" 책, 장은?	옵 1(3절)
1790	네가 네 형제 (　)에게 행한 포악을 인하여 수욕을 입고 영원히 멸절되리라	야곱(옵 1:10)
1791	"나는 히브리 사람이요 바다와 육지를 지으신 하늘의 하나님 여호와를 경외하는 자로라" 누구의 말인가?	요나
1792	"나는 감사하는 목소리로 주께 제사를 드리며 나의 서원을 갚겠나이다 구원은 여호와께로서 말미암나이다" 누구의 기도인가?	요나(욘 2)
1793	니느웨는 극히 큰 성읍이므로 (　)일길이라	삼(욘 3:3)
1794	요나가 니느웨에서 외친 말은?	사십일이 지나면 니느웨가 무너지리라
1795	"여호와여 원컨대 이제 내 생명을 취하소서 사는 것보다 죽는 것이 내게 나음이니이다" 책, 장은?	욘 4(3절)
1796	욘 4:10-11을 쓰시오.	여호와께서 가라사대…
1797	요나가 여호와의 낯을 피하려고 일어나 (　)로 도망하려 하여 (　)로 내려갔더니	다시스, 욥바
1798	미가와 동시대의 선지자는?	이사야, 호세아, 아모스
1799	유다 열왕…시대에 (　) 사람 미가에게 임한 여호와의 말씀	모레셋
1800	미가서는 어디에 관한 묵시인가?	사마리아, 예루살렘

1801	이러므로 내가 애통하며 애곡하고 벌거벗은 몸으로 행하며 ( )같이 애곡하고 ( )같이 애통하리니	들개, 타조(미 1:8)
1802	"야곱아 내가 정녕히 너희 무리를 다 모으며 내가 정녕히 이스라엘의 남은 자를 모으고 그들을 한 처소에 두기를 보스라 양떼 같게 하며 초장의 양떼 같게 하리니 그들의 인수가 많으므로 소리가 크게 들릴 것이며" 책, 장은?	미 2(12절)
1803	내 백성을 유혹하는 선지자는 이에 물면 평강을 외치나 그 입에 무엇을 채워 주지 아니하는 자에게는 ( )을 준비하도다	전쟁(미 3:5)
1804	그 두령은 뇌물을 위하여 ( )하며 그 제사장은 삯을 위하여 ( )하며 그 선지자는 돈을 위하여 ( ) 치면서 오히려 여호와를 의뢰하여 이르기를 여호와께서 우리 중에 계시지 아니하냐	재판, 교훈, 점(미 3:11)
1805	"베들레헴 에브라다야 너는 유다 족속 중에 작을지라도" 책, 장, 절은?	미 5:2
1806	"오직 나는 여호와를 우러러보며 나를 구원하시는 하나님을 바라보나니 나의 하나님이 나를 들으시리로다" 책, 장은?	미 7(7절)
1807	"주와 같은 신이 어디 있으리이까 주께서는 죄악을 사유하시며 그 기업의 남은 자의 허물을 넘기시며 인애를 기뻐하심으로 노를 항상 품지 아니하시나이다" 책, 장, 절은?	미 7:18
1808	"다시 우리를 긍휼히 여기셔서 우리의 죄악을 발로 밟으시고 우리의 모든 죄를 깊은 바다에 던지시리이다" 책, 장, 절은?	미 7:19
1809	주께서 옛적에 우리 열조에 맹세하신 대로 야곱에게 ( )을 베푸시며 아브라함에게 ( )을 더하시리이다	성실, 인애(미7 :20)
1810	나훔은 어느 나라에 대한 경고인가?	니느웨
1811	"여호와는 투기하시며 보복하시는 하나님이시니라. 여호와는 보복하시며 진노하시되 자기를 거스리는 자에게 보복하시며" 책, 장은?	나 1(2절)
1812	나 1:7을 쓰시오.	여호와는 선하시며…
1813	"볼지어다 아름다운 소식을 보하고 화평을 전하는 자의 발이 산 위에 있도다 유다야 네 절기를 지키고 네 서원을 갚을지어다" 책, 장, 절은?	나 1:15
1814	"휙휙하는 채찍 소리, 굉굉하는 병거 바퀴 소리, 뛰는 말" 책, 장은?	나 3(2절)
1815	너의 방백은 ( ) 같고 너의 대장은 큰 메뚜기 떼가 추운 날에는 울타리에 깃들였다가 해가 뜨면 날아감과 같으니	메뚜기(나 3:17)
1816	하박국은 총 몇 장으로 구성되어 있는가?	3장
1817	"여호와여 내가 부르짖어도 주께서 듣지 아니하시니 어느 때까지리이까 내가 강포를 인하여 외쳐도 주께서 구원치 아니하시나이다" 책, 장?	합 1(2절)
1818	"그들은 그 힘으로 자기 신을 삼는 자라 이에 바람같이 급히 몰아 지나치게 행하여 득죄하리라" 책, 장은?	합 1(11절)
1819	합 2:4을 쓰시오.	보라 그의 마음은 교만…
1820	오직 여호와는 그 ( )에 계시니 온 천하는 그 앞에서 잠잠할지어다	성전(합 2:20)
1821	"비록 무화과나무가 무성치 못하며…나는 여호와를 인하여…"책, 장?	합 3:17-18
1822	"주 여호와는 나의 힘이시라 나의 발을 사슴과 같게 하사 나로 나의 높은 곳에 다니게 하시리로다 이 노래는 영장을 위하여 내 수금에 맞춘 것이니라" 책, 장은?	합 3:19(마지막 절)
1823	왕족인 선지자는?	이사야, 스바냐
1824	스바냐는 ( )의 현손, 아마랴의 증손, ( )의 손자, ( )의 아들이다	히스기야, 그다랴, 구시
1825	'그마림', '말감'이라는 말이 나오는 성경은?	습 1(4-5절)

1826	"여호와의 큰 날이 가깝도다 가깝고도 심히 빠르도다" 책, 장은?	습 1(14절)
1827	습 2:3을 쓰시오.	여호와의 규례를…
1828	"그 선지자들은 위인이 경솔하고 간사한 자요 그 제사장들은 성소를 더럽히고 율법을 범하였도다" 책, 장은?	습 3(4절)
1829	"너의 하나님 여호와가 너의 가운데 계시니 그는 구원을 베푸실 전능자시라" 책, 장, 절?	습 3:17
1830	"내가 그 때에 너희를 이끌고 그 때에 너희를 모을지라 내가 너희 목전에서 너희 사로잡힘을 돌이킬 때에 너희로 천하 만민 중에서 명성과 칭찬을 얻게 하리라 나 여호와의 말이니라" 책, 장은?	습 3(20절, 마지막 절)
1831	다리오 왕 때 스가랴와 함께 4개월 동안 예언한 사람은?	학개
1832	학개는 총 몇 장인가?	2장
1833	학 2:8-9을 쓰시오.	은도 내 것이요…
1834	"너희는 산에 올라가서 나무를 가져다가 전을 건축하라 그리하면 내가 그로 인하여 기뻐하고 또 영광을 얻으리라" 책, 장은?	학 1(8절)
1835	스룹바벨을 축복하는 것으로 끝나는 성경은?	학개
1836	스알디엘의 아들 내 종 ( )아 나 여호와가 말하노라 그날에 내가 너를 취하고 너로 인을 삼으리니 이는 내가 너를 택하였음이니라 만군의 여호와의 말이니라	스룹바벨(학 2:23)
1837	스가랴에는 스가랴가 본 환상이 몇 가지 나오나?	8가지
1838	슥 1장에 나오는 환상 3가지는?	네 말, 네 뿔, 공장 4명
1839	슥 2장에 나오는 환상은?	척량줄
1840	슥 3장에 나오는 환상은?	대제사장 여호수아
1841	슥 4장에 나오는 환상은?	순금 등대, 두 감람나무
1842	슥 5장에 나오는 환상은?	날아가는 두루마리 / 에바 속의 여인
1843	슥 6장에 나오는 환상은?	네 병거 (홍마, 흑마, 백마, 어룽진 말)
1844	슥 4:6을 쓰시오.	그가 내게 일러 가로되…
1845	슥 4장에 나오는 두 감람나무는 기름 발리운 자를 말한다. 누구인가?	스룹바벨, 여호수아
1846	슥 5장의 날아가는 두루마리의 크기는?	장 20규빗, 광 10규빗
1847	만군의 여호와께서 말씀하시되 보라 ( )이라 이름하는 사람이 자기 곳에서 돋아나서 여호와의 전을 건축하리라	순(슥 6:12)
1848	"너희가 70년 동안 5월과 7월에 금식하고 애통하였거니와 그 금식이 나를 위하여, 나를 위하여 한 것이냐 너희의 먹으며 마심이 전혀 자기를 위하여 먹으며 자기를 위하여 마심이 아니냐" 책, 장은?	슥 7(5-6절)
1849	"보라 네 왕이 네게 임하나니 그는 공의로우며 구원을 베풀며 겸손하여서 나귀를 타나니 나귀의 작은 것 곧 나귀 새끼니라" 책, 장은?	슥 9:9
1850	봄비 때에 여호와 곧 번개를 내는 여호와께 비를 구하라 무리에게 ( )를 내려서 밭의 채소를 각 사람에게 주리라	소낙비(슥 10:1)

1851	"그들이 나를 헤아린 바 그 준가를 토기장이에게 던지라 하시기로 내가 곧 그 은 삼십을 여호와의 전에서 토기장이에게 던지고" 출처는?	슥 11(13절)
1852	"그들이 그 찌른 바 그를 바라보고 그를 위하여 애통하듯 하며 그를 위하여 통곡하기를 장자를 위하여 통곡하듯 하리로라" 출처는?	슥 12(10절)
1853	내가 이 잡힐 양 떼를 먹이니 참으로 가련한 양이라 내가 이에 막대기 둘을 취하여 하나는 ( )이라 하며 하나는 ( )이라 하고 양떼를 먹일새	은총, 연락(슥 11:7)
1854	"칼이 깨어서 내 목자, 내 짝된 자를 치라 목자를 치면 양이 흩어지려니와 작은 자들 위에는 내가 내 손을 드리우리라" 출처는?	슥 13(7절)
1855	그 날에는 말방울에까지 ( )이라 기록될 것이라 여호와의 전에 모든 솥이 제단 앞 주발과 다름이 없을 것이니	여호와께 성결(슥 14:20)
1856	큰 산아 네가 무엇이냐 네가 ( ) 앞에서 평지가 되리라 그가 머리돌을 내어 놓을 때에 무리가 외치기를 ( ) ( )이 그에게 있을지어다	스룹바벨, 은총, 은총(슥)
1857	금식에 대한 언급이 있는 곳은?	사 58, 슥 7
1858	만군의 여호와가 이미 말하여 이르기를 너희는 진실한 재판을 행하며 피차에 ( )와 ( )을 베풀며	인애, 긍휼(슥)
1859	'새 언약'의 출처는?	렘 31; 겔 36; 고후 3; 히 8; 요일 2
1860	'화평의 언약'의 출처는?	겔 34(25절)
1861	'생명과 평강의 언약'의 출처는?	말 2
1862	"나 여호와가 말하노라 에서는 야곱의 형이 아니냐 그러나 내가 야곱을 사랑하였고 에서는 미워하였으며" 출처는?	말 1(2-3절)
1863	"기록된 바 내가 야곱은 사랑하고 에서는 미워하였다 하심과 같으니라" 출처는?	롬 9(13절)
1864	"만군의 여호와가 이르노라 해 뜨는 곳에서부터 해 지는 곳까지의 이방 민족 중에서 내 이름이 크게 될 것이라" 출처는?	말 1(11절)
1865	보라 내가 너희의 종자를 견책할 것이요 ( ) 곧 너희 절기의 희생의 ( )을 너희 얼굴에 바를 것이라	똥, 똥(말 2:3)
1866	레위와 세운 나의 언약은 ( )과 ( )의 언약이라 내가 이것으로 그에게 준 것은 그로 경외하게 하려 함이라	생명, 평강(말 2:5)
1867	사람이 어찌 하나님의 것을 도적질하겠느냐 그러나 너희는 나의 것을 도적질하고도 말하기를 우리가 어떻게 주의 것을 도적질하였나이까 하도다 이는 곧 ( )와 ( )이라	십일조, 헌물(말 3:8)
1868	여호와를 경외하는 자와 그 이름을 존중히 생각하는 자를 위하여 여호와 앞에 있는 ( )에 기록하셨느니라	기념책(말 3:16)
1869	만군의 여호와가 이르노라 내가 나의 정한 날에 그들로 나의 특별한 ( )를 삼을 것이요 또 사람이 자기를 섬기는 아들을 아낌같이	소유(말 3:17)
1870	내 이름을 경외하는 너희에게는 의로운 해가 떠올라서 ( )을 발하리니 너희가 나가서 외양간에서 나온 송아지같이 뛰리라	치료하는 광선(말 4:2)
1871	또 너희가 악인을 밟을 것이니 그들이 나의 정한 날에 너희 발바닥 밑에 ( )와 같으리라 만군의 여호와의 말이니라	재(말 4:3)
1872	"보라 여호와의 크고 두려운 날이 이르기 전에 내가 선지 엘리야를 너희에게 보내리니" 출처는?	말 4(5절)
1873	생일을 저주하는 내용이 나오는 곳은?	렘 20, 욥 3
1874	살룸의 다른 이름은?	여호아하스
1875	고니야의 다른 이름은?	여고냐, 여호야긴

1876	에스겔이 환상을 본 것은 언제인가?	여호야긴이 사로잡힌 지 5년 4월 5일
1877	"내가 그들에게 일치한 마음을 주고 그 속에 새 신을 주며 그 몸에서 굳은 마음을 제하고 부드러운 마음을 주어서 내 율례를 좇으며 내 규례를 지켜 행하게 하리니 그들은 내 백성이 되고 나는 그들의 하나님이 되리라" 책, 장?	겔 11(19-20절)
1878	자신을 하나님으로 생각하고 다니엘보다 지혜롭다고 한 왕은?	두로 왕(겔 28)
1879	에스겔서에서 열국을 향한 심판이 예언된 장은?	겔 29-32
1880	에스겔의 아내가 죽은 사건은 에스겔 몇 장에 나오나?	겔 24
1881	에스겔서에서 레위 사람 제사장이 누구의 자손이라고 했나?	사독
1882	이사야가 ( )와 ( )에 대하여 본 이상이라	유다, 예루살렘(사 1:1)
1883	여호와께서 내게 이르시되 너는 큰 서판을 취하여 그 위에 통용문자로 ( )라 쓰라	마헬살랄하스바스 (사 8:1)
1884	그러나 나의 종 너 이스라엘아 나의 택한 야곱아 나의 ( ) 아브라함의 자손아	벗(사 41:8)
1885	주의 죽은 자들은 살아나고 우리의 시체들은 일어나리이다 티끌에 거하는 자들아 너희는 깨어 노래하라 ( )은 ( )이니 땅이 ( )를 내어 놓으리로다	주의 이슬, 빛난 이슬, 죽은 자 (사 26:19)-부활 사상
1886	슬프다 ( )이여 ( )이여 다윗의 진 친 성읍이여	아리엘(사 29:1)
1887	'지렁이 같은 너 야곱아' 책, 장은?	사 41
1888	"이 백성은 내가 나를 위하여 지었나니 나의 찬송을 부르게 하려 함이니라" 책, 장은?	사 43(21절)
1889	"내가 너희에게 영원한 언약을 세우리니 곧 다윗에게 허락한 확실한 은혜니라" 책, 장은?	사 55(3절)
1890	'새 하늘과 새 땅' 책, 장은?	사 65-66; 벧후 3; 계 21
1891	"여호와는 투기하시며 보복하시는 하나님이시니라" 책, 장은?	나훔 1(2절)
1892	오바댜서 11절에 있는 에돔의 범죄는?	유다 침략
1893	주께서 심지가 견고한 자를 ( )에 ( )으로 지키시리니 이는 그가 주를 ( )함이니라	평강, 평강, 의뢰 (사 26:3)
1894	니느웨에 대한 중한 경고 곧 ( ) 사람 나훔의 묵시의 글이라	엘고스
1895	( )에 맞춘 바 선지자 하박국의 기도라	시기오놋(합 3:1)
1896	스바냐 당시의 왕은?	유다 왕 요시야
1897	유다와 이스라엘의 통일을 예언한 곳은?	렘 23; 겔 37; 호 1
1898	곡과 마곡에 대한 예언이 있는 곳은?	겔 38, 39
1899	곡에 대한 예언은 신약 어디에 나오나?	계 20
1900	느헤미야의 아버지는? (동생-하나니)	하가랴

1901	"여호와께서 오늘날 너희를 위하여 행하시는 구원을 보라" 책, 장?	출 14(13절)
1902	아말렉과의 전쟁이 일어난 장소는? (여호와 닛시)	르비딤(출 17)
1903	제사장 위임식 후 제8일 만에 번제물과 기름을 사른 불이 나온 곳은?	여호와 앞에서(레 9)
1904	레위 자손이 성막 봉사를 시작하는 나이는?	30세(민 4), 25세(민 8)
1905	이스라엘이 시내 광야를 떠난 시기는? (민 10:11)	출애굽 후 제2년 2월 20일
1906	민수기 몇 장에 소금 언약에 대해 나오나?	민 18
1907	미리암과 아론이 죽은 책, 장은?	민 20
1908	"땅에는 언제든지 가난한 자가 그치지 아니하겠는고로 내가 네게 명하여 이르노니 너는 반드시 네 경내 네 형제의 곤란한 자와 궁핍한 자에게 네 손을 펼지니라" 책, 장?	신 15(11절)
1909	내가 오늘날 네게 명한 이 명령은 네게 ( ) 것도 아니요 ( ) 것도 아니라 ( ) 것도 아니니	어려운, 먼, 하늘에 있는 (신 30:11)
1910	모세가 죽어 장사된 곳은?	벧브올 맞은편 모압 땅 골짜기(신 34)
1911	이스라엘이 요단강을 건넌 후 맨 나중에 강에서 나온 사람은?	제사장(수 4)
1912	길르앗을 차지한 지파는?	므낫세(수 17)
1913	입다가 사사로 있을 때 요단 나루터에서 죽은 에브라임 사람의 수는?	42,000명
1914	압살롬이 반역한 것은 삼하 몇 장에 나오나?	삼하 15
1915	솔로몬의 유명한 재판은 어느 성경에 나오나?	왕상 3
1916	솔로몬이 해마다 번제, 감사제를 드린 횟수?	3번(왕상 9)
1917	금송아지 섬기는 죄 중에도 하나님의 칭찬과 약속을 받은 자는?	예후(왕하 10) - 4대 축복
1918	아합의 딸 아달랴의 죽음이 기록되어 있는 성경은?	왕하 11
1919	산헤립이 죽는 것은 어느 성경에 나오나?	왕하 19
1920	바벨론 왕 느부갓네살이 예루살렘을 침공한 횟수는?	3차
1921	므낫세가 왕위에 나아갈 때의 나이는?	12세(55년 통치)
1922	"또 찬송하는 자가 있으니 곧 레위 족장이라 저희가 골방에 거하여 주야로 자기 직분에 골몰하므로 다른 일을 하지 아니하였더라" 책, 장?	대상 9(33절)
1923	여호와의 궤가 다윗성으로 입성한 후 여호와의 궤 앞에서 섬기며 여호와를 칭송하며 감사하며 찬송하는 일을 한 두목은?	아삽(대상 16:1-6)
1924	에스라가 예루살렘에 돌아올 때 걸린 기간은?	4개월(스 7) - 1/1~5/1
1925	욥의 친구들이 욥을 방문하여 말을 하기 시작한 것은 며칠 후인가?	7일

1926	사람이 무엇이관대 주께서 크게 여기사 그에게 마음을 두시고 ( )마다 권징하시며 ( )마다 시험하시나이까	아침, 분초(욥 7:17-18)
1927	"네가 만일 하나님을 부지런히 구하며 전능하신 이에게 빌고 또 청결하고 정직하면 정녕 너를 돌아보시고 네 의로운 집으로 형통하게 하실 것이라" 누가 한 말인가?	빌닷(욥 8)
1928	하나님은 그 ( ) 자들을 믿지 아니하시나니 하늘이라도 그의 보시기에 부정하거든 하물며 악을 짓기를 물 마심같이 하는 가증하고 부패한 사람이겠느냐	거룩한(욥 15)-엘리바스
1929	"네가 낮춤을 받거든 높아지리라고 말하라 하나님은 겸손한 자를 구원하시느니라" 누가 한 말인가?	엘리바스(욥 22)
1930	하나님 눈에는 ( )이라도 명랑치 못하고 ( )도 깨끗지 못하거든 하물며 ( ) 사람 ( ) 인생이랴	달, 별, 벌레인, 구더기인 (욥 25)
1931	"은은 나는 광이 있고 연단하는 금은 나는 곳이 있으며" 책, 장?	욥 28(1절)
1932	하나님은 사람의 ( )을 주목하시며 사람의 모든 ( )을 감찰하시나니 악을 행한 자는 숨을 만한 흑암이나 어두운 그늘이 없느니라	길, 걸음(욥 34:21-22)
1933	여호와 내 하나님이여 나를 생각하사 응답하시고 나의 눈을 밝히소서 두렵건대 내가 ( )의 잠을 잘까 하오며	사망(시 13:3)
1934	여호와의 산에 오를 자, 거룩한 곳에 설 자의 자격은?	손이 깨끗하며 마음이 청결한 자 / 뜻을 허탄한 데 두지 아니한 자 / 거짓 맹세치 아니하는 자(시 24)
1935	여호와로 자기 ( )을 삼은 나라 곧 하나님의 기업으로 빼신 바 된 백성은 복이 있도다	하나님(시 33:12)
1936	여호와를 의뢰하여 선을 행하며 땅에 거하면서 식물로 삼아야 할 것?	그의 성실(시 37:3)
1937	"찬양하라 하나님을 찬양하라 찬양하라 우리 왕을 찬양하라 하나님은 온 땅에 왕이심이라 지혜의 시로 찬양할지어다" 책, 장?	시 47(6-7절)
1938	하나님이여 주의 이름과 같이 찬송도 땅 끝까지 미쳤으며 주의 오른손에는 ( )가 충만하도다	정의(시 48:10)
1939	에돔 사람 도엑이 사울에게 이르러 다윗이 아히멜렉의 집에 왔다고 말할 때 지은 시편은?	시 52
1940	백성들아 ( ) 저를 의지하고 그 앞에 ( )을 토하라 하나님은 우리의 피난처시로다	시시로, 마음(시 62:8)
1941	하나님이 한두 번 하신 말씀을 내가 들었나니 ( )은 하나님께 속하였다 하셨도다	권능(시 62:11)
1942	저희는 육체뿐이라 가고 다시 오지 못하는 ( )임을 기억하셨음이로다	바람(시 78:39)
1943	긍휼과 진리가 같이 만나고 ( )와 ( )이 서로 입맞추었으며 진리는 땅에서 솟아나고 의는 하늘에서 하감하였도다	의, 화평(시 85:10-11)
1944	"주여 주는 대대에 우리의 거처가 되셨나이다 산이 생기기 전 땅과 세계도 주께서 조성하시기 전 곧 영원부터 영원까지 주는 하나님이시니이다" 책, 장은?	시 90(1-2절)
1945	새 노래로 여호와께 노래하며 찬송하라는 시편은?	시 33, 40, 96, 98, 149
1946	의인을 위하여 ( )을 뿌리고 마음이 정직한 자를 위하여 ( )을 뿌렸도다	빛, 기쁨(시 97:11)
1947	"요셉이 애굽에서 감옥에 있을 때 여호와의 말씀이 그를 연단하였다" 출처는?	시 105
1948	이에 저희가 그 근심 중에서 여호와께 부르짖으매 그 고통에서 구원하시되 저가 그 ( )을 보내어 저희를 고치사 위경에서 건지시는도다	말씀(시 107:19-20)
1949	가난한 자를 ( )에서 일으키시고 궁핍한 자를 ( )에서 드셔서 방백들 곧 그 백성의 방백들과 함께 세우시며	진토, 거름 무더기 (시 113:7-8)
1950	"우리 혼이 새가 올무에서 벗어남같이" 출처는?	시 124:7

1951	네 집 내실에 있는 네 아내는 결실한 ( ) 같으며 네 상에 둘린 자식은 ( ) 같으니라	포도나무, 어린 감람나무 (시 128)
1952	여호와여 주께서 ( ) 주께서 나의 앉고 일어섬을 아시며 멀리서도 나의 생각을 통촉하시오며	나를 감찰하시고 아셨나이다 (시 139:1-2)
1953	너의 ( )를 여호와께 맡기라 그리하면 너의 ( )하는 것이 이루리라	행사, 경영(잠 16:3)
1954	"말이 많으면 허물을 면키 어려우나 그 입술을 제어하는 자는 지혜가 있느니라" 책, 장?	잠 10(19절)
1955	"마땅히 행할 길을 아이에게 가르치라 그리하면 늙어도 그것을 떠나지 아니하리라" 책, 장?	잠 22
1956	사람이 비록 일백 자녀를 낳고 또 장수하여 사는 날이 많을지라도 그 ( )에 낙이 족하지 못하고 또 그 몸이 ( ) 못하면 나는 이르기를 낙태된 자가 저보다 낫다 하노니	심령, 매장되지(전 6:3)
1957	형통한 날에는 ( ) 곤고한 날에는 ( )	기뻐하고, 생각하라(전 7)
1958	"너는 아침에 씨를 뿌리고 저녁에도 손을 거두지 말라"	전 11(6절)
1959	유대인들이 그리스도를 배반할 것을 예고한 곳은?	사 6:9-10
1960	화 있을진저 앗수르 사람이여 그는 나의 ( )요 그 손의 ( )는 나의 분한이라	진노의 막대기, 몽둥이 (사 10:5)
1961	렘 24장의 두 광주리는 무엇을 가리키는가?	유다, 바벨론
1962	"볼지어다 그 날이로다 볼지어다 임박하도다 정한 재앙이 이르렀으니 몽둥이가 꽃 피며 교만이 싹 났도다" 책, 장?	겔 7(10절)
1963	이스라엘 방백들을 위하여 네 어미는 암사자라고 애가를 지어 부르라고 명령받은 선지자는?	에스겔(겔 19)
1964	다리오 왕이 세운 방백 수는?	120명(단 6:1)
1965	"암사자가 부르짖은즉 누가 두려워하지 아니하겠느냐 주 여호와께서 말씀하신즉 누가 예언하지 아니하겠느냐" 책, 장?	암 3(8절)
1966	'군병 한 사람도 없는 큰 군대' 책, 장?	나훔 2:1-7
1967	스가랴서의 두 감람나무는 누구를 말하는가?	스룹바벨, 여호수아
1968	스가랴서에서 등대와 감람나무는 몇 장에 나오나?	슥 4
1969	'면제년'이 나오는 책, 장?	출 21; 레 25; 신 15
1970	광야에서 온천을 발견한 자의 아버지는?	시브온(창 36)
1971	유월절 어린 양을 먹지 못하는 사람은?	이방인, 거류인, 타국 품꾼
1972	성막 덮는 막과 막의 덮개는?	염소털, 붉은 물들인 수양의 가죽, 해달의 가죽
1973	가을 추수 후 지키는 절기는?	수장절(출 34:22)
1974	무교절은 언제인가? (레 23)	니산월 15일부터 7일간
1975	"레위인과 아론 자손의 직무"는 민수기 몇 장에 나오나?	민 4

1976	레위 자손의 회막 봉사 시작 연령은?	30세(민4), 25세(민 8:24)
1977	아말렉인은 남방에, 헷, 여부스, 아모리인은 산지에, 가나안인은 어디?	해변, 요단가(민 13)
1978	"눈을 감았던 자가 말하며 하나님의 말씀을 듣는 자, 전능자의 이상을 보는 자, 엎드려서 눈을 뜬 자가 말하기를" 누구의 말인가?	발람
1979	동쪽에 있는 도피성 3개는?	베셀, 길르앗 라못, 바산 골란
1980	곡식에 낫을 대는 날부터 7주를 계수하여 지키는 절기는?	칠칠절
1981	보라 내가 오늘날 ( )과 ( )과 ( )과 ( )를 내 앞에 두었나니	생명, 복, 사망, 화(신 30:15)
1982	"이제는 나 곧 내가 그인 줄 알라 나와 함께 하는 신이 없도다 내가 죽이기도 하며 살리기도 하며 상하게도 하며 낫게도 하나니" 출처는?	신 32(39절)
1983	하솔 왕 야빈과 동맹한 모든 왕들이 이스라엘과 싸우려고 진 친 곳은?	메롬 물가
1984	여호수아가 한 분깃만 받았다고 불평함으로 스스로 개척하라고 한 지파는?	요셉
1985	제일 마지막 기업을 분배받은 지파는?	단
1986	이스라엘은 드보라 이후 범죄하여 누구에게 압제를 당하였나?	7년 동안 미디안에게
1987	사울의 군장은?	아브넬
1988	솔로몬의 두 딸은?	다밧, 바스맛
1989	요나에 대한 언급이 왕하 몇 장에 나오나?	왕하 14:25
1990	솔로몬이 조사한 이스라엘에 사는 이방인의 수는?	153,600명
1991	여호사밧이 길르앗 라못 전쟁에서 돌아왔을 때 책망한 사람은?	예후(하나니 아들)
1992	모압과 암몬 자손과의 싸움에서 유다가 승리할 것을 여호사밧과 백성에게 예언한 사람은?	레위 사람 야하시엘
1993	여호사밧 당시 대제사장은?	아마랴
1994	에스라가 돌아올 때 바사 왕은?	아닥사스다
1995	"시온을 편답하고 그것을 순행하며 그 망대들을 계수하라 그 성벽을 자세히 보고 그 궁전을 살펴서 후대에 전하라" 책, 장?	시 48(12절)
1996	"환난날에 나를 부르라 내가 너를 건지리니 네가 나를 영화롭게 하리로다" 책, 장?	시 50(15절)
1997	잠언에서 사고 팔지 말아야 할 것은?	진리, 지혜, 훈계, 명철
1998	족한 줄 알지 못하고 족하다 하지 않는 것은?	음부, 태, 불, 땅
1999	히스기야 시대에 재앙을 예언한 사람은?	모레셋 사람 미가
2000	"너희가 전심으로 나를 찾고 찾으면 만나리라" 책, 장?	렘 29(13절)

2001	"네가 아름다우므로 마음이 교만하였으며 네가 영화로우므로 네 지혜를 더럽혔음이여" 출처는?	겔 28(17절)
2002	에브라임이여 내가 어찌 너를 ( )같이 놓겠느냐 이스라엘이여 내가 어찌 너를 ( )같이 두겠느냐	아드마, 스보임(호 11:8)
2003	"내가 무엇을 가지고 여호와 앞에 나아가며…사람아 주께서…" 책은?	미가(6장)
2004	민 3장의 게르손의 족장은?	엘리아십
2005	민 3장의 고핫의 족장은?	엘리사반
2006	민 3장의 므라리의 족장은?	수리엘
2007	여호사밧을 향하여 예언하여 가로되 왕이 ( )와 교제하는고로 여호와께서 왕의 지은 것을 파하시리라 하더니 이에 그 배가 파상하여 다시스로 가지 못하였더라	아하시야(대하 20)
2008	성전 건축이 중단된 것은 아닥사스다 왕 때부터 ( )까지이다.	다리오 왕 2년(스 4)
2009	에스라는 아닥사스다 7년 정월 초하루에 출발해서 ( )에 도착하였다.	오월 초하루(스 7)
2010	느헤미야는 아닥사스다 20년부터 ( )년까지 ( )년 동안 총독의 녹을 받지 않았다.	32, 12
2011	"여호와를 기뻐하는 것이 너희의 힘이니라" 책, 장?	느 8(10절)
2012	히스기야 시대 유월절 때, 규례를 어긴 지파는?	에브라임, 므낫세, 잇사갈, 스불론
2013	벗은 발 벗은 몸으로 이사야가 3년 동안 행한 것은 어느 나라에 대한 예언인가?	애굽, 구스(사 20)
2014	오홀라는 사마리아를 가리킨다. 어느 나라와 행음하였나?	애굽, 앗수르
2015	오홀리바는 예루살렘을 가리킨다. 어느 나라와 행음하였나?	앗수르, 애굽, 바벨론
2016	여호와의 ( )와 ( )이 무궁하시므로 우리가 ( )되지 아니함이니이다	자비, 긍휼, 진멸(애 3:22)
2017	홀이 ( )를 떠나지 아니하며 치리자의 지팡이가 그 발 사이에서 떠나지 아니하시기를 실로가 오시기까지 미치리니	유다(창 49)
2018	그때에 이스라엘에 왕이 없으므로 사람이 각각 그 자기 ( )에 옳은 대로 행하였더라	소견(삿 21:25)
2019	여호와께서 ( ) 후에 우리를 살리시며 제( )일에 우리를 일으키시리니	이틀, 삼(호 6:2)
2020	여호와를 ( )하며 그 ( )에 행하는 자마다 복이 있도다	경외, 도(시 128:1)
2021	블레셋이 자신의 수비대를 친 사울과 이스라엘을 치기 위해 진 친 곳은?	믹마스
2022	솔로몬을 대적한 사람은?	하닷, 르손, 여로보암
2023	느헤미야의 아버지는?	하가랴
2024	뇌물을 받고 느헤미야에게 거짓 예언하였던 사람은?	스마야(느 6)
2025	'도엑'이 나오는 시편은?	시 52

2026	히스기야에게 랍사게의 말을 전달한 사람은?	엘리아김, 셉나, 요아
2027	부시의 아들은?	에스겔
2028	구시의 아들은?	스바냐
2029	나오미가 또 가로되 보라 네 동서는 그 ( )과 그 ( )에게로 돌아가나니 너도 동서를 따라 돌아가라	백성, 신(룻 1:15)
2030	바벨론 포로에서 돌아온 사람의 족보가 기록된 곳은?	대상 9
2031	내 눈이 이 땅의 ( )된 자를 살펴 나와 함께 거하게 하리니 ( ) 길에 행하는 자가 나를 수종하리로다	충성, 완전한(시 101:6)
2032	너희는 벧엘에 가서 범죄하며 길갈에 가서 죄를 더하며 ( )마다 너희 희생을 ( )마다 너희 십일조를 드리며 누룩 넣은 것을 불살라 ( )로 드리며 ( )를 소리내어 광포하려느냐	아침, 3일, 수은제, 낙헌제 (암 4)
2033	"너희는 이것이 여호와의 전이라 여호와의 전이라 여호와의 전이라 하는 거짓말을 믿지 말라" 출처는?	렘 7(4절)
2034	"너는 이 백성을 위하여 기도하지 말라…부르짖어 구하지 말라…간구하지 말라…내가 너를 듣지 아니하리라" 출처는?	렘 7(16절)
2035	"너희는 내 목소리를 들으라 그리하면 나는 너희 하나님이 되겠고 너희는 내 백성이 되리라" 출처는?	렘 7(23절)
2036	"왕의 뼈 방백들의 뼈 제사장의 뼈 선지자의 뼈 예루살렘 거민의 뼈" 출처는?	렘 8(1절)
2037	"내 뿔이 여호와를 인하여 높아졌으며…죽이기도…살리기도…진토, 거름 더미…여호와를 대적하는 자는 산산이 깨어질 것이라" 누구의 찬양인가?	한나(삼상 2)
2038	욥기에서 "순전하고 정직하여 하나님을 경외하며 악에서 떠난 자"라는 말이 몇 번 나오나?	3번
2039	메시야 예언 시편은?	시 2, 16, 22, 24, 45, 72, 110
2040	모세의 축복 중 "여호와의 사랑을 입은 자는 그 곁에 안전히 거하리로다"라고 복을 받은 지파는?	베냐민
2041	잇도의 손자 베레갸의 아들은?	스가랴
2042	'보습, 칼, 낫, 창' 출처는?	욜 3; 사 2; 미 4
2043	"그 날은 분노의 날이요 환난과 고통의 날이요 황무와 패괴의 날이요 캄캄하고 어두운 날이요 구름과 흑암의 날이요" 출처는?	습 1(15절)
2044	삿 13장에서 삼손에게 금지된 것은?	포도주, 부정한 음식, 삭도
2045	모세의 죽음이 기록된 것은 신명기 몇 장인가?	신 34
2046	싯딤 간음 사건 이후 비느하스에게 준 복은 무엇인가?	비느하스에게는 평화의 언약, 그 자손에게는 영원한 제사장 언약의 직분
2047	아낙의 아비는?	아르바(수 15:13)
2048	레위 사람들이 거할 성읍에 대한 내용은 여호수아 몇 장에 나오나?	수 21
2049	십볼의 아들, 기드온의 부하, 드보라의 군장은?	발락, 부라, 바락
2050	요엘의 아비, 호세아의 아비는? (요엘의 父-브두엘)	브두엘, 브에리

2051	신명기에서 베냐민을 축복한 장은?	신 33
2052	다음은 누구에 대한 축복인가? "장막에 있음을 즐거워하라, 의로운 제사를 드릴 것이다"	잇사갈
2053	다음은 누구에 대한 축복인가? "암사자같이 엎드리고 팔과 정수리를 찢는다"	갓
2054	서방과 남방을 얻을 지파는?	납달리
2055	"하나님이 은밀한 일을 선악간의 심판하신다" 출처는?	전 12
2056	출애굽 여정 중에서 이스라엘 백성이 엘림과 르비딤 사이에 있는 어디를 거쳐 갔는가? (출 16)	신 광야(2월 15일)
2057	홍해 도하장은?	출 14
2058	아론의 자녀 4명은?	나답, 아비후, 엘르아살, 이다말
2059	북왕국 왕인 여로보암의 자녀 이름은?	아비야, 나답,
2060	사무엘의 자녀 이름은?	요엘, 아비야
2061	제사장 엘리의 자녀 이름은?	홉니, 비느하스
2062	요셉의 자녀 이름은?	므낫세, 에브라임
2063	모세의 자녀 이름은?	게르솜, 엘리에셀
2064	이사야의 자녀 이름은?	스알야숩, 마헬살랄하스바스
2065	호세아의 자녀 이름은?	이스르엘, 로루하마, 로암미
2066	데라가 아브람, 나홀, 하란을 낳은 나이는?	70세
2067	야곱이 천사와 씨름한 장은?	창 32
2068	다음의 특징은? 신낭이 상한 자, 신을 베인 자, 사생자, 암몬, 모압인.	총회에 못 들어옴(신 23)
2069	아모리와의 싸움에서 태양이 멈춘 기사가 있는 곳은?	수 10
2070	딤낫세라의 다른 말은?	딤낫헤레스
2071	놉 땅 제사장은?	아히멜렉
2072	다윗 시대의 제사장은?	사독, 아비아달
2073	여로보암 1세와 여로보암 2세 때 각각의 예언자는? (왕하 14:25)	아히야 / 요나
2074	아합 왕의 죽음을 예언한 사람은?	미가야
2075	역사서에서 '요나'를 언급한 곳은?	왕하 14

2076	이스라엘 왕 베가 때 앗수르의 왕은?	디글랏빌레셀
2077	여호와의 날에 대하여 언급한 소선지서는?	아모스, 요엘, 스바냐
2078	라멕의 '칼노래'가 나오는 장은?	창 4
2079	고기를 피채 먹지 말라는 구절이 나오는 곳은? (모세 오경 중)	창 9; 레 17
2080	요셉 이야기는 어디에서 시작되는가?	창 37(37-50)
2081	바산 왕 옥의 선조는?	르바임
2082	삼하 6장에서 다윗이 바알레 유다로 가서 하나님의 궤를 메어 오기 위하여 함께한 무리의 수는?	30,000명
2083	오벧에돔은 어느 족속인가?	가드
2084	앗수르 산헤립 다음의 왕은?	에살핫돈
2085	욥의 시험 내용 중에서 등장하는 외국 사람들은?	스바, 갈대아인
2086	사 24-27장의 내용은?	묵시, 종말 예고
2087	이사야의 종의 노래는 몇 장인가?	사 42, 49, 50, 53
2088	호세아의 전승은?	렘, 겔
2089	싯딤 사건(민 25장)에서 이스라엘 백성이 섬긴 이방신의 이름은?	바알브올
2090	아하시야의 병에 대하여 물은 신은?	에그론 신(바알세붑)
2091	요시야의 종교 개혁이 나오는 곳은?	왕하 22-23
2092	욥기에서 부활 사상이 나오는 곳은?	욥 19:25-26
2093	"날마다 우리 짐을 지시는 주 곧 우리의 구원이신 하나님을 찬송한다"는 내용이 나온 시편은?	시 68
2094	바벨론 포로에게 보낸 예레미야의 편지가 나오는 곳은?	렘 29
2095	하나님이 이스라엘 백성에게 언약을 지키면, 그들이 제사장 나라가 되고 거룩한 백성이 된다고 언급한 곳은?	출 19:5-6
2096	아담이 셋을 낳을 때 나이와, 죽을 때의 나이는?	130세, 930세
2097	엘, 오난, 셀라, 베레스, 세라의 아버지는? (창 38)	유다
2098	하나님이 그 고통 소리를 들으시고 아브라함과 이삭과 야곱에게 세운 그 언약을 기억하사 이스라엘 자손을 권념하셨더라.	출 2:24-25
2099	성막 뜰의 길이는 남에서 북까지, 동에서 서까지 얼마인가?	100규빗/ 50규빗
2100	성전 공사에 참여한 사람 중에 유다 지파 훌의 손자는?	브살렐

2101	단 지파 아히사막의 아들은 누구인가?	오홀리압
2102	"수바와 와헙과 아르논 골짜기와 모든 골짜기의 비탈은 아르 고을을 향하여 기울어지고 모압의 경계에 닿았도다"가 기록된 곳은?	여호와의 전쟁기
2103	여호와께서 회막에서 모세를 부르신 장면이 나오는 곳은?	레 1
2104	"이상은 여호와께서 시내산에서 이스라엘 자손을 위하여 모세에게 명하신 계명이니라" 출처는?	레 27:34
2105	"이스라엘 자손이 애굽 땅에서 나온 후 제2년 2월 1일에 여호와께서 시내 광야 회막에서 모세에게 일러 가라사대"의 출처는?	민 1:1
2106	다음 지명은 어느 광야에 있는가? 바란, 도벨, 라반, 하세롯, 디사합	아라바 광야(신 1:1)
2107	하나님으로부터 평화의 언약, 영원한 제사장의 언약을 받은 사람과 책, 장은?	비느하스, 민 25
2108	"세초부터 세말까지 네 하나님 여호와의 눈이 항상 그 위에 있다"의 출처는?	신 11:12
2109	"그 이웃의 지계표를 옮기는 자는 저주를 받을 것이라 할 것이요"의 출처는?	신 27:17
2110	12번 저주와 아멘이 등장하는 장은? (축복과 저주-신 28; 레 26)	신 27:15-26
2111	기브온과의 조약이 나오는 곳은?	수 9
2112	아모리 5왕과의 전쟁이 나오는 곳은?	수 10
2113	사무엘의 설교장은?	삼상 12
2114	사울이 자신의 기념비를 세운 곳은?	갈멜
2115	엔돌의 신접한 여인이 나오는 장은?	삼상 28
2116	"아이 사무엘이 엘리 앞에서 여호와를 섬길 때에는 여호와의 말씀이 ( ) 하여 이상이 흔히 보이지 않았더라" ( )에 알맞은 말은?	희귀
2117	'자기 원수가 집안 식구'라는 말의 출처는?	미 7:6
2118	하나님께서 아브람에게 약속한 땅의 지경은?	애굽강에서 유브라데강
2119	솔로몬이 성전을 봉헌할 당시 그의 통치 지경은?	하맛 어귀에서 애굽 하수
2120	여로보암 2세 때의 영토 회복 당시 통치 지경은?	하맛 어귀에서 아라바까지
2121	( )안의 말은? 므낫세-마길-( )-헤벨-슬로브핫	길르앗
2122	예루살렘의 원주민은?	여부스
2123	게셀의 원주민은?	가나안
2124	여호수아서에서 유다가 쫓아내지 못한 족속은? (여 ㉡ 유)	여부스
2125	사사기에서 베냐민 족속이 쫓아내지 못한 족속은 ? (여 ㉯ 베)	여부스

2126	이스라엘과 평화 조약을 맺은 족속과 출처는?	기브온 거민, 수 9
2127	아합의 아내는 누구이며 누구의 딸인가?	이세벨, 엣 바알의 딸
2128	솔로몬의 성전 건축 기간은?	솔로몬 4년 시브월 솔로몬 11년 불월
2129	고레스가 나오는 책은?	대하 36; 에스라 1; 이사야 44-45
2130	예레미야의 책을 불태운 왕은?	여호야김
2131	예레미야의 책을 낭독한 사람은?	여후디
2132	다니엘이 예언한 장소는?	침상, 힛데겔, 을래 강변
2133	하박국의 기도장은?	합 3
2134	요나의 기도장은?	욘 2, 4
2135	사무엘이 아각을 죽인 곳은?	길갈
2136	민수기 1장의 1차 인구 조사에서 유다와 므낫세 지파의 수는 각각 얼마인가?	74,600명, 32,200명
2137	민수기 26장의 2차 조사에서 가장 많은 사람을 가진 지파와 가장 적은 수를 가진 지파는?	유다, 시므온
2138	싯딤에서 음행으로 죽은 사람의 수는?	민 25-24,000명 (고전 10-23,000명)
2139	"그날에 내가 다윗의 무너진 천막을 일으키고 그 틈을 막으며" 출처는?	암 9:11(행 15)
2140	드보라와 바락이 나오는 책, 장은?	삿 4
2141	일의 끝이 시작보다 낫고 ( )이 교만한 마음보다 나으니 급한 마음으로 노를 발하지 말라	참는 마음(전 7:8-9)
2142	거만한 자를 ( )하지 말라 그가 너를 미워할까 두려우니라 지혜 있는 자를 ( )하라 그가 너를 사랑하시리라	책망, 책망(잠 9:8)
2143	"아비가 신포도를 먹으면 아들의 이가 시다"는 표현의 출처는?	겔 18; 렘 31:29
2144	모세 오경에서 정결, 불결을 다루는 장은?	레 11; 신 14
2145	도피성 장은?	민 35; 신 4, 19; 수 20
2146	요담이 우화를 말한 곳과 말한 후 그가 간 곳은?	그리심 산, 브엘
2147	기럇 세벨의 다른 이름은?	드빌
2148	사울이 블레셋과 싸운 후 그가 세운 기념비는 어디에 있었나?	갈멜
2149	엘라 왕의 군장은 누구인가?	시므리, 디브니, 오므리
2150	벧엘에서 암콤이 등장하여 엘리사를 놀리던 어린아이 몇 명이 죽었나?	42명

2151	시편에서 무신론 사상이 드러나 있는 시편은?	시 10, 14, 53
2152	부활 시편은?	시 16, 49
2153	'지렁이 같은 야곱'에 대하여 언급한 책과 장은?	사 41
2154	탄식하되 허리가 끊어지는 듯이 하라고 명령받은 선지자는?	에스겔
2155	이스라엘에 왕이 없으므로 삿 17장에서는 각각 자기 소견에 옳은 대로 행했다고 했다. 그러면 삿 21장에서는 누구 소견이라 하는가?	그 소견
2156	사람의 영혼은 여호와의 (　　)이라 사람의 깊은 속을 살피느니라	등불(잠 20:27)
2157	메네 메네 데겔 우바르신의 표현이 나타난 성경과 장은?	단 5
2158	아브라함은 막벨라 굴을 누구에게서 얼마에 샀는가?	헷 족속 에브론, 은 400
2159	아리우나 타작 마당은 삼하 24장에서 얼마에 샀는가?	은 50세겔
2160	대상 21장에서 오르난 타작 마당은 얼마에 샀는가?	여부스 사람에게 금 600세겔
2161	"나의 발을 사슴과 같게 하사 나로 나의 (　　)에 다니게 하시리로다"의 출처는?	높은 곳(합 3:19)
2162	영장을 위해 수금에 맞춘 노래는?	합(3장)
2163	바벨론의 느부사라단이 예레미야를 풀어 준 곳은?	라마
2164	예레미야가 풀려 난 후 간 곳은?	다바네스
2165	이사야서의 묵시 부분은 몇 장에서 몇 장인가?	사 24-27
2166	이사야서와 예레미야서에서 토기장이 비유는?	사 29, 45, 64; 렘 18
2167	잠언하고 비슷한 지혜의 시가 등장하는 책은? (잠 1:7, 9:10)	시 111:10; 욥 28:28
2168	에돔의 심판을 다루는 곳은?	시 137; 겔, 욥
2169	성경에서 생일을 저주한 곳은?	렘 20; 욥 3
2170	"네 눈으로 그 땅을 보라 네가 이 요단을 건너지 못할 것임이라"의 출처는?	신 3:25
2171	"오늘 내가 너희에게 선포하는 이 율법과 같이 그 규례와 법도가 (　　) 나라가 어디 있느냐"(신 4:8)	공의로운
2172	사사 에훗이 죽인 자는?	모압 왕 에글론
2173	스가랴의 환상이 기록된 장은?	슥 1-6
2174	스가랴 3장에 나오는 환상은?	대제사장 여호수아
2175	'순금 등대와 두 감람나무의 환상'이 나오는 책과 장은?	슥 4

2176	"너희 묵은 땅을 기경하라"고 한 곳의 출처는?	렘 4:3; 호 10:12
2177	'소금 언약'이 나오는 곳은?	민 18:19
2178	'평화의 언약'이 나오는 곳은? (비느하스에게)	민 25
2179	의심의 소제에 사용되는 제물은?	보리 1/10 에바
2180	구약에서 '목자'라는 표현이 나오는 곳은?	슥 11; 겔 34; 시 23
2181	이스라엘을 여수룬이라고 표현한 곳은?	신 32:15, 33; 사 44:2
2182	구약 인물 중 히브리 사람이라고 불린 자는?	아브라함, 요셉, 요나
2183	'엘엘로헤이스라엘'이 나오는 곳은?	창 33
2184	왕하 16장에서 오므리가 세멜에게 은 2달란트를 주고 산 곳은?	사마리아
2185	히스기야를 병문안 온 바벨론 왕은?	므로닥발라단(사 39:1)
2186	"그런즉 너희는 강하게 하라 손이 약하지 않게 하라 너희 행위에는 ( )이 있음이라" 이는 누가 누구에게 한 말인가?	상급, 오뎃의 아들 아사랴가 아사에게
2187	여로보암 2세 때 요나를 언급한 성경과 장은?	왕하 14:25
2188	나봇의 포도원 사건이 나오는 곳은?	왕상 21
2189	다윗이 블레셋과 맨 처음 전투한 장소는?	바알브라심
2190	시편 기자에 대하여 쓰시오.	다윗, 아삽, 고라 자손, 솔로몬, 모세, 헤만
2191	엘로힘 시편은?	시 42–83
2192	시편에서 '영장'이란 무엇을 말하는가?	지휘자
2193	"이 땅에는 진실도 없고 인애도 없고 하나님을 아는 지식도 없다"의 출처는?	호 4
2194	"오라 우리가 여호와께로 돌아가자"의 출처는?	호 6
2195	"사망아 네 재앙이 어디 있느냐 음부야 네 멸망이 어디 있느냐"의 출처는?	호 13:14
2196	"누가 지혜가 있어 이런 일을 깨달으며 누가 ( )이 있어 이런 일을 알겠느냐"	총명(호 14:9)
2197	"무릇 지킬 만한 것보다 더욱 네 마음을 지키라 ( )이 이에서 남이니라"	생명의 근원(잠 4:23)
2198	"훈계를 좋아하는 자는 지식을 좋아하나니 징계를 싫어하는 자는 ( )과 같으니"	짐승(잠 12:1)
2199	"소망이 더디 이루게 되면 그것이 마음을 상하게 하나니 소원이 이루는 것이 ( )니라"	생명나무(잠 13:12)
2200	"추수하는 날에 ( ) 같아서"	얼음냉수(잠 25:13)

2201	"( )으로 그의 머리에 놓는 것과 일반이요"	핀 숯(잠 25:22)
2202	"하나님이 모든 것을 지으시되 때를 따라 아름답게 하셨고 또 사람에게 ( )을 사모하는 마음을 주셨느니라"	영원(전 3:11)
2203	"사람마다 먹고 마시는 것과 수고함으로 낙을 누리는 것이 하나님의 ( )인 줄을 알았도다"	선물(전 3:13)
2204	'삼겹줄' 이라는 표현이 나오는 곳은?	전 4:12
2205	"형통한 날에는 ( )하고 곤고한 날에는 ( )하라"	기뻐, 생각(전 7:14)
2206	"빠른 경주자라고 선착하는 것이 아니며 기능자라고 은총을 입는 것이 아니니 이는 ( )와 ( )이 모든 자에게 임함이라"	시기, 우연(전 9:11)
2207	전도서에서 청년에 대한 권고가 나오는 곳은?	전 11:9-12:8
2208	"지혜자의 말씀은 찌르는 ( ) 같고 회중의 스승의 말씀은 잘 박힌 ( ) 같으니 다 한 ( )의 주신 바니라"	채찍, 못, 목자 (전 12:11)
2209	"여호와의 율법은 완전하여 영혼을 소성케 하고 ( )는 확실하여 우둔한 자로 지혜롭게 하며"	여호와의 증거 (시 19:7)
2210	"그 모든 ( )를 보호하심이여 그 중에 하나도 꺾이지 아니하도다"	뼈(시 34:20)
2211	"내가 내 마음에 ( )을 품으면 주께서 듣지 아니하시리라"	죄악(시 66:18)
2212	"날마다 우리 짐을 지시는 주 곧 우리의 ( )이신 하나님을 찬송할지로다"	구원(시 68:19)
2213	"나를 사랑하는 자들이 나의 사랑을 입으며 나를 ( ) 찾는 자가 나를 만날 것이니라"	간절히(잠 8)
2214	"다윗의 아들 예루살렘의 왕 ( )의 말씀이라"	전도자(전 1:1)
2215	이사야의 소명 때 등장하는 천사는?	스랍(사 6)
2216	"( )에 행하던 백성이 큰 빛을 보았고 사망의 그늘진 땅에 거하던 저에게 빛이"	흑암(사 9:2)
2217	산헤립의 아들은 누구인가?	에살핫돈
2218	이사야서에서 '종의 노래' 장은?	사 42, 49, 50, 53
2219	슥 6장에서 네 병거는?	홍색, 흑색, 백색, 아롱지고 건장한 말
2220	여호와께서 대제사장 여호수아의 더러운 옷을 벗기는 장면이 나오는 곳은?	슥 3:4
2221	"이 수년 내에 ( )케 하옵소서"	부흥(합 3:2)
2222	"사망아 네 재앙이 어디 있느냐? ( )야 네 멸망이 어디 있느냐"	음부(호 13:14)
2223	이사야 6장에 나타난 스랍의 모습은 날개가 몇 개인가? 그리고 얼굴, 발에는 각각 몇 개인가?	6개, 각각 2개
2224	이사야에서 상수리나무, 거룩한 씨, 그루터기가 나오는 장은?	사 6:13
2225	여호와를 가리켜 맹세하는 성읍은? (사 19:18)	장망성

2226	세바, 므비보셋, 에훗은 모두 어느 지파인가?	베냐민
2227	엘가나가 속한 지파는?	에브라임
2228	요나와 박넝쿨 사건은 어느 책, 몇 장인가?	욘 4
2229	바알을 위해 쓴 은 금도 여호와의 것임을 강조한 예언서는?	호 2:8
2230	다섯 장으로 된 책으로 여인들이 자기 아이들을 먹은 내용이 나오는 책은?	애 4
2231	'수산궁'과 관계 있는 사람 2명은?	느헤미야, 에스더
2232	바벨론 포로 시편은?	시 137
2233	"풀은 마르고 꽃은 시드나 하나님의 말씀은 영영히 서리라"의 출처는?	사 40:8
2234	"그는 ( )을 행치 아니하였고…그 묘실이 ( )와 함께 되었도다"	강포, 부자(사 53:7)
2235	'네 어미는 암사자'라는 애가를 지은 사람은?	에스겔(겔 19)
2236	에브라임을 '뒤집지 않은 전병'이라고 표현한 곳은?	호 7
2237	여호야긴이 사로잡힌 지 5년째 때 예언한 선지자는?	에스겔
2238	"노아 600세 되던 해 2월 17일이라 그날에 ( )들이 터지며 ( )들이 열려"	큰 깊음의 샘, 하늘의 창
2239	"이스라엘아 너는 너희를 애굽 땅에서 인도하여 올린 너희 신이라"(왕상 12:28)를 말한 자는?	여로보암
2240	'보김'이란 단어가 나오는 곳은?	삿 2
2241	"그러나 진실로 여호와의 사심과 네 생명으로 맹세하노니 나와 사망의 사이는 한 ( )뿐이니라" (삼상 20:3)	걸음
2242	2242번은 누구의 말인가?	다윗
2243	아브라함의 아비인 데라가 우상 숭배한 사실을 말하는 책은?	수 24:15
2244	"내가 뉘 소를 취하였느냐 뉘 나귀를 취하였느냐"(삼상 12:3)는 누구의 말인가?	사무엘
2245	"광야의 메마른 땅이 기뻐하며 사막이 백합화같이 피어 즐거워하며" 와 같이 시작되는 책과 장은?	사 35:1
2246	"그 선지자들은 위인이 경솔하고 간사한 자요 그 제사장들은 성소를 더럽히고 율법을 범하였다" 책, 장은?	습 3
2247	"저희가 ( )을 품었으니 이제 죄를 받을 것이라"	두 마음(호 10:2)
2248	역대기에 나오는 다윗의 둘째 아들 이름은?	다니엘
2249	삼하 3장에 나오는 다윗의 둘째 아들 이름은?	길르압
2250	"예루살렘을 얻기 위하여 ( ) 날에 너도 그들 중 한 사람 같았었다" (옵 1:12)	제비 뽑던

2251	예언자 중 예루살렘에 와서 예루살렘의 가증한 우상 숭배 모습을 본 사람은?	에스겔(겔 8)
2252	느헤미야가 귀인과 민장들이 형제에게 취리하는 것을 꾸짖는 내용의 장은?	느 5
2253	8세에 왕으로 즉위하였으며 어머니가 여디디야인 남유다의 왕은?	요시야(왕하 22)
2254	렘 52장에서 1, 2, 3차 포로시 끌려간 사람 수는?	3023명, 832명, 745명
2255	애가, 애곡, 재앙의 두루마리를 먹은 선지자는?	에스겔(2장)
2256	"우리의 전한 것을 누가 믿었느뇨 여호와의 팔이 뉘게 나타났느뇨"의 출처는?	사 53:1(5+3=팔)
2257	"너희는 ( ) 예루살렘에 말하며 그것에게 외쳐 고하라 그 ( ) 때가 끝났고 그 죄악의 사함을 입었느니라"	정다이, 복역의 (사 40:2)
2258	"그 때에 내가 ( )을 깨끗게 하여 그들로 다 나 여호와의 이름을 부르며 일심으로 섬기게 하리라"	열방의 입술(습 3:9)
2259	"내가 좋은 포도 맺기를 기다렸거늘 ( )를 맺힘은 어찜인고"	들포도
2260	"너는 힘써 대장부가 되고" 는 누구의 유언인가?	다윗
2261	위의 말은 누구에게 한 말인가?	솔로몬
2262	신명기 9장 22절에서 여호와를 격노케 한 곳은?	다베라, 맛사, 기브롯핫다아와
2263	하나님이 아브람에게 400년 동안 객이 될 것을 말씀하신 장은?	창 15
2264	위를 무슨 언약이라고 하는가?	햇불 언약
2265	힐기야가 발견한 율법책을 요시아 왕 앞에서 읽은 사람은?	사반
2266	"여호와여 우리를 주께로 돌이키소서 그리하시면 우리가 주께로 돌아가겠사오니 ( )을 다시 새롭게 하사 ( ) 같게 하옵소서"	우리의 날, 옛적 (애 5:21)
2267	"무릇 지킬 만한 것보다 더욱 네 ( )을 지키라 생명의 근원이 이에서 남이니라" (잠 4)	마음
2268	가나안과 시돈의 관계는?	부자 관계
2269	아브라함이 가나안 땅에 와서 가장 먼저 단을 쌓은 곳은?	세겜
2270	이삭이 결혼한 나이는?	40세
2271	에서를 낳을 때 이삭의 나이는?	60세
2272	압살롬의 군장은 누구인가?	아마사(삼하 17:25)
2273	르훔과 심새가 나오는 책은?	에스라
2274	"당시 밀감과 일월성신께 맹세하는 사람들이 많았다"라고 지적한 예언자는?	스바냐(1:5)
2275	제사장에게 정결과 부정에 대하여 구체적으로 물어 본 예언자는?	학개 2:12

2276	"주께서 심지가 견고한 자를 평강에 평강으로 지키시리니 이는 그가 주를 ( )함이니이다."	의뢰(사 26:3)
2277	리워야단의 진멸이 나오는 곳은?	사 27:1
2278	'학자의 혀'가 나오는 곳은?	사 50:4
2279	'견고한 성읍, 쇠기둥, 놋성벽' 출처는?	렘 1:18
2280	"어찌하면 내 머리는 ( )이 되고 내 눈은 ( )이 될꼬?	물, 눈물 근원(렘 9:1)
2281	기드온의 아들로 데베스 망대에서 맷돌 윗짝에 맞아 죽은 사람은?	아비멜렉
2282	삼손이 나귀 턱뼈로 블레셋 사람 1000명을 죽인 곳은? (삿 15)	라맛레히
2283	삼손이 태어날 것을 예언한 하나님의 사자의 이름은?	기묘
2284	성막이 완공된 해는?	출애굽 2년 1월 1일
2285	"칠월 10일은 ( )이니 너는 나팔 소리를 내되 전국에서 나팔을 크게 불지며"	속죄일(레 25:9)
2286	에스더에 나타난 유대인의 대표적 절기는?	부림절
2287	에스라에서 1차 귀환 후 성전을 완공한 해는?	다리오 6년 아달월 3년
2288	'에벤에셀'의 위치는?	미스바와 센 사이
2289	"내가 그들에게 이르기를 금이 있는 자는 빼어 내라 한즉 그들이 그것을 내게로 가져왔기로 내가 불에 던졌더니 ( )가 나왔나이다"	송아지(출 32)
2290	위 말은 누가 누구에게 한 말인가?	아론이 모세에게
2291	"내가 이같이 ( )하니 주의 앞에 짐승이오나 내가 항상 주와 함께 하니 주께서 내 오른손을 붙드셨나이다"	우매무지 (시 73:22-23)
2292	2291번은 누구의 글인가?	아삽
2293	"주의 집에 거하는 자가 복이 있나이다 저희가 항상 주를 찬송하리이다" 의 출처는?	시 84(고라의 시)
2294	"너는 ( ) 앞에 일어서고 노인의 얼굴을 공경하며 네 하나님을 경외하라"	센 머리(레 19:32)
2295	"너희는 너희 하나님께 범죄함이 없느냐"는 누가 누구에게 한 말인가?	오뎃이 아하스에게
2296	"이것이 아침마다 새로우니 주의 성실이 크도소이다"의 출처는?	애 3:23
2297	"너희가 즐겨 순종하면 ( )의 아름다운 소산을 먹을 것이라"	땅(사 1)
2298	"도가니는 ( )을 풀무는 ( )을 연단하거니와 여호와는 마음을 연단 하시느니라"	은, 금(잠 17:4)
2299	북이스라엘 멸망 전, 북이스라엘에서 활동한 선지는?	아모스, 호세아
2300	제사장 가문의 선지는?	예레미야, 에스겔

2301	'수은제', '낙헌제' 등의 화목제 이름이 나오는 예언서는?	암 4:9
2302	"여호와께서 그 처소에서 나오시고 ( )하사 땅의 높은 곳을 밟으실 것이라"	강림(미 1:3)
2303	이스라엘 국경이 하맛 어귀에서부터 아라바 시내까지임을 밝힌 예언서는?	암 6:14
2304	이스라엘뿐 아니라 주변 국가들에 대한 심판의 말씀을 전한 소예언서는?	아모스
2305	여호수아는 ( )성을 무너뜨린 뒤 에발산에서 단을 쌓았다.	아이
2306	십계명이 나오는 곳은?	출 20, 신 5
2307	민수기 20장에서 모세는 가데스에서 에돔 왕에게 어디로 통과하길 원했나?	왕의 대로
2308	거짓 선지자 하나냐가 예레미야 목에서 멍에를 취할 때 유다 왕은?	시드기야
2309	"티끌에 거하는 자들아 너희는 깨어 노래하라 주의 이슬은 빛난 이슬이니" 의 출처는?	사 26:19
2310	"너의 의로움도 정직함도 아니고 이 민족들의 ( ) 때문에 그들을 네 앞에서 쫓아 낼 것이라"	악함(신 9)
2311	"우리에게 많고 심한 고난을 보이신 주께서 우리를 다시 살리시며"의 출처는?	시 71:20
2312	유다 왕 여호사밧 시절에 길르앗 라못을 차지하고 있던 나라?	아람
2313	위정자들의 권력 남용에 관하여 비판한 소선지서는?	미가(미 2)
2314	바알레유다의 다른 이름은?	기럇여아림
2315	기럇아르바의 다른 이름은?	헤브론
2316	기럇세벨의 다른 이름은?	드빌
2317	루스의 다른 이름은?	벧엘
2318	"많은 재물보다는 명예를, 은이나 금보다는 ( )을 택할 것이라"	은총(잠 22:1)
2319	'이른 비, 늦은 비'가 나오는 책은?	렘 5; 신 11; 약 5
2320	악인의 형통과 의인의 고난을 다루는 책은?	렘 12; 시 73; 합 1
2321	초막절이 나오는 책은?	슥 14; 스 3; 신 31
2322	"여호와께서 이같이 말씀하시되 값없이 팔렸으니 돈 없이 속량되리라" 위의 출처는?	사 52
2323	예레미야에서 '의로운 가지'가 나오는 곳은?	렘 23, 33
2324	선견자 하나니를 옥에 가둔 왕은?	아사
2325	"너희가 즐겨 순종하면 땅의 아름다운 소산을 먹을 것이요"의 출처는?	사 1:19

2326	유다 왕 아마샤와 이스라엘 왕 요아스가 전쟁한 곳은?	벧세메스
2327	"모세가 이 율법의 말씀을 다 책에 써서 여호와의 언약궤 곁에 두어 너희에게 증거가 되게 하라"	신 31:24-26
2328	왕상 12장에서 여로보암이 단과 벧엘에 세운 우상은?	금송아지
2329	대하 11장에서 여로보암이 단과 벧엘에 세운 우상은?	송아지, 수염소
2330	요압이 에돔을 염곡에서 12000명을 죽일 때 사건을 밝힌 시편은?	시편 60
2331	희년에 대하여 기록한 레위기는 몇 장인가?	레 25, 27
2332	유다 왕 여호사밧 때 제사장은?	엘리사마, 여호람
2333	"네가 들어와도 복을 받고 나가도 복을 받을 것이니라"의 출처는?	신 28:6
2334	"그 모든 ( )를 보호하심이여 그 중에 하나도 꺾이지 아니하도다"	뼈(시 34, 요 19)
2335	고라 자손의 마스길, '사랑의 노래'는?	시 45
2336	"우리에게 많고 심한 고난을 보이신 주께서 우리를 다시 살리시며" 의 출처는?	시 71
2337	"이럴 때에 여호와의 꾸지람과 ( )을 인하여 물밑이 드러나고 땅의 기초가 나타났도다."	콧김
2338	3년 동안 벗은 몸과 벗은 발로 행하여 애굽과 구스에 대하여 예표와 기적이 되게 한 사람은?	이사야(사 20)
2339	"이러므로 내가 애통하며 애곡하고 벌거벗은 몸으로 행하며 들개같이 애곡하고 타조같이 애통하리니"의 출처는?	미가 1:8
2340	유다 왕 요시아 왕 때 여호와의 전에서 율법책을 발견한 대제사장은?	힐기야
2341	여호수아 때 가나안 땅을 정복하고 회막을 세운 장소는?	실로
2342	"하늘이여 귀를 기울이라 내가 말하리라 땅은 내 입의 말을 들을지어다 나의 교훈은 내리는 비요 나의 말은 맺히는 이슬이요 연한 풀 위에 가는 비요 채소 위에 단비로다 내가 여호와의 이름을 전파하리니 너희는 위엄을 우리 하나님께 돌릴지어다" 누구의 노래인가?	모세(신 32:1-3)
2343	아론이 성소에 나아갈 때 쓴 관 전면 이마에 맨 정금으로 만든 패에 새긴 글자의 내용은?	여호와께 성결
2344	에스겔서에서 마른 뼈들이 살아 일어서는 환상이 기록된 장은?	37장
2345	"남종이나 여종이 나로 더불어 쟁변할 때에 내가 언제 그의 사정을 멸시하였던가"라고 말한 사람은?	욥(욥 31:13)
2346	바사 왕 고레스가 바벨론의 유다 포로를 귀환케 한 칙령은 여호와께서 어느 예언자의 말씀을 응하게 한 것인가?	예레미야
2347	아브람을 아브라함으로 부르시고 할례 계약을 맺은 것은 창세기 몇 장인가?	창 17
2348	"토지를 영영히 팔지 말 것은 토지는 다 내 것임이라"는 말씀이 기록된 곳은?	레 25:23
2349	다윗이 아끼고 돌보아 준 므비보셋은 누구의 아들인가?	요나단
2350	"레위와 세운 나의 언약은 생명과 평강의 언약이라 내가 이것으로 그에게 준 것은 그로 경외하게 하려 함이라 그가 나를 경외하고 내 이름을 두려워하였으며" 의 출처는?	말 2:5

신약 문제로 맥잡기

"하나님이 우리에게 주신 것은 두려워하는 마음이 아니요 오직 능력과 사랑과 근신하는 마음이니"(딤후 1:7)

성경 문제 - 신약

1	예수님을 왕으로 상징하는 마태복음, 종 된 모습을 강조하는 마가복음, 인성을 강조하는 누가복음, 신성을 상징하는 요한복음, 각 복음서의 별명을 쓰시오.	마→사자 복음, 막→소 복음 눅→사람 복음, 요→독수리 복음
2	마태복음에서 시험 후 예수님께서 처음으로 가신 곳은?	갈릴리
3	로마서 8:28 말씀을 쓰시오.	모든 것이 합력하여 선을 이루느니라
4	요한복음 3:30 말씀을 쓰시오. (세례 요한의 말)	그는 흥하여야 하겠고 나는 쇠하여야 하리라
5	예수 시험 시 천사가 시중들었다고 말하는 복음서는? (예수 시험 4-1-4)	마, 막
6	마태복음 4:25에서 허다한 무리가 예수님을 좇았던 5지방은?	갈릴리/데가볼리/예루살렘/유대/요단강 건너편
7	세례 요한이 잡힌 후 예수님께서 전도하셨던 중심지는? (마 4:12)	가버나움
8	변화산 사건이 일어난 책 4권의 장과 절을 쓰시오.	마 17:1-13/ 막 9:2-13/ 눅 9:28-36/ 벧후 1:17-18
9	세례 요한과 예수그리스도의 전도 일성 복음서는?	마태복음(3장, 4장)
10	세례 요한이 전파한 것은?	죄 사함을 받게 하는 회개의 세례
11	세례 요한의 전도 중 말라기를 인용한 복음서는?	마가복음(1:2)
12	요한복음에서 니고데모가 나오는 장은?	요 3, 7, 19
13	결례의 명을 예수님께 받은 자는?	문둥병자(마 8) - (8-1-5)
14	마가복음과 누가복음에서 예수님께서 처음 베푸신 이적은?	가버나움에서 귀신 들린 자를 고침(0-1-4)
15	예수님께서 3제자를 데리고 가신 경우는?	야이로의 딸에게, 변화산, 겟세마네 기도
16	마태복음에서 "교회"라는 단어가 언급된 구절은?	마 16:18(1번), 마 8:17(2번)
17	마태복음 5장 48절 말씀을 쓰시오.	그러므로 하늘에 계신 너희 아버지의 온전하심과 같이 너희도 온전하라
18	마태복음 18장 내용을 3가지 주제로 요약하시오.	제자 공동체(교회) 설교/ 범죄한 형제의 처리 문제/ 용서할 줄 모르는 종의 비유
19	마태복음 7:12(누가복음 6:31/ 미가 6:8) 말씀을 쓰시오. (황금률)	그러므로 무엇이든지 남에게 대접을 받고자 하는 대로 너희도 남을 대접하라 이것이 율법이요 선지자니라
20	바울이 친히 기록한 책 7권을 쓰시오.	몬, 살전, 고전, 빌, 고후, 갈, 롬 (몬살고빌고갈롬)
21	빌립보서 1장 6절 말씀을 기록하시오.	너희 속에 착한 일을 시작하신 이가 그리스도 예수의 날까지 이루실 줄을 우리가 확신하노라
22	골로새서 2장 9절 말씀을 기록하시오.	그 안에는 신성의 모든 충만이 육체로 거하시고
23	데살로니가전서 4장 3절을 쓰시오.	하나님의 뜻은 이것이니 너희의 거룩함이라
24	데살로니가전서 5장 5절 말씀을 기록하시오.	너희는 다 빛의 아들이요 낮의 아들이라
25	데살로니가전서 5장 22절 말씀을 기록하시오.	악은 모든 모양이라도 버리라

26	디모데전서 1장 15절 말씀을 기록하시오.	죄인 중에 내가 괴수니라
27	믿음에 관해 파선한 사람 2명을 쓰시오.	후메내오, 알렉산더 (딤전 1:20) – 후알
28	아시아에서 바울을 버린 자 2명을 쓰시오.	부겔로, 허모게네 (딤후 1:15) – 허부
29	바울을 자주 유쾌하게 한 사람은?	오네시보로(딤후 1:16)
30	바울에게 해를 보인 자는?	구리장색 알렉산더 (딤후 4:14)
31	바울이 오네시모를 표현한 말은?	내 심복(몬 1:12)
32	참과부에 대해 나와 있는 책과 장은?	딤전 5
33	"거룩한 입맞춤"이라는 단어가 있는 서신서는?	고전, 고후, 살전, 롬
34	"죄의 삯은 사망이요"라는 말씀이 기록된 구절은?	롬 6:23
35	로마서 9장에 나오는 구약 여인은?	사라, 리브가
36	"그리스도의 편지"(영광 신학)라고 일컬어지는 책과 장은?	고후 3(편지, 영광, 수건)
37	"화목하게 하는 직책"이 나오는 책과 장은?	고후 5:18
38	사라와 하갈의 비유가 있는 책과 장은?	갈 4
39	에베소서 4장 11절에 나타난 5가지 직책은?	사도, 선지자, 복음 전하는 자, 목사, 교사
40	에베소서 5장 9절 말씀을 기록하시오.	빛의 열매는 모든 착함과 의로움과 진실함에 있느니라
41	예수께서 수전절에 다니시던 곳은?	솔로몬 행각(요 10:23)
42	바울과 바나바가 이방인 선교를 선언한 곳은?	비시디아 안디옥
43	베드로가 옥에 갇혔다가 풀린 것이 기록된 책과 장은?	행 4, 5, 12
44	요한복음에서 유월절에 대한 내용이 나오는 장은?	요 2, 6, 12
45	바울의 2차 전도 여행이 나와 있는 구절은 어디부터 어디까지인가?	행 15:36–18:22
46	야손의 집이 있는 곳은? (행 17)	데살로니가
47	바울이 로마로 가기 전 2년 동안 갇혀 있던 곳은?	가이사랴
48	바울이 개종한 기사와 로마 시민권을 행사한 내용이 함께 나오는 책과 장은?	행 22, 개종(9, 22, 26), 시민권(16, 22)
49	"우리 율법은 사람의 말을 듣고 그 행한 것을 알기 전에 판결하느냐"라고 말한 사람은?	니고데모(요 7:51)
50	"한 사람이 백성을 위하여 죽어서 온 민족이 망하지 않게 되는 것이 너희에게 유익한 줄을 생각지 아니하는도다"라고 말한 사람은? (요 11:50)	가야바(공회에서)

51	요한복음 4장 34절에서 예수님의 양식은 무엇과 무엇이라고 말씀하시는가?	①나를 보내신 이의 뜻을 행함 ②그의 일을 온전히 이루는 것
52	"누구든지 주의 이름을 부르는 자는 구원을 얻으리라"는 말씀이 기록된 구절을 쓰시오.(3구절)	욜 2:32; 행 2:21; 롬 10:13
53	사도행전 7장 38절의 스데반의 설교를 기록하시오.	시내 산에서 말하던 그 천사와 및 우리 조상들과 함께 광야 교회에 있었고 또 생명의 도를 받아 우리에게 주던 자가 이 사람이라.
54	베드로가 정기적으로 기도했음을 알 수 있는 책의 장과 시간을 쓰시오.	행 3(9시), 행 10(6시)
55	요한복음 3장 23절을 기록하시오.	요한도 살렘 가까운 애논에서 세례를 주니 거기 물들이 많음이라
56	"은사장"이라고 불리는 책과 장은 어디와 어디인가?	롬 12; 고전 12; 엡 4
57	하나님의 심판대와 그리스도의 심판대를 말하는 구절을 각각 쓰시오.	하나님의 심판대-롬 14:10 그리스도의 심판대-고후 5:10
58	아가야의 첫 열매는? (고전 16)	스데바나
59	아시아의 첫 열매는? (롬 16)	에배네도
60	"아멘"으로 끝나는 서신서는?	롬, 갈, 유, 계
61	신약에서 위의 권세에 복종하라는 구절이 나오는 장들이 있다. 특히 위의 권세 중에서 국가 권력을 구체적으로 지칭한 장들은?	롬 13; 딤전 2; 벧전 2; 딛 3
62	고린도전서 5장에서 9장까지의 각 장의 주제를 적으시오.	5장-음행, 6장-송사, 7장-혼인, 8장-우상 제물, 9장-사도 권위
63	예수님께서 부활하신 후 누구 누구에게 보이셨는가?	게바, 12제자, 500인, 야고보, 모든 사도, 바울
64	우리를 구원하시되 우리의 행한 바 의로운 행위로 말미암지 아니하고 오직 그의 긍휼하심을 좇아 중생의 씻음과 성령의 새롭게 하심으로 하셨다는 구절이 나오는 곳은?	딛 3:5
65	바울이 디도서 2장에서 디도에게 각 사람에게 교훈할 내용을 전해 준다. 각 사람들이란 어떤 사람들인가?	늙은 남자, 늙은 여자, 젊은 여자, 젊은 남자, 종
66	바울의 서신 중 두 곳에서 바울과 함께 갇혀 있는 자가 나온다. 서신 이름과 갇혀 있는 자의 이름은?	빌레몬서 : 바울, 에바브라, 골로새서 : 바울, 아리스다고
67	바울이 직접 쓴 서신은?	몬, 살전, 고전, 고후, 빌, 갈, 롬 (몬살고빌고갈롬)
68	로마서 1장 1절에 바울은 자신을 어떻게 표현하였는가?	예수 그리스도의 종, 사도, 복음을 위해 택정함을 입은 자
69	로마서 1장에서 자연 계시에 대해서 언급한 구절은?	롬 1:18-23
70	바울이 로마서 2장에서 유대인의 죄를 지적하면서 유대인의 두 종류를 지적하였다. 그 두 종류는?	표면적 유대인, 이면적 유대인
71	그레데인들에 대해 거짓말장이이며, 악한 짐승이며, 배만 위하는 게으름장이라고 표현한 구절은?	딛 1:12
72	회람 서신 3권을 쓰시오.	에베소서, 골로세서, 빌레몬서
73	골로새 교회를 세운 자는?	에바브라
74	'친필'이란 단어가 들어간 책을 모두 쓰시오.	고전, 살후, 골, 몬
75	빌레몬서의 수신자는 누구인가? (3명)	빌레몬, 압비아, 아킵보

76	히브리서 1장, 3장부터 7장까지 각 장의 제목을 쓰시오.	1장:천사, 선지자/ 3장:모세/ 4장:여호수아/ 5장:아론/ 6장:두 번째 회개의 불가능성/ 7장:멜기세덱
77	히브리서 1장 3절의 말씀을 기록하시오. (그리스도 찬미송)	이는 하나님의 영광의 광채시요 그 본체의 형상이시라 그의 능력의 말씀으로 만물을 붙드시며 죄를 정결케 하는 일을 하시고 높은 곳에 계신 위엄의 우편에 앉으셨느니라
78	"천사들에 관하여는 그는 그의 ( )들을 ( )으로, 그의 ( )들을 ( )으로 삼으시느니라 하셨으되"(히1:7) ( ) 안에 들어갈 단어를 순서대로 쓰시오.	천사, 바람, 사역자, 불꽃
79	"젖을 먹는 자마다 어린아이니 의의 말씀을 경험하지 못한 자요 단단한 식물은 장성한 자의 것이니 저희는 지각을 사용하므로 연단을 받아 선악을 분변하는 자들이니라"라는 내용이 있는 책의 장은?	히 5:13-14
80	히브리서 11장, 12장, 13장의 주제어를 쓰시오.	믿음, 소망, 사랑
81	히브리서 12장 8절 말씀을 기록하시오.	징계는 다 받는 것이거늘 너희에게 없으면 사생자요 참 아들이 아니니라
82	히브리서 13장 8절 말씀을 쓰시오.	예수 그리스도는 어제나 오늘이나 영원토록 동일하시니라
83	유대인의 이익과 율법의 기능, 이신칭의에 대한 글이 있는 책, 장은?	롬 3
84	아브라함, 다윗, 사라와 같은 믿음의 인물이 나오는 책, 장은?	롬 4
85	세례장으로서 예수님께서 죄에 대해 단번에 죽으심에 대해 말하는 책, 장은?	롬 6
86	율법-남편, 바울의 내적 갈등(오호라 나는 곤고한…)	롬 7(율법-자유)
87	사죄 선언, 하나님의 영, 그리스도의 영, 종의 영, 양자의 영	롬 8(성령의 자유)
88	루디아가 살던 곳은?	빌립보(행 16)
89	브리스길라가 언급된 곳은?	행 18:2; 롬 16:3; 딤후 4; 고전 16
90	요한복음에서 "하나님 나라"가 언급된 장은? (니고데모, 물, 성령)	요 3
91	마가복음 저자는 예수 공생애 목격자이다. 맞는가? 틀린가?	틀리다
92	마가복음 12장의 주제는?	논쟁, 과부 헌금, 포도원 악한 농부
93	예수 공생애 활동 시작 시 황제는?	디베료 가이사(눅 3:1)
94	예수 공생애 활동 시작 시 대제사장은?	안나스, 가야바
95	예수 공생애 활동 시작 시 유대 총독은?	본디오 빌라도
96	예수 공생애 활동 시작 시 갈릴리 분봉왕은?	헤롯
97	예수 공생애 활동 시작 시 이두래와 드라고닛 지방 분봉왕은?	빌립
98	예수 공생애 활동 시작 시 아빌레네 분봉왕은?	루사니아
99	너희는 스스로 조심하라 그렇지 않으면 방탕함과 술취함과 생활의 염려로 마음이 둔하여지고	눅 21:34
100	유대인들을 로마에서 떠나라고 명령한 사람은?	글라우디오

101	요한계시록에 나오는 찬양이다. 다음 찬양의 주제는? 4장-창조, 5장-구속, 7장-구원, 11, 12, 15, 19장은?	감사/ 승리/ 경배/ 할렐루야
102	바울이 세 번째 고린도 방문을 예고한 책과 장은?	고후 13(1절)
103	베드로전서 각 장의 주제는 소/ 돌/ 세/ 고/ 영 이다.	산 소망/산돌/세례/고난/영광
104	베드로후서 각 장의 주제는 성/ 거/ 재 이다.	신의 성품, 거짓 교사, 그리스도의 재림
105	"할렐루야 구원과 영광과 능력이 우리 하나님께 있도다"의 출처는?	계 19:1
106	너희는 ( )의 율법대로 심판받을 자처럼 말도 하고 행하기도 하라	자유(약 2:12)
107	형제들아 내가 너희에게 권하노니 ( )의 말을 용납하라	권면(히 13:22)
108	이 비밀은 이방인의 충만한 수가 들어오기까지 이스라엘의 더러는 완악하게 된 것이라 그리하여 ( ) 이스라엘이 구원을 얻으리라	온 (롬 11:25-26)
109	베드로전서의 대필자는? (로마서-더디오)	실루아노
110	바리새인의 누룩에 대해 언급한 곳은? (사복음서 중에서)	마 16-막 8-눅 12
111	무화과 비유가 나오는 곳은? (사복음서 중에서)	마 24-막 13-눅 21
112	무화과를 저주하는 기사가 나오는 곳은? (사복음서 중에서)	마21-막11
113	열매 못 맺는 무화과나무에 대해 나오는 곳은?	눅 13
114	누가복음 16장에 나오는 비유 2가지는?	불의한 청지기, 부자와 나사로
115	마태복음의 특수 이적 4가지는?	두 소경/ 물에 빠지는 베드로를 건지심/ 생선 입 속의 동전 한 세겔/ 성전 병자 치유
116	베드로의 부인을 예고한 장은? (사복음서 중에서)	마 26-막 14-눅 22-요 13
117	"인자의 온 것은 섬김을 받으려 함이 아니라 도리어 섬기려 하고 자기 목숨을 많은 사람의…" 책, 장, 절?	막 10:45 인자가 온 것은 ~ (마 20:28)
118	길가에 열매 맺지 못한 무화과나무를 저주한 기사가 기록된 곳은?	마 21-막 11
119	예수님이 공생애를 시작하실 때 로마 황제는?	디베료 가이사
120	나사로는 죽은 지 며칠 만에 살아났나?	4일
121	안디옥 교회의 선지자와 교사는?	바나바, 마나엔, 사울, 루기오, 시므온
122	"죄가 너희를 주관치 못하리니 이는 너희가 ( ) 아래 있지 아니하고 ( ) 아래 있음이니라" ( ) 안의 말은 ?	법, 은혜
123	육신의 생각은 ( )이요, 영의 생각은 ( )과 ( )이니라	사망, 생명, 평안(롬 8:6)
124	"너희 속에 그리스도의 형상이 이루기까지 해산하는 수고를 하노니" 책은?	갈 4:19 해산의 고통(살전 5)
125	"그러나 여자들이 만일 정절로써 믿음과 사랑의 거룩함에 거하면 그 해산함으로 구원을 얻으리라" 책과 장은?	딤전 2(15절)

126	종과 사도가 발신인으로 언급되고 있는 서신은?	롬, 딛
127	이성 없는 짐승이라는 표현이 나오는 곳은?	벧후 2:12; 유 1:10
128	일곱째 천사가 나팔 불 때 성전에서 보인 것은?	언약궤
129	바울이 디모데를 데살로니가로 보낸 곳은?	아덴
130	바울이 마게도냐로 갈 때 디모데에게 머물라고 한 곳은?	에베소(딤전 1:3)
131	폭풍을 잔잔하게 한 이야기가 나오는 복음서는?	마 8-막 4-눅 8
132	예수님의 세례 장면이 나오는 복음서는?	마 3-막 1-눅 3
133	세례 후 기도하셨다는 말이 있는 복음서는?	누가복음
134	다윗이 진설병을 먹은 사실을 언급하는 복음서는?	마 12
135	"할 수 있거든이 무슨 말이냐 믿는 자에게는 능치 못할 일이 없느니라?" 책, 장, 절?	막 9:23
136	누가복음에서 미래적 종말이 언급되고 있는 장은?	눅 17, 21
137	"바울이 그들에게 안수하매 성령이 그들에게 임하시므로 방언도 하고 예언도 하니" 어디에서 일어난 일인가?	에베소(행 19:6)
138	"너희가 믿음에 있는가 너희 자신을 시험하고 너희 자신을 확증하라" 책, 장, 절?	고후 13:5
139	"그러나 그 자유로 육체의 기회를 삼지 말고 오직 사랑으로 서로 종노릇하라" 책, 장, 절?	갈 5:13
140	바울이 마게도냐를 향해 갈 때 디모데에게 머물라고 한 곳은?	에베소
141	부친 헤롯을 이어 유대의 임금이 된 사람은?	아켈라오
142	"건강한 자에게는 의원이 쓸데없고 병든 자에게라야 쓸 데 있느니라" 이 말씀은 누구의 집에서 하신 말씀인가?	마태의 집(9-2-5)
143	예수께서 회개치 아니하는 마을을 책망하실 때 거론하신 마을은?	고라신, 벳새다, 두로, 시돈, 가버나움, 소돔
144	씨 뿌리는 사람의 비유는 마태복음 몇 장에 나오는가?	마 13
145	요한이 ( )로 너희에게 왔거늘 너희는 믿지 아니하였으되 ( )와 ( )는 믿었으며 너희는 이것을 보고도 종시 뉘우쳐 믿지 아니하였도다	의의 도, 세리, 창기(마 21:32)
146	( )을 받은 자는 많되 ( )을 받은 자는 적으니라	청함, 택함
147	마가복음에서 회당의 귀신 들린 자가 예수께 한 말은?	하나님의 거룩한 자
148	베드로가 아닌 다른 시몬의 출생지는?	가나안(인 시몬)
149	세례 요한의 죽음이 언급된 복음서와 장은?	마 14-막 6-눅 9
150	마가복음에서 베드로의 신앙 고백 직전에 행한 기적은?	벳새다 소경 치유

151	"무리와 제자를 불러 이르시되 아무든지 나를 따라오려거든 자기를 부인하고 자기 십자가를 지고 나를 쫓을 것이니라"의 출처는?	막 8: 34
152	"여자 중에 네가 복이 있으며 네 태중의 아이도 복이 있도다" 누가 누구에게 한 말인가?	엘리사벳이 마리아에게
153	마리아가 엘리사벳 집에 머문 기간은?	3달
154	하나님의 말씀이 사가랴의 아들 요한에게 임할 때 대제사장은 누구인가 ?	안나스(눅 3:2)
155	예수께서 12제자를 부르기 전에 하신 일은?	기도하러 산에 가심 (눅 6:12)
156	세례 요한의 제자의 질문 "오실 그이가 당신이니이까?"에 대한 예수님이 대답 시 구약 인용구는?	사 61:1
157	누가복음 7장에서 예수께 향유를 부은 곳은?	바리새인 시몬의 집
158	누가복음 22장에 따르면 유월절을 예비하기 위해 보낸 두 제자는?	베드로, 요한
159	빌라도가 예수를 놓아 주고자 한 횟수는?	3번
160	백부장의 하인을 고친 곳은?	가버나움(8-0-7)
161	시험 후 "천사들이 수종 들더라"는 말씀이 나오는 복음서는?	마 4-막 1
162	누가복음 13장의 특수 자료는?	18년 된 꼬부라진 여인 치유, 실로암 망대, 열매 없는 무화과
163	요한복음에서 나는 세상의 빛이라고 설교하신 장소는?	연보궤 앞
164	예루살렘에서 유대인들이 바울을 죽이려 할 때 구해 준 사람은? (40명가량)	천부장 루시아(행 23)
165	"선을 행하는 각 사람에게는 ( )과 ( )와 ( )이 있으리니"	영광, 존귀, 평강(롬 2)
166	바울이 교회를 핍박했다는 사실이 나오는 서신서는?	고전 15; 갈 1; 빌 3
167	서두에 감사, 축복의 말이 없는 책은?	히, 약, 갈, 요일
168	'육체의 소욕', '성령의 소욕'이 나오는 서신서는?	갈 5:17
169	"그리스도의 남은 고난을 내 육체에 채우노라" 책과 장은?	골 1:24
170	마게도냐와 아가야의 모든 믿는 자의 본이 된 교회는?	데살로니가 교회
171	예수 재림 대망 사상이 나오는 3곳은?	롬 13; 살전 5; 살후 2; 고전 15
172	거짓 교사를 언급하고 있는 서신서는?	벧후, 유
173	이기는 자에게 만국을 다스리는 권세와 새벽별을 주겠다고 한 교회는?	두아디라 교회
174	계시록에서 두 증인이 예언한 기간은?	1,260일(계 11)
175	예수께서 '화 있을진저'라고 한 대상은?	바리새인과 서기관(마 23), 바리새인과 율법사(눅 11)

176	마가복음 5장의 이적은?	거라사 귀신, 야이로의 딸, 12년 혈루증 여인
177	누가복음 16장의 특수 비유는?	부자와 나사로, 불의한 청지기
178	'안수'를 언급한 서신서는?	딤전 4; 딤후 1(행 6, 8, 9)
179	바울이 자신의 사도직을 강조한 서신은?	롬, 갈, 고전, 고후
180	계시록에서 서머나 교회에게 약속한 것은?	생명의 면류관, 둘째 사망의 해 면제
181	계시록에서 용과 여인이 나오는 장은?	계 12
182	계시록에서 진노의 일곱 대접이 나오는 장은?	계 16(대접 세트 16만 원)
183	천년 왕국, 백보좌 심판이 나오는 장은?	계 20
184	새 포도주는 새 부대에라는 말이 나오는 복음서는?	마 9-막 2-눅 5
185	마태복음에서 요나, 솔로몬이 언급된 장은?	마 12
186	누가복음 14장의 비유와 이적은?	큰 잔치의 비유, 고창병자 치유
187	나다나엘의 고백을 쓰시오.	하나님의 아들, 이스라엘의 임금
188	누가복음에서 요나와 솔로몬을 언급한 장은?	눅 11
189	요한복음에서 물 위를 걸으시고 가신 곳은? (14-6-0-6)	가버나움
190	"나와 아버지는 하나이니라"의 출처는?	요 10:30
191	사도행전에서 베드로의 설교장은?	행 2, 3, 4, 10
192	유대인들이 경건한 귀부인들과 그 성내 유력자들을 선동하여 바울과 바나바를 핍박케 하여 그 지경에서 쫓겨난 곳은?	비시디아 안디옥
193	하나님의 비밀이 계시된 서신서와 장은?	롬 16; 골 1; 딤전 3; 엡 3
194	'하나님의 능력', '하나님의 지혜'가 나오는 서신서는?	고전 1
195	( )을 소멸치 말며 ( )을 멸시치 말고	성령, 예언
196	"형제들아 너희는 선을 행하다가 낙심치 말라" 책, 장?	살후 3:13
197	"이 집은 살아 계신 하나님의 교회요 진리의 기둥과 터이니라" 책, 장?	딤전 3:15
198	얀네와 얌브레란 이름이 나오는 서신은?	딤후 3:8
199	"선한 일에 열심하는 친백성이 되게 하려 하심"이 나오는 곳은?	딛 2:14
200	야고보서에서 시험을 참는 자가 받는 것은?	생명의 면류관

201	야고보서에는 우리를 무엇으로 낳았다고 표현했나?	진리의 말씀
202	( ) 우리가 말과 혀로만 사랑하지 말고 오직 ( )과 ( ) 함으로 하자	자녀들아, 행함, 진실
203	( ) 이것이 마지막 때라 적그리스도가 이르겠다	아이들아
204	누가복음에서 예수의 어머니와 동생들이 찾아온 사건은 어느 비유 다음에 나타나나?	등불 비유(5-4-8)
205	병 고침이나 귀신 축출 후 예수가 자기를 나타내지 말라고 경고한 말씀이 가장 많이 나타나는 복음서는?	막
206	마가복음에서 베드로 신앙 고백 전의 사건은 무엇인가?	벳새다 소경 치유
207	요한복음에서 디베랴 바닷가에서 고기 잡던 제자 중 예수의 음성을 제일 먼저 안 제자는?	예수의 사랑하시는 그 제자
208	이사야 말씀 "우리의 연약한 것을 친히 담당하시고 병을 짊어 지셨도다"를 통해 약속 성취를 언급한 복음서는?	마(8:17)
209	저자가 '우리'로 표현된 성경은?	요, 요일(4:6)
210	베뢰아 사람들이 말씀을 받고 믿는 것을 방해하려고 온 사람은? (행 17)	데살로니가 사람들
211	"떡이 하나요 많은 우리가 한 몸이니" 책, 장?	고전 10:17
212	그리스도 예수 안에서는 할례나 무할례나 효력이 없되 ( )뿐이니라	사랑으로써 역사하는 믿음 (갈 5:6)
213	"비천에 처할 줄도 알고 풍부에 처할 줄도 알아 모든 일에 배부르며 배고픔과 궁핍에도 일체의 비결을 배웠노라" 책, 장?	빌 4
214	하나님의 뜻은 이것이니 너희의 ( )이라	거룩함(살전 4:3)
215	( )는 우리 구주 하나님의 명대로 내게 맡기신 것이라	전도(딛 1:3)
216	무릇 그리스도 예수 안에서 ( )하게 살고자 하는 자는 ( )을 받으리라	경건, 핍박(딤후 3:12)
217	너희 중에 고난당하는 자가 있느냐 저는 ( )할 것이요 즐거워하는 자가 있느냐 저는 ( )할지니라	기도, 찬송(약 5:13)
218	"내 아들아 주의 징계하심을 경히 여기지 말라 그에게 꾸지람을 받을 때에 낙심하지 말라" 책, 장?	히 12
219	"만물의 마지막이 가까왔으니 그러므로 너희는 정신을 차리고 근신하여 기도하라" 책, 장?	벧전 4(7절)
220	"그를 향하여 우리의 가진 바 담대한 것이 이것이니 그의 뜻대로 무엇을 구하면 들으심이라" 책, 장, 절?	요일 5:14
221	계시록에서 두루마리 환상이 나오는 장은?	계 10
222	성도의 인내가 여기 있나니 저희는 ( )과 ( )을 지키는 자니라	하나님의 계명, 예수 믿음 (계 14:12)
223	"아무든지 나를 따라오려거든 자기를 부인하고 자기 십자가를 지고 나를 좇을 것이니라" 책, 장?	마 16(24절)-막 8-눅 9
224	오순절 설교 때 베드로가 인용한 말씀은?	욜 2:28-32; 시 16
225	"주 예수를 믿으라 그리하면 너와 네 집이 구원을 얻으리라" (빌립보 감옥에서)	행 16:31

226	"와 보라"는 전도법을 사용한 사람은?	예수, 사마리아 여인, 빌립
227	"우리가 메시야를 만났다"는 누가 한 말인가?	안드레
228	"하나님의 아들이시요 이스라엘의 임금이로소이다."는 누가 한 말인가?	나다나엘
229	"내가 보니 선지자로소이다"는 누가 한 말인가?	사마리아 여인
230	유다가 군대와 및 대제사장과 바리새인들에게와 얻은 하속들을 데리고 예수께 왔다. 이들이 가지고 온 것은?	등, 홰, 병기
231	박석을 히브리 말로 하면?	가바다
232	오병이어 후 예수께서 혼자 산에 가신 이유는?	임금을 삼으려고 해서
233	예수께서 '생명의 떡'이라고 선포하신 곳은? (요 6)	가버나움 회당
234	유대인들이 가로되 네가 아직 ( )도 못 되었거늘 아브라함을 보았느냐?	50(요 8:57)
235	도마의 다른 이름은?	디두모(쌍둥이)
236	"너희에게 평강이 있을지어다"는 언제 하신 말씀인가?	안식 후 첫날 저녁
237	도마가 대답하여 가로되 ( )	나의 주시며 나의 하나님이시니이다(요 20:28)
238	부활 후 디베랴 바닷가에서 예수님을 만난 사람의 수는?	7명(베드로, 세베대의 아들들, 도마, 나다나엘, 다른 두 제자)
239	"너희가 내 안에 거하고 내 말이 너희 안에 거하면 무엇이든지 원하는 대로 구하라 그리하면 이루리라" 책, 장, 절?	요 15:7
240	"영생 곧 유일하신 참 하나님과 그의 보내신 자 예수 그리스도를 아는 것이니라" 책, 장, 절?	요 17:3
241	요한복음 20장에서 "너희에게 평강이 있을지어다"라고 몇 번 말씀하셨는가?	3번
242	수집한 자료를 사가적(역사적) 관점에서 편집한 복음서는?	눅(여행 설화)
243	이방 세계 지향적, 우주적 성향을 가진 복음서는?	눅
244	예수 시험 때 예수가 인용한 구약의 말씀은?	신 8:3, 6:16, 6:13
245	안식일 논쟁 3가지는?	① 밀 이삭 ② 손 마른 자 치유 ③ 귀신 들린 자 치유
246	마태복음에서 5,000명을 먹이시고 가신 곳은?	게네사렛(마 14:34)
247	생선 입 속의 동전 이적을 보이신 곳은?	가버나움(마 17)
248	아벨과 사가랴가 나오는 복음서는?	마 23(7화)-눅 11(6화)
249	"검을 쓰는 자는 검으로 망한다." 책, 장?	마 26
250	홑이불 벗고 알몸으로 도망한 청년에 대해 기록하고 있는 복음서는?	막(14장)

251	"귀를 만져 낫게 하시더라" 라고 기록하는 복음서는?	눅 22
252	말고라는 이름이 나오는 복음서는?	요 18
253	예수께서 풍랑을 잔잔케 할 때 제자들에게 "어찌 믿음이 없느냐"라고 하신 복음서는?	막 4(8-4-8)
254	안식일 밀 이삭 사건시, 아비아달 제사장을 언급한 복음서는?	막 2(12-2-6)
255	복음서에서 산상 설교와 평지 설교는 어디에 있는가?	마 5-7; 눅 6
256	예수께서 12제자를 세운 목적은?	함께 있고, 전도하며, 귀신을 내어 쫓을 권세를 줌
257	'에바다'라는 말씀을 들은 사람은?	귀먹고 어눌한 자(막 7)
258	'막'에서 예수의 무덤에 간 여자는?	막달라 마리아, 야고보의 어머니, 살로메
259	하나님의 말씀이 요한에게 임할 때는?	디베료 가이사 15년
260	누가복음에서 예수 세례 사건 전에 기록된 내용은?	요한이 옥에 갇힘
261	누가복음 8장에서 예수를 섬겼던 여인들은?	막달라 마리아, 구사의 아내 요안나, 수산나
262	변화산 사건에서 예수님이 예루살렘에서 별세하실 것이라고 기록된 복음서는?	눅 9
263	누가복음에서 기도에 대해 가르치고 있는 장은?	눅 11, 18
264	실로암 망대에 대해 나오는 누가복음의 장은? (18명 죽음)	눅 13
265	우물에 빠진 소 이야기가 나오는 누가복음의 장은? (고창병자 치유)	눅 14
266	"네 보물이 있는 그 곳에는 네 마음도 있느니라" 책 장?	마 6(눅 12)
267	마태복음 12장에 나오는 구약 인물은?	이사야, 요나, 솔로몬
268	마태복음 15:19에서 마음에서 나오는 것으로 든 것은?	악한 생각, 살인, 간음, 음란, 도적질, 거짓 증거, 훼방
269	예수께서 물 위를 걸으실 때 시간은? (14-6-0-6)	밤 4경
270	마태복음 19장의 제목은?	이혼, 부자 청년, 어린아이
271	마가복음에서 예수께서 12제자를 세우신 장소는?	산 위
272	"예수께서 저희에게 이르시되 선지자가 ( )과 ( )과 ( ) 외에서는 존경을 받지 않음이 없느니라"	자기 고향, 자기 친척, 자기 집 (막 6:4)
273	"내 집은 만민의 기도하는 집이라"의 출처는? (21-11-19-12)	막 11:17(사 56:7)
274	"강도의 굴혈"의 출처는? (21-11-19-12)	막 11:17(렘 7:11)
275	베드로가 예수님을 부인한 첫번째 대상은?	대제사장의 비자

276	깨어 있는 종의 비유가 나오는 복음서는?	눅 12(24-0-12)
277	"너희의 ( )로 너희 ( )을 얻으리라"	인내, 영혼(눅 21:19)
278	"예수께서…땀이 땅에 떨어지는 피방울같이 되더라" 책, 장?	눅 22(44절)
279	누가복음의 특수 이적 4가지?	나인성 과부 아들(7), 18년간 꼬부라진 여인(13), 고창병자(14), 열 문둥이(17)
280	요한복음에서 요한이 예수께 세례를 준 곳은?	베다니
281	"하나님의 보내신 이는 ( )을 하나니 이는 하나님이 ( )을 한량없이 주심이니라" 책, 장?	하나님의 말씀, 성령, 요 3(34절)
282	예수가 사마리아 여인과 대화한 곳은? (요 4)	수가성 야곱의 우물 곁
283	왕의 신하 아들이 병들어 있던 곳은?	가버나움(7시)
284	"내 아버지께서 일하시니 나도 일한다" 이때의 병자는?	베데스다 38년 된 병자 (요 5)
285	"선한 일을 행한 자는 ( )로 악한 일을 행한 자는 ( )로 나오리라"	생명의 부활, 심판의 부활 (요 5:29)
286	"우리가 어디서 떡을 사서 이 사람들로 먹게 하겠느냐" 누가 누구에게 한 말인가? (14-6-9-6)	예수가 빌립에게 (요 6)
287	"그리스도는 다윗의 씨로 또는 다윗의 살던 촌 베들레헴에서 나오리라"의 출처와 이 내용이 예언된 구약 성경은?	요 7:42 / 시 89; 미 5:2
288	"너희는 나를 알지 못하고 내 아버지도 알지 못하도다 나를 알았더면 내 아버지도 알았으리라" 이 말씀은 성전에서 가르치실 때에 ( ) 앞에서 하셨다.	연보궤(요 8)
289	유대인들이 예수를 돌로 치려 할 때의 절기는?	수전절(요 10)
290	행 7장에서 요셉의 친족은 몇 명인가?	75명
291	요한이 바울 일행과 헤어진 곳은?	밤빌리아 버가
292	바울 일행이 발의 티끌을 떨어 버린 곳은?	비시디아 안디옥(행 13)
293	"도마가 가로되 주여 어디로 가시는지 우리가 알지 못하겠거늘 그 길을 어찌 알겠삽나이까?" 책, 장?	요 14(5절)
294	"세상에서는 너희가 환난을 당하나 담대하라 내가 세상을 이기었노라" 책, 장, 절?	요 16:33
295	"진리가 무엇이냐"고 물은 사람은?	빌라도(요 18:38)
296	"주는 것이 받는 것보다 복이 있다" 책, 장과 말한 사람은?	행 20(35절), 예수
297	"이 사람은 염병이라 천하에 퍼진 유대인을 다 소요케 하는 자요 나사렛 이단의 괴수라" 책, 장?	행 24(5절)
298	297번의 말을 한 사람은?	더둘로
299	"온 유대와 갈릴리와 사마리아 교회가 평안하여 든든히 서 가고" 책, 장?	행 9(31절)
300	"나의 달려갈 길과 주 예수께 받은 사명 곧 하나님의 은혜의 복음 증거하는 일을 마치려 함에는 나의 생명을 조금도 귀한 것으로 여기지 아니하노라" 책, 장, 절?	행 20:24 (에베소 장로에게)

301	예루살렘 성전은 유대인들이 얼마 동안 건축한 것인가?	46년
302	나다나엘이 고백한 말은?	하나님의 아들, 이스라엘의 임금
303	요한복음에서 성전 청결 때 인용한 말씀은?	시 69:9 (주의 전을 사모하는…)
304	실현된 종말 사상이 나오는 곳은?	요 3:18, 5:24; 눅 17:21
305	"우리도 주와 함께 죽으러 가자" 누가 어디서 한 말인가?	도마 / 베다니
306	"주는 그리스도시요 세상에 오시는 하나님의 아들이신 것을 내가 믿나이다"라고 고백한 사람은?	마르다
307	"선생이여 우리가 예수를 뵈옵고자 하나이다" 누가 누구에게 한 말인가?	헬라인이 빌립에게(요 12)
308	나사로를 살리시고 예수께서 가신 곳은? (요 11)	빈 들 에브라임
309	요한복음에서 예수께서 잡히신 곳은?	기드론 시내 저편
310	간음 중에 잡힌 여인을 끌고 온 자는? (요 8)	서기관과 바리새인들
311	"행할 것을 이를 자가 있는 성으로 들어가라" 누가 누구에게 한 말인가?	예수께서 사울에게(행 13)
312	신약에서 이스라엘 왕 사울의 통치 기간이 나오는 곳은?	행 13(바울의 비시디아 안디옥 설교 중에서)
313	사도행전에서 '이리'가 나오는 곳은?	행 20
314	스데반의 마지막 말 3가지는?	하늘이 열리고 인자가 하나님 우편에 서신 것을 보노라 / 주 예수여 내 영혼을 받으시옵소서 / 주여 이 죄를 저들에게 돌리지 마옵소서
315	사도행전에서 저자가 말한 시점을 1인칭으로 바꾼 곳은?	행 16:16(드로아)
316	"회칠한 담이여 하나님이 너를 치시리로다" 누가 누구에게 한 말인가?	바울이 대제사장 아나니아에게
317	"다른 이로서는 구원을 얻을 수 없나니…" 이때의 청중은?	관원, 장로, 서기관 (행 4:12)
318	오순절 성령이 강림한 시간은 3시이다. 베드로 기도 중 환상을 본 시간과 미문 앉은뱅이를 일으킨 시간은?	제 6시, 제 9시
319	베드로가 신18:15을 인용한 장소는?	솔로몬 행각
320	"그리하여 유대와 갈릴리와 사마리아 교회가 든든히 서 가고 주를 경외함과 성령의 위로로 진행하여" 책, 장?	행 9(31절)
321	하늘에서 큰 보자기 환상을 체험한 장은?	행 10(행 11-베드로 보고)
322	2차 전도 여행, "루스드라-드로아-빌립보-( )-( )-아덴-( )-겐그레아-에베소"	데살로니가, 베뢰아, 고린도
323	에베소에서 바울과 함께 다닌 마게도냐 사람은? (행 19)	아리스다고, 가이오
324	가룟 유다의 자살을 언급한 곳은?	마 27; 행 1
325	"발에 먼지를 떨어 버리라"가 언급된 책은? (제자 파송)	마 10-막 6-눅 9

326	"그러므로 ( )마다 마치 새 것과 옛 것을 그 곳간에서 내어오는 집주인과 같으니라"	천국의 제자 된 서기관 (마 13:52)
327	예수 죽일 음모를 꾸민 것은 어떤 사건 이후인가? (12-3-6)	손 마른 자를 고친 후
328	"두세 사람이 내 이름으로 모인 곳에는 나도 그들 중에 있느니라"의 출처는?	마 18:20
329	마가복음에서 예수께서 "네 믿음이 너를 구원하였다"고 말한 경우는?	소경 바디메오(막 10), 열두 해 혈루증 여인(9-5-8)
330	당돌히 빌라도에게 들어가 예수의 시체를 달라고 한 사람으로 존귀한 공회원이며 하나님의 나라를 기다리는 자는?	아리마대 사람 요셉
331	누가복음에서 예수께서 습관을 좇아 감람산에서 기도하실 때 일어났던 일 2가지는?	땀이 핏방울같이 떨어짐, 사자가 나타나 힘을 도움
332	누가복음 11장의 6화는 누구에게 한 말씀인가? (23-0-11)	바리새인, 율법사
333	"네가 미쳤도다 네 학문이 너를 미치게 한다"고 말한 사람은? (행 26)	베스도
334	"회칠한 담이여 하나님이 너를 치시리로다" 누가 누구에게 한 말인가? (행 24)	바울이 아나니아에게
335	"네 은과 네가 함께 망할지어다"라고 말한 사람은? (행 8)	베드로(마술사 시몬에게)
336	"하나님을 대적하는 자가 될까 하노라"라고 말한 사람은? (행 5)	가말리엘
337	바울은 로마 시민권을 몇 번 사용하는가?	2번(행 16, 22)
338	'화목 제물' 책, 장? (화목제-요일 4:10)	롬 3(25절); 요일 2
339	"네 이웃을 네 몸과 같이 사랑하라" 서신서 책과 장은?	롬 13(9); 갈 5(14); 약 2(8)
340	"믿음으로 하지 아니한 모든 것이 죄니라" 책과 장은?	롬 14(23절)
341	바울의 사도직을 강조한 서신은?	갈 1; 고전 9; 고후 10; 롬 15
342	"아름다우며 사람들에게 유익한 행위"는? (딛 3:8)	선한 일을 힘쓰는 것
343	"그 중에 알기 어려운 것이 더러 있으니" 책, 장?	벧후 3(16절)
344	"경건에 이르기를 연습하라" 책, 장?	딤전 4(7절)
345	디모데의 외조모와 어머니는?	로이스, 유니게(딤후 1)
346	디모데후서 2장에서 그리스도의 종을 무엇에 비유했나?	농부, 경기하는자, 군사, 그릇
347	청년의 정욕을 피하고 주를 깨끗한 마음으로 부르는 자들과 함께 좇을 것은?	의, 믿음, 사랑, 화평 (딤후 2:22)
348	"무릇 그리스도 예수 안에서 경건하게 살고자 하는 자는 ( )을 받으리라"	핍박(딤후 3:12)
349	"경건의 모양은 있으나 경건의 능력은 부인하는 자니" 책, 장?	딤후 3:5
350	디도서 1장에서 하나님이 바울에게 맡기신 것은?	전도

351	디도서에서 바울이 디도에게 보내고자 하는 2사람은?	세나, 아볼로
352	"만물을 지으신 이는 하나님이시라" 책, 장?	히 3(4절)
353	"거룩한 형제들아 우리의 믿는 도리의 (　)시며 (　)이신 예수를 깊이 생각하라."	사도, 대제사장(히 3:1)
354	"네가 영원히 멜기세덱의 반차를 좇는 제사장이라" 책, 장? (신·구)	시 110(4절); 히 5, 6, 7
355	왜 하나님은 자기를 가리켜 맹세했나?	자기보다 더 큰 이가 없으므로 (히·6:13)
356	아브라함은 어떻게 약속을 받았나?	오래 참음으로(히 6:15)
357	레위 사람과 예수님이 제사장 될 때의 차이점은?	맹세(히 7:21)
358	히브리서에서 새 언약을 기록한 곳은?	마음(히 8:10)
359	첫 언약에 있던 것은?	섬기는 예법, 세상에 속한 성소 (히 9:1)
360	그러므로 너희 (　)을 버리지 말라 이것이 큰 상을 얻느니라	담대함(히 10:35)
361	믿음으로 의로운 자라는 증거를 받은 자는?	아벨(히 11:4)
362	믿음으로 기쁘시게 하는 자란 증거를 받은 자는?	에녹(히 11:5)
363	믿음을 좇는 의의 후사가 된 사람은?	노아(히 11:7)
364	징계로 말미암아 연단한 자에게 맺는 것은?	의의 평강한 열매(히 12:11)
365	"하나님은 소멸하는 불이심이라" 책, 장?	히 12(29절)
366	"맨 나중에 멸망 받을 원수는 사망이니라" 책, 장?	고전 15(26절)
367	"나는 날마다 죽노라" 책, 장?	고전 15(31절)
368	"모든 것을 적당하게 하고 질서대로 하라" 책, 장?	고전 14(40절)
369	"자랑하는 자는 주 안에서 자랑하라" 책, 장?	고전 1:31(고후 10:17)
370	"적게 심은 자는 적게 거두고 많이 심은 자는 많이 거둔다" 책, 장?	고후 9(6절)
371	"겉사람은 후패하나 우리의 속은 날로 새롭도다" 책, 장?	고후 4(16절)
372	"내가 부득불 자랑할진대 나의 약한 것을 자랑하리라" 책, 장?	고후 11(30절)
373	"하나님은 즐겨 내는 자를 사랑하시느니라" 책, 장?	고후 9(7절)
374	"너희는 믿지 않는 자와 멍에를 같이 하지 말라" 책, 장은?	고후 6(14절)
375	"우리에게 화목하게 하는 직책을 주셨으니"책, 장?	고후 5(18절)

376	"깨어 믿음에 굳게 서서 남자답게 강건하여라" 책, 장은?	고전 16(13절)
377	"하나님은 어지러움의 하나님이 아니시요 오직 화평의 하나님이시니라" 책, 장은?	고전 14(33절)
378	"내가 그리스도를 본받는 자 된 것같이 너희는 나를 본받는 자 되라"의 출처는?	고전 11(1절)
379	"사람이 감당할 시험밖에는 너희에게 당한 것이 없나니"의 출처는?	고전 10(13절)
380	"만일 누구든지 주를 사랑하지 아니하거든 저주를 받을지어다"의 출처는?	고전 16(22절)
381	"그런즉 너희는 먹든지 마시든지 무엇을 하든지 다 하나님의 영광을 위하여 하라"의 출처는?	고전 10(31절)
382	"만일 복음을 전하지 아니하면 내게 화가 있을 것임이로다"의 출처는?	고전 9(16절)
383	"음행하는 자들을 사귀지 말라"의 출처는?	고전 5(9절)
384	"전도의 미련한 것으로 믿는 자들을 구원하시기를 기뻐하셨다"의 출처는?	고전 1(21절)
385	"맡은 자에게 구할 것은 충성이니라"의 출처는?	고전 4(2절)
386	"너희는 하나님의 밭이요 하나님의 집이다"의 출처는?	고전 3(9절)
387	"하나님의 나라는 말에 있지 아니하고 오직 능력에 있음이라"의 출처는?	고전 4(20절)
388	"그런즉 선 줄로 생각하는 자는 넘어질까 조심하라"의 출처는?	고전 10(12절)
389	"육의 몸으로 심고 신령한 몸으로 다시 사나니 육의 몸이 있은즉 또 신령한 몸이 있느니라"의 출처는?	고전 15(44절)
390	"믿음으로 좇아 하지 아니한 모든 것이 죄니라"의 출처는?	롬 14(23절)
391	"죄가 더한 곳에 은혜가 더욱 넘치나니"의 출처는?	롬 5(20절)
392	"사랑은 율법의 완성이니라"의 출처는?	롬 13(10절)
393	"하나님의 나라는 먹는 것과 마시는 것이 아니요 오직 성령 안에서 의와 평강과 희락이라"의 출처는?	롬 14(17절)
394	"피차 사랑의 빚 외에는 아무에게든지 아무 빚도 지지 말라"의 출처는?	롬 13(8절)
395	"악에게 지지 말고 선으로 악을 이기라"의 출처는?	롬 12(21절)
396	"누구든지 주의 이름을 부르는 자는 구원을 얻으리라"의 출처는?	롬 10(13절); 행 2; 욜 2
397	"예수는 우리 범죄함을 위하여 내어 줌이 되고 또한 우리를 의롭다 하심을 위하여 살아나셨느니라"의 출처는?	롬 4(25절)
398	"누가 우리를 그리스도의 사랑에서 끊으리요"의 출처는?	롬 8(35절)
399	"오호라 나는 곤고한 사람이로다 이 사망의 몸에서 누가 나를 건져 내랴"의 출처는?	롬 7(24절)
400	"내가 원하는 바 선은 하지 아니하고 도리어 원치 아니하는 바 악은 행하도다"의 출처는?	롬 7(19절)

401	"유대인이나 헬라인이나 다 죄 아래 있다"의 출처는?	롬 3(9절)
402	"사람이 마음으로 믿어 의에 이르고 입으로 시인하여 구원에 이르느니라"의 출처는?	롬 10(10절)
403	"죄의 삯은 사망이요 하나님의 은사는 그리스도 예수 안에 있는 영생이니라"의 출처는?	롬 6(23절)
404	"모든 사람이 죄를 범하였으매 하나님의 영광에 이르지 못하더니"의 출처는?	롬 3(23절)
405	"믿음은 들음에서 나며 들음은 그리스도의 말씀으로 말미암았느니라"의 출처는?	롬 10(17절)
406	"의인은 없나니 하나도 없도다"의 출처는?	롬 3(10절)
407	"하나님을 사랑하는 자 곧 그 뜻대로 부르심을 입은 자들에게는 모든 것이 합력하여 선을 이루느니라"의 출처는?	롬 8(28절)
408	"이 아들로 말하면 육신으로는 다윗의 혈통으로 나셨고"의 출처는?	롬 1(3절)
409	"헬라인이나 야만인이나 지혜 있는 자나 어리석은 자에게 다 내가 빚진 자라"의 출처는?	롬 1(14절)
410	"깊도다 하나님의 지혜와 지식의 부요함이여 그의 판단은 측량치 못할 것이며 그의 길은 찾지 못할 것이로다"의 출처는?	롬 11(33절)
411	"선을 행하되 낙심하지 말지니 피곤하지 아니하면 때가 이르매 거두리라"의 출처는?	갈 6(9절)
412	"사람이 무엇으로 심든지 그대로 거두리라"의 출처는?	갈 6(7절)
413	"내가 내 몸에 예수의 흔적을 가졌노라"의 출처는?	갈 6(17절)
414	"너희가 짐을 서로 지라 그리하여 그리스도의 법을 성취하라"의 출처는?	갈 6(2절)
415	"만일 서로 물고 먹으면 피차 멸망할까 조심하라"의 출처는?	갈 5(15절)
416	"그러므로 굳세게 서서 다시는 종의 멍에를 메지 말라"의 출처는?	갈 5(1절) - 자유의 대헌장
417	"너희를 위하여 다시 해산하는 수고를 하노니"의 출처는?	갈 4(19절)
418	"육체의 소욕은 성령을 거스리고 성령의 소욕은 육체를 거스리나니"의 출처는?	갈 5(17절)
419	"율법이 우리를 그리스도에게로 인도하는 몽학 선생"의 출처는?	갈 3(24절)
420	"보라 내가 너희에게 쓰는 것이 하나님 앞에서 거짓말이 아니로다"의 출처는?	갈 1(20절)
421	"이는 내가 사람에게서 받은 것도 아니요 배운 것도 아니요 오직 예수 그리스도의 계시로 말미암은 것이라"의 출처는?	갈 1(12절)
422	"주 앞에서 낮추라 그리하면 주께서 너희를 높이시리라"의 출처는?	약 4(10절)
423	"행함이 없는 믿음은 죽은 것이니라"의 출처는?	약 2(26절)
424	"행함이 없는 믿음은 그 자체가 죽은 것이니라"의 출처는?	약 2(17절)
425	"선을 행할 줄 알고도 행치 아니하면 죄니라"의 출처는?	약 4(17절)

426	"의인의 간구는 역사하는 힘이 많으니라"의 출처는?	약 5(16절)
427	"너희는 도를 행하는 자가 되고 듣기만 하여 자신을 속이는 자가 되지 말라"의 출처는?	약 1(22절)
428	"마귀를 대적하라 그리하면 너희를 피하리라"의 출처는?	약 4(7절)
429	"사람의 성내는 것이 하나님의 의를 이루지 못함이니라"의 출처는?	약 1(20절)
430	"그는 변함도 없으시고 회전하는 그림자도 없으시니라"의 출처는?	약 1(17절)
431	"주 앞에서 낮추라 그리하면 주께서 너희를 높이시리라"의 출처는?	약 4(10절)
432	"너희는 잠간 보이다가 없어지는 안개니라"의 출처는?	약 4(14절)
433	"욕심이 잉태한즉 죄를 낳고 죄가 장성한즉 사망을 낳느니라"의 출처는?	약 1(15절)
434	"예수 그리스도는 어제나 오늘이나 영원토록 동일하시니라"의 출처는?	히 13(8절)
435	"믿음으로 모든 세계가 하나님의 말씀으로 지어진 줄 우리가 아나니 보이는 것은 나타난 것으로 말미암아 된 것이 아니니라"의 출처는?	히 11(3절)
436	"피 흘림이 없은즉 사함이 없느니라"의 출처는?	히 9(22절)
437	"자기가 시험을 받아 고난을 당하셨은즉 시험받는 자들을 능히 도우시느니라"의 출처는?	히 2(18절)
438	"우리가 진리를 아는 지식을 받은 후 짐짓 죄를 범한즉 다시 속죄하는 제사가 없고"의 출처는?	히 10(26절)
439	"한 번 죽는 것은 사람에게 정하신 것이요 그 후에는 심판이 있으리니"의 출처는?	히 9(27절)
440	"하나님은 소멸하는 불이심이니"의 출처는?	히 12(29절)
441	"집마다 지은 이가 있으니 만물을 지으신 이는 하나님이시라"의 출처는?	히 3(4절)
442	"믿음이 없이는 기쁘시게 못하나니 하나님께 나아가는 자는 반드시 그가 계신 것과 또한 그가 자기를 찾는 자들에게 상 주시는 이심을 믿어야 할지니라"의 출처는?	히 11(6절)
443	"네가 내 아들이라 오늘날 내가 너를 낳았도다"의 출처는?	히 1(5절)
444	"이는 황소와 염소의 피가 능히 죄를 없이 하지 못함이라"의 출처는?	히 10(4절)
445	"모이기를 폐하는 어떤 사람들의 습관과 같이 하지 말고 오직 권하여 그 날이 가까움을 볼수록 더욱 그리 하자"의 출처는?	히 10(25절)
446	"우리를 구원하시되 우리의 행한 바 의로운 행위로 말미암지 아니하고 오직 그의 긍휼하심을 좇아 중생의 씻음과 성령의 새롭게 하심으로 하셨나니"의 출처는?	딛 3(5절)
447	"선한 싸움을 싸우고 나의 달려갈 길을 마치고 믿음을 지켰으니"의 출처는?	딤후 4(7절)
448	"너는 말씀을 전파하라 때를 얻든지 못 얻든지 항상 힘쓰라"의 출처는?	딤후 4(2절)
449	"믿음의 선한 싸움을 싸우라"의 출처는?	딤전 6(12절)
450	"돈을 사랑함이 일만 악의 뿌리가 되나니"의 출처는?	딤전 6(10절)

451	"곡식을 밟아 떠는 소의 입에 망을 씌우지 말라"의 출처는?	고전 9(9절); 딤전 5; 신 25
452	"자기 친족 특히 자기 가족을 돌아보지 아니하면 믿음을 배반한 자요 불신자보다 더 악한 자니라"의 출처는?	딤전 5(8절)
453	"이제부터는 물만 마시지 말고 네 비위와 자주 나는 병을 인하여 포도주를 조금씩 쓰라"의 출처는?	딤전 5(23절)
454	"혼인을 금하고 식물을 폐하라"의 출처는?	딤전 4(3절)
455	"내가 이방인의 스승이 되었노라"의 출처는?	딤전 2(7절)
456	"죄인 중에 내가 괴수니라"의 출처는?	딤전 1(15절)
457	"오직 그에게만 죽지 아니함이 있고 가까이 가지 못할 빛에 거하시고"의 출처는?	딤전 6(16절)
458	"정함이 없는 재물에 소망을 두지 말고"의 출처는?	딤전 6(17절)
459	"무릇 그리스도 예수 안에서 경건하게 살고자 하는 자는 핍박을 받으리라"의 출처는?	딤후 3(12절)
460	"내가 네 원수로 네 발등상 되게 하기까지 너는 내 우편에 앉았으라"의 출처는?	히 1(13절)
461	"증거하는 이가 셋이니 성령과 물과 피라 또한 이 셋이 합하여 하나이니라"의 출처는?	요일 5(8절)
462	"그러나 너를 책망할 것이 있나니 너의 처음 사랑을 버렸느니라"의 출처는?	계 2(4절)
463	"사랑하는 자들아 주께는 하루가 천 년 같고 천 년이 하루 같은 이 한 가지를 잊지 말라"의 출처는?	벧후 3(8절)
464	"믿음의 결국 곧 영혼의 구원을 받음이라"의 출처는?	벧전 1(9절)
465	"무엇보다도 열심히 서로 사랑할지니 사랑은 허다한 죄를 덮느니라"의 출처는?	벧전 4(8절)
466	"먼저 알 것은 경의 모든 예언은 사사로이 풀 것이 아니니"의 출처는?	벧후 1(20절)
467	"사랑하는 자들아 하나님이 이같이 우리를 사랑하셨은즉 우리도 서로 사랑하는 것이 마땅하도다"의 출처는?	요일 4(11절)
468	"오직 주의 말씀은 세세토록 있도다"의 출처는?	벧전 1(25절)
469	"개가 그 토하였던 것에 돌아가고 돼지가 씻었다가 더러운 구덩이에 도로 누웠다 하는 말이 저희에게 응하였도다"의 출처는?	벧후 2(22절)
470	"누구든지 이 교훈을 가지지 않고 너희에게 나아가거든 그를 집에 들이지도 말고 인사도 말라"의 출처는?	요이 1(10절)
471	"이단에 속한 사람을 한두 번 훈계한 후에 멀리하라"의 출처는?	딛 3(10절)
472	"곧 산 자라 내가 전에 죽었었노라 볼지어다 이제 세세토록 살아 있어 사망과 음부의 열쇠를 가졌노라"의 출처는?	계 1(18절)
473	"네가 이같이 미지근하여 더웁지도 아니하고 차지도 아니하니 내 입에서 너를 토하여 내치리라"의 출처는?	계 3(16절)
474	"나는 알파와 오메가요 처음과 나중이요 시작과 끝이라"의 출처는?	계 22(13절)
475	"그를 향하여 우리의 가진 바 담대한 것이 이것이니 그의 뜻대로 무엇을 구하면 들으심이라"의 출처는?	요일 5(14절)

476	"만일 우리가 죄 없다 하면 스스로 속이고 또 진리가 우리 속에 있지 아니할 것이요"의 출처는?	요일 1(8절)
477	"너희 염려를 다 주께 맡겨 버리라 이는 저가 너희를 권고하심이니라"의 출처는?	벧전 5(7절)
478	"만물의 마지막이 가까왔으니 그러므로 너희는 정신을 차리고 근신하여 기도하라"의 출처는?	벧전 4(7절)
479	"태초에 있는 생명의 말씀에 관하여는 우리가 들은 바요 눈으로 본 바요 주목하고 우리 손으로 만진 바라"의 출처는?	요일 1(1절)
480	"이는 세상에 있는 모든 것이 육신의 정욕과 안목의 정욕과 이생의 자랑이니 다 아버지께로 좇아 온 것이 아니요 세상으로 좇아 온 것이라"의 출처는?	요일 2(16절)
481	"사랑하는 자들아 우리가 서로 사랑하자 사랑은 하나님께 속한 것이니 사랑하는 자마다 하나님께로 나서 하나님을 알고"의 출처는?	요일 4(7절)
482	"자녀들아 우리가 말과 혀로만 사랑하지 말고 오직 행함과 진실함으로 하자"의 출처는?	요일 3(18절)
483	"근신하라 깨어라 너희 대적 마귀가 우는 사자같이 두루 다니며 삼킬 자를 찾나니"의 출처는?	벧전 5(8절)
484	"볼지어다 내가 문 밖에 서서 두드리노니 누구든지 내 음성을 듣고 문을 열면 내가 그에게로 들어가 그로 더불어 먹고 그는 나로 더불어 먹으리라"의 출처는?	계 3(20절) - 라오디게아
485	"지혜가 여기 있으니 총명 있는 자는 그 짐승의 수를 세어 보라 그 수는 사람의 수니 666이니라"의 출처는?	계 13(18절)
486	"보라 내가 도적같이 오리니 누구든지 깨어 자기 옷을 지켜 벌거벗고 다니지 아니하며 자기의 부끄러움을 보이지 아니하는 자가 복이 있도다"의 출처는?	계 16(15절)
487	"그러므로 모든 육체는 풀과 같고 그 모든 영광이 풀의 꽃과 같으니 풀은 마르고 꽃은 떨어지되"의 출처는?	벧전 1(24절)
488	"경건에 형제 우애를, 형제 우애에 사랑을 공급하라"의 출처는?	벧후 1(7절)
489	"주의 약속은 어떤 이의 더디다고 생각하는 것같이 더딘 것이 아니라 오직 너희를 대하여 오래 참으사 아무도 멸망치 않고 다 회개하기에 이르시기를 원하시느니라"의 출처는?	벧후 3(9절)
490	"세 영이 히브리 발음으로 아마겟돈이라 하는 곳으로 왕들을 모으더라"의 출처는?	계 16(16절) - 겟돈 16만원
491	"그러므로 생명을 사랑하고 좋은 날 보기를 원하는 자"의 출처는?	벧전 3(10절)
492	"성경과 같이 그것도 억지로 풀다가 스스로 멸망에 이르느니라"의 출처는?	벧후 3(16절)
493	"예수의 피가 우리를 모든 죄에서 깨끗하게 하실 것이요"의 출처는?	요일 1(7절)
494	"하나님은 사랑이심이라"의 출처는?	요일 4(8절)
495	"대저 하나님께로서 난 자마다 세상을 이기느니라 세상을 이긴 이김은 이것이니 우리의 믿음이니라"의 출처는?	요일 5(4절)
496	"주 예수의 은혜가 모든 자들에게 있을지어다 아멘"의 출처는?	계 22(21절)
497	"사랑하는 자여 네 영혼이 잘 됨같이 네가 범사에 잘 되고 강건하기를 내가 간구하노라"의 출처는?	요삼 (2절)
498	"나는 알파와 오메가라 이제도 있고 전에도 있었고 장차 올 자요 전능한 자라"의 출처는?	계 1(8절)
499	"너희가 거듭난 것이 썩어질 씨로 된 것이 아니요 썩지 아니할 씨로 된 것이니"의 출처는?	벧전 1(23절)
500	악덕목이 나오는 곳은?	롬 1; 고전 6; 갈 5

501	세례를 언급한 곳은?	롬 6; 고전 10; 벧전 3; 골 2; 갈 3
502	'아바 아버지'의 출처는?	막 14; 갈 4; 롬 8
503	'이신칭의'의 교리가 나타난 곳은?	롬 1; 갈 3:11; 히 10:38 (합 2:4)
504	이웃을 사랑하라는 계명이 나오는 서신서는?	약 2:8; 롬 13; 갈 5
505	'거룩한 입맞춤'이라는 표현이 나오는 서신은?	고전, 고후, 살전, 롬
506	하나님의 나라에 대한 언급이 있는 성경은?	마 12:28; 눅 11:20; 롬 14; 고전 4
507	바울의 행위 심판 사상이 나오는 성경은?	고전 3; 고후 5; 갈 6
508	예수 재림 대망 사상이 나오는 성경은?	롬 13; 살후 2; 살전 5
509	가훈표가 있는 곳은?	엡 5-6; 골 3-4; 벧전 3
510	'창조의 중재자'를 언급하는 곳은?	고전 8; 엡 1; 골 1; 히 1
511	"나 바울은 친필로 문안하노니"라는 표현이 나오는 서신은?	고전, 살후, 골, 몬
512	거짓 교사를 언급하는 서신은?	벧후 2, 유
513	'성경'을 언급하는 곳은?	딤후 3; 벧후 3
514	옛 언약과 새 언약에 대해 언급하는 곳은?	고후 3; 히 8; 요일 2 (렘 31)
515	적그리스도에 대한 내용이 있는 곳은?	요일, 요이
516	천 년을 언급하는 곳은?	벧후 3; 계 20; 시 90
517	발람을 언급하는 곳은?	벧후 2; 유; 계 2
518	가인을 언급하는 곳은?	요일, 유, 히 11
519	서신서 중 '그리스도인'이란 말을 언급하는 곳은?	행 11, 26; 벧전 4
520	'알파와 오메가'라는 표현이 있는 곳은?	사 44, 48; 계 1, 21, 22
521	바벨론을 언급하는 곳은?	계 14, 16, 17, 18
522	로마의 믿는 형제들을 위하여 하나님께 감사한 이유는?	너희의 믿음이 온 세상에 전파됨
523	악을 행하는 자, 선을 행하는 자에게 주어지는 것은?	환난과 곤고/ 영광, 존귀, 평강(롬 2)
524	죄를 죄로 여기기 시작한 때는?	율법을 받은 후(롬 5:13)
525	"죄가 더한 곳에 은혜가 더욱 넘쳤나니"의 출처는?	롬 5:20

526	"율법이 사람이 ( )만 그를 주관하는 줄 알지 못하느냐"의 출처는?	살 동안, 롬 7(1절)
527	고린도전서 기록 장소와 발신자는?	에베소/ 바울, 소스데네 (고전 1:1)
528	구약에서 "자랑하는 자는 주 안에서 자랑하라"의 출처는?	렘 9(23-24절)
529	"곡식을 밟아 떠는 소에게 망을 씌우지 말라(구약)"의 출처는?	신 25:4(고전 9:9, 딤전 5)
530	"복음을 전하지 아니하면 내게 화가 있을 것임이로라"의 출처는?	고전 9(16절)
531	"너희가 믿음에 있는가 너희 자신을 시험하고 너희 자신을 확증하라"의 출처는?	고후 13(5절)
532	"누구든지 그리스도와 합하여 세례를 받은 자는 그리스도로 옷 입었느니라"의 출처는?	갈 3:27
533	벧전 3장에 나오는 인물 3명은?	사라, 아브람, 노아
534	'신의 성품'이라는 말이 나오는 곳은?	벧후 1
535	"오히려 너희에게 가서 면대하여 말하려 하니"라고 언급한 곳은?	요이, 요삼
536	"저는 우리 죄를 위한 ( )이니 우리만 위할 뿐 아니라 온 세상의 죄를 위하심이라"의 출처는?	화목제물, 요일 2(2절)
537	계시록에 처음 나오는 말은?	예수 그리스도의 계시라
538	"나는 다윗의 뿌리요 자손이니 곧 ( )이라 하시더라"의 출처는?	광명한 새벽별, 계 22:16
539	"보라 백마와 탄 자가 있으니 그 이름은 ( )과 ( )이라"의 출처는?	충신, 진실(계 19:11)
540	계시록에서 바벨론을 언급한 곳은?	계 14, 16, 17, 18
541	'좌우에 날선 검을 가진 이'와 관계 있는 교회는?	버가모 교회
542	'처음이요 나중이요 죽었다가 살아나신 이'와 관계 있는 교회는?	서머나 교회
543	'다윗의 열쇠를 가진 이'와 관계 있는 교회는?	빌라델비아 교회
544	'아멘, 충성되고 참된 증인, 하나님의 창조의 근본'과 관계 있는 교회는?	라오디게아 교회
545	'일곱 별 일곱 촛대 사이에 다니는 이'와 관계 있는 교회는?	에베소 교회
546	'하나님의 일곱 영과 일곱 별을 가진 이'와 관계 있는 교회는?	사데 교회
547	'눈이 불꽃 같고 그 발이 빛난 주석과 같은 하나님의 아들'과 관계 있는 교회는?	두아디라 교회
548	책망이 없는 교회는?	서머나, 빌라델비아 교회
549	칭찬이 없는 교회는?	라오디게아 교회
550	환난 중 믿음을 지킨 교회는?	버가모 교회

551	책망 후에 칭찬을 받은 교회는?	사데 교회
552	장점이 전혀 없는 교회는?	사데 교회
553	첫 사랑을 버린 교회는?	에베소 교회
554	차지도 덥지도 않은 교회는?	라오디게아 교회
555	'흰 옷, 생명책'을 언급한 교회는?	사데 교회
556	'감추었던 만나, 흰 돌'을 언급한 교회는?	버가모 교회
557	'생명나무 실과'와 관계 있는 교회는?	에베소 교회
558	'만국을 다스리는 권세, 새벽별'을 언급한 교회는?	두아디라 교회
559	'하나님의 성전 기둥'과 관계 있는 교회는? (빌라 기둥)	빌라델비아 교회
560	"나는 부자라 부요하여 부족한 것이 없도다"와 관련 있는 교회는?	라오디게아 교회
561	'생명의 면류관, 둘째 사망의 해 면제'와 관계 있는 교회는?	서머나 교회
562	'유대인이 아니요 사단의 회'라고 말한 교회는?	서머나 교회
563	'니골라당의 행위를 미워함'과 관계 있는 교회는?	에베소 교회
564	'이세벨을 용납함'을 말한 교회는?	두아디라 교회
565	"네가 살았다 하는 이름을 가졌으나 죽은 자로다"와 관계 있는 교회는?	사데 교회
566	"네가 적은 능력을 가지고도 내 말을 지키며 내 이름을 배반치 아니하였도다"와 관계 있는 교회는?	빌라델비아 교회
567	"너희 믿음의 시련이 불로 연단하여 없어질 금보다 더 귀하여 예수 그리스도의 나타나실 때에 ( )과 ( )과 ( )를 얻게 하려 함이라"의 출처는?	칭찬, 영광, 존귀 (벧전 1:7)
568	"오직 흠 없고 점 없는 어린 양 같은 그리스도의 보배로운 피로 한 것이니라"의 출처는?	벧전 1(19절)
569	요긴한 모퉁이돌을 어디에 두나?	시온(벧전 2:6)
570	"너희가 전에는 양과 같이 길을 잃었더니 이제는 너희 영혼의 ( )와 ( ) 되신 이에게 돌아왔느니라"의 출처는?	목자, 감독(벧전 2:25)
571	"( )을 사랑하고 좋은 날 보기를 원하는 자는 ( )를 금하여 악한 말을 그치며"의 출처는?	생명, 혀(벧전 3:10)
572	"은사를 받은 대로 하나님의 각양 은혜를 맡은 ( )같이 서로 봉사하라"의 출처는?	선한 청지기(벧전 4:10)
573	"굳세지 못한 영혼들을 유혹하여 탐욕에 연단된 마음을 가진 자들이니 ( )이라"의 출처는?	저주의 자식(벧후 2:14)
574	"오직 우리 주 곧 구주 예수 그리스도의 ( )와 저를 아는 ( )에서 자라 가라"의 출처는?	은혜, 지식(벧후 3:18)
575	"성도들의 인내가 여기 있나니 저희는 하나님의 계명과 예수 믿음을 지키는 자니라"의 출처는?	계 14(12절)

576	배교와 타락을 특별히 강조한 서신은?	벧후
577	"나는 알파와 오메가요 처음과 나중이라"의 출처는?	계 22(13절)
578	"주 하나님이 가라사대 나는 알파와 오메가라"의 출처는?	계 1(8절)
579	"대저 하나님께로서 난 자마다 세상을 이기느니라"의 출처는?	요일 5(4절)
580	"하나님께로 난 자마다 범죄치 아니하는 줄을 우리가 아노라"의 출처는?	요일 5(18절)
581	오른손에 일곱 별을 붙잡고 일곱 금촛대 사이에 다니시는 이가 말한 교회는?	에베소
582	벧후 2장의 내용은?	거짓 선지자에 대한 경고
583	"우리 주 예수 그리스도로 말미암아 (　)과 (　)과 (　)과 (　)가 만고 전부터 이제와 세세에 있을지어다"의 출처는?	영광, 위엄, 권력, 권세 (유 1:25)
584	너희 속에 있는 소망에 관한 이유를 묻는 자에게는 대답할 것을 항상 예비하되 (　)와 (　)으로 하고 (　)을 가지라	온유, 두려움, 선한 양심
585	일곱째 인을 떼실 때에 하늘이 (　) 동안쯤 고요하더니	반 시, 계 8(1절)
586	"무너졌도다 무너졌도다 큰 성 (　)이여 모든 나라를 그 음행으로 인하여 (　)의 포도주로 먹이던 자로다"의 출처는?	바벨론, 진노(계 14:8)
587	"너희가 거듭난 것이 썩어질 씨로 된 것이 아니요 썩지 아니할 씨로 된 것이니"의 출처는?	벧전 1(23절)
588	"그러므로 하나님의 능하신 손 아래서 겸손하라 때가 되면 너희를 높이시리라"의 출처는?	벧전 5(6절)
589	"하나님은 빛이시라 그에게는 (　)이 조금도 없으시니라"의 출처는?	어두움(요일 1:5)
590	"하나님의 사랑 안에서 자기를 지키며 영생에 이르도록 우리 주 예수 그리스도의 (　)을 기다리라"의 출처는?	긍휼(유 1:21)
591	"이제는 전에 멀리 있던 너희가 그리스도 예수 안에서 (　)로 가까와졌느니라"의 출처는?	그리스도의 피(엡 2:13)
592	"평안의 매는 줄로 (　) 되게 하신 것을 힘써 지키라"의 출처는?	성령의 하나(엡 4:3)
593	"세월을 아끼라 때가 악하니라"의 출처는?	엡 5(16절)
594	"외인을 향하여는 (　)로 행하여 세월을 아끼라"의 출처는?	지혜, 골 4:5
595	"이러므로 그리스도 예수의 일로 너희 (　)을 위하여 갇힌 자 된 나 바울은"의 출처는?	이방, 엡 3:1
596	"그러므로 이제부터 너희가 (　)도 아니요 (　)도 아니요 오직 성도들과 동일한 (　)이요 하나님의 (　)이라"의 출처는?	외인, 손, 시민, 권속 (엡 2:19)
597	빌립보 교인들이 삼갈 자는?	개들, 행악하는 자, 손할례당 (빌 3:2)
598	"이는 내게 사는 것이 그리스도니 죽는 것도 유익함이니라"의 출처는?	빌 1(21절)
599	"만일 너희 믿음의 (　)과 (　) 위에 내가 나를 (　)로 드릴지라도 나는 기뻐하고 너희 무리와 함께 기뻐하리니"의 출처는?	제물, 봉사, 관제(빌 2:17)
600	"위엣 것을 생각하고 땅엣 것을 생각지 말라"의 출처는?	골 3(2절)

601	"주 안에서 받은 직분을 삼가 이루라" 누구에게 한 말인가?	아킵보(골 4:17)
602	바울은 어디에서 디모데를 데살로니가 교회에 보냈는가? (살전 3:1)	아덴
603	'빛의 자녀'에 대해 언급한 교회는?	에베소 교회(엡 5:8)
604	'빛의 아들'에 대해 언급한 교회는?	데살로니가 교회(살전 5:5)
605	"나 바울은 친필로 문안하노니 이는 편지마다 ( )이기로 이렇게 쓰노라"의 출처는?	표적(살후 3:17)
606	바울과 함께 갇힌 자는?	몬-에바브라(동역자 마가) 골-아리스다고(데마, 누가)
607	"너희의 믿음의 역사와 사랑의 수고와 우리 주 예수그리스도에 대한 소망의 인내"의 출처는?	살전 1
608	"이제는 전에 멀리 있던 너희가 그리스도 예수 안에서 그리스도의 피로 가까워졌느니라"의 출처는?	엡 2:13
609	"내가 이제 너희를 위하여 받은 괴로움을 기뻐하고 그리스도의 남은 고난을 그의 몸된 교회를 위해"의 출처는?	골 1
610	누가의 직업이 의사임을 말하는 서신은?	골 4
611	에베소서의 발신자와 수신자는?	바울/ 성도와 신실한 자들
612	땅의 지체 5가지는? (골 3: 5)	음란, 부정, 사욕, 악한 정욕, 탐심
613	선교 케리그마를 언급한 곳은?	살전 1:9-10
614	빌레몬서의 발신자와 수신자는?	바울과 디모데/ 빌레몬과 압비아와 아킵보
615	'가훈표'를 언급한 곳은?	엡 5-6; 골 3-4; 벧전 3
616	골 1장에 나오는 '에바브라'가 한 일은?	골로새 교회를 세움
617	살전 5장에서 '주의 날'은 어떻게 임하는가?	① 도적같이 ② 여인의 해산의 고통같이
618	바울의 말을 들을 때에 하나님의 말씀을 듣는 것같이 받은 교회는?	살전 2:13
619	'친필'로 쓴 서신은?	고전, 살후, 골, 몬
620	나의 기쁨이요 면류관인 교회는?	빌 4
621	우리의 영광이요 기쁨인 교회는?	데살로니가 교회(살전 2:20)
622	"남편들아 아내 사랑하기를 그리스도께서 교회를 사랑하시고 위하여 자신을 주심같이 하라"의 출처는?	엡 5:25
623	오직 심령으로 새롭게 되어 하나님을 따라 ( )와 ( )의 ( )으로 지으심을 받은 새 사람을 입으라	의, 진리, 거룩함 (엡 4:23-24)
624	바울이 가고자 하되 사단이 막은 교회는?	데살로니가 교회(살전 2:18)
625	"하나님이 우리를 세우심은 ( )에 이르게 하심이 아니요 오직 우리 주 예수 그리스도로 말미암아 ( )을 얻게 하신 것이라"의 출처는?	노하심, 구원(살전 5:9)

626	감독의 직분을 얻으려면 무엇을 사모해야 되나? (감독-딤전 3; 딛1)	선한 일(딤전 3:1)
627	딤후 1장에 나오는 아시아에서 바울을 배신한 사람은?	부겔로, 허모게네
628	오네시보로가 바울을 섬긴 곳은?	로마, 에베소(딤후 1:16-18)
629	"우리가 주와 함께 죽었으면 또한 함께 살 것이요"이 출처는?	딤후 2(11절)
630	바울이 자기의 세상 떠날 기약이 가까이 왔음을 말한 곳은?	딤후 4 : 6
631	딛 2장에서 그리스도가 우리를 대신하여 자신을 주신 목적은?	불법에서 구속, 친백성이 되게 하려 하심
632	"혀는 곧 불이요 ( )라"의 출처는?	불의의 세계(약 3:6)
633	"위로부터 난 지혜는 첫째 ( )하고 다음에 ( )하고 ( )하고 ( )하며 ( )과 ( )가 가득하고 ( )과 ( )이 없나니"의 출처는?	성결, 화평, 관용, 양순, 긍휼, 선한 열매, 편벽, 거짓 (약 3:17)
634	야고보는 우리의 인생을 무엇에 비유하였나?	안개(약 4:14)
635	"이제 너희가 허탄한 ( )을 ( )하니 이러한 ( )은 더 악한 것이라"의 출처는?	자랑, 자랑, 자랑(약 4:16)
636	"자기가 시험을 받아 고난을 당하셨은즉 시험받는 자들을 능히 도우시느니라"의 출처는?	히 2(18절)
637	"그러므로 함께 하늘의 부르심을 입은 거룩한 형제들아 우리의 믿는 도리의 사도시며 ( )이신 ( )를 깊이 생각하라"의 출처는?	대제사장, 예수(히 3:1)
638	"집마다 지은 이가 있고 만물을 지으신 이는 하나님이시라"의 출처는?	히 3(4절)
639	'산 자와 죽은 자의 재판장'이라는 말은 어디에 나오는가?	베드로의 설교 중에(행 10)
640	예수와 함께 십자가에 달린 두 강도의 태도는 어떠했나? (마 / 눅)	둘 다 예수를 욕함(마 27)/ 하나는 예수를 비방, 다른 하나는 예수를 영접(눅 23)
641	금식에 대한 질문이 있는 복음서는?	마 9-막 2-눅 5
642	네 믿음이 너를 구원하였다고 말한 사건은?	① 12해 혈루증 여인 ② 소경 바디매오 ③ 예수의 발에 향유 부은 여인 ④ 10명 중 1명의 문둥병자 (눅 17)
643	헌금에 대해 언급하고 있는 서신은?	고전 16(갈라디아 교회), 고후 8(마게도냐의 모범적 헌금), 고후 9
644	예수님은 어디에서 승천하셨는가? (눅/행)	눅-베다니, 행-감람(원)산
645	"영생은 곧 유일하신 참 하나님과 그의 보내신 자 예수 그리스도를 아는 것이니라"의 출처는?	요 17(3절)
646	유대인들이 예수의 나이를 50세 미만이라고 말하는 복음서는?	요 8(57절)
647	도마의 신앙 고백을 쓰시오.	나의 주, 나의 하나님(요 20)
648	"육신으로는 다윗의 혈통, 성결의 영으로는 죽은 가운데서 부활"의 출처는?	롬 1(3-4)
649	"겉사람은 후패하나 우리의 속은 날로 새롭도다"의 출처는?	고후 4(16절)
650	"보이는 것은 잠간이요 보이지 않는 것은 영원함이니라"의 출처는?	고후 4(18절)

651	"하나님을 따라 의와 진리의 거룩함으로 지으심을 받은 새 사람을 입으라"의 출처는?	엡 4(24절)
652	"너희는 우리의 영광이요 ( )이니라"의 출처는?	기쁨(살전 2:20)
653	어느 교회 교인을 향해 빛의 자녀라고 했나?	에베소 교인(엡 5:8)
654	어느 교회 교인을 향해 빛의 아들이라고 했나?	데살로니가 교인(살전 5:5)
655	'환난-환난, 환난-안식'의 출처는?	살후 1(6-7절)
656	'얀네, 얌브레'라는 이름이 나오는 곳은? (애굽 술사)	딤후 3(모세를 대적한 사람)
657	'니고볼리'라는 지명이 나오는 서신서는?	딛 3
658	교법사 세나, 아볼로라는 이름이 등장하는 서신서는?	딛 3
659	"자기가 시험을 받아 고난을 당하셨은즉 시험받는 자들을 능히 도우시느니라"의 출처는?	히 2
660	"장차 오는 좋은 일의 그림자"의 출처는?	히 10
661	"주 앞에서 낮추라 그리하면 주께서 너희를 높이시리라"의 출처는?	약 4(10절)
662	"물 없는 샘, 광풍에 밀려가는 안개"의 출처는?	벧후 2(17절)
663	"주의 오래 참으심이 구원이 될 줄로 여기라"의 출처는?	벧후 3(15)
664	"너희 애찬의 암초"의 출처는?	유
665	"우리 구주 홀로 하나이신 하나님께 영광과 위엄과 권력과 권세"의 출처는?	유 1:25
666	계18장의 바벨론 심판은 무엇에 따라서 심판하는가?	행위대로 심판
667	발신자가 바울 한 사람으로만 되어 있는 서신은?	롬, 갈, 엡, 딤전, 딤후, 딛
668	막 2:1-3:6, 11:27-12:37의 논쟁의 주제는?	예수의 권위
669	병 고침을 가족에게 알리라고 허락한 경우는?	군대 귀신 들린 자(막 5)
670	안나스가 예수를 심문했다는 내용이 있는 곳은?	요 18
671	베드로가 세 번 부인한 후 예수께서 베드로를 돌아보는 내용이 있는 복음서는?	눅 22(54-63절)
672	예수에 대한 재판이 아침에 이루어졌다고 기록하는 복음서는?	눅 22(66-71절)
673	헤롯이 예수를 심문했다고 기록하는 복음서는?	눅 23(6-12절)
674	나를 위하여 울지 말라고 말씀하시는 복음서는?	눅 23(27-31절)
675	막달라 마리아가 예수 부활을 제자들에게 알리는 내용이 있는 복음서는?	요 20(1-10절)

676	'호산나 다윗의 자손이여'라고 아이들이 환호했다는 내용이 있는 복음서는?	마 21(14-16절)
677	그리스도가 나단의 후손이라고 전하는 복음서는?	눅
678	시험 후 마귀가 떠나고 천사가 수종 들었다고 보도하는 복음서는?	마, 막
679	시험 후 마귀가 얼마 동안 떠났다고 하는 복음서는?	눅
680	마태복음에서 예수님께 세금에 관해 질문한 사람들은? (헤바)	바리새인들과 헤롯 당원들
681	마태복음에서 표적을 구한 사람들은? (율바)	율법학자와 바리새인들
682	마 23장에는 화 선포가 나온다. 누구에게 하신 말씀인가?	바리새인과 서기관들
683	성찬 전승 중에 '받아먹으라'는 말씀이 있는 복음서는?	마
684	인간의 악덕목에 대해 기록하고 있는 서신은?	롬 1; 고전 6; 갈 5
685	바울이 무슨 신령한 은사를 나눠 주고 싶어하는 교회는? (롬 1:11)	로마 교회
686	우리의 예정된 것이 창세전부터라고 기록하고 있는 서신서는?	엡 1
687	세베대의 아들들이 하늘에서 불 내리기를 요청했다고 기록하는 복음서는?	눅
688	막달라 마리아를 과거에 일곱 귀신 들린 여자로 소개하는 복음서는?	막
689	노아가 의를 전파했다고 기록하는 서신은?	벧후 2:5
690	헤롯의 청지기 구사의 아내는?	요안나
691	바울이 사단에게 내어 준 이단 교사는?	알렉산더, 후메내오(딤전 1)
692	"누가 능히 하나님의 택하신 자들을 ( )하리오"의 출처는?	송사, 롬 8:33
693	"모든 것이 ( )하여 선을 이루느니라"의 출처는?	합력, 롬 8:28
694	알렉산더와 루포의 아비가 구레네 시몬이라고 전하는 복음서는?	막 15
695	세례에 대해 언급하는 서신은?	골, 벧전, 고전, 갈, 롬
696	마태복음의 5대 설교는?	산(5-7)/ 파(10)/ 천(13)/ 제(18)/ 종(24-25)
697	마태복음의 특수 자료는?	가(13)/ 보(13)/ 진(13)/ 그(13)/ 종(18)/ 포(20)/ 두(21)/ 열(25)/ 양(25)
698	마태복음의 특수 이적은?	소(9)/ 베(14)/ 입(17)/ 병(21)
699	마가복음의 특수 자료는?	미(3)/ 씨(4)/ 맹(8)/ 알(14)/ 선(16)
700	누가복음의 특수 자료는?	나(7)/ 여(13)/ 고(14)/ 문(17)

701	누가복음에 나오는 찬양시는? (마사천시)	마(1), 사(1) / 천(2), 시(2)
702	요한복음의 특수 자료는?	가(2)/ 니(3)/ 수(4)/ 베(5)/ 초(7)/ 간(8)/ 실(9)/ 나(11)/ 세(13)/ 보(14,16)/ 대(17)
703	요한복음의 계시 7가지는? (나는 ~이다)	떡(6)/ 빛(8)/ 문(10)/ 선(10)/ 부(11)/ 길(14)/ 포(15)
704	권세에 복종하라는 내용이 나오는 서신서는? (베띠롬)	벧전 2; 딤전 2; 딛 3; 롬 13
705	가훈표가 나오는 서신서는?	엡 5-6; 골 3-4; 벧전 3
706	바울이 교회를 핍박했다고 밝히는 서선서는? (고전 갈비 먹고 핍박)	고전, 갈, 빌,
707	새 언약과 옛 언약을 나타내는 성경은?	고후 3; 히 8; 요일 2 (렘 31; 겔3 6)
708	신약성경에서 라합이라는 이름이 나오는 곳은?	히, 약
709	신약성경에서 아브라함이라는 이름이 나오는 곳은? (서신서에서)	히, 약, 갈, 롬, 벧전
710	엘리야라는 이름이 나오는 서신서는?	약 5
711	야고보서의 장 제목을 쓰시오.	시/ 행/ 혀/ 마/ 기
712	요한일서의 장 제목을 쓰시오.	빛/ 대/ 자/ 사/ 승(이김)
713	'아바 아버지'라는 말이 나오는 곳은?	막 14:36; 갈 4:6; 롬 8:15
714	계시 도식이 나오는 서신서는? (골 디진 롬)	골, 딤전, 롬
715	바울의 친서 7권을 쓰시오. (몬살전고빌고갈롬)	몬, 살전, 고전, 빌, 고후, 갈, 롬
716	"찬송하리로다"라는 말이 나오는 서신서는?	엡, 벧전, 고후(1:3)
717	세상 '초등 학문'이라는 말이 나오는 서신서는?	갈 4; 골 2
718	그리스도의 찬미송이 나오는 서신서는? (히 1:13)	빌 2:6-11; 골 1:15-20; 딤전 3:16,
719	고후 1-5장의 장 제목을 쓰시오.	위로/ 향기/ 편지/ 질그릇/ 바울의 내세관
720	엡 5장에서 빛의 열매는?	모든 착함, 의로움, 진실함
721	'살든지 죽든지 주의 영광' 책, 장은?	빌 1:20
722	'그리스도의 심장' 책, 장은?	빌 1
723	'먹든지 마시든지' 책, 장은?	고전 10:31
724	'친필'이라는 말이 나오는 서신서는?	고전, 살후, 골, 몬
725	'우리의 영광이요 기쁨' 책, 장은?	살전 2(20절)

726	'나의 기쁨이요 면류관' 책, 장은?	빌 4:1
727	히브리서 11장에서 언급하고 있는 믿음의 인물은?	아, 에, 노, 아, 사, 이, 야, 요, 모, 라
728	벧전 1장에 나타나는 편지의 수신자는?	본, 갈, 갑, 비, 아
729	벧후 1장에 나오는 8덕을 쓰시오.	믿, 덕, 지, 절, 인, 경, 형, 사
730	"들은 바, 눈으로 본 바, 손으로 만진 바" 책은?	요일
731	"읽는 자, 듣는 자, 지키는 자" 책은?	계
732	신약성경에서 한 장으로 된 책은?	몬, 요이, 요삼, 유
733	유다서에 나오는 인물을 쓰시오.	모, 발, 에, 고, 가(아담)
734	'회전하는 그림자' 책, 장은?	약 1(17절)
735	'모형의 그림자' 책, 장은?	히 8(5절)
736	'장차 오는 좋은 일의 그림자' 책, 장은?	히 10(1절)
737	'새 하늘, 새 땅' 책, 장은?	벧후 3; 계 21(사 65, 66)
738	천 년을 언급한 성경은?	벧후 3(8절); 계 20(4절) (시 90)
739	예루살렘 교회 헌금을 언급한 서신서는?	고전, 고후, 갈, 롬
740	서두에 축복이나 감사의 말이 없는 서신서는?	히, 약, 갈, 요일
741	'안수'에 대해 언급한 성경은?	딤전 4(4절); 딤후 1(6절); 행 6(1-6절)
742	'거룩한 입맞춤'이라는 말이 있는 성경은?	고전, 고후, 살전, 롬
743	교회의 직분에 대한 가르침이 있는 성경은?	엡 4; 롬 12; 고전 12
744	'주께서 임하시느니라' 책, 장은?	고전 16; 빌 4; 계 22
745	'거짓말이 아니로다' 책, 장은?	갈, 롬, 딤전
746	"그는 육신으로 나타난 바 되시고 영으로 의롭다 하심을 입으시고 천사 들에게 보이시고 만국에서 전파되시고" 책은?	딤전 3:16(계시도식, 찬미송)
747	"내 아들아 주의 경계하심을 경히 여기지 말라 그에게 꾸지람을 받을 때 에 낙심하지 말라" 책, 장?	히 12(5절)
748	행 7장의 스데반 설교 중 이스라엘 백성의 나그네 생활의 기간과 애굽으 로 내려간 야곱의 식구는 몇 명인가?	400년, 75명
749	여자들이 정절로서 믿음과 사랑과 거룩함에 거하면 얻는 것은?	그 해산함으로 구원을 얻으리라(딤전 2:15)
750	요한계시록에서 '할렐루야' 라는 말이 나오는 곳은?	계 19(1절)

751	'하나님의 공의' 책, 장은?	살후 1:7
752	평강으로 시작했다가 평강으로 끝나는 서신은?	살후
753	바울의 자기 변명, 자기 고생이 가장 많이 언급된 성경은?	고후 11
754	베드로후서의 수신자는?	보배로운 믿음을 우리와 같이 받은 자들
755	갈라디아 교인들은 바울을 누구처럼 영접하였나?	하나님의 천사, 그리스도 예수
756	엡 5장에서 그 이름이라도 부르지 말아야 할 것은?	음행, 온갖 더러운 것, 탐욕
757	로마서의 대필자와 전달자는?	더디오, 뵈뵈 (겐그레아 교회 일꾼)
758	"지혜 있는 자가 어디 있느뇨 ( )가 어디 있느뇨 이 세대에 ( )가 어디 있느뇨 하나님께서 이 세상의 지혜를 미련케 하신 것이 아니뇨"의 출처는?	선비, 변사(고전 1:20)
759	"모든 눈물을 그 눈에서 씻기시매 다시 ( )이 없고"의 출처는?	사망, 계 21:4
760	"하나님의 ( )와 ( )에는 후회하심이 없느니라"의 출처는?	은사, 부르심(롬 11:29)
761	"단번에 주신 ( )를 위하여 힘써 싸우라"의 출처는?	믿음의 도(유 1:3)
762	예수님이 하신 비유의 목적이 "죄 사함을 얻지 못하게 하려 함이라"고 말하는 복음서는?	막 4:12
763	베드로전서의 기록 장소는?	로마
764	"한 번 죽는 것은 사람에게 정하신 것이요 그 후에는 심판이 있으리니" 책, 장은?	히 9(27절)
765	"만일 서로 물고 먹으면 피차 멸망할까 조심하라" 책, 장은?	갈 5(15)
766	바울이 자신을 '사도'로 부르지 않는 서신은?	살전, 살후, 빌, 몬
767	"하나님의 진노가 불의로 진리를 막는 사람들의 모든 경건치 않음과 불의에 대하여 하늘로 좇아 나타나나니" 책, 장은?	롬 1(18절)
768	우리는 "허물과 죄로 죽었던" 존재임을 말하는 책은?	엡 2
769	'그리스도인'이라는 말이 나오는 책은?	행 11:26, 26:28; 벧전 4:16
770	'만삭되지 못한 자', '사도 중에 지극히 작은 자'라고 말하는 책은?	고전 15(8-9절)
771	바울이 자신을 모든 성도 중에 지극히 작은 자보다 더 작은 자 라고 말하는 성경은?	엡 3(18절)
772	종말을 예언하면서 '다니엘, 노아의 때'와 같은 것이라고 말하는 성경은?	마 24
773	종말의 때를 일컬어 '노아, 롯의 때'와 같다고 말하는 성경은?	눅 17
774	믿음에 파선한 자로 소개된 사람은?	후메내오, 알렉산더(딤전 1)
775	아시아에서 바울을 버린 사람으로 소개된 사람은?	부겔로, 허모게네(딤후 1)

776	부활이 지나갔다고 한 사람은?	후메내오, 빌레도(딤후 2)
777	바울의 고생담을 소개하고 있는 성경은?	고전 4; 고후 4, 6, 11
778	처음 4제자를 소개한 본문은?	마 4-막 1-눅 5
779	'소금'에 대해 말한 복음서?	마 5-막 9-눅 14
780	'등불'에 대해 말한 복음서?	마 5-막 4-눅 8
781	예수 형제의 이름이 나오는 복음서는?	마 13-막 6
782	정결법에 대해 말하고 있는 복음서는?	마 15-막 7
783	잃은 양에 대해 말하고 있는 복음서는?	마 18-0-눅 15
784	화 선포가 있는 복음서는?	마 23-0-눅 11
785	종말에 대한 설교가 있는 복음서는?	마 24-막 13-눅 21
786	베다니 향유 여인의 이야기가 있는 복음서는?	마 26-막 14-(눅 7)-요 12
787	예수의 부활 사건에 대해 말하고 있는 복음서는?	마 28-막 16-눅 24-요 20
788	엠마오로 가는 두 제자를 소개하는 복음서는?	0-(막 16)-눅 24
789	3차 수난을 예고하는 복음서의 장은?	마 20-막 10-눅 18
790	성령 훼방죄를 언급하고 있는 복음서는?	마 12-막 3-눅 12
791	예수와 바알세불 논쟁 이야기가 있는 복음서는?	마 12-막 3-눅 11
792	천국에서 누가 크냐는 질문이 있는 복음서는?	마 18-막 9-눅 9
793	가장 큰 계명을 말하고 있는 복음서는?	마 22-막 12-눅 10
794	반석에 대해 말하고 있는 복음서는?	마 7-0-눅 6
795	'참과부' 장은?	딤전 5
796	모세를 대적한 사람은?	얀네, 얌브레(딤후 3)
797	바울에게 해를 많이 입힌 구리 장색은?	알렉산더(딤후 4:14)
798	믿음에 파선한 자는?	후메내오, 알렉산더
799	부활이 지나갔다고 말하는 사람은?	후메내오, 빌레도
800	아시아에서 바울을 버린 사람은?	부겔로, 허모게네

801	바울을 자주 유쾌하게 한 사람은?	오네시보로(딤전 1:16)
802	"천하를 어지럽게 하던 사람이 여기도 이르렀다"고 말한 지명은?	데살로니가(행 17:6)
803	"주 예수를 믿으라 그리하면 너와 네 집이 구원을 얻으리라" 바울이 어디에 있을 때 한 말인가?	빌립보(행 16:31)
804	바울의 몸에서 손수건이나 앞치마를 가져다가 병든 자에게 얹으면 병이 떠나는 기적이 일어난 곳은 어디인가? (행 19)	에베소
805	"예수도 알고 바울도 내가 알거니와 너희는 누구냐"고 말한 곳은?	에베소(스게와 7아들)
806	사도 바울은 예수님께서 하신 말씀 "두려워하지 말며 잠잠하지 말고 말하라"는 음성을 어디에서 들었는가?	고린도(행 18)
807	베드로의 투옥 기사는 사도행전 몇 장에 나오는가?	행 4, 5, 12
808	"내가 그리스도를 본받는 자 된 것같이 너희는 나를 본받는 자 되라" 책, 장은?	고전 11(1절)
809	"내가 선한 싸움을 싸우고 나의 달려갈 길을 마치고 믿음을 지켰으니" 책, 장은?	딤후 4(7절)
810	고전 1장의 고린도 교회의 4분파는?	바울, 아볼로, 게바, 그리스도
811	고전 2장의 내용은?	하나님의 지혜
812	"바울-심었고, 아볼로-물, 하나님- 자라나게 함" 책, 장은?	고전 3
813	"하나님의 밭, 하나님의 집" 책, 장은?	고전 3
814	고전 5장의 내용은?	음행
815	"우리의 유월절 양 곧 그리스도" 책, 장은?	고전 5
816	고전 6장의 내용은?	송사
817	"주와 합하는 자는 한 영이니라" 책, 장은?	고전 6:17
818	고전 7장의 내용은?	결혼
819	고전 8장의 내용은?	우상의 제물(우상숭배, 10장)
820	'창조의 중재자' 책, 장은?	고전 8:6; 엡 1; 히 1; 골 1
821	고전 9장의 내용은?	사도권
822	"그런즉 선 줄로 생각하는 자는 넘어질까 조심하라" 책, 장은?	고전 10
823	고전11장의 내용은?	성만찬
824	여인의 수건 쓰는 문제에 대해 언급하는 성경은?	고전 11 (모세의 수건, 고후 3)
825	고전 12장의 내용은?	은사

826	고전 12장에 소개된 은사의 수는?	13개
827	고전 13장의 내용은?	사랑
828	'영의 기도, 마음의 기도' 책, 장은?	고전 14
829	"하나님은 어지러움의 하나님이 아니시요" 책, 장은?	고전 14
830	"모든 것을 적당하게 하고 질서대로 하라" 책, 장은?	고전 14
831	"게바 – ( ) – ( ) – 야고보 – 모든 사도 – ( )"의 출처는?	12제자, 500형제, 바울 (고전 15)
832	"맨 나중에 멸망받을 원수는 사망" 책, 장은?	고전 15
833	"나는 날마다 죽노라" 책, 장은? (죽으면 죽으리라–에 4:16)	고전 15
834	"첫 아담– 산 영, 마지막 아담 – 살려 주는 영" 책, 장은?	고전 15
835	"남자답게 강건하여라" 책, 장은?	고전 16
836	"모든 일을 사랑으로 행하라" 책, 장은?	고전 16
837	아가야의 첫 열매는?	스데바나
838	"주 안에서 자랑하라" 책, 장은?	고전 1(31절), 고후 10(17절)
839	친필로 쓴다는 말이 있는 서신은?	고전, 살후, 골, 몬
840	바울의 친서로 여겨지는 서신 7권은? (몬살전고빌고갈롬)	몬, 살전, 고전, 빌, 고후 ,갈, 롬
841	고린도전서의 발신자는?	바울, 소스데네
842	고린도후서의 발신자는?	바울, 디모데
843	모세의 수건, 편지를 언급한 서신서는?	고후 3
844	여인의 수건에 대한 내용은 어디 나오는가?	고전 11
845	눈물로 쓴 편지로 마게도냐에서 기록한 서신은?	고후 2
846	"저가 또 우리로 새 언약의 일꾼 되기에 만족케 하셨으니 의문으로 하지 아니하고 오직 영으로 함이니 의문은 죽이는 것이요 영은 살리는 것임이니라" 책, 장은?	고후 3(6절)
847	고후 1장의 내용은?	위로
848	고후 2장의 내용은?	향기
849	고후 3장의 내용은?	영광, 편지, 수건
850	고후 4장의 내용은?	질그릇

851	고후 5장의 내용은?	바울의 내세관, 종말관
852	'그리스도의 심판대' 책, 장은?	고후 5(10절)
853	'새로운 피조물' 책, 장, 절은?	고후 5:17
854	'화목하게 하는 직책' 책, 장은?	고후 ·5(18절)
855	고후 6장의 내용은?	은혜, 성전
856	"보라 지금은 은혜 받은 만한 때요 보라 지금은 구원의 날이로다" 책, 장은?	고후 6(2절)
857	"비천한 자들을 위로하시는 하나님이 디도의 옴으로 우리를 위로하셨으니" 책, 장은?	고후 7(6절)
858	고후 8, 9장의 내용은?	헌금
859	"이것이 곧 적게 심는 자는 적게 거두고 많이 심는 자는 많이 거둔다 하는 말이로다" 책, 장은?	고후 9(6절)
860	"각각 그 마음에 정한 대로 할 것이요 인색함으로나 억지로 하지 말지니 하나님은 즐겨 내는 자를 사랑하시느니라" 책, 장은?	고후 9(7절)
861	고후 10장의 내용은?	사도권
862	"저희 말이 그 편지들은 중하고 힘이 있으나 그 몸으로 대할 때는 약하고 말이 시원치 않다 하니" 책, 장은?	고후 10(10절)
863	"자랑하는 자는 주 안에서 자랑할지니라" 책, 장은?	고후 10(17절); 고전 1
864	고후 11장의 내용은?	바울의 고생담 (고전 4; 고후 4, 6, 11)
865	"만일 누가 가서 우리의 전파하지 아니한 다른 ( )를 전파하거나 혹 너희의 받지 아니한 다른 ( )을 받게 하거나 혹 너희의 받지 아니한 다른 ( )을 받게 할 때에는 너희가 잘 용납하는구나"의 출처는?	예수, 영, 복음 (고후 11:4)
866	"유대인들에게 사십에 하나 감한 매를 다섯 번 맞았으며" 책, 장은?	고후 11(24절)
867	"내가 부득불 자랑할진대 나의 약한 것을 자랑하리라" 책, 장은?	고후 11(30절)
868	고후 12장의 내용은?	삼층천
869	"내 은혜가 네게 족하도다 이는 내 능력이 약한 데서 온전하여 짐이라 하신지라" 책, 장은?	고후 12(9절)
870	"사도의 표 된 것은 내가 너희 가운데서 모든 참음과 표적과 기사와 능력을 행한 것이라" 책, 장은?	고후 12(12절)
871	갈 1장의 내용은?	다른 복음
872	"이는 내가 사람에게서 받은 것도 아니요 배운 것도 아니요 오직 예수 그리스도의 계시로 말미암은 것이라" 책, 장은?	갈 1(12절)
873	"또 나보다 먼저 사도 된 자들을 만나려고 예루살렘으로 가지 아니하고 오직 ( )로 갔다가 다시 ( )으로 돌아갔노라"의 출처는?	아라비아, 다메섹(갈 1)
874	"그 후 ( ) 만에 내가 ( )를 심방하려고 예루살렘으로 올라가서 저와 함께 ( )을 유할새"의 출처는?	3년, 게바, 15일(갈 1)
875	"보라 내가 너희에게 쓰는 것은 하나님 앞에서 거짓말이 아니로라" 책, 장은?	갈 1(20절)

876	갈라디아서는 총 몇 장으로 되어 있는가?	6장
877	갈 6장의 내용은?	심는 자
878	갈 5장의 내용은?	자유의 대헌장, 성령의 열매
879	갈 4장의 내용은?	초등 학문, 아바 아버지
880	갈 3장의 내용은?	몽학 선생
881	갈 2장의 내용은?	안디옥 사건
882	"( ) 후에 내가 바나바와 함께 ( )를 데리고 다시 예루살렘에 올라 갔노니"의 출처는?	십사 년, 디도(갈 2:1)
883	"또 내게 주신 은혜를 알므로 기둥같이 여기는 ( )와 ( )와 ( )도 나와 교제의 악수를 하였으니"	야고보, 게바, 요한
884	갈 2:20을 쓰시오.	내가 그리스도와 함께…
885	"내가 이것을 말하노니 하나님의 미리 정하신 언약을 ( ) 후에 생긴 율 법이 없이 하지 못하여 그 약속을 헛되게 하지 못하리라"의 출처는?	사백삼십 년, 갈 3
886	세례에 대해 언급하고 있는 곳은?	롬 6; 갈 3; 고전 10; 골 2; 벧전 3
887	"이제는 너희가 하나님을 알 뿐더러 하나님의 아신 바 되었거늘 어찌하여 다시 약하고 천한 ( )으로 돌아가서 다시 저희에게 종노릇 하려 하느 냐"의 출처는?	초등 학문(갈 4:9)
888	'아바 아버지'를 언급한 책은?	막, 갈, 롬
889	"너희가 할 수만 있었더면 너희의 눈이라도 빼어 나를 주었으리라" 책, 장은?	갈 4(15절)
890	"사랑으로써 역사하는 믿음뿐이니라" 책, 장은?	갈 5(6절)
891	갈 5:13-14를 쓰시오.	형제들아 너희가 자유를…
892	갈 5:22-23을 쓰시오.	오직 성령의 열매는…
893	"너희가 짐을 서로 지라 그리하여 그리스도의 법을 성취하라" 책, 장은?	갈 6(2절)
894	"스스로 속이지 말라 하나님은 만홀히 여김을 받지 아니하시나니" 책, 장은?	갈 6(7절)
895	"사람이 무엇으로 심든지 그대로 거두리라" 책, 장은?	갈 6(7절)
896	"내 손으로 너희에게 이렇게 큰 글자로 쓴 것을 보라" 책, 장은?	갈 6(11절)
897	"내가 내 몸에 예수의 흔적을 가졌노라" 책, 장은?	갈 6(17절)
898	4제자를 부르시는 복음서는?	마 4-막 1-눅 5
899	'소금'에 대해 말하는 복음서는?	마 5-막 9-눅 14
900	'등불'에 대해 말하는 복음서는?	마 5-막 4-눅 8

901	복음서에서 야이로의 딸이 12세임을 말하는 복음서는? (9-5-8)	막 5; 눅 8
902	'보아너게'가 언급된 곳은?	막 3
903	과부의 헌금에서 '두 렙돈 곧 한 고드란트'라고 말한 복음서는? (0-12-21)	막 12
904	성만찬 때에 '잔-떡-잔' 순서로 말하는 복음서는? (26-14-22)	눅 22
905	'이 사람은 정녕 의인이었도다'라는 백부장의 고백이 있는 복음서는?	눅 23
906	무화과 저주시 "때가 아님이라"고 말하는 복음서는? (21-11)	막 11
907	'브라이도리온'의 출처는?	막 15
908	제자 파송시 '지팡이와 신'을 허락한 복음서는? (10-6-9)	막 6
909	'중풍병자 치유'가 나오는 복음서는?	마 9-막 2-눅 5
910	'혈루증 여인 치유'가 나오는 복음서는?	마 9-막 5-눅 8
911	'좁은 문 비유'가 나오는 복음서는?	마 7-0-눅 13
912	마태복음의 특수 자료(S/Mt)에 속한 비유는?	가/보/진/그/종/포/두/열/양
913	마태복음의 특수 자료(S/Mt)에 속한 이적은?	소/베/입/병
914	마가복음의 특수 자료(S/Mk)는?	미/씨/맹/알/선
915	누가복음의 특수 자료(S/Lk)에 속한 이적은?	나/여/고/문
916	요한복음의 특수 자료(S/Jn)는?	가/니/수/베/초/ 간/실/나/세/보/대
917	그리스도 찬미송이 있는 서신은?	골, 딤전, 빌, 히
918	참과부 장은 어디인가?	딤전 5
919	"주 예수를 믿으라 그리하면 너와 네 집이 구원을 얻으리라"라는 말은 바울이 어디서 한 말인가?	빌립보(행 16)
920	바울의 몸에서 손수건이나 앞치마를 가져다가 병든 자에게 얹으면 병이 떠나간 기적이 일어난 지역은?	에베소
921	하나님께서 바울에게 "두려워 말고 잠잠하지 말고 말하라"고 말한 지역은?	고린도(행 18)
922	"내가 선한 싸움을 싸우고 나의 달려갈 길을 마치고 믿음을 지켰으니" 책, 장은?	딤후 4:7
923	예수님이 시험받은 사건이 기록된 복음서와 장은?	마 4-막 1-눅 4
924	예수님이 시험받을 때 "사단아 물러가라"고 기록한 복음서는?	마 4:10
925	마태복음 5장에서 노하는 자는 심판을 받게 되고 형제에게 라가라고 한 자와 미련한 놈이라고 한 사람은 어떻게 되나?	공회에 잡히게 되고 지옥불에 던져지게 됨

926	'세상의 소금'을 언급한 복음서는?	마 5-막 9-눅 14
927	'등불 비유'를 언급한 복음서는?	마 5-막 4-눅 8
928	"그러므로 하늘에 계신 너희 아버지의 온전하심같이 너희도 온전하라" 책, 장은?	마 5(48절)☞눅 6 '자비'
929	마 6장의 내용은?	구제, 기도, 주기도, 금식, 재물, 염려
930	마 5장의 내용은? (팔복-심애온의 긍마화의)	팔복, 소금, 빛, 율법의 완성자, 살, 간, 이, 맹, 보, 원
931	"비판을 받지 아니하려거든 비판하지 말라" 책, 장, 절은? (7-0-6)	마 7:1
932	"너희가 악할지라도 좋은 것으로 자식에게 줄 줄 알거든" 책, 장은? (7-0-11)	마 7(11절)
933	"반석 위에 지은 집"을 언급한 복음서는?	마 7-0-눅 6
934	마태복음의 산상수훈 후에 놀란 사람은? (마 7:28)	무리들
935	산상수훈 직후 치유함을 받은 사람은?	문둥병자(마 8-막 1-눅 5)
936	4복음서 중에서 장수와 분량이 제일 많은 복음서는?	장수-마, 분량-눅
937	예수님의 족보가 나오는 복음서는?	마, 눅
938	예수님의 종말에 관한 예고가 있는 곳은?	마 24-막 13-눅 21
939	베드로의 메시야 신앙 고백 기사가 나오는 복음서는?	마 16-막 8-눅 9(요 6)
940	"인자가(의) 온 것은 섬김을 받으려 함이 아니라 도리어 섬기려 하고 자기 목숨을 많은 사람의 대속물로 주려 함이니라"는 말씀이 기록된 곳은?	마 20:28; 막 10:45
941	공관복음서 중 "한 사람이 두 주인을 섬길 수 없다"는 말씀이 나오지 않는 복음서는? (6-0-16)	막
942	"한 사람이 두 주인을 섬길 수 없다"의 출처는?	마 6:24; 눅 16:13
943	4복음서 중 노아에 대해 말하는 복음서는?	마 24; 눅 17
944	오병이어 사건과 칠병이어 사건이 모두 나오는 복음서는?	마, 막
945	신약의 황금률이라고 불리는 예수님의 말씀이 나오는 복음서는?	마 7:12; 눅 6:31
946	예수님의 변모를 언급하고 있는 복음서는?	마 17-막 9-눅 9
947	복음서에서 예수님의 예루살렘 입성장과 성전 정화장은?	21-11-19-12 / 21-11-19-2
948	문둥병자, 백부장 하인 치유, 베드로 장모 치유, 예수 따르는 자의 각오, 풍랑 잔잔, 거라사 귀신 등은 마태복음 몇 장 내용인가?	마 8
949	베드로의 장모 치유가 나오는 복음서는?	마 8-막 1-눅 4
950	베드로의 장모 치유에서 열병을 꾸짖었다고 기록하는 복음서는?	눅 4

951	풍랑을 잔잔하게 하신 사건은 복음서 어디에 나오는가?	마 8-막 4-눅 8
952	거라사 귀신을 치유하신 이야기는 복음서 어디에 나오는가?	마 8-막 5-눅 8
953	거라사 군대 귀신 들린 사람을 치유하실 때 귀신 들린 사람이 2명이라고 보도하는 성경은?	마
954	거라사 군대 귀신 들린 사람의 치유에서 돼지 떼가 2,000마리라고 보도하는 복음서는?	막
955	마태복음 9장의 내용을 쓰시오.	중풍병자 치유, 마태 부르심, 금식과 새것 옛것, 야이로의 딸, 혈루증 여인, 두 소경, 벙어리 귀신, 추수할 일꾼
956	마태복음 9장에서 마태를 부르시기 전에 있었던 일은?	중풍병자 치유
957	'중풍병자 치유' 기사는 복음서 어디에 나오는가?	마 9-막 2-눅 5
958	중풍병자 치유에서 네 사람이 병자를 메고 왔다고 기록하는 복음서는?	막
959	마태를 부르시는 내용은 복음서 어디에 나오는가?	마 9-막 2-눅 5
960	야이로의 딸을 치유하는 이야기는 복음서 어디에 나오는가?	마 9-막 5-눅 8
961	야이로의 딸 치유에서 '한 직원의 딸'이라고 소개하는 복음서는?	마
962	야이로의 딸 치유에서 12살이라고 밝히는 복음서는?	막, 눅
963	야이로의 딸 치유에서 "달리다굼"이라는 아람어가 나오는 곳은?	막
964	"추수할 것은 많은데 일꾼은(이) 적으니"는 어디에 나오나?	마 9-0-눅 10
965	열두 제자 파송한 이야기는 어디에 나오나?	마 10-막 6-눅 9
966	열두 제자 파송에서 '둘씩 둘씩' 보냈다고 기록하는 곳은?	막
967	"그러므로 너희는 뱀같이 지혜롭고 비둘기같이 순결하라" 책, 장은?	마 10
968	"참새 두 마리가 한 앗사리온에 팔린다"고 기록하는 복음서는?	마(10:29)
969	"참새 다섯 마리가 두 앗사리온에 팔린다"고 기록하는 복음서는?	눅(12:6)
970	"세례 요한의 때부터 지금까지 천국은 ( )를 당하나니 ( )하는 자는 빼앗느니라"의 출처는?	침노, 침노(마 11:12)
971	손 마른 자 치유는 복음서 어디에 나오나?	마 12-막 3-눅 6
972	손 마른 자 치유에서 오른손 마른 사람이라고 말하는 복음서는?	눅
973	마태복음 13장에 나오는 비유는?	씨/ 가/ 겨/ 누/ 보/ 진/ 그
974	씨 뿌리는 사람의 비유는 복음서 어디에 나오나?	마 13-막 4-눅 8
975	씨 뿌리는 사람의 비유에서 열매가 100, 60, 30배 맺었다고 기록하는 복음서는?	마

976	씨 뿌리는 사람의 비유에서 열매가 30, 60, 100배로 맺었다고 기록하는 복음서는?	막
977	"천국은 마치 밭에 감추인 보화와 같으니 사람이 이를 발견한 후 숨겨 두고 기뻐하여 돌아가서 자기의 소유를 다 팔아 그 밭을 샀느니라" 책, 장, 절은?	마 13:44
978	예수의 형제를 '야고보, 요셉, 시몬, 유다'의 순서로 기록하는 복음서는?	마 13
979	예수의 형제를 '야고보, 요셉, 유다, 시몬'의 순서로 기록하는 복음서는?	막 6
980	4복음서에 모두 나오는 기적은?	5병2어로 5,000명 먹이심
981	예수님께서 물 위를 걸으신 사건은 어디에 나오나?	마 14-막 6-0-요 6
982	베드로가 물 위를 걸은 사건은 어디에 나오나?	마 14
983	"배에 있는 사람들이 예수께 절하며 가로되 진실로 하나님의 아들이로소이다 하더라" 책, 장은?	마 14(33절)
984	예수님께서 7병2어로 4,000명을 먹이신 후 가신 곳이 마, 막에 다르게 기록되어 있다. 그 지명은?	마-마가단 막-달마누다
985	베드로의 신앙 고백이 나오는 곳은?	마 16-막 8-눅 9
986	베드로의 신앙 고백에서 "하나님의 그리스도시다"라고 기록하는 복음서는?	눅 9
987	예수님이 3제자만 데리고 가신 경우는?	야이로의 딸, 변화산, 겟세마네
988	변화산 사건이 기록된 복음서는?	마17-막9-눅9(벧후 1)
989	변화산 사건에서 "얼굴이 해같이 빛나며 옷이 빛과 같이 희어졌다"라고 기록하는 복음서는?	마 17
990	변화산 사건에서 "빨래하는 자가 그렇게 희게 할 수 없을 만큼 희어졌다"고 기록하는 복음서는?	막 9
991	변화산 사건에서 예수님이 영광 중에 예루살렘에서 별세하실 것을 말씀하신 복음서는?	눅 9
992	물고기 입에서 한 세겔을 얻은 기사가 기록된 곳은?	마 17
993	"두세 사람이 내 이름으로 모인 곳에는 나도 그들 중에 있느니라" 책, 장은?	마 18
994	용서에 대한 교훈에서 '일흔 번씩 일곱 번'이라고 기록하는 복음서는?	마 18
995	음행한 연고 외에는 이혼을 금지한 복음서는? (이혼 19 - 10)	마 19(이혼 19-10)
996	부자 청년에 대한 것은 어디에 나오는가?	마 19-막 10-눅 18
997	포도원 품꾼의 비유는 마태복음 몇 장에 나오나?	마 20
998	세베대의 아들들의 요구가 있는 곳은?	20-10
999	예수님이 예루살렘에 입성한 기사가 있는 장은?	마 21-막 11-눅 19-요 12
1000	예루살렘 입성 시 "잠잠하면 돌들이 소리 지르리라"는 기록이 있는 복음서는?	눅 19

1001	예루살렘 입성 시 "하늘에는 평화요 가장 높은 곳에서는 영광"이라는 말이 나오는 곳은?	눅 19:31 (21-11-19-12)
1002	혼인 잔치의 비유가 나오는 곳은?	마 22-0-눅 14
1003	"그러나 너희는 ( )라 칭함을 받지 말라…땅에 있는 자를 ( )라 하지 말라…또한 ( )라 칭함을 받지 말라 너희 지도자는 하나이니 곧 그리스도니라"의 출처는?	랍비, 아비, 지도자 (마 23:8-11)
1004	"주검이 있는 곳에는 독수리가 모일지니라" 책, 장은?	마 24-0-눅 17
1005	달란트 비유가 나오는 곳은?	마 25
1006	므나 비유가 나오는 곳은?	눅 19(25-0-19)
1007	가룟 유다가 은 30에 예수를 팔 것이라고 예언된 구약은?	슥 11:12
1008	대제사장의 종 말고라는 이름이 나오는 복음서는?	요 18
1009	'아겔다마'라는 지명이 나오는 곳은?	행 1(피밭)
1010	마태복음의 특수 자료는?	가/보/진/그/종/포/두/열/양
1011	마태복음의 특수 이적은?	소(9)/베(14)/입(17)/병(21)
1012	예수님이 승천하시기 전에 제자들이 질문한 것은 무엇인가?	이스라엘을 회복하심이 이때니이까(행 1:6)
1013	예수님이 승천하신 곳은?	눅-베다니/행-감람(원)산
1014	베드로의 오순절 설교 때 인용한 성경은?	욜 2; 시 16 (요엘, 다윗)
1015	아겔다마의 뜻은?	피밭
1016	가룟 유다가 빠진 자리를 채우기 위해 후보로 오른 두 사람은?	바사바(유스도=요셉), 맛디아
1017	행 2장에 나오는 구약의 인물은?	요엘, 다윗
1018	"누구든지 주의 이름을 부르는 자는 구원을 얻으리라" 책, 장은?	행 2; 롬 10(욜 2)
1019	바울이 고린도에 머문 기간은?	1년 6개월
1020	바울이 두란노 서원에 머문 기간은?	2년
1021	바울이 멜리데 섬에 머문 기간은?	3개월(276명)
1022	바울이 로마에 머문 기간은?	2년
1023	베드로의 설교가 나오는 장은?	행 2, 3, 4, 10
1024	베드로가 옥에 갇혔다가 풀린 장은?	행 4, 5, 12
1025	행 3장에 나오는 구약의 인물은?	모세, 사무엘, 아브라함

1026	"하나님 앞에서 너희 말 듣는 것이 하나님 말씀 듣는 것보다 옳은가 판단하라" 책, 장은?	행 4(베드로, 요한)
1027	'안수'에 대해 나오는 책, 장은?	행 6, 9; 딤전 4; 딤후 1
1028	'스데반의 설교'의 내용은?	① 성전 비판 ② 이스라엘의 역사(광야 교회)
1029	'스데반의 순교' 책 장은?	행 7
1030	"주 예수여 ( )을 받으시옵소서 주여 이 죄를 저들에게 돌리지 마옵소서"	내 영혼
1031	행 8장에서 사마리아에 파견된 사람은?	베드로, 요한
1032	빌립의 전도 지역 순서이다. "사마리아-가사-( )-가이사랴"	아소도(행 8)
1033	바울의 회심이 기록된 장은?	행 9, 22, 26
1034	바울이 예루살렘을 방문한 것을 기록하는 장은?	행 9, 11, 18
1035	"이 사람은 내 이름을 위하여 ( )과 임금들과 ( ) 자손들 앞에 전하기 위하여 택한 나의 ( )이라"의 출처는? (예수님이 아나니아에게)	이방인, 이스라엘, 그릇 (행 9:15)
1036	기도와 구제가 하나님 앞에 상달되어 기억하신 바가 되었던 사람은?	고넬료
1037	베드로가 룻다에서 병을 고쳐 준 사람은?	애니아
1038	베드로가 욥바에서 살린 사람은?	다비다(도르가)
1039	이방 선교의 중심지는?	수리아 안디옥
1040	안디옥 교회의 선지자와 교사는?	바나바, 시므온, 루기오, 마나엔, 사울
1041	"유다와 실라도 선지자라" 책, 장은?	행 15(32절)
1042	바울이 자신의 로마 시민권을 사용한 장은?	행 16, 22
1043	데살로니가 사람보다 더 신사적이고 간절한 마음으로 말씀을 받고 날마다 성경을 상고한 지역은?	베뢰아(행 17)
1044	아레오바고 설교는 어디에 나오나?	행 17
1045	바울의 아레오바고 설교를 듣고 믿은 두 사람은 누구인가?	디오누시오, 다마리
1046	바울이 직접 예수님의 음성을 들은 것은 사도행전 몇 장?	행 9, 18, 23
1047	고린도전서에 의하면 바울이 세례를 준 사람은?	그리스보, 가이오, 스데바나 집 사람
1048	유력하게 유대인의 말을 이긴 사람은?	아볼로
1049	손수건, 앞치마-( ) / 그림자-( )	바울, 베드로
1050	바울이 빌립보 지역을 방문한 것은 사도행전 몇 장에 나오나?	행 16

1051	바울이 결박당하는 장면이 나오는 사도행전의 장은?	행 21, 24, 27
1052	바울이 밀레도에서 한 고별 설교는 사도행전 몇 장에 나오나?	행 20
1053	바울이 드로아에 머문 기간은?	7일
1054	"나의 달려갈 길과 주 예수께 받은 사명 곧 하나님의 은혜의 복음 증거하는 일을 마치려 함에는 나의 생명을 조금도 귀한 것으로 여기지 아니하노라" 책, 장, 절은?	행 20:24
1055	위 1054번의 말씀은 누가 누구에게 한 말인가?	바울이 에베소의 장로들에게 (밀레도에서)
1056	"주는 것이 받는 것보다 복이 있다" 책, 장은?	행 20(35절)
1057	바울의 회심에 대한 기사는 사도행전 몇 장에 기록되어 있는가?	행 9, 22, 26
1058	바울은 행 22장에서 자신의 회심 사실을 누구에게 간증하였나?	천부장
1059	바울은 행 26장에서 자신의 회심 사실을 누구에게 간증하였나?	아그립바 왕
1060	바울을 죽이기로 맹세한 유대인은 몇 명이었나?	40여 명(행 23)
1061	바울을 향하여 "네 지식이 너를 미치게 한다"고 말한 사람은?	베스도(행 26)
1062	바울에게 "적은 말로 나를 그리스도인 되게 하려느냐?"라고 말한 사람은?	아그립바(행 26)
1063	벨릭스 총독의 아내는?	드루실라
1064	바울은 벨릭스 총독에게 의, ( ), ( )에 대해 강론했다.	절제, 심판(의절심)
1065	행 27장에 나오는 폭풍의 이름은?	유라굴로
1066	유대 총독 중에 바울에게서 돈을 받을까 하여 자주 불러 이야기한 사람은?	벨릭스
1067	바울 일행이 멜리데 섬에 있다가 알렉산드리아 배를 타고 떠난다. 그 배의 기호는?	디오스구로
1068	멜리데 섬의 추장은?	보블리오(열병과 이질)
1069	바울과 함께 갇힌 자는?	롬-안드로니고, 유니아 골-아리스다고 몬-에바브라
1070	바울이 아침부터 저녁까지 강론하여 하나님 나라를 증거하고 ( )과 ( )을 가지고 ( )로 권하더라	모세의 율법, 선지자의 말, 예수의 일(행 28)
1071	행 28장에서 인용한 구약의 인물은?	이사야
1072	"담대히 하나님 나라를 전파하며 ( )께 관한 것을 가르치되 금하는 사람이 없었더라"의 출처는?	주 예수 그리스도(행 28:31)
1073	바울의 친서로 여겨지는 서신은?	몬, 살전, 고전, 빌, 고후, 갈, 롬
1074	옥중 서신은?	엡, 골, 빌, 몬
1075	목회 서신은?	딤전, 딤후, 딛

1076	공동 서신은? (7개)	약, 벧전, 벧후, 요일, 요이, 요삼, 유
1077	로마서에서 '양자 기독론'은 몇 장에 나오나?	롬 1
1078	로마서에서 '하나님의 의'는 몇 장에 나오나?	롬 3
1079	로마서에서 '예수님 부활 전승'은 몇 장에 나오나?	롬 4
1080	로마서에서 '세례 전승'은 몇 장에 나오나?	롬 6
1081	로마서에서 '신앙 고백 전승'은 몇 장에 나오나?	롬 8
1082	롬 1:16-17을 쓰시오.	내가 복음을 부끄러워…
1083	"헬라인이나 야만인이나 지혜 있는 자나 어리석은 자에게 다 내가 빚진 자라" 책, 장은?	롬 1(14절)
1084	로마서에서 악덕목은 몇 장에 나오나?	롬 1(29-32절)
1085	아멘으로 끝나는 서신은?	유, 갈, 롬(계)
1086	표면적 유대인, 이면적 유대인이라는 말이 나오는 곳은?	롬 2
1087	"이방인의 하나님도 되시느니라" 책, 장은?	롬 3(29절)
1088	'아브라함'이 나오는 서신은?	롬, 갈, 히, 약, 벧전, 고후
1089	'아담'이 나오는 서신은?	롬 5; 고전 15; 유
1090	"하나님으로 더불어 화평을 누리자" 책, 장은?	롬 5(1절)
1091	"죄의 삯은 사망이요 하나님의 은사는 그리스도 예수 우리 주 안에 있는 영생이니라"의 출처는?	롬 6:23
1092	'아바 아버지'의 출처는?	막 14; 갈 4; 롬 8
1093	"합력하여 선을 이루느니라"의 출처는?	롬 8(28절)
1094	"미리 정하신 자들을 또한 부르시고 부르신 그들을 또한 의롭다 하시고 의롭다 하신 그들을 또한 영화롭게 하셨느니라" 책, 장은?	롬 8(30절)
1095	"누가 우리를 그리스도의 사랑에서 끊으리요" 책, 장은?	롬 8(35절)
1096	토기장이 비유가 나오는 성경은?	렘 18; 사 29, 45, 64; 롬9
1097	롬 9장에 나오는 구약의 인물은?	사라, 리브가
1098	"부딪히는 돌, 거치는 반석을 시온에 두노니" 책, 장은?	롬 9
1099	롬 10:10을 쓰시오.	사람이 마음으로 믿어…
1100	"누구든지 주의 이름을 부르는 자는 구원을 얻으리라" 책, 장은?	욜 2; 행 2; 롬 10

1101	'롬 10:4'을 쓰시오. (율법의 마침)	그리스도는 모든…
1102	"그러므로 믿음은 들음에서 나며 들음은 그리스도의 말씀으로 말미암았느니라" 책, 장, 절은?	롬 10:17
1103	"하나님의 은사와 부르심에는 후회하심이 없느니라" 책, 장, 절은?	롬 11:29
1104	롬 11장에서 바알에 무릎 꿇지 아니한 사람이 몇 명이라고 하는가?	7,000명
1105	"깊도다 하나님의 지혜와 지식의 부요함이여" 책, 장은?	롬 11(33절)
1106	신약성경에서 은사에 대해 언급하고 있는 장은?	롬 12; 고전 12; 엡 4; 딤후 1
1107	롬 12장에 언급된 은사는?	예언, 섬김, 가르침, 권위, 구제, 다스림, 긍휼
1108	롬 12장에 나오는 은사 중 '성실함으로' 해야 할 것은?	구제(구성)
1109	롬 12장에 나오는 은사 중 '부지런함으로' 해야 할 것은?	다스림(다부)
1110	롬 12장에 나오는 은사 중 '즐거움으로' 해야 할 것은?	긍휼(긍즐)
1111	이웃 사랑에 대해 말하고 있는 곳은? (이웃사랑 = 약갈롬)	롬 13:9; 갈 5:14; 약 2:8 (레 19:18)
1112	'하나님의 심판대' 책, 장은?	롬 14
1113	'그리스도의 심판대' 책, 장은?	고후 5
1114	"하나님의 나라는 먹는 것과 마시는 것이 아니요" 책, 장은?	롬 14(17절)
1115	"믿음을 좇아 하지 아니한 모든 것이 죄니라" 책, 장은?	롬 14(23절)
1116	"이방인을 제물로" 책, 장?	롬 15(16절)
1117	로마서 15장에서 밝히고 있는 바울의 선교의 원칙은?	남의 터 위에 건축하지 않는다
1118	바울을 위해 목이라도 내놓을 부부는?	브리스가와 아굴라
1119	"평강의 하나님께서 너희 모든 사람과 함께 계실지어다 아멘" 책, 장은?	롬 15(33절)
1120	"지혜로우신 하나님께 예수 그리스도로 말미암아 영광이 세세 무궁토록 있을지어다 아멘" 책, 장은?	롬 16(27절)
1121	계시 도식이 나타나는 성경과 장은?	딤전 3:16, 골 1:26, 롬 16:25-26
1122	살전의 발신자는?	바울, 실루아노, 디모데
1123	살후의 발신자는?	바울, 실루아노, 디모데
1124	사도권을 강조하는 서신은?	고전, 고후, 갈, 롬
1125	고전 1장에서 그리스도를 어떻게 소개하는가?	하나님의 능력, 하나님의 지혜

1126	소망의 서신이며 성도의 고난과 윤리 문제가 나타나는 서신은?	고전(소망의 서신 = 벧전)
1127	"하나님께서 세상의 미련한 것들을 택하사 지혜 있는 자들을 부끄럽게 하려 하시고 세상의 약한 것들을 택하사 강한 것들을 부끄럽게 하려 하시며" 책, 장은?	고전 1(27절)
1128	"예수는 우리에게 지혜, 의로움, 거룩함, 구속이 되셨다" 출처는?	고전 1(30절)
1129	"자랑하는 자는 주 안에서 자랑하라" 책, 장은?	고전 1(31절), 고후 10(17절)
1130	"너희 중에 누구든지 이 세상에서 지혜 있는 줄로 생각하거든 미련한 자가 되어라 그리하여야 지혜로운 자가 되리라" 책, 장은?	고전 3(18절)
1131	"너희는 ( )의 것이요 ( )는 하나님의 것이니라"의 출처는?	그리스도, 그리스도 (고전 3:23)
1132	"그리고 맡은 자들에게 구할 것은 ( )이니라"의 출처는?	충성(고전 4:2)
1133	"그리스도 안에서 일만 ( )이 있으되 ( )는 많지 아니하니 그리스도 예수 안에서 복음으로써 내가 너희를 낳았음이라"의 출처는?	스승, 아비(고전 4:15)
1134	"하나님의 나라는 말에 있지 아니하고 오직 ( )에 있음이라"의 출처는?	능력(고전 4:20)
1135	"매를 가지고 나아가랴 사랑과 온유한 마음으로 나아가랴" 책, 장은?	고전 4
1136	"우리의 유월절 양 곧 그리스도" 책, 장은?	고전 5
1137	고전에서 음행에 대해 기록하고 있는 장은?	고전 5
1138	고전에서 성도간의 송사에 대해 기록하는 장은?	고전 6
1139	"음행하는 자들을 사귀지 말라" 책, 장은?	고전 5(9절)
1140	"지식은 교만하게 하며 사랑은 덕을 세우나니" 책, 장?	고전 8(1절)
1141	게바의 결혼 사실을 밝히는 곳은?	고전 9(5절)
1142	'창조의 중재자'를 언급한 곳은?	고전 8:6; 엡 1:4; 히 1:2; 골 1:16
1143	"모세에게 속하여 다 구름과 바다에서 세례를 받고" 책, 장은?	고전 10(2절)
1144	"저희 중에 어떤 이들이 간음하다가 하루에 ( )이 죽었나니"(고전에서)	23,000명(고전 10:8)
1145	"그런즉 선 줄로 생각하는 자는 넘어질까 조심하라" 책, 장은?	고전 10(12절)
1146	"떡이 하나요 많은 우리가 한 몸이니 이는 우리가 다 한 떡에 참예함이라" 책, 장은?	고전 10(17절)
1147	"이기기를 다투는 자마다 모든 일에 절제하나니 저희는 썩을 면류관을 얻고자 하되 우리는 썩지 아니할 것을 얻고자 하노라" 책, 장은?	고전 9(25절)
1148	'생명의 면류관' 책, 장은?	약 1:12; 계 2:10
1149	'의의 면류관' 책, 장은?	딤후 4:8
1150	'영광의 면류관' 책, 장은?	벧전 5:4

1151	'여인의 수건, 성만찬'에 대해 기록하는 고린도전서의 장은?	고전 11
1152	'모세의 수건' 책, 장?	고후 3(출 34)
1153	고전 12장에 언급하고 있는 은사는?	사도, 선지자, 교사, 능력, 병 고침, 돕는 것, 다스림, 방언
1154	'영의 기도, 마음의 기도' 책, 장은?	고전 14
1155	"지혜에는 아이가 되지 말고 악에는 어린아이가 되라 지혜에 장성한 사람이 되라" 책, 장은?	고전 14
1156	"하나님은 어지러움의 하나님이 아니시요 오직 화평의 하나님이시니라" 책, 장은?	고전 14(33절)
1157	"모든 것을 적당하게 하고 질서대로 하라" 책, 장은?	고전 14(40)
1158	맨 나중에 멸망 받을 원수는?	사망(고전 15)
1159	"나는 날마다 죽노라" 책, 장은?	고전 15
1160	'아담'이 나오는 신약 성경은?	롬 5; 고전 15
1161	"사망의 쏘는 것은 ( )요 죄의 권능은 ( )이라"	죄, 율법(고전 15)
1162	헌금에 대해 언급하고 있는 성경은?	롬 15; 고전 16; 고후 8-9
1163	바울이 편지를 쓰면서 '친필'이라고 언급하는 곳은?	고전, 살후, 골, 몬
1164	'위로의 하나님' 책, 장은?	고후 1; 사 40
1165	'보증으로 주신 성령' 책, 장은?	고후 1(22절)
1166	바울과 디모데가 발신자인 서신서는?	고후, 빌, 골, 몬
1167	고후 2장에 보면 디도를 만나지 못해 어디로 갔다고 했는가?	마게도냐
1168	"그리스도의 편지, 영광 신학, 모세의 수건, 의문, 영" 책, 장은?	고후 3
1169	"장막집, 바울의 내세적 종말관" 책, 장은?	고후 5
1170	"화목하게 하는 직책" 책, 장은? (5:17 새로운 피조물)	고후 5(18절)
1171	"편지는 중하고 힘이 있지만 대면하여 보면 약하고 말이 시원치 않다" 책, 장은?	고후 10
1172	"거짓 사도, 사단의 일군, 광명한 천사" 책, 장은?	고후 11
1173	"기록된 바 첫 사람 아담은 산 영이 되었다 함과 같이 마지막 아담은 살려 주는 영이 되었나니" 책, 장은?	고전 15(45절)
1174	"깨어 믿음에 굳게 서서 남자답게 강건하여라" 책, 장은?	고전 16(13절)
1175	"만일 누구든지 주를 사랑하지 아니하거든 저주를 받을지어다 주께서 임하시느니라" 책, 장은?	고전 16(22절)

1176	고후 13:13을 쓰시오.	주 예수 그리스도의…
1177	그리스도인의 독립성을 강조했으며 자유의 대헌장이라 불리는 성경은?	갈 5
1178	태에서 택정함을 입었다고 기록하는 성경은?	갈 1
1179	기쁨의 서신은?	빌
1180	"누구든지 그리스도와 합하여 세례를 받은 자는 그리스도로 옷 입었느니라" 책, 장은?	갈 3(27절)
1181	'초등 학문' 책, 장은?	갈 4; 골 2
1182	"그러므로 굳세게 서서 다시는 종의 멍에를 메지 말라"의 출처는?	갈 5(1절)
1183	"그리스도 예수 안에서는 할례나 무할례가 효력이 없되 사랑으로써 역사하는 믿음뿐이니라" 책, 장은?	갈 5(6절)
1184	회람 서신은?	엡, 몬, 골
1185	아멘으로 끝나는 서신서는?	롬, 갈, 유(계)
1186	6장으로 된 서신서는?	엡, 갈, 딤전
1187	5장으로 된 서신서는?	요일, 약, 벧전, 살전
1188	4장으로 된 서신서는?	골, 빌, 딤후
1189	3장으로 된 서신서는?	살후, 딛, 벧후
1190	"너희가 그 은혜를 인하여 ( )으로 말미암아 구원을 얻었나니 이것이 너희에게서 난 것이 아니요 하나님의 ( )이라"의 출처는?	믿음, 선물, 엡 2:8
1191	엡 2:14을 쓰시오.	그는 우리의 화평…
1192	"이는 이방인들이 복음으로 말미암아 그리스도 예수 안에서 함께 ( )가 되고 함께 ( )가 되고 함께 ( )가 됨이라"의 출처는?	후사, 지체, 약속에 참예하는 자(엡 3:6)
1193	엡 4장에 기록된 교회의 직분은?	사도, 선지자, 복음 전하는 자, 목사, 교사
1194	"빛의 열매는 모든 착함과 ( )과 ( )에 있느니라"의 출처는?	의로움, 진실함(엡 5:9)
1195	엡 5:18을 쓰시오.	술 취하지 말라…
1196	"세월을 아끼라 때가 악하니라" 책, 장은?	엡 5(16절)
1197	"시와 찬미와 신령한 노래들로 서로 화답하며 너희의 마음으로 주께 노래하며 찬송하며" 책, 장은?	엡 5(19절)
1198	가훈표가 나오는 곳은?	엡 5-6; 골 3-4;, 벧전 3
1199	"사람이 부모를 떠나 아내와 합하여 하나가 됨" 책, 장은?	마 19; 막 10; 엡 5(창 2)
1200	"두렵고 떨림으로 너희 구원을 이루라" 책, 장은?	빌 2

1201	"우리 주 예수 그리스도를 변함없이 사랑하는 모든 자에게 은혜가 있을지어다" 책, 장은?	엡 6(24절)
1202	수신자가 성도, 감독, 집사들인 서신은?	빌 1
1203	"복음의 진보, 믿음의 진보" 책, 장은?	빌 1
1204	'예수 그리스도의 심장' 책, 장은?	빌 1
1205	"어떤 이들은 ( )와 ( )으로, 어떤 이들은 ( ) 뜻으로 그리스도를 전파하니"의 출처는?	투기, 분쟁, 착한 (빌 1:15)
1206	"살든지 죽든지 내 몸에서 그리스도가 존귀히 되게 하려 하나니" 책, 장은?	빌 (20절)
1207	그리스도의 찬미송은?	빌 2:6-11; 딤전 3:16; 골 1:15-20; 히 1:3; 벧전 3:18-22
1208	바울의 개종 전 이력을 밝히는 곳은?	빌 3
1209	바울의 개종 후 이력을 밝히는 곳은?	갈 1
1210	'배설물, 푯대, 시민권' 책, 장은?	빌 3
1211	"어떠한 형편에든지 내가 자족하기를 배웠노니" 책, 장은?	빌 4(11절)
1212	"주 예수 그리스도의 은혜가 너희 심령에 있을지어다" 책, 장은?	빌 4(23절)
1213	"라오디게아 교회 언급, 십자가로 승리, 장래일의 그림자, 초등 학문" 책, 장은?	골 2
1214	"위엣 것을 생각하고 땅엣 것을 생각하지 말라" 책, 장은?	골 3
1215	"탐심은 우상 숭배" 책, 장은?	골 3(5절)
1216	"시와 찬미와 신령한 노래" 책, 장은?	엡 5; 골 3
1217	"소금으로 고루게 함" 책, 장은?	골 4
1218	데살로니가전·후서의 발신인은?	바울, 실루아노, 디모데
1219	"믿음의 역사, 사랑의 수고, 소망의 인내" 책, 장은?	살전 1
1220	마게도냐와 아가야의 본이 된 교회는?	데살로니가 교회
1221	"너희가 우리에게 들은 바 하나님의 말씀을 받을 때에 사람의 말로 아니하고 하나님의 말씀으로 받음이니 진실로 그러하다" 책, 장은?	살전 2(13절)
1222	"눈이라도 빼어 나를 주었으리라" 책, 장은?	갈 4(15절)
1223	"복음으로 내가 너희를 낳았다" 책, 장은?	고전 4
1224	"한두 번 가고자 하였으나 사단이 우리를 막았다" 책, 장은?	살전 2(18절)
1225	"너희는 우리의 영광이요 기쁨이니라" 책, 장은?	살전 2(20절)

1226	"주의 날, 도적같이, 여인의 해산 고통" 책, 장은?	살전 5
1227	"( )에 관하여는 너희에게 쓸 것이 없음은 너희가 친히 하나님의 가르치심을 받아 서로 사랑함이라"의 출처는?	형제 사랑(살전 4:9)
1228	"형제들아 ( )에 관하여는 너희에게 쓸 것이 없음은 주의 날이 밤에 도적같이 이를 줄을 너희 자신이 자세히 앎이라"의 출처는?	때와 시기(살전 5:1-2)
1229	"악은 모든 모양이라도 버리라" 책, 장은?	살전 5(22절)
1230	매장 첫 부분에 '형제들아'로 시작하는 서신은?	살후
1231	"주의 날이 이르렀다고 쉬 동심하거나 두려워하거나 아니할 것이라" 책, 장은?	살후 2
1232	'불법의 사람, 멸망의 아들' 책, 장은?	살후 2(2절)
1233	"믿음은 모든 사람의 것이 아님이라" 책, 장은?	살후 3(2절)
1234	"누구든지 일하기 싫어하거든 먹지도 말게 하라" 책, 장은?	살후 3(10절)
1235	"평강의 주께서 친히 때마다 일마다 너희에게 평강을 주시기를 원하노라" 책, 장은?	살후 3(16절)
1236	딤전 1장의 내용은?	바른 교훈
1237	딤전 2장의 내용은?	중보 기도
1238	딤전 3장의 내용은?	감독, 집사
1239	딤전 4장의 내용은?	경건
1240	딤전 5장의 내용은?	참과부
1241	딤전 6장의 내용은?	돈
1242	"신화와 끝없는 족복에 착념하지 말라" 책, 장?	딤전 1
1243	딤전 1장에서 말하는 경계의 목적은?	청결한 마음, 선한 양심, 거짓이 없는 믿음으로 나는 사랑
1244	"내가 전에는 ( )요 ( )요 ( )이었으나 도리어 긍휼을 입은 것은 내가 믿지 아니할 때에 알지 못하고 행하였음이라"의 출처는?	훼방자, 핍박자, 포행자 (딤전 1:13)
1245	"하나님은 모든 사람이 구원을 받으며 진리를 아는 데 이르기를 원하시느니라" 책, 장은?	딤전 2(4절)
1246	딤전에서 집사의 직분을 잘 한 자가 얻는 것은?	아름다운 지위, 믿음의 큰 담력
1247	참과부에 대해서 말하고 있는 것은 딤전 몇 장인가?	딤전 5장
1248	"누구든지 자기 친족 특히 가족을 돌보지 아니하면 믿음을 배반한 자요 불신자보다 더 악하니라" 책, 장은?	딤전 5(8절)
1249	"지족하는 마음이 있으면 경건에 큰 이익이 된다" 책, 장은?	딤전 6(6절)
1250	"돈을 사랑함이 일만 악의 뿌리가 된다" 책, 장은?	딤전 6:10

1251	디모데의 외조모와 어머니는?	로이스, 유니게
1252	내가 이 복음을 위하여 ( )와 ( )와 ( )로 세우심을 입었노라	반포자, 사도, 교사
1253	아시아에서 바울을 버린 자는?	부겔로, 허모게네
1254	딤후 4장에 보면, 데마는 데살로니가로, 디도는 달마디아로, 두기고는?	에베소에 보냄
1255	디도서의 각 장의 내용은?	그레데(장로), 바른 교훈, 복종
1256	디도서에서 묘사하는 그레데인의 특징은?	거짓말장이, 악한 짐승, 게으름장이
1257	"이단에 속한 사람을 한두 번 훈계한 후에 멀리하라" 책, 장은?	딛 3(10절)
1258	"중생의 씻음과 성령의 새롭게 하심" 책, 장은?	딛 3(5절)
1259	"내가 아데마나 두기고를 네게 보내리니 그때에 네가 급히 ( )로 내게 오라 내가 거기서 과동하기로 작정하였노라"의 출처는?	니고볼리(딛 3)
1260	두기고가 전달한 서신은?	몬, 골
1261	빌레몬서의 발신인은?	바울, 디모데
1262	빌레몬서의 수신인은?	빌레몬, 압비아, 아킵보
1263	"그는 그의 천사들을 바람으로, 그의 사역자들을 ( )으로 삼으시느니라"의 출처는?	불꽃(히 1:7)
1264	"모세는 장래에 말할 것을 증거하기 위하여 하나님의 온 집에서 ( )으로 충성하였고 그리스도는 그의 집 맡은 ( )로 충성하였으니"의 출처는?	사환, 아들(히 3)
1265	"때를 따라 돕는 은혜를 얻기 위하여 은혜의 보좌 앞에 담대히 나아갈 것이니라" 책, 장은?	히 4(16절)
1266	"젖을 먹는 자마다 어린아이니 의의 말씀을 경험하지 못한 자" 책, 장은?	히 5(13절)
1267	'옛 언약, 새 언약' 책, 장은?	히 8, 고후 3, 요일 2 (렘 31)
1268	"하늘에 있는 것의 모형과 그림자" 책, 장은?	히 8
1269	히브리서 9장에서 지성소에 있는 것은?	금향로, 언약궤, 그룹
1270	언약궤 안에 들어 있는 것은?	만나 담은 금항아리, 아론의 싹난 지팡이, 언약의 비석
1271	"염소와 송아지의 피로 아니하고 오직 자기 피로 영원한 속죄를 이루사 단번에 성소에 들어가셨느니라" 책, 장은?	히 9(12절)
1272	"피 흘림이 없은즉 사함이 없느니라" 책, 장은?	히 9(22절)
1273	"율법은 장차 오는 좋은 일의 그림자" 책, 장은?	히 10(1절)
1274	"믿음의 주요 또 온전케 하시는 이인 예수를 바라보자" 책, 장은?	히 12(2절)
1275	"징계는 다 받는 것이거늘 너희에게 없으면 사생자요 참아들이 아니니라" 책, 장은?	히 12(8절)

1276	"우리 하나님은 소멸하는 불이심이니라" 책, 장은?	히 12(29절)
1277	"예수 그리스도는 어제나 오늘이나 영원토록 동일하시니라" 책, 장은?	히 13(8절)
1278	"찬미의 제사, 입술의 열매" 책, 장은?	히 13(15절)
1279	디모데 놓인 사실을 기록하고 있는 성경은?	히 13:23
1280	야고보서의 각 장의 내용은?	시험, 행함, 혀, 마귀, 기도
1281	'생명의 면류관' 책, 장은?	약 1(12절); 계 2(10절)
1282	약 1:15을 쓰시오.	욕심이 잉태한즉…
1283	"사람의 ( )이 하나님의 의를 이루지 못함이니라"의 출처는?	성내는 것, 약 1:20
1284	"그는 변함도 없으시고 회전하는 그림자도 없으시니라" 책, 장은?	약 1(17절)
1285	"누구든지 도를 듣고 행하지 아니하면 그는 거울로 자기의 생긴 얼굴을 보는 사람과 같으니" 책, 장은?	약 1(23절)
1286	약 1장에서 말하는 정결하고 더러움이 없는 경건은?	고아와 과부를 그 환난 중에 돌아보고 자기를 지켜 세속에 물들지 아니하는 것
1287	약 2장에 등장하는 구약의 인물은?	아브라함, 라합
1288	약 3:17절에 기록된 위로부터 난 지혜는?	성결, 화평, 관용, 양순, 긍휼, 선한 열매, 편벽과 거짓이 없는 것
1289	"구하여도 받지 못함은 ( )으로 쓰려고 잘못 구함이니라"의 출처는?	정욕(약 4:3)
1290	"너희 생명이 무엇이뇨 너희는 잠간 보이다가 없어지는 ( )니라"의 출처는?	안개(약 4:14)
1291	"이러므로 사람이 선을 행할 줄 알고도 행치 아니하면 죄니라" 책, 장은?	약 4(17절)
1292	농부의 인내, 욥의 인내, 맹세, 엘리야의 기도에 대해 언급하고 있는 것은 야고보서 몇 장인가?	약 5
1293	'이른 비와 늦은 비' 책, 장은?	약 5
1294	"의인의 간구는 역사하는 힘이 많으니라" 책, 장은?	약 5(16절)
1295	"너희가 알 것은 죄인을 미혹한 길에서 돌아서게 하는 자가 그 영혼을 사망에서 구원하며 허다한 죄를 덮을 것이니라" 책, 장은?	약 5(20절)
1296	베드로전서의 각 장의 내용은?	산 소망/산 돌/세례/고난/영광
1297	베드로전서의 수신자는?	본도, 갈라디아, 갑바도기야, 아시아, 비두니아에 흩어진 나그네
1298	"너희 믿음의 시련이 불로 연단하여도 없어질 금보다 더 귀하여 예수 그리스도의 나타나실 때에 ( )과 ( )과 ( )를 얻게 하려 함이라"의 출처는?	칭찬, 영광, 존귀(벧전 1:7)
1299	"믿음의 결국 곧 ( )을 받음이라"의 출처는?	영혼의 구원(벧전 1:9)
1300	"너희 조상의 유전한 망령된 행실에서 구속된 것은…오직 흠 없고 점 없는 어린 양 같은 그리스도의 보배로운 피로 한 것이니라"의 출처는?	벧전 1(18-19절)

1301	'산 돌, 보배로운 산 돌, 부딪히는 돌, 거치는 반석' 책, 장은?	벧전 2
1302	벧전 2:9을 쓰시오.	오직 너희는 택하신…
1303	"나그네와 행인 같은 너희를 권하노니 영혼을 거스려 싸우는 육체의 정욕을 제어하라" 책, 장은?	벧전 2(11절)
1304	'국가관'이 나오는 곳은?	롬 13:1-7; 벧전 2:13-17; 딤전 2; 딛 3; 계 13:1-18
1305	"더 연약한 그릇, 너희 기도가 막히지 아니하게 하라" 책, 장은?	벧전 3(7절)
1306	"무엇보다도 열심으로 서로 사랑할지니 사랑은 허다한 죄를 덮느니라" 책, 장은?	벧전 4(8절)
1307	"너희를 시련하려고 오는 ( )을 이상한 일 당하는 것같이 이상히 여기지 말고"의 출처는?	불시험(벧전 4:12)
1308	"너희 중 장로들에게 권하노니 나는 함께 장로 된 자요 ( )이요 나타날 ( )에 참예할 자로라"의 출처는?	그리스도의 고난의 증인, 영광 (벧전 5:1)
1309	"오직 양 무리의 본이 되라 그리하면 ( )이 나타나실 때에 시들지 아니하는 ( )을 얻으리라"의 출처는?	목자장, 영광의 면류관 (벧전 5:4)
1310	"너희 염려를 다 주께 맡겨 버리라 이는 저가 너희를 권고하심이니라" 책, 장은?	벧전 5(7절)
1311	"함께 택하심을 받은 ( )에 있는 교회가 너희에게 문안하고 내 아들 마가도 그리하느니라"의 출처는?	바벨론(벧전 5:13)
1312	"경의 모든 예언은 사사로이 풀 것이 아니니라" 책, 장은?	벧후 1(20절)
1313	벧후 2장에 나오는 구약의 인물은?	노아, 롯, 발람
1314	"( )가 그 토한 것에 돌아가고 ( )가 씻었다가 더러운 구덩이에 도로 누웠다"의 출처는?	개, 돼지(벧후 2:22)
1315	벧후 3:8을 쓰시오.	사랑하는 자들아 주께는…
1316	'새 하늘과 새 땅' 책, 장은?	벧후 3, 계 21(사 65, 66)
1317	"우리는 그의 약속대로 의의 거하는 바 새 하늘과 새 땅을 바라보도다" 책, 장은?	벧후 3(13절)
1318	"그 중에 알기 어려운 것이 더러 있으니 무식한 자들과 굳세지 못한 자들이 다른 성경과 같이 그것도 억지로 풀다가 스스로 멸망에 이르느니라" 책, 장은?	벧후 3(16절)
1319	"태초에 있는 생명의 말씀에 관하여는 우리가 ( )요 눈으로 본 바요 주목하고 우리 손으로 만진 바라"의 출처는?	들은 바(요일 1:1)
1320	"이 예언의 말씀을 읽는 자와 듣는 자들과 그 가운데 기록한 것을 지키는 자들이 복이 있나니 때가 가까움이라" 책, 장은?	계 1(3절)
1321	"하나님은 빛이시라, 만일 우리가 우리 죄를 자백하면" 책, 장은?	요일 1(5절, 9절)
1322	"대언자, 곧 의로우신 예수 그리스도시라" 책, 장은?	요일 2(1절)
1323	"이는 세상에 있는 모든 것이 ( )과 ( )과 ( )이니 다 아버지께로 좇아 온 것이 아니요 세상으로 좇아 온 것이라"의 출처는?	육신의 정욕, 안목의 정욕, 이생의 자랑(요일 2:16)
1324	'적그리스도'의 출처는?	요일 2, 4; 요이 1
1325	'불법한 사람, 멸망의 아들' 책, 장은?	살후 2

1326	"하나님께로서 난 자마다 죄를 짓지 아니하나니 이는 ( )가 그의 속에 거함이요 저도 범죄치 못하는 것은 하나님께로서 났음이라"의 출처는?	하나님의 씨 (요일 3:9)
1327	"자녀들아 우리가 말과 혀로만 사랑하지 말고 오직 ( )과 ( )으로 하자"의 출처는?	행함, 진실함 (요일 3:18)
1328	"사랑하는 자들아 영을 다 믿지 말고 오직 영들이 하나님께 속하였나 시험하라 많은 거짓 선지자가 세상에 나왔음이라" 책, 장은?	요일 4(1절)
1329	요일 4:10을 쓰시오.	사랑은 여기 있으니…
1330	요일 4:16을 쓰시오.	하나님이 우리를…
1331	"누구든지 하나님을 사랑하노라 하고 그 형제를 미워하면 이는 거짓말 하는 자니 보는 바 그 형제를 사랑치 아니하는 자가 보지 못하는 바 하나님을 사랑할 수가 없느니라" 책, 장은?	요일 4(20절)
1332	"하나님께로서 난 자마다 세상을 이기느니라 세상을 이긴 이김은 이것이니 우리의 ( )이니라"의 출처는?	믿음(요일 5:4)
1333	"증거하는 이는 성령이시니 성령은 ( )니라"의 출처는?	진리(요일 5:7)
1334	"증거하는 이가 셋이니 ( )과 ( )과 ( )라 또한 이 셋이 합하여 하나이니라"의 출처는?	성령, 물, 피, 요일 5:8
1335	"모든 불의가 죄로되 ( )에 이르지 아니하는 죄도 있도다"의 출처는?	사망, 요일 5:17
1336	"자녀들아 너희 자신을 지켜 ( )에서 멀리하라"의 출처는?	우상, 요일 5:21
1337	요한이서의 발신자는?	장로
1338	요한이서의 수신자는?	택하심을 입은 부녀와 그의 자녀
1339	요한삼서의 발신자와 수신자는?	장로, 가이오
1340	"사랑하는 자여 네 영혼이 잘 됨같이 네가 범사에 잘되고 강건하기를 내가 간구하노라" 책, 장은?	요삼 1:2
1341	요한삼서에서 으뜸 되기를 좋아하는 자는?	디오드레베
1342	요한삼서에 나오는 이름은?	가이오, 디오드레베, 데메드리오
1343	'아멘'으로 끝나는 서신서는?	유, 갈, 롬(계)
1344	유다서와 성향이 비슷한 책은?	벧후
1345	유대적 성향이 강하며 외경을 인용한 성경은?	유다서
1346	'예수 그리스도의 종, 야고보의 형제인 유다'로 시작하는 성경은?	유다서
1347	"성도에게 단번에 주신 믿음의 도를 위하여 힘써 싸우라" 책, 장은?	유 1(3절)
1348	"천사장 미가엘이 모세의 시체에 대하여 마귀와 다투어 변론할 때에 감히 훼방하는 판결을 쓰지 못하고 다만 말하되 주께서 너를 꾸짖으시기를 원하노라 하였거늘" 책, 장은?	유 1:9
1349	유다서에서 언급하는 구약의 인물은?	모세, 가인, 발람, 고라, 아담, 에녹
1350	"곧 우리 구주 홀로 하나이신 하나님께 우리 주 예수 그리스도로 말미암아 영광과 위엄과 권력과 권세가 만고 전부터 이제와 세세에 있을지어다 아멘" 어느 성경의 마지막 절인가?	유

1351	소아시아 7교회 중 칭찬만 있고 책망은 없는 교회는?	서머나, 빌라델비아 교회
1352	소아시아 7교회 중 칭찬은 없고 책망만 있는 교회는?	라오디게아 교회
1353	환난 중 믿음을 잘 지킨 교회는?	버가모 교회
1354	계시록에서 '7별'이 의미하는 것은?	7교회의 사자
1355	계시록에서 '7금촛대'가 의미하는 것은?	7교회
1356	계시록에서 '7등불'이 의미하는 것은?	7영
1357	소아시아 7교회에 대한 말씀 중 '니골라'라는 말이 언급된 교회는?	에베소, 버가모 교회
1358	'안디바, 발람, 니골라, 만나, 흰 돌'을 언급한 교회는?	버가모 교회
1359	'사랑, 믿음, 섬김, 인내, 이세벨, 새벽별'을 언급한 교회는?	두아디라 교회
1360	계 4장에 나오는 4생물은?	사자, 송아지, 사람, 독수리
1361	계시록에서 '구원 찬양'은 몇 장에 나오나?	계 7(구원777)
1362	계시록에서 '경배 찬양'은 몇 장에 나오나?	계 15(경배하시오)
1363	계시록에서 '할렐루야 찬양'은 몇 장에 나오나?	계 19(할렐루야 식구)
1364	계시록에서 '144,000' 이라는 숫자가 등장하는 장은?	계 7, 14
1365	일곱 나팔의 재앙에서 우박, 불이 쏟아지고 땅의 1/3이 불탄 것은 몇 번째 나팔인가?	첫번째
1366	일곱인 재앙에서 ☞ 흰말 탄 자-승리, 붉은말 탄 자-( ), 검은말 탄 자-( ), 청황색말 탄 자-( )	전쟁, 기근, 죽음(사망)
1367	일곱 나팔 재앙은 계시록 몇 장에 나오나?	계 8, 9
1368	일곱 나팔의 재앙에서 사람의 1/3이 죽임을 당하는 것은 몇 번째 나팔인가?	6번째
1369	"내가 천사의 손에서 작은 책을 갖다 먹어 버리니 내 입에는 꿀같이 다나 먹은 후에 내 배에서는 쓰게 되더라" 책, 장은?	계 10(10절)
1370	"인자야 내가 네게 주는 이 두루마리를 네 배에 넣으며 네 창자에 채우라 하시기에 내가 먹으니 그것이 내 입에서 달기가 꿀 같더라" 책, 장은?	겔 3(3절)
1371	계시록에서 두 증인의 예언이 나오는 장은?	계 11
1372	"지혜가 여기 있으니 총명 있는 자는 그 짐승의 수를 세어 보라 그 수는 사람의 수니 ( )이니라"의 출처는?	육백육십육 (계 13:18)
1373	'아마겟돈' 책, 장은?	계 16(16절)
1374	계시록에서 바벨론의 멸망에 대한 내용은 몇 장인가?	계 18
1375	7대접의 재앙에서 강이 마르고 동방 왕들의 길이 예비되는 것은 몇 번째 대접인가?	6번째

1376	"세마포는 성도들의 (　　　)이로다"의 출처는?	옳은 행실, 계 19
1377	"할렐루야 구원과 영광과 능력이 우리 하나님께 있도다 그의 심판은 참되고 의로운지라 음행으로 땅을 더럽게 한 큰 음녀를 심판하사 자기 종들의 피를 그의 손에 갚으셨도다" 책, 장은?	계 19(1-2절)
1378	"내가 하늘이 열린 것을 보니 보라 백마와 탄 자가 있으니 그 이름은 (　　　)과 (　　　)이라 그가 공의로 심판하며 싸우더라"의 출처는?	충신, 진실, 계 19:11
1379	일곱 대접의 재앙에서 바다의 모든 생물이 죽은 것은 몇 번째 대접인가?	2번째
1380	계시록에서 '어린 양의 혼인 잔치'에 대한 내용이 있는 장은?	계 19
1381	"오직 하나님께 경배하라 예수의 증거는 (　　　)이라"의 출처는?	대언의 영, 계 19:10
1382	'백보좌 심판, 천 년 왕국' 책, 장은?	계 20
1383	'천 년'에 대한 언급이 있는 곳은?	벧후 3:8, 계 20(시 90:4)
1384	계 21:1을 쓰시오.	또 내가 새 하늘과…
1385	"또 내가 보니 죽은 자들이 무론 대소하고 그 보좌 앞에 섰는데 책들이 펴 있고 또 다른 책이 펴졌으니 곧 생명책이라 죽은 자들이 (　　　)를 따라 책들에 기록된 대로 심판을 받으니"의 출처는?	자기 행위(계 20:12)
1386	"누구든지 (　　　)에 기록되지 못한 자는 불못에 던지우더라"의 출처는?	생명책(계 20:15)
1387	'새 예루살렘' 책, 장은?	계 21(겔 48)
1388	"성 안에 (　　　)을 내가 보지 못하였으니 이는 주 하나님 곧 전능하신 이와 및 어린 양이 그 (　　　)이심이라"의 출처는?	성전, 성전, 계 21:22
1389	"또 저가 수정같이 맑은 (　　　)을 내게 보이시니 하나님과 및 어린 양의 보좌로부터 나서"의 출처는?	생명수의 강, 계 22:1
1390	마라나타 전승이 나오는 곳은?	고전 16:22; 계 22:20; 빌 4:5
1391	"이것들을 증거하신 이가 가라사대 내가 진실로 속히 오리라 하시거늘 아멘 (　　　)"의 출처는?	주 예수여 오시옵소서 (계 22:20)
1392	"주 예수의 은혜가 모든 자들에게 있을지어다 아멘" 책, 장은?	계 22(21절)
1393	"보좌에 앉으신 이와 어린 양에게 찬송과 존귀와 영광과 능력을 세세토록 돌릴지어다" 책, 장은?	계 5(13절)
1394	"구원하심이 보좌에 앉으신 우리 하나님과 어린 양에게 있도다" 책, 장은?	계 7(10절)
1395	아브라함을 언급한 곳은?	마, 눅, 요, 롬, 갈, 히, 약, 벧전, 고후
1396	발신자가 없는 서신은?	히, 요일
1397	빌레몬서에서 바울과 함께 갇힌 자는?	에바브라(골 – 아리스다고)
1398	거짓 교사에 대해 언급한 책은?	딤전 4; 딤후 3; 딛 2; 벧후 2
1399	'교회의 머리' 책, 장은?	골 1:18; 엡 1:22
1400	'세월을 아끼라' 책, 장은?	골 4:5; 엡 5:16

1401	부활 후 승천 기사가 없는 복음서는?	마, 요(승천하지 마요)
1402	열매 없는 무화과나무를 저주했을 때 '곧 말랐다'고 기록하는 복음서는?	마 21
1403	"이는 무화가의 때가 아님이라"고 기록하는 복음서는?	막 11
1404	예수를 판 유다에게 은 삼십을 달아 주는 기사가 있는 복음서는?	마(슥 11)
1405	천국 복음을 제일 먼저 언급한 복음서는?	막
1406	예수가 운명할 당시 지진, 무덤이 열리고 옛 성도들이 부활했다고 기록하는 복음서는?	마 27
1407	제자가 치러야 할 대가를 망대 비유와 전쟁 비유로 말하는 복음서는?	눅 14
1408	'많은, 다, 온, 모두' 등의 용어를 자주 사용하는 복음서는?	막
1409	예수님의 머리에 향유 부은 여인 이야기가 나오는 복음서는?	마, 막(눅, 요 ☞ 발에)
1410	향유의 값이 300데나리온이라고 말하는 복음서는?	막 14; 요 12
1411	닭이 두 번 울기 전에 세 번 부인할 것이라고 말하는 복음서는?	막
1412	소경 바디매오라는 이름이 나오는 복음서는?	막 10
1413	3년간 기다려도 열매 맺지 못한 무화과나무 비유가 나오는 복음서는?	눅 13
1414	"검을 가지는 자는 다 검으로 망하느니라"라는 말씀이 있는 복음서는?	마 26
1415	"검 없는 사람은 겉옷을 팔아 검을 사라"고 말씀하는 복음서는?	눅 22
1416	"거기서 슬피 울며 이를 갈이 있으리라"고 말하는 복음서는?	마 22, 24, 25; 눅 13
1417	종말에 있을 묵시의 사건을 적고 있는 복음서는?	마 24-막 13-눅 21(17)
1418	눅 15장의 잃은 양 비유의 대상은?	서기관, 바리새인
1419	마 18의 잃은 양 비유 대상은?	제자들
1420	마 13장에 나오는 비유는?	씨/ 가/ 겨/ 누/ 보/ 진/ 그
1421	달란트 비유와 므나 비유는 각각 어느 복음서에 나오나?	마 25; 눅 19
1422	달란트 비유는 종이 3명이다. 므나 비유는 종이 몇 명인가?	10명
1423	달란트 비유에서는 종들에게 5, 2, 1달란트를 준다. 므나 비유는?	똑같이 1므나씩 준다
1424	예수님 탄생시 수리아 총독은?	구레뇨
1425	가다라 지방의 귀신 들린 자가 두 사람이라고 말하는 복음서는?	마 8(8-5-8)

1426	씨 뿌리는 비유가 나오는 복음서는?	마 13-막 4-눅 8
1427	누룩 비유가 나오는 복음서는?	마 13-0-눅 13
1428	겨자씨 비유가 나오는 복음서는?	마 13-막 4-눅 13
1429	빌라도가 재판 후 손을 씻었다고 기록하는 복음서는?	마 27
1430	빌라도가 재판할 때 빌라도의 부인이 전갈을 보낸 이야기가 있는 복음서는?	마 27
1431	예수님이 세례 받으실 때 요한과 대화하신 복음서는?	마 3
1432	'망대 비유'가 나오는 복음서는?	눅 14
1433	예수님의 십자가 사건 중 요한복음에서만 기록하고 있는 내용은?	예수님의 다리를 꺾지 않음, 창으로 옆구리를 찌름
1434	"너희가 내 말에 거하면 참 내 제자가 되고 진리를 알지니 진리가 너희를 자유케 하리라" 이 말의 대상은?	예수를 믿은 유대인 (요 8)
1435	요 14장의 고별사에서 처음 부분과 끝 부분의 말씀은?	너희는 마음에 근심하지 말라 / 너희는 마음에 근심하지 말라
1436	빌립보 교회의 첫 교인은 누구이며 그의 직업과 고향은?	루디아/ 자주 장사/ 두아디라 성
1437	요 4장의 사마리아 여인과의 대화에서 여인은 예수님을 (유대인)-(주)-( )-( )로 고백한다.	선지자, 그리스도
1438	요한복음에서 제자들이 예수님의 부름을 받는 순서는?	안드레-베드로-빌립-나다나엘
1439	바울이 2차 전도 여행 시 고린도에 있을 때 아가야 총독은?	갈리오
1440	바울이 로마 압송 중 함께 한 데살로니가 사람은?	아리스다고
1441	부활하신 예수를 제일 먼저 만난 사람은?	마-막달라 마리아, 막-막달라 마리아, 눅-글로바 외 1명, 요-막달라 마리아
1442	사도행전에서 7집사는?	스데반, 빌립, 브로고르, 니가노르, 디몬, 바메나, 니골라
1443	니골라의 출신지는?	안디옥
1444	베드로 오순절 설교 시 인용한 구약은?	욜 2; 시 16
1445	바울은 2차 전도 여행 시 고린도에 얼마간 머물렀나?	1년 6개월
1446	바울을 죽이기 전에는 금식하겠다고 맹세한 사람은 몇 명인가?	40명
1447	7집사 추천 자격은?	성령과 지혜가 충만한 자, 믿음이 충만한 자
1448	바울 일행이 유라굴로를 만난 곳은?	그레데 해변 가까이(행 27)
1449	바울 일행이 폭풍을 만나 14일간 쫓겨 다닌 바다는?	아드리아
1450	바울이 사모드라게를 지나서 간 마게도냐 첫 성은?	빌립보(행 16)

1451	"영생은 곧 유일하신 참 하나님과 그의 보내신 자 예수 그리스도를 아는 것이니라" 책, 장, 절은?	요 17:3
1452	"주 예수를 믿으라 그리하면 너와 네 집이 구원을 얻으리라" 책, 장, 절은?	행 16:31(빌립보 감옥)
1453	"나의 달려갈 길과 주 예수께 받은 사명 곧 하나님의 은혜의…" 책, 장, 절은?	행 20:24(밀레도에서)
1454	'예수의 죽음과 우리의 세례' 책, 장은?	롬 6
1455	"예정-부르심-의롭다 하심-영화롭게 하심" 책, 장은?	롬 8
1456	경건에 큰 이익이 되는 것은?	지족하는 마음(딤전 6:6)
1457	바울을 자주 유쾌하게 하고 사슬에 매인 것을 부끄러워 아니한 사람은?	오네시보로(딤후 1:16)
1458	"주께서 친히 때마다 일마다 너희에게 평강 주시기를 원하노라" 책, 장은?	살후 3(16절)
1459	'목사'라는 단어가 나오는 곳은?	엡 4
1460	집사의 일을 잘한 자가 받는 2가지 상은?	아름다운 지위, 믿음의 큰 담력(딤전 3)
1461	"때를 얻든지 못 얻든지 항상 힘쓰라" 책, 장은?	딤후 4(2절)
1462	"돈을 사랑치 말고 있는 바를 족한 줄로 알라" 책, 장은?	히 13(5절)
1463	"돈을 사랑함이 일만 악의 뿌리가 되나니" 책, 장은?	딤전 6(10절)
1464	"내가 죄인 중의 괴수" 책, 장은?	딤전 1(15절)
1465	"( )을 위하여 죽은 자가 쉽지 않고 ( )을 위하여 용감히 죽는 자가 혹 있거니와"의 출처는?	의인, 선인(롬 5:7)
1466	"쓸 것이 많지만 종이와 먹으로 쓰기를 원치 아니한다" 책, 장은?	요이 1
1467	야고보서에서 말하는 시험을 참는 자에게 약속한 것은?	생명의 면류관(약 1:12)
1468	"사람의 성내는 것이 하나님의 의를 이루지 못함이라" 책, 장은?	약 1(20절)
1469	"세상이 너희를 미워하거든 이상히 여기지 말라" 책, 장은?	요일 3(13절)
1470	"성경을 억지로 풀지 말라" 책, 장은?	벧후 3(16절)
1471	우리의 기쁨이 충만케 하려고 쓴 서신은?	요일 1(4절)
1472	"예수 그리스도의 은혜와 저를 아는 지식에서 자라 가라" 책, 장은?	벧후 3(18절)
1473	"인간에 세운 모든 제도를 주를 위하여 순복하되" 책, 장은?	벧전 2(13절)
1474	"영으로 옥에 있는 영들에게 전파하시니라" 책, 장은?	벧전 3(19절)
1475	"주의 날이 도적같이 오리니 체질이 뜨거운 불에 풀어지고" 책, 장은?	벧후 3(10절)

1476	"모든 불의가 죄로되 사망에 이르지 아니하는 죄가 있다" 책, 장은?	요일 5(17절)
1477	"자녀들이 진리 안에서 행한다 함을 듣는 것보다 더 즐거움이 없다" 책, 장은?	요삼(4절)
1478	"지극히 거룩한 믿음 위에 자기를 건축하며…그리스도의 긍휼을 기다리라" 책, 장은?	유 20-21절
1479	"소돔과 고모라 멸망 시 의로운 롯을 건졌다" 책, 장은?	벧후 2
1480	"예언은 언제든지 성령의 감동하심을 입은 사람들이 하나님께 받아 말한 것이다" 책, 장은?	벧후 1
1481	"보배롭고 지극히 큰 약속을 주어 신의 성품에 참여케 했다" 책, 장은?	벧후 1(4절)
1482	"이 세상이나 세상에 있는 것들을 사랑치 말라 누구든지 세상을 사랑하면 아버지의 사랑이 그 속에 있지 아니하니"의 출처는?	요일 2(15절)
1483	"바울의 편지에 어려운 곳이 더러 있으니 억지로 풀지 말라" 책, 장은?	벧후 3(16절)
1484	"예수그리스도는 어제나 오늘이나 영원토록 동일하시니라" 책, 장은?	히 13(8절)
1485	디모데가 놓인 사실을 기록하고 있는 성경은?	히 13(23절)
1486	"말과 혀로만 사랑하지 말고 행함과 진실함으로 하자" 책, 장은?	요일 3(18절)
1487	'창조의 중재자' 책, 장은?	고전 8:6; 엡 1:4; 골 1:16; 히 1:2
1488	'생명을 사랑하고 좋은 날 보기를 원하는 자는' 책, 장은?	벧전 3(10절)
1489	'그리스도의 몸' 책, 장은?	롬 12; 엡 4; 고전 12
1490	'맹세로 보증' 책, 장은?	히 6(17절)
1491	'기업에 보증' 책, 장은?	엡 1(14절)
1492	"이 사람은 정녕 의인이었다" 책, 장은?	눅(백부장)
1493	'신령한 집, 신령한 제사' 책, 장은?	벧전 2(5절)
1494	그리스도의 임박한 재림이 나오는 곳은?	살전 5:1-11; 롬 13:11-14; 살후 2:1-12
1495	재림의 지연 문제를 언급하고 있는 성경은?	살전, 살후, 벧후
1496	십자가 위에서 예수님이 받으신 포도주의 종류를 쓰시오.	마-쓸개 탄 포도주 막-몰약 탄 포도주 눅,요- 신 포도주
1497	예수께서 안드레에게 '와 보라'고 하신 시각은?	10시
1498	"우리가 메시야를 만났다"고 누가 누구에게 말하였나?	안드레가 베드로에게
1499	"나사렛에서 무슨 선한 것이 날 수 있느냐"고 말한 사람은?	나다나엘
1500	"당신은 하나님의 아들이시요 당신은 이스라엘의 임금이로소이다"라고 고백한 사람은?	나다나엘

1501	"그는 흥하여야 하겠고 나는 쇠하여야 하리라" 누가 누구에게 한 말인가?	세례 요한이 제자들에게
1502	"영생의 말씀이 계시매 우리가 뉘게로 가오리까" 누가 누구에게 한 말인가?	베드로가 예수님에게
1503	"주여 죽은 지가 나흘이 되었으매 벌써 냄새가 나나이다" 누가 누구에게 한 말인가?	마르다가 예수님에게
1504	요한복음에서 간음한 여인이 나오는 장은?	요 8장
1505	'다윗의 진설병'에 대해 언급하는 복음서는?	마 12-막 2-눅 6
1506	막 3에서 말하는 제자를 세운 목적은?	① 함께 있고 ② 전도 ③ 귀신 축출
1507	"이방인의 길로도 가지 말고 사마리아의 고을에도 들어가지 말고 차라리 이스라엘 집의 잃어버린 양에게로 가라" 책, 장은?	마 10(5절)
1508	"건강한 자에게는 의원이 쓸데없고 병든 자에게라야 쓸 데 있느니라" 책, 장은? (마태소명장 9-2-5)	마 9(12절)
1509	예수님이 운명하실 때 성소 휘장이 마, 막은 위에서 아래로 찢어진다. 눅은?	한가운데가 찢어진다.
1510	열매 없는 무화과나무를 저주할 때, 때가 아니라고 언급하는 복음서는?	막 11
1511	예수께서 광야 시험 후 가신 곳은?	갈릴리(마 4)
1512	"추수할 것은 많되 일꾼은 적으니" 책, 장은?	마 9; 눅 10
1513	"세례 요한의 때 이후부터 천국은 침노를 당한다" 책, 장은?	마 11
1514	"두세 사람이 내 이름으로 모인 곳에는 나도 그들 중에 있느니라" 책, 장은?	마 18
1515	"누구든지 자기를 높이는 자는 낮아지고 누구든지 자기를 낮추는 자는 높아지리라" 책, 장은?	마 23(12절)
1516	누가복음에서 시므온의 노래는 몇 장에 나오나?	눅 2
1517	누가복음에 의하면 제일 먼저 예수의 제자가 된 자는?	시몬(눅 5)
1518	마르다와 마리아에 대한 이야기가 나오는 곳은?	눅 10
1519	'불의한 청지기 비유'가 나오는 곳은?	눅 16
1520	'부자와 나사로 비유'가 나오는 곳은?	눅 16
1521	예수님의 제자 중 벳새다 사람은?	빌립, 안드레, 베드로(요 1)
1522	예루살렘과 베다니 사이의 거리는?	5리(요 11)
1523	예수를 십자가에 못 박은 군병의 수는?	4명(요 19)
1524	부활 후 8일 만에 예수를 만난 사람은?	도마(요 20)
1525	베드로의 정기적인 기도를 언급하고 있는 사도행전의 장은?	행 3(제9시), 행 10(제6시)

1526	유대와 헬라의 허다한 무리가 믿게 된 곳은?	이고니온
1527	여신 아데미의 전각이 있던 곳은? (은장색 – 데메드리오)	에베소(행 19)
1528	드루실라의 남편은?	벨릭스(행 24)
1529	사도 바울이 사도직을 강조한 본문은?	갈 2:8; 롬 11:13; 살전 2:6; 고후 12:11-13; 고전 15:9; 고전 9:2
1530	"그런즉 우리가 무슨 말 하리요 은혜를 더하게 하려고 죄에 거하겠느뇨" 책, 장은?	롬 6(1절)
1531	그리스도의 죽음의 의미를 말하고 있는 로마서의 장은?	롬 6
1532	"이는 만물이 (　)에게서 나오고 (　)로 말미암고 (　)에게로 돌아감이라 영광이 그에게 세세에 있으리로다 아멘"의 출처는?	주, 주, 주, 롬 11:36
1533	"(　)의 하나님이 모든 기쁨과 평강을 믿음 안에서 너희에게 충만케 하사 성령의 능력으로 (　)이 넘치게 하시기를 원하노라"의 출처는?	소망, 소망, 롬 15:13
1534	"복음을 전하지 않으면 내게 화가 있을 것임이로라" 책, 장은?	고전 9(16절)
1535	고전 10:31을 쓰시오.	그런즉 너희가 먹든지…
1536	"하나님의 나라는 먹는 것과 마시는 것이 아니요 오직 성령 안에서 의와 평강과 희락이라" 책, 장은?	롬 14(17절)
1537	바울이 회심한 후 아라비아로 갔다가 돌아온 곳은?	다메섹
1538	"때가 차매 하나님이 그 아들을 보내사 여자에게 나게 하시고 율법 아래 나게 하신 것은" 책, 장은?	갈 4(4절)
1539	"적은 누룩이 온 덩이에 퍼지느니라" 책, 장은?	갈 5:9
1540	"스스로 속이지 말라 하나님은 만홀히 여김을 받지 아니하시나니 사람이 무엇으로 심든지 그대로 거두리라" 책, 장은?	갈 6:7
1541	"너희 안에 이 마음을 품으라 곧 그리스도 예수의 마음이니" 책, 장, 절은?	빌 2:5
1542	"항상 복종하라 두렵고 떨림으로 너희 구원을 이루라" 책, 장, 절은?	빌 2:12
1543	"나의 하나님이 그리스도 예수 안에서 영광 가운데 그 풍성한 대로 너희 모든 쓸 것을 채우시리라" 책, 장은?	빌 4(19절)
1544	"누구든지 네 연소함을 업신여기지 못하게 하고" 책, 장은?	딤전 4(12절)
1545	오네시보로가 바울을 섬긴 곳은?	로마, 에베소
1546	"선한 싸움을 싸우고 나의 달려갈 길을 마치고 믿음을 지켰으니" 책, 장은?	딤후 4(7절)
1547	"집마다 지은 이가 있고 만물을 지으신 이는 하나님이시라" 책, 장은?	히 3(4절)
1548	약 1:15을 쓰시오.	욕심이 잉태하즉…
1549	"하나님의 말씀을 듣고 행하지 않는 자는 자기 자신을 속인다" 책, 장은?	약 1(22절)
1550	"그러므로 하나님의 능하신 손 아래서 겸손하라 때가 되면 너희를 높이시리라" 책, 장은?	벧전 5(6절)

1551	"너희 염려를 다 주께 맡겨 버리라 이는 저가 너희를 권고하심이니라" 책, 장은?	벧전 5:7
1552	"예언은 성령의 감동하심을 입은 사람들이 하나님께 받아 말한 것이다" 책, 장은?	벧후 1(21절)
1553	"하나님께로서 난 자가 범죄하지 아니한다" 책, 장은?	요일 5(18절)
1554	신약에서 '노아'를 언급하는 곳은?	마, 눅, 히, 벧전, 벧후
1555	"한 사람이 두 주인을 섬길 수 없다" 책, 장은?	마 6; 눅 16
1556	"주검 있는 곳에 독수리가 모인다" 책, 장은?	마 24; 눅 17
1557	"구하라 그러면 너희에게 주실 것이요" 책, 장은?	마 7; 눅 11
1558	"발에 먼지를 떨어 버리라" 책, 장은?	마 10-막 6-눅 9
1559	"반석 위에 세운 집 비유" 책, 장은?	마 7; 눅 6
1560	'거지 나사로' 책, 장은?	눅 16
1561	'사가랴의 찬양' 책, 장은?	눅 1
1562	'시므온의 찬양' 책, 장은?	눅 2
1563	'로고스 찬미송' 책, 장은?	요 1
1564	'천군 천사 찬양' 책, 장은?	눅 2
1565	마태복음에서 주의 천사가 요셉에게 현몽한 것은 몇 번?	3번
1566	마태복음에서 요한은 누구를 향해 '독사의 자식들'이라고 불렀나?	바리새인, 사두개인
1567	마태복음에서 예수님은 누구를 향해 '뱀들아 독사의 새끼들'이라 불렀나?	바리새인, 서기관(마 23)
1568	"나는 이스라엘의 잃어버린 양 외에는 다른 데로 보내심을 받지 아니하였노라" 책, 장은?	마 15(24절)
1569	'천지의 주재' 책, 장은?	마 11-0-눅 10
1570	'성령 훼방' 책, 장은?	마 12-막 3-눅 12
1571	마태복음에서 성전 정화 후 가신 곳은?	베다니
1572	'두 아들의 비유'는 마태복음 어디에 나오나?	마 21
1573	마태복음의 특수 자료는?	마리아의 임신과 요셉의 꿈, 동방 박사, 애굽으로 피난, 헤롯의 어린이 학살, 가룟 유다 자살 등등
1574	헤롯이 죽은 후 유대의 분봉왕은?	아켈라오(마 2)
1575	"좁은 문으로 들어가라" 책, 장은?	마 7-0-눅 13

1576	"추수할 것은 많되 일군은 적으니" 책, 장은?	마 9-0-눅 10
1577	"검을 쓰는 자는 검으로 망한다" 책, 장은?	마 26(52절)
1578	'막'의 특수 자료는?	예수를 미쳤다고 함, 스스로 자라나는 씨, 벳새다 맹인 치유, 알몸으로 도망가는 청년
1579	"선생님 우리를 따르지 않는 어떤 자가 주의 이름으로 귀신을 내어 쫓는 것을 우리가 보고 우리를 따르지 아니하므로 금하였나이다" 누가 한 말인가?	요한(막 9; 눅 9)
1580	"주여 우리가 불을 명하여 하늘로 좇아 내려 저희를 멸하라 하기를 원하시나이까" 책, 장은?	눅 9(54절)-야고보, 요한
1581	"손에 쟁기를 잡고 뒤를 돌아보는 자는 하나님의 나라에 합당치 아니하니라" 책, 장은?	눅 9
1582	'선한 사마리아인의 비유' 책, 장은?	눅 10
1583	실로암에서 망대가 무너져 치어 죽은 사람의 수는?	18명(눅 13)
1584	"만일 이 사람들이 잠잠하면 돌들이 소리 지르리라" 책, 장은?	눅 19
1585	'악한 포도원 농부의 비유' 책, 장은?	마 21-막 12-눅 20
1586	예수 탄생시 호적을 명한 사람은?	아구스도
1587	"사단이 하늘로서 번개같이 떨어지는 것을 내가 보았노라" 책, 장은?	눅 10(18절) - 70인 파송 시
1588	"오늘과 내일 내가 귀신을 쫓아내며 병을 낫게 하다가 제3일에는 완전하여지리라" 책, 장은?	눅 13(32절)
1589	눅 15장의 잃은 양의 비유는 누구를 대상으로 한 것인가?	서기관, 바리새인
1590	"항상 기도하고 낙망치 말아야 할 것을" 책, 장은?	눅 18(과부와 재판장)
1591	"인자가 올 때에 믿음을 보겠느냐" 책, 장은?	눅 18
1592	"하늘에는 평화요 가장 높은 곳에서는 영광이로다" 책, 장은?	눅 19
1593	"예루살렘을 보면서 예수님이 우시는 장면" 책, 장은?	눅 19
1594	'십자가 위의 강도와의 대화' 책, 장은?	눅 23
1595	예수님 운명시 성전 휘장이 위로부터 아래까지 찢어진 사건이 보도되는 복음서는?	마, 막
1596	"보라 세상 죄를 지고 가는 하나님의 어린 양이로다" 책, 장은?	요 1(29절)
1597	"내 아버지께서 이제까지 일하시니 나도 일한다" 이 말 전에 치유한 사람은?	베데스다 못가의 38년 된 병자 (요 5)
1598	"각 사람으로 조금씩 받게 할지라도 200데나리온의 떡이 부족하리이다"라고 말한 사람은?	빌립
1599	보리떡 5개와 물고기 2마리를 가진 아이를 예수께 데려온 사람은?	안드레
1600	"우리 율법은 사람이 말을 듣고 그 행한 것을 알기 전에 판결하느냐"라고 말한 사람은?	니고데모(요 7)

1601	"우리도 주와 함께 죽으러 가자"고 말한 사람은?	디두모라 하는 도마 (요 11)
1602	"너희가 아무것도 알지 못하는도다 한 사람이 백성을 위하여 죽어서 온 민족이 망하지 않게 되는 것이 너희에게 유익한 줄을 생각지 아니하는도다" 누구의 말인가?	대제사장 가야바(요 11)
1603	"주여 아버지를 우리에게 보여 주옵소서" 누구의 말인가?	빌립(요 14)
1604	"진리가 무엇이냐"고 물은 사람은?	빌라도(요 18)
1605	예수님의 죄패에 기록된 언어는?	히브리어, 로마어, 헬라어
1606	"나의 주시며 나의 하나님이시니이다"라고 고백한 사람은?	도마(요 20)
1607	요 21장에서 디베랴 바닷가에서 예수님을 만난 사람은?	베드로, 도마, 나다나엘, 세베대의 아들들, 다른 두 제자(7명)
1608	"예수의 행하신 일이 이외에도 많으니 만일 낱낱이 기록된다면 이 세상이라도 이 기록된 책을 두기에 부족할 줄 아노라" 책, 장은?	요 21(25절)
1609	예수의 형제의 이름은? (13-6)	야고보, 요셉, 유다, 시몬
1610	변화산에 같이 간 세 제자는?	베드로, 야고보, 요한
1611	"주께서 여기 계셨더라면 내 오라비가 죽지 아니하였겠나이다"라고 말한 사람은?	마르다, 마리야
1612	"갈릴리 사람들아 어찌하여 서서 하늘을 쳐다보느냐 너희 가운데서 하늘로 올리우신 이 예수는 하늘로 가심을 본 그대로 오시리라"고 말한 사람은?	흰 옷 입은 두 사람(행 1)
1613	"하나님 앞에서 너희 말 듣는 것이 하나님 말씀 듣는 것보다 옳은가 판단하라 우리는 보고 들은 것을 말하지 아니할 수 없다" 책, 장은?	행 4(베드로, 요한)
1614	'드다, 갈릴리 유다' 책, 장은?	행 5
1615	"가라 이 사람은 내 이름을 이방인과 임금들과 이스라엘 자손들 앞에 전하기 위하여 택한 나의 그릇이라" 누가 누구에게 한 말인가?	주께서 아나니아에게
1616	바울이 전도할 때 아덴에서 믿은 사람은?	디오누시오, 다마리(행 17)
1617	바울이 마게도냐 사람의 환상을 본 곳은?	드로아(행 16)
1618	"바울이 그들에게 안수하매 성령이 그들에게 임하시므로 방언도 하고 예언도 하니" 책, 장은?	행 19(6절 에베소)
1619	멜리데 섬의 추장은?	보블리오
1620	공회 앞에서(행 23) 바울은 범사에 무엇을 따라 하나님을 섬겼다고 했나?	양심
1621	바울이 돈을 받을까 바라는 벨릭스에게 강론한 내용은?	의와 절제와 장차 오는 심판 (행 24)
1622	유대와 헬라의 허다한 무리가 믿게 된 곳은?	이고니온(행 14)
1623	율법이 없는 이방인의 행동 판단 기준은?	양심(롬 2)
1624	"하나님의 ( )와 ( )에는 후회하심이 없느니라"이 출처는?	은사, 부르심(롬 11:29)
1625	롬 15장에서 예루살렘 성도를 위해 헌금한 사람은?	마게도냐와 아가야의 사람들 (롬 15)

1626	"지혜로우신 하나님께 예수 그리스도로 말미암아 영광이 세세 무궁토록 있을지어다 아멘" 책, 장은?	롬 16(27절)
1627	믿는 자는 장차 누구를 판단하는가?	세상, 천사(고전 6)
1628	이스라엘이 광야에서 하나님을 거역하여 시험한 4가지 큰 죄는?(고전10)	우상 숭배, 간음, 주를 시험, 원망
1629	"그리스도는 하나님의 ( )이요 하나님의 ( )니라"의 출처는?	능력, 지혜, 고전 1:24
1630	"( )에 대하여는 우리가 다 지식이 있는 줄로 아나 ( )은 ( )하게 하며 ( )은 ( )을 세우나니"의 출처는?	우상 제물, 지식, 교만, 사랑, 덕, 고전 8
1631	"그런즉 선 줄로 생각하는 자는 넘어질까 조심하라" 책, 장은?	고전 10
1632	"( )을 따라 구하라 신령한 것을 사모하되 특별히 ( )을 하려고 하라"의 출처는?	사랑, 예언(고전 14:1)
1633	"나는 날마다 죽노라" 책, 장은?	고전 15(31절)
1634	"사망의 쏘는 것은 죄요 죄의 권능은 율법이라" 책, 장은?	고전 15(56절)
1635	'성도의 고난과 윤리 문제' 책, 장은?	고전
1636	'위로의 하나님' 책, 장은?	고후
1637	'고난당하는 자 위로' 책, 장은?	벧전 1(6-7절)
1638	"오직 복음을 전케 하려 하심이니 말의 지혜로 하지 아니함은 그리스도의 십자가가 헛되지 않게 하려 함이니라" 책, 장은?	고전 1(17절)
1639	"음행하는 자들과 사귀지 말라" 책, 장은?	고전 5(9절)
1640	바울이 세례를 이스라엘의 홍해 사건과 비유한 곳은?	고전 10
1641	"내가 받은 것을 먼저 너희에게 전하노니 이는 성경대로 그리스도께서 우리 죄를 위하여 죽으시고" 책, 장은?	고전 15
1642	'그리스도의 몸' 책, 장은? (은사 장)	엡 4:11-16; 고전 12:12-27; 롬 12:4-5
1643	"하나님의 뜻대로 하는 근심은 후회할 것이 없는 ( )에 이르게 하는 ( )를 이루는 것이요 세상 근심은 ( )을 이루느니라"의 출처는?	구원, 회개, 사망 (고후 7:10)
1644	고린도 교인들이 디도를 영접하는 태도는?	두렵고, 떨고, 순종함 (고후 7:15)
1645	"나의 동무요 너희를 위한 나의 동역자요"는 누구에 대한 설명인가?	디도(고후 8:23)
1646	"우리의 싸우는 병기는 육체에 속한 것이 아니요 오직 하나님 앞에서 견고한 진을 파하는 강력이라" 책, 장은?	고후 10(4절)
1647	"이제 내가 사람들에게 좋게 하랴 하나님께 좋게 하랴…그리스도의 종이 아니니라" 책, 장은?	갈 1(10절)
1648	"가로되 하나님 앞에서 너희 말 듣는 것이 하나님 말씀 듣는 것보다 옳은가 판단하라 우리는 보고 들은 것을 말하지 않을 수 없다" 책, 장은?	행 4(19-20절)
1649	"사랑으로써 역사하는 믿음" 책, 장은?	갈 5(6절)
1650	"너희가 짐을 서로 지라 그리하여 그리스도의 법을 성취하라" 책, 장은?	갈 6(2절)

1651	"스스로 속이지 말라 하나님은 만홀히 여김을 받지 아니하시나니" 책, 장은?	갈 6(7절)
1652	"내게는 우리 주 예수 그리스도의 십자가 외에 결코 자랑할 것이 없나니" 책, 장은?	갈 6(14절)
1653	바울의 기쁨이요 면류관은?	빌립보 교인들(빌 4:1)
1654	빌립보서에 나오는 교회 직분은?	감독, 집사, 성도
1655	빌립보 사람들이 보낸 것을 바울에게 전달한 사람은?	에바브로디도(빌 2)
1656	빌립보 교회의 성도 이름은?	유오디아, 순두게(빌 4)
1657	"땅에 있는 지체를 죽이라 곧 ( )과 ( )과 ( )과 ( )과 탐심이니 탐심은 우상 숭배니라"의 출처는?	음란, 부정, 사욕, 악한 정욕 (골 3:5)
1658	바울의 말을 하나님의 말씀으로 들은 교인은?	데살로니가 교인(살전 2:13)
1659	바울을 하나님의 천사, 그리스도 예수로 영접한 교회는?	갈라디아 교회(갈 4:14-15)
1660	살전에서 디모데가 가져온 소식은?	믿음과 사랑의 기쁜 소식
1661	"우리는 낮에 속하였으니 근신하여 믿음과 사랑의 흉패를 붙이고 구원의 소망의 투구를 쓰자" 책, 장은?	살전 5(8절)
1662	"믿음은 모든 사람의 것이 아님이라" 책, 장은?	살후 3(2절)
1663	"그러나 여자들이 만일 정절로써 믿음과 사랑과 거룩함에 거하면 그 해산함으로 구원을 얻으리라" 책, 장은?	딤전 2(15절)
1664	"너희 속에 그리스도의 형상이 이루기까지 해산하는 수고를 하노니" 책, 장은?	갈 4(19절)
1665	"혼인을 금하고 식물을 폐하라" 책, 장은?	딤전 4(3절)
1666	"하나님의 모든 것이 선하매 감사함으로 받으면 버릴 것이 없나니" 책, 장은?	딤전 4(4절)
1667	"내가 이 복음을 위하여 반포자와 사도와 교사로 세우심을 입었노라" 책, 장은?	딤후 1(11절)
1668	"모든 천사는 부리는 영으로써 구원 얻을 후사들을 위하여 섬기라고 보내심이 아니뇨" 책, 장은?	히 1(14절)
1669	예수께서 눈물을 흘리신 기록은?	예루살렘을 보고(눅 19), 나사로 죽음(요 11)
1670	"젖이나 먹고 단단한 것을 못 먹는 자가 되었도다" 책, 장?	히 5(12절)
1671	징계가 당시에는 즐거워 보이지 않고 슬퍼 보이나 그로 말미암아 맺는 열매는?	의의 평강한 열매(히 12:11)
1672	디모데가 놓인 사실을 기록하는 성경은?	히브리서 13
1673	서두에 감사나 축복의 말이 없는 서신은?	히, 약, 갈, 요일
1674	"믿음이 행함과 함께 일하고 행함으로 믿음이 온전케 됨" 책, 장은?	약 2(22절)
1675	"오직 위로부터 난 지혜는 첫째 성결하고 다음에 ( )하고 ( )하고 ( )하고 ( )과 선한 열매가 가득하고 편벽과 거짓이 없나니"의 출처는?	화평, 관용, 양순, 긍휼 (약 3:17)

1676	"참된 경건은 고아와 과부를 환란 중에 돌아보는 것" 책, 장은?	약 1(27절)
1677	"믿음의 기도는 병든 자를 구원함" 책, 장은?	약 5(15절)
1678	"시험을 만나거든 온전히 기쁘게 여기라" 책, 장은?	약 1(2절)
1679	"선을 행할 줄 알고도 행치 아니하면 죄니라" 책, 장은?	약 4(17절)
1680	'선한 목자' 책, 장은?	요 10
1681	'양의 큰 목자' 책, 장은?	히 13(20절)
1682	'영혼의 목자' 책, 장은?	벧전 2(25절)
1683	'목자장' 책, 장은?	벧전 5(4절)
1684	'생명의 면류관' 책, 장은?	약 1(12절); 계 2(10절)
1685	'영광의 면류관' 책, 장은?	벧전 5(4절)
1686	'썩을 면류관' 책, 장은?	고전 9(25절)
1687	'의의 면류관' 책, 장은?	딤후 4(8절)
1688	"갓난아이들같이 순전하고 신령한 젖을 사모하라"의 출처는?	벧전 2:2
1689	"만물의 마지막이 가까왔으니 그러므로 너희는 정신을 차리고 근신하여 기도하라"의 출처는?	벧전 4:7
1690	"하나님의 능하신 손 아래서 겸손하라"의 출처는?	벧전 5:6
1691	"그리스도께서 옥에 있는 영들에게 전파하시니라"의 출처는?	벧전 3:19
1692	벧후 1장의 8덕은?	믿/ 덕/ 지/ 절/ 인/ 경/ 형/ 사
1693	"경의 모든 예언은 사사로이 풀 것이 아니니"의 출처는?	벧후 1:20
1694	"성경을 억지로 풀지 말라"의 출처는?	벧후 3:16
1695	"주께는 하루가 천 년 같고 천 년이 하루 같은"의 출처는?	벧후 3:8(계 20)
1696	"자녀들아 너희 자신을 지켜 우상에서 멀리하라"의 출처는 ?	요일 5:21
1697	"사랑 안에는 두려움이 없고 온전한 사랑이 두려움을 내어 쫓나니"의 출처는 ?	요일 4:18
1698	"만일 우리가 범죄하면 아버지 앞에서 우리에게 대언자가 있으니"의 출처는?	요일 2:1
1699	그리스도인의 형제 사랑을 강조한 서신은?	요한일서
1700	"성도에게 단번에 주신 믿음의 도리를 위하여 힘써 싸우라"의 출처는?	유 1:3

1701	유다서에서 화 있을 세 사람의 길은?	① 가인의 길 ② 발람의 어그러진 길 ③ 고라의 패역한 길
1702	유다서에서 타락한 거짓 선생 이단자에 비유한 것은?	애찬의 암초, 자기 몸만 기르는 목자, 물 없는 구름, 열매 없는 가을 나무, 바다의 거친 물결
1703	계시록에서 자칭 유대인이라는 사단의 회로부터 환란과 궁핍을 당한 교회는?	서머나 교회
1704	서머나 교회에 나타난 예수 그리스도의 성상은?	죽었다가 부활하신 몸, 처음과 나중이 되신 이
1705	'발람의 가르침을 따름, 안디바의 순교, 만나, 흰 돌' 어느 교회인가?	버가모 교회
1706	'일, 사랑, 믿음, 인내, 나중 것이 낫다' 어느 교회인가?	두아디라 교회
1707	자칭 선지자라 하는 이세벨을 용납한 교회는?	두아디라 교회
1708	"흰 옷, 그 이름을 흐려 버리지 아니하리라" 어느 교회인가?	사데 교회
1709	"성소의 기둥, 그 기둥에 3가지 이름을 새기리라" 어느 교회인가?	빌라델비아 교회
1710	라오디게아 교회에 나타난 예수님의 성상은?	아멘, 충성되고 참된 증인, 창조의 근본
1711	계 3:20의 말씀은 어느 교회에게 하신 말씀인가?	라오디게아 교회
1712	'어린 양의 혼인 잔치' 책, 장은?	계 19
1713	'천년 왕국, 백보좌 심판'의 출처는?	계 20
1714	"아들이나 소가 우물에 빠졌으면 안식일에라도 곧 끌어내지 않겠느냐" 이 말씀 전의 사건은?	안식일에 고창병자 고침 (눅 14)
1715	"이방인의 하나님도 되느니라" 책, 장은?	롬 3(29절)
1716	롬 4:25을 쓰시오.	예수는 우리 범죄함을…
1717	'불의의 병기, 의의 병기' 책, 장은?	롬 6(13절)
1718	'하나님의 법, 죄의 법' 책, 장은?	롬 7(25절)
1719	'생명의 성령의 법, 죄와 사망의 법' 책, 장은?	롬 8(2절)
1720	'부딪히는 돌, 거치는 반석' 책, 장은?	롬 9(33절); 벧전 2
1721	"믿음의 분량대로 지혜롭게 생각하라" 책, 장은?	롬 12(3절)
1722	'빛의 갑옷' 책, 장은?	롬 13(12절)
1723	'사랑의 빚' 책, 장은?	롬 13(8절)
1724	"살아도 주를 위하여 살고 죽어도 주를 위하여 죽나니 사나 죽으나 우리는 주의 것" 책, 장은?	롬 14(8절)
1725	"믿음을 좇아 하지 아니하는 모든 것이 죄니라" 책, 장은?	롬 14(23절)

1726	"내가 남의 터 위에 세우지 않겠다" 책, 장은?	롬 15(20절)
1727	로마서에서 '계시 도식'이 나오는 곳은?	롬 16:25-26
1728	"복음으로 내가 너희를 낳았다" 책, 장은?	고전 4(15절)
1729	'음행', '누룩', '유월절 양' 책, 장은?	고전 5
1730	"지혜에는 아이가 되지 말고 악에는 어린아이가 되라 지혜에 장성한 사람이 되라" 책, 장은?	고전 14
1731	"나는 날마다 죽노라" 책, 장은?	고전 15(31절)
1732	'스데바나, 브드나도, 아가이고' 책, 장은?	고전 16(17절)
1733	'벨리알과 예수그리스도' 책, 장은?	고후 6
1734	"자랑하는 자는 주 안에서 자랑하라" 책, 장은?	고후 10(17절), 고전 1(31절)
1735	'다른 영, 다른 복음' 책, 장은?	고후 11
1736	"지극히 큰 사도보다 부족한 것이 없다" 책, 장은?	고후 11(2절)
1737	"사도의 표 된 것은 내가 너희 가운데서 모든 (　)과 (　)과 (　)와 (　)을 행한 것이라"의 출처는?	참음, 표적, 기사, 능력 (고후 12:12)
1738	"누구든지 그리스도와 합하여 세례를 받은 자는 그리스도로 옷 입었느니라" 책, 장은?	갈 3(27절)
1739	"너희가 할 수만 있었더면 너희의 눈이라도 빼어 나를 주었으리라" 책, 장은?	갈 4(15절)
1740	"사랑으로써 역사하는 믿음뿐" 책, 장은?	갈 5(6절)
1741	"십자가 외에는 자랑할 것이 없다" 책, 장은?	갈 6(14절)
1742	"교회는 그의 몸이니 (　) 안에서 (　)을 충만케 하시는 자의 (　)이니라"이 출처는?	만물, 만물, 충만 (엡 1:23)
1743	'그리스도는 교회의 머리' 책, 장은?	엡 1(22절)
1744	"그러므로 사랑을 입은 자녀같이 너희는 하나님을 본받는 자가 되고" 책, 장은?	엡 5(1절)
1745	"빛의 열매는 모든 (　)과 (　)과 (　)에 있느니라"의 출처는?	착함, 의로움, 진실함 (엡 5:9)
1746	'예수 그리스도의 심장' 책, 장은?	빌 1(8절)
1747	"어떤 이들은 (　)으로 어떤 이들은 (　)으로 그리스도를 전파하나니"의 출처는?	투기와 분쟁, 착한 뜻 (빌 1:15)
1748	빌 2장에서 병들었다가 살아난 사람은?	에바브로디도
1749	"정사와 권세를 벗어 버려 밝히 드러내시고 (　)로 승리하셨느니라"의 출처는?	십자가(골 2:15)
1750	'장래일의 그림자' 책, 장은?	골 2(17절)

1751	골로새서에서 라오디게아를 언급한 장은?	골 2(1절); 골 4(16절)
1752	"장래 노하심에서 우리를 건지는 예수시니라" 책, 장은?	살전 1(10절)
1753	"아무에게도 누를 끼치지 아니하려고 밤과 낮으로 일하면서 너희에게 하나님의 복음을 전파하였노라" 책, 장은?	살전 2(9절)
1754	'믿음과 사랑의 흉패, 구원의 소망의 투구' 책, 장은?	살전 5(8절)
1755	"하나님의 뜻은 너희의 거룩함이라" 책, 장은?	살전 4(3절)
1756	"내가 복음을 위하여 ( )와 ( )와 ( )로 세우심을 입었노라"의 출처는?	반포자, 사도, 교사 (딤후 1:11)
1757	"하나님은 모든 사람이 구원을 받으며 진리를 아는 데 이르기를 원하시느니라"의 출처는?	딤전 2(4절)
1758	'이방인의 스승', '이방인의 하나님', '이방인을 제물로' 책, 장은?	딤전 2; 롬 3; 롬 15
1759	"크도다 경건의 비밀이여" 책, 장은?	딤전 3(16)
1760	"믿음의 선한 싸움을 싸우라 영생을 취하라" 책, 장은?	딤전 6
1761	"자기가 시험을 받아 고난을 당하셨은즉 시험받는 자들을 능히 도우시느니라" 책, 장은?	히 2(18절)
1762	"율법은 장차 오는 좋은 일의 그림자" 책, 장은?	히 10(1절)
1763	'장래일의 그림자', '회전하는 그림자' 책, 장은?	골 2, 약 1
1764	"믿음의 결국 곧 영혼의 구원을 받음이라" 책, 장은?	벧전 1(9절)
1765	"순전하고 신령한 젖을 사모하라" 책, 장은?	벧전 2(2절)
1766	"자녀들아 너희 자신을 지켜 우상에서 멀리하라" 책, 장은?	요일 5(21절)
1767	"내가 내 자녀들이 진리 안에서 행한다 함을 듣는 것보다 더 즐거움이 없도다" 책, 장은?	요삼 4절
1768	딤후 2장에서 주의 종이 마땅히 해야 할 것은?	다투지 않음, 모든 사람을 대하여 온유함, 가르치기 잘 함, 참음, 거역하는 자를 온유함으로 징계
1769	부활 후 못 자국과 창 자국을 보여 준 사실을 기록한 복음서는?	눅 24; 요 20
1770	마가복음에서 예루살렘 입성 직전에 치유한 사람은?	소경 바디매오
1771	바울이 자신을 '그리스도의 사도'라고 전제한 서신서는?	롬, 고전, 고후, 갈, 엡, 골, 딤전, 딤후
1772	마 8장의 내용은?	문둥병자, 백부장의 종, 베드로 장모, 풍랑 잔잔, 가다라 귀신들린 자
1773	마 9장의 내용은?	중풍병자, 마태 소명, 금식, 혈루증 여인, 야이로의 딸, 두 소경, 벙어리 귀신, 추수할 일군
1774	막 1장의 내용은?	세례 요한, 세례 받으심, 시험, 4제자 부름, 가버나움의 귀신 축출, 시몬의 장모 열병 치유, 문둥병자 치유
1775	막 2장의 내용은?	중풍병자 치유, 레위 소명, 죄인과 식사, 금식, 안식일 논쟁

1776	'브라이도리온' 책, 장은?	막 15
1777	사도행전에서 제일 먼저 나오는 단어는?	데오빌로여
1778	바울이 사도행전 16장에서 환상을 본 곳의 지명은?	드로아
1779	바울이 직접 세례를 준 고린도 교인은?	그리스보, 가이오, 스데바나의 집 사람
1780	바울의 서신 중 송영이 있는 서신은? (축도)	고후 13:13
1781	바울이 아라비아로 간 적이 있음을 밝히는 서신은?	갈
1782	상전들아 너희도 저희에게 이와 같이 하고 ( )을 그치라 이는 저희와 너희의 상전이 하늘에 계시고 그에게는 외모로 사람을 취하는 일이 없는 줄 너희가 앎이니라	공갈(엡 6:9)
1783	계시록에서 천년 동안 그리스도와 더불어 왕 노릇 할 대상은?	첫 부활에 참예한 자 (계 20)
1784	마가복음에서 귀먹고 어눌한 자를 고친 장소는?	갈릴리 호수(막 7)
1785	가룻 유다 대신 맛디아를 선택할 때 인용한 시편은?	시 69, 109
1786	백성과 장로와 서기관을 충동하여 공회에서 거짓 증언하는 내용이 있는 사도행전의 장은?	행 6
1787	'깨어 있으라'고 강조하는 곳은?	고전 16:13; 살전 5:6; 골 4:2; 롬 13:11
1788	'창조의 중재자' 책, 장은?	엡 1; 골 1; 히 1; 고전 8
1789	'계시 도식' 책, 장은?	롬 16; 골 1; 딤전 3
1790	"너희는 내게 배우고 ( ) 듣고 본 바를 행하라 그리하면 ( )의 하나님이 너희와 함께 계시리라"의 출처는?	받고, 평강(빌 4:9)
1791	야고보서 2장에서 말하는 믿음의 인물은?	아브라함, 라합
1792	마가복음에서 병 고침과 신앙의 동기(믿음으로 구원)가 묶여 있는 기사는?	문둥병자, 혈루증 여인, 수로보니게 여인, 바디매오
1793	마태복음과 마가복음의 끝 장과 절은?	마 28:20; 막 16:20
1794	히 9장에서 지성소 안에 있는 것은?	그룹, 금향로, 언약궤
1795	"주검이 있는 곳에 독수리가 모인다"는 말씀이 나오는 복음서는?	마 24:28; 눅 17:37
1796	"구하라 그러면 너희에게 주실 것이요"라는 말씀이 나오는 복음서는?	마 7:7; 눅 11:9
1797	막 12:28-34, 마 5:43-44, 눅 6:27-28, 갈 5:14이 다루고 있는 계명은?	이웃 사랑의 계명
1798	예수님의 세 가지 시험받은 기사가 기록된 복음서는?	마 4; 눅 4
1799	'본디오 빌라도'를 언급한 서신서는?	딤전 6:13
1800	'하나님의 씨'의 출처는?	요일 3:9

1801	"하나님의 영으로 말하는 자는 누구든지 예수를 저주할 자라 하지 않고 또 성령으로 아니하고는 누구든지 예수를 주시라 할 수 없느니라" 책, 장은?	고전 12(3절)
1802	"집사의 자격은 단정하고 일구이언을 하지 아니하고 술에 인박이지 아니하고 더러운 이를 탐하지 아니하고 깨끗한 양심에 ( )을 가진 자라야 한다"의 출처는?	믿음의 비밀
1803	'들으라 부한 자들아'에 대하여 말하고 있는 서신서는?	약 5(1절)
1804	사랑, 봉사, 믿음, 인내가 처음보다 나중 행위가 더 많았기 때문에 칭찬을 받은 교회는?	두아디라 교회
1805	예수님의 좌우편에 있던 강도들이 모두 예수님을 비방했다고 기록하는 복음서는?	마, 막
1806	오병이어의 기적 장소를 벳새다로 기록하는 복음서는?	눅
1807	오병이어 기적 때 "50명씩 앉혔다"고 기록하는 복음서는?	눅
1808	오병이어 기적 때 "혹 100명씩, 혹 50명씩 앉혔다"고 기록하는 복음서는?	막
1809	"너희는 위로부터 능력을 입히울 때까지 이 성에 유하라" 책, 장은?	눅 24
1810	예수께서 제자를 파송하실 때 둘씩 둘씩 짝을 지어 파송하셨다고 기록한 복음서는?	막(눅 – 둘씩)
1811	예수의 광야 시험 후에 마귀가 예수를 얼마 동안 떠나 있었다고 기록하는 복음서는?	눅
1812	헤롯이 예수를 심문한 것을 기록한 복음서는?	눅
1813	"이제는 전대 있는 자는 가질 것이요 주머니도 그리하고 검 없는 자는 겉옷을 팔아 살지어다"라고 기록한 복음서는?	눅
1814	'찬송하리로다' 라고 기록한 서신서는?	엡, 벧전, 고후 1:3
1815	"외모로 취하지 않음" 책, 장은?	행 10; 롬 2; 엡 6; 갈 2; 벧전 1; 골 3; 약 2
1816	'이신칭의' 책, 장은?	롬 1; 갈 3; 히 10; 합 2
1817	'아바 아버지' 책, 장은?	막 14; 갈 4; 롬 8
1818	'소금 비유' 책, 장은?	마 5-막 9-눅 14
1819	'신약의 황금률' 책, 장은?	마 7-0-눅 6
1820	'베드로 장모 열병 치유' 책, 장은?	마 8-막 1-눅 4
1821	"손에 쟁기를 잡고 뒤를 돌아보는 자는 하나님의 나라에 합당치 아니하니라" 책, 장은?	눅 9
1822	'중풍병자 치유' 책, 장은?	마 9-막 2-눅 5
1823	'12제자 전도 파송' 책, 장은?	마 10-막 6-눅 9
1824	'안식일 손 마른 자 치유' 책, 장은?	마 12-막 3-눅 6
1825	'부자 청년' 책, 장은?	마 19-막 10-눅 18

1826	사도행전 1장에 나오는 바사바의 다른 이름은 무엇인가?	유스도, 요셉
1827	사도행전 7장에서 스데반의 순교 직전의 말은 무엇인가?	주여 이 죄를 저들에게 돌리지 마옵소서
1828	옥중 서신 중에서 사도란 말이 언급된 서신은?	엡, 골
1829	"의인은 없나니 하나도 없다"가 언급된 곳은?	롬 3:10
1830	"우리가 항상 예수의 죽음을 몸에 짊어짐은 예수의 생명이 또한 우리 몸에 나타나게 하려 함이라"의 출처는?	고후 4:10
1831	사도행전에서 '다윗의 무너진 장막'의 출처는?	행 15(암 9)
1832	디도를 동무요 동역자로 나타낸 곳은?	고후 8
1833	바울이 성도를 처녀로, 그리스도를 신랑으로 표현한 곳은?	고후 11:2
1834	사도행전에서 사울 이름이 최초로 등장한 장은?	행 7:58
1835	'다른 예수', '다른 영', '다른 복음'에 관하여 언급한 곳은?	고후 11:4
1836	바울의 예루살렘 체포 장은?	행 21
1837	사도행전에서 천부장 앞에 선 바울에 관하여 쓴 장은?	행 22
1838	'공회 앞에서의 바울'은 어디에 나오는가?	행 23
1839	사도행전 24장에서 바울은 누구 앞에서 변론하는가?	벨릭스
1840	사도행전 25장에서 바울은 누구 앞에서 변론하는가?	베스도
1841	사도행전 26장에서 바울은 누구 앞에서·변론하는가?	아그립바
1842	'거룩한 산 제사'에 대하여 언급된 곳?	롬 12
1843	로마서에서 '약한 자의 윤리'에 관하여 다룬 곳은?	롬 14
1844	고전 16장에서 연보에 관하여 모범을 보인 교회라고 지칭하는 교회는?	갈라디아 교회
1845	고린도후서에서 연보 장은?	고후 8-9
1846	바울의 서신 중에서 특히 사도권을 주장한 곳은?	고전 9
1847	롬 6, 골 2, 갈 3, 고전 10, 벧전 3장의 공통된 주제는?	세례
1848	갈라디아서의 주제를 쓰시오.	진리, 자유
1849	"경건하게 살고자 하는 자는 핍박을 받는다"의 출처는?	딤후 3:12
1850	"입법자와 재판자는 오직 하나이다"의 출처는?	약 4:12

1851	"하나님이 지으신 모든 것이 선하매 감사함으로 받으면 버릴 것이 없다"의 출처는?	딤전 4:4
1852	"두렵고 떨림으로 구원을 이루라"의 출처는?	빌 2:12
1853	엡 4, 고전 12, 롬 12의 공통된 내용은?	그리스도의 몸
1854	산 돌, 신령한 집, 신령한 제사의 출처는?	벧전 2
1855	"너희 담대함을 버리지 말라 이것이 큰 상을 얻으리라"의 출처는?	히 10:35
1856	'개와 거룩한 것', '돼지와 진주'의 내용이 나오는 곳은?	마 7:6
1857	'개와 토한 것', '돼지와 더러운 구덩이'의 내용이 나오는 곳은?	벧후 2:22
1858	"나그네와 행인, 육체의 정욕을 제어하라"의 출처는?	벧전 2
1859	'영혼의 목자와 감독'에 관하여 언급한 곳은?	벧전 2
1860	'보배로운 산 돌'에 관하여 언급한 곳은?	벧전 2:4
1861	"사라가 아브라함을 주로 불렀다"는 내용이 나오는 곳은?	벧전 3
1862	'갑옷'에 대하여 언급한 곳은?	벧전 4; 엡 6
1863	'영광의 면류관' '하나님의 능하신 손 아래서 겸손하라'는 내용이 나오는 곳은?	벧전 5
1864	'보배로운 믿음' '변화산에 관한 기사'가 나오는 곳은?	벧후 1
1865	"경의 모든 예언은 사사로이 풀 것이 아니니"라고 한 곳은?	벧후 1
1866	'거짓 선지자' '거짓 선생' '이성 없는 짐승' '발람' 등에 관하여 언급하고 있는 곳은?	벧후 2
1867	주의 날이 도적같이 옴, 새 하늘과 새 땅, 오래 참음으로 구원을 얻는다는 내용이 나오는 곳은?	벧후 3
1868	"성경을 억지로 풀다가 스스로 멸망에 이른다"의 출처는?	벧후 3
1869	불법의 사람, 멸망의 아들의 출처는?	살후 2:3
1870	적그리스도는 아버지와 아들을 부인한다는 내용인 나오는 곳은?	요일 2:22
1871	적그리스도는 그리스도가 육체로 임하심을 부인한다고 한 곳은?	요이 1:7
1872	"혼인을 금하고 식물을 폐하라"의 출처는?	딤전 4:3
1873	바울이 마케도냐를 떠날 때 주고받는 일에 참여한 사람은?	빌립보 교인(빌 4)
1874	"너는 말씀을 전파하라, 때를 얻든지 못 얻든지"의 출처는?	딤후 4:2
1875	계시록 1장에서 복 있는 사람은 예언의 말씀을 어떻게 하는 자인가 ?	읽는 자, 듣는 자, 지키는 자

1876	서신서 중 서두에 은혜, 긍휼, 평강의 순서로 시작하는 책은?	딤전, 딤후, 요이
1877	서신서 중 긍휼, 평강, 사랑의 순서로 시작하는 책은?	유 1
1878	서신서 중 '그리스도의 몸'을 언급하는 책은?	엡 4:11-16; 고전 12:12-17; 롬 12:4-5
1879	4복음서 중 '풍랑' 장은?	마 8-막 4-눅 8
1880	'베드로 장모'의 언급은?	마 8-막 1-눅 4
1881	'문둥병 치유 장'은?	마 8-막 1-눅 5
1882	'중풍병자 치유 장'은?	마 9-막 2-눅 5
1883	'변화산'의 언급은?	마 17-막 9-눅 9(벧후 1)
1884	'여리고 소경'에 관한 기사가 나오는 곳은?	마 20-막 10-눅 18
1885	'거라사 귀신'이 나오는 곳은?	마 8-막 5-눅 8
1886	'야이로의 딸'이 나오는 곳은?	마 9-막 5-눅 8
1887	'한 손 마른 자'를 언급한 곳은?	마 12-막 3(눅 6-오른손)
1888	'무화과나무 비유'와 '무화과 저주'가 나오는 곳은?	마 24-막 13-눅 21 / 마 21-막 11
1889	'두 계명'에 관해 언급하는 곳은?	마 22-막 12-눅 10
1890	"염소와 송아지의 피로 아니하고 오직 자기 피로 영원한 속죄를 이루사 단번에 성소에 들어가셨느니라"의 출처는?	히 9:12
1891	히브리서에서 영원한 제사에 관하여 언급하는 곳은?	히 10:12
1892	로마서에서 '그리스도의 죽음의 의미'에 관하여 설명하는 곳은?	롬 6:10
1893	"천지의 주재이신 아버지여" 의 출처는?	마 11; 눅 10
1894	바울이 스스로를 훼방자, 핍박자, 포행자로 표현한 곳은?	딤전 1:13
1895	'화목제물'에 관하여 언급하는 곳은?	롬 3:25; 요일 2:2
1896	'화목제'에 관하여 언급하는 곳은?	요일 4:10
1897	그리스도의 찬미송은?	빌 2:6-11; 골 1:15-20; 딤전 3:16; 히 1:3
1898	눅 16장에서 돈을 좋아하는 자는 누구인가?	바리새인
1899	계시록 7교회를 향한 편지의 서두에서 창조, 아멘, 충성되고 참된 증인으로 시작하는 교회는?	라오디게아 교회
1900	계시록 7교회를 향한 편지 중 일곱 영, 일곱 별로 시작하는 교회는?	사데 교회

1901	사도행전 6장에 나오는 일곱 집사의 이름은?	스데반, 빌립, 브로고로, 니가노르, 디몬, 바메나, 니골라
1902	"그가 조물 중에 우리로 한 첫 열매가 되게 하시려고 ( )을 좇아 ( )의 말씀으로 우리를 낳으셨느니라"	자기 뜻, 진리(약 1:18)
1903	요한복음에서 '니고데모'가 나오는 장은?	요 3, 7, 19
1904	"나를 믿는 자는 성경에 이름과 같이 그 배에서 ( )이 흘러나리라" (요 7:38)	생수의 강
1905	"오직 주 예수 그리스도로 옷 입고 정욕을 위하여 육신의 일을 도모하지 말라"의 출처는?	롬 13:14
1906	바리새인, 서기관을 저주한 예수의 설교가 들어 있는 복음서는?	마 23; 눅 11
1907	"세례 요한 때부터 천국은 침노를 당한다"의 출처는?	마 11:12
1908	"나는 자비를 원하고 제사를 원치 않는다"의 출처는?	마 9, 12:7
1909	"남을 사랑하는 자는 율법을 다 이루었느니라"의 출처는?	롬 13:8
1910	계시록에서 '대언의 영'에 관한 표현은 몇 장에 있나?	계 19:10
1911	요한 일서에서 '대언자'는 몇 장에 있나?	요일 2
1912	구약과 신약에서 '다윗의 무너진 장막'을 언급하는 곳은?	행 15:16(암 9:11)
1913	"주리는 자를 좋은 것으로 배불리셨으며 부자를 공수로 보내셨도다"의 출처는?	마리아의 찬양(눅 1:53)
1914	"나로 먼저 내 가족을 작별케 하소서"의 출처는?	눅 9
1915	"세상을 이긴 이김은 이것이니 우리의 믿음이니라"의 출처는?	요일 5:4
1916	두 번째 회개의 불가능함을 알려 주는 곳은?	히 6:4-5, 히 10
1917	"우리가 진리를 아는 지식을 받은 후 짐짓 죄를 범한즉 다시 속죄하는 제사가 없고"의 출처는?	히 10:26
1918	복음서에서 소금에 대한 비유가 등장하는 곳은?	마 5-막 9-눅 14
1919	안디옥에 이르러 도를 헬라인에게도 전한 사람은? (행 11)	구브로와 구레네 몇 사람
1920	바울이 예루살렘에 도착한 기사는 몇 장인가? (마지막으로)	행 21
1921	저자가 '우리'로 나타나 있는 책은?	요, 요일
1922	"크도다 경건의 비밀이여 그렇지 않다 하는 이 없도다"의 출처는?	딤전 3:16
1923	"이방인의 ( )로도 가지 말고 사마리아인의 ( )에도 들어가지 말고"	길, 고을(마 10)
1924	눅에서 미래적 종말 사상이 드러난 장은?	눅 17, 21
1925	엠마오로 가는 두 제자의 기사가 기록된 성경과 장은? (0-16-24)	눅 24

1926	4복음서에서 무덤을 지키는 파수꾼의 기사가 나오는 곳은?	마
1927	"그러나 내가 하나님의 ( )을 힘입어 귀신을 쫓아내는 것이면 하나님의 나라가 이미 너희에게 임하였느니라"	성령(마 12:28)
1928	바울이 에베소를 첫번 방문한 것은 몇 차 선교 여행 때였나?	2차 선교 여행
1929	바울의 빌립보 방문은 사도행전 몇 장인가?	행 16
1930	바울의 에베소 방문은 사도행전 몇 장인가?	행 19
1931	바울의 고린도 방문이 나오는 곳은?	행 18
1932	바울의 아덴 방문이 나오는 곳은?	행 17
1933	바울의 선교 원칙이 드러난 곳은?	롬 15:20
1934	"하나님의 나라는 말에 있지 않고 오직 능력에 있음이라"의 출처는?	고전 4:20
1935	"맡은 자에게 구할 것은 충성이니라" 의 출처는?	고전 4:2
1936	"내가 그리스도를 본받는 자 된 것같이 너희는 나를 본받는 자 되라"의 출처는?	고전 11:1
1937	"다른 복음을 전하면 저주를 받을지어다"의 출처는?	갈 1
1938	하나님의 말씀을 받을 때 사람의 말로 아니하고 하나님의 말씀으로 받은 교회는?	데살로니가 교회
1939	'믿음의 역사' '사랑의 수고' '소망의 인내'에 관하여 언급한 곳은?	살전 1:3
1940	마게도냐와 아가야의 모든 믿는 자의 본이 된 교회는?	데살로니가 교회
1941	"나 바울은 한 번 두 번 너희에게 가고자 하였으나 사단이 우리를 막았도다"의 출처는?	살전 2:18
1942	"성령을 소멸치 말며 예언을 멸시치 말고 범사에 헤아려 좋은 것을 취하고 악은 모든 모양이라도 버리라"의 출처는?	살전 5:19-22
1943	살전에서 바울이 "쓸 것이 없다"고 한 두 가지는?	① 형제 사랑(4장) ② 때와 시기(5장)
1944	"너희가 짐을 서로 지라"의 출처는?	갈 6:2
1945	"시와 찬미와 신령한 노래"를 언급한 곳은?	엡 5:19 골 3:16
1946	"은혜 가운데서 소금으로 고루게 함같이 하라"의 출처는?	골 4
1947	수신인이 성도, 감독, 집사인 책은?	빌 1:1
1948	'그리스도의 찬미송'이 드러난 책은?	빌, 딤전, 골, 히(벧전)
1949	"살든지 죽든지 내 몸에서 그리스도가 존귀히 되게"의 출처는?	빌 1
1950	"두렵고 떨림으로 너희 구원을 이루라"의 출처는?	빌 2

1951	"개를 삼가고 행악자를 삼가고 손할례당을 삼가라"의 출처는?	빌 3
1952	'배설물' '푯대' '시민권'이 나오는 곳은?	빌 3
1953	빌립보서의 주제를 한 마디로 하면? 그리고 주제장은?	기쁨, 빌 4:4
1954	"영혼 없는 몸이 죽은 것같이 행함이 없는 믿음은 죽은 것이니라"의 출처는?	약 2:26
1955	"행함이 없는 믿음은 그 자체가 죽은 것이라"의 출처는?	약 2:17
1956	"사람의 성내는 것이 하나님의 의를 이루지 못함이니라"의 출처는?	약 1:20
1957	"하나님은 변함도 없고 회전하는 그림자도 없다"라고 표현된 곳은?	약 1:17
1958	"누구든지 도를 듣고 행하지 아니하면 거울로 자기 생긴 얼굴을 보는 것과 같다"의 출처는?	약 1:23
1959	"욕심이 잉태한즉 죄를 낳고 죄가 장성한즉 사망을 낳는다"의 출처는?	약 1:15
1960	'더러움이 없는 경건'에 대하여 말하는 곳은?	약 1:27
1961	"돈을 사랑함이 일만 악의 뿌리가 된다"의 출천는?	딤전 6:10
1962	"오호라 나는 곤고한 사람이로다"의 출처는?	롬 7:24
1963	"하나님께로서 난 자마다 세상을 이기느니라"의 출처는?	요일 5:4
1964	요한복음에서 '출교'란 단어와 '출회'란 단어가 나오는 장은?	출교 : 9장 출회 : 12, 16장
1965	세례 요한의 부모는 누구인가?	사가랴, 엘리사벳
1966	세례 요한이 세례 줄 때는 디베료 가이사가 몇 년째 통치하던 해인가?	15년
1967	"너희 인내로 너희 영혼을 얻으리라"의 출처는?	눅 21:19
1968	"영생은 유일하신 참 하나님과 그의 보내신 그리스도를 아는 것이다"의 출처는?	요 17:3
1969	고전에서 헌금에 관한 장은?	고전 16; 롬 15
1970	고전에 나타난 네 분파를 쓰시오.	그리스도, 아볼로, 게바, 바울
1971	고전에서 송사를 다루는 장은?	고전 6
1972	신구약 전체에서 책(말씀)을 먹는다는 내용이 기록된 책은?	계 10(겔 3)
1973	'에바다'라는 말이 나오는 곳은?	막 7
1974	'달리다굼'의 출처는?	막 5
1975	바울 서신에서 '우주적 묵시적 종말 사상'이 드러난 곳은? (부활, 휴거)	살전 4; 고전 15

1976	바울 서신에서 개인적 내세적 종말 사상이 드러난 책은?	빌 1:20-24; 고후 5:1-9
1977	죄패에 '나사렛 예수 유대인의 왕'이라고 기록된 곳은?	요
1978	죄패에 '유대인의 왕'이라고 기록된 곳은?	막, 눅
1979	죄패에 '유대인의 왕 예수'라고 기록된 곳은?	마
1980	성만찬 전승을 '나의 피 곧 언약의 피'로 표현한 곳은?	마 26; 막 14
1981	성만찬 전승을 '내 피로 세운 새 언약'으로 표현한 곳은?	눅 22; 고전 11
1982	신약에서 '가인'이란 이름이 나오는 책은?	히 11; 요일 3; 유 1
1983	'롯'이 언급된 곳은?	눅 17:28; 벧후 2:7
1984	'에녹'의 언급된 곳은?	히 11:5; 유 1:14
1985	'고라'의 언급된 곳은?	유 1:11
1986	'발람'의 언급된 곳은?	벧후 2; 유 1; 계 2
1987	'에서'의 언급된 곳은?	히 11:20, 12:16
1988	'라합'의 언급된 곳은?	히 11:13; 약 2:25
1989	'욥'의 언급된 곳은?	약 5:11
1990	'노아'의 언급된 곳은?	마 24; 눅 17; 히 11; 벧전 3; 벧후 2
1991	"사랑의 빚 외에는 아무에게든지 아무 빚도 지지 말라 남을 사랑하는 자는 율법을 다 이루었느니라"의 출처는?	롬 13:8
1992	"사랑은 온전히 매는 띠"의 출처는?	골 3:14
1993	"선을 행하되 낙심하지 말지니 ( )하지 아니하면 때가 이르매 거두리라"의 출처는?	피곤(갈 6:9)
1994	"형제들아 너희는 선을 행하다가 낙심치 말라"의 출처는?	살후 3:13
1995	"선을 행할 줄 알고도 행치 않으면 죄니라"의 출처는?	약 4:17
1996	"마귀를 대적하라 그리하면 너희를 피하리라"의 출처는?	약 4:7
1997	"마귀가 우는 사자같이 두루 다니며 삼킬 자를 찾나니"의 출처는?	벧전 5:8
1998	바울의 교회 핍박 사실을 나타낸 곳은?	고전 15; 빌 1; 갈 3
1999	안수에 대하여 언급한 곳은?	행 6:1-6; 히 6:2; 딤전 4:14; 딤후 1:6
2000	예수께서 풍랑을 잔잔케 한 후 가신 곳은?	마-가다라 / 막, 눅-거라사

2001	7병2어 후에 예수께서 가신 곳은?	마-마가단 / 막-달마누다
2002	예수의 탄생 이야기가 기록되어 있지 않은 복음서는?	막, 요
2003	천국을 위해 '고자'가 되었다는 표현이 나온 곳?	마 19
2004	'이웃 사랑'에 관한 내용이 나오는 곳은?	약 2; 갈 5; 롬 13
2005	마태복음에서 10대 기적이 나타나는 곳은?	마 8-9
2006	마태복음 10대 기적 중 제일 마지막 기적은?	귀신 들려 벙어리 된 자 치유
2007	"내 아버지께서 이제까지 일하시니 나도 일한다"라는 말은 어떤 병자를 치유할 때 하신 말인가?	38년 된 병자(요 5장)
2008	"내가 세상에 화평을 주러 온 것이 아니라 검을 주러 왔다"의 출처는?	마 10(10-0-12)
2009	"내가 불을 땅에 던지러 왔다"의 출처는?	눅 12
2010	"가서 다시는 죄를 범치 말라"의 출처는?	요 5, 요 8
2011	예수께서 세 제자만 데리고 가신 경우는?	① 변화산 ② 겟세마네 동산 ③ 야이로 딸 살릴 때
2012	오순절 성령 강림과 그리스도의 십자가 사건이 발생한 시간은?	제 3시
2013	베드로의 환상(마게도냐), 그리스도가 십자가 달릴 때 어두움이 임함, 예수님이 수가성 여인을 만난 시간은?	제 6시
2014	요 4장에서 신하의 아들이 열 떨어지기 시작한 시간은?	제 7시
2015	고넬료 환상, 베드로와 요한이 성전 미문에서 앉은뱅이를 치유한 것은 몇 시에 일어난 사건인가?	제 9시
2016	예수께서 안드레에게 '와 보라' 하신 때는?	제 10시
2017	"친구를 위해 목숨을 버리면 이보다 더 큰 사랑은 없다"의 출처는?	요 15(포도나무 비유에서)
2018	고후 1장의 주제는?	위로의 하나님
2019	"가까이 가지 못할 빛에 거하시는 하나님"의 출처는?	딤전 6
2020	'빛들의 아버지'의 출처는?	약 1:17
2021	로마서와 갈라디아서에서 율법의 역할은 각각 무엇인가?	롬-죄를 깨닫게 함 갈-몽학 선생
2022	히브리서에서 율법의 역할은 무엇인가? (히 10)	장차 오는 좋은 일의 그림자요 참 형상이 아니다
2023	"돈을 사랑함이 일만 악의 뿌리가 된다"의 출처는?	딤전 6
2024	"돈을 사랑치 말라"의 출처는?	히 13
2025	누가복음에서 '구원의 뿔'을 언급하는 찬양은?	사가랴의 찬양

2026	누가복음에서 "종을 평안히 놓아 주시는도다"는 누구의 찬양인가?	시므온
2027	예수께서 우신다고 표현된 곳은?	눅 19; 요 11:35
2028	"주께서 여기 계셨더면 내 오라비가 죽지 아니하였겠나이다"라고 말한 사람은?	마르다, 마리아
2029	바울이 겐그레아에서 머리 깎은 것은 몇 차 선교 여행인가?	2차(행 18)
2030	부활 후 예수께서 "너희에게 평강이 있을지어다"라고 말한 책은?	눅 24; 요 20
2031	야고보와 요한에게 '보아너게'라는 이름을 준 책은?	막 3
2032	'에바브로디도'가 나오는 서신은?	빌립보서(빌 2, 4)
2033	"내가 보매 보좌에 앉으신 이의 오른손에 책이 있으니 안팎으로 썼고 ( )으로 봉하였더라"의 출처는?	일곱 인(계 5:1)
2034	"또 자기 지위를 지키지 아니하고 자기 처소를 떠난 천사들을 큰 날의 심판까지 영원한 결박으로 ( )에 가두셨으며"의 출처는?	흑암(유 1:6)
2035	"하나님은 한 분이시요 또 하나님과 사람 사이에 중보도 한 분이시니"의 출처는?	딤전 2:5
2036	"누구든지 제 목숨을 구원코자 하면 잃을 것이요 누구든지 나와 ( )을 위하여 제 목숨을 잃으면 구원하리라"	복음(막 8:35)
2037	사도행전에서 최초로 '그리스도인'이라는 말이 나오는 지방은?	수리아 안디옥
2038	'변화산 사건'을 후일에 기록으로 남긴 사람은?	베드로(벧후 1)
2039	4복음서에서 세례 요한 제자들이 "오실 그이가 당신이오니이까"라고 질문한 곳은?	마 11-0-눅 7
2040	예수를 믿는 자들에게 영생이 있음을 알게 할 목적으로 쓴 책은?	요일 5:13
2041	헤롯 성전을 건축하는 데 몇 년이 걸렸나?	46년(요 2)
2042	헤롯의 청지기 구사의 아내는?	요안나
2043	우리는 허물과 죄로 죽었던 존재임을 나타내는 책은?	엡 2
2044	알렉산더와 루포의 아버지는?	구레네 시몬(막 15)
2045	마귀가 시험 후 "얼마 동안 떠나니라"라고 표현된 곳은?	눅
2046	바울이 아데마나 두기고를 디도에게 보내면서 어디로 오라고 했는가?	니고볼리(딛 3:12)
2047	베드로전서를 기록한 장소는?	로마
2048	데마는 세상을 사랑하여 바울을 버렸다는 내용이 나오는 책은?	딤후 4:10
2049	"감사하나이다"란 말이 나오는 복음서는?	마 11-0-눅 10-요 11
2050	"종들아 무슨 일을 하든지 마음을 다하여 ( )께 하듯 하고 사람에게 하듯 하지 말라"의 출처는?	주(골 3:23)

2051	"두려워하고 떨며 성실한 마음으로 육체의 상전에게 순종하기를 ( )께 하듯 하며"의 출처는?	그리스도(엡 6:5)
2052	"그리스도 예수 안에 있는 믿음으로 말미암아 ( )가 있게 한다"고 말하는 책은?	구원에 이르는 지혜, 딤후 3:14
2053	계시록에서 첫째 부활을 나타내는 장은?	계 20
2054	"그런즉 형제들아 우상 숭배하는 일을 피하라"의 출처는?	고전 10:14
2055	"성 안에 성전을 내가 보지 못하였으니 이 성전은 ( ) ( ) ( )이라"의 출처는?	주 하나님, 전능하신 이, 어린 양(계 21:22)
2056	성령을 '진리의 영'이라고 말한 것은 요한복음 몇 장인가?	요 14
2057	고린도전서에서 그리스도의 율법을 강조한 곳은?	고전 9:21
2058	바울의 다메섹 회심 기록 가운데 하나님이 바울을 사환과 증인으로 삼으려 했다고 기록하고 있는 사도행전 장은?	행 26
2059	바울의 다메섹 회심 기록 가운데 '스데반의 피'에 관하여 언급하는 곳은?	행 22
2060	서신서에서 '적그리스도'에 대하여 언급하는 책과 장은?	요일 2, 4, 요이 1
2061	서신서에서 '적그리스도의 영'이란 표현이 나오는 곳은?	요일 4
2062	갈라디아서 1:10-2:21은 바울의 무엇을 설명하는가?	사도권
2063	사도행전에는 '아나니아'가 3 명 나온다. 출처는?	행 5, 9, 23
2064	사도행전에서 바울이 직접 예수님의 음성을 들은 장은?	행 9, 18, 23
2065	"그러므로 율법의 행위로 그의 앞에 의롭다 하심을 얻을 육체가 없나니 율법으로는 죄를 깨달음이니라"의 출처는?	롬 3:20
2066	"한 사람의 순종치 아니함으로 많은 사람이 죄인 된 것같이 한 사람의 순종하심으로 많은 사람이 의인이 되리라"의 출처는?	롬 5:19
2067	"양의 큰 목자이신 우리 주 예수를 영원한 언약의 피로 죽은 자 가운데서 이끌어 내신 평강의 하나님이"의 출처는?	히 13:20
2068	"내가 전에는 훼방자요 핍박자요 포행자이었으나 도리어 긍휼을 입은 것은 내가 믿지 아니할 때에 알지 못하고 행하였음이라"의 출처는?	딤전 1:13
2069	"내가 이제 너희를 위하여 받는 괴로움을 기뻐하고 그리스도의 남은 고난을 그의 몸된 교회를 위하여 내 육체에 채우노라"의 출처는?	골 1:24
2070	"주 안에서 항상 기뻐하라 내가 다시 말하노니 기뻐하라"의 출처는?	빌 4:4
2071	"네 아버지와 어머니를 공경하라 이것이 약속 있는 첫 계명이니 이는 네가 잘 되고 땅에서 장수하리라"의 출처는?	엡 6:2-3
2072	"때가 차매 하나님이 그 아들을 보내사 여자에게서 나게 하시고 율법 아래 나게 하신 것은 율법 아래 있는 자들을 속량하시고 우리로 아들의 명분을 얻게 하려 하심이라"의 출처는?	갈 4:4-5
2073	'순전하고 신령한 젖을 사모하라'의 출처는?	벧전 2:2
2074	"너희는 누룩 없는 자인데 새 덩어리가 되기 위하여 묵은 누룩을 내어버리라 우리의 유월절 양 곧 그리스도께서 희생이 되셨느니라"의 출처는?	고전 5:7
2075	"네가 어찌하여 네 형제를 판단하느뇨 어찌하여 네 형제를 업신여기느뇨 우리가 다 하나님의 심판대 앞에 서리라"의 출처는?	롬 14:10

신·구약
문제 부록

"여호와여 주의 장막에 유할 자 누구오
며 주의 성산에 거할 자 누구오니이까"
(시 15:1)

■ 서신서 문제 잡기

1	8덕(믿음, 덕, 지식, 절제, 인내, 경건, 형제 우애, 사랑)	벧후 1:5-7
2	모든 성경은 하나님의 감동으로 된 것으로	딤후 3:16
3	지식은 교만, 사랑은 덕(우상 제물)	고전 8:1
4	크도다 경건의 비밀이여	딤전 3:16
5	위엣것을 생각하고 땅엣것을 생각하지 말라	골 3:2
6	모든 것을 적당하게 질서대로 하라(예언, 방언)	고전 14:40
7	선한 일에 열심하는 친백성이 되게 하려 하심	딛 2:14
8	경건의 모양은 있으나 경건의 능력은 부인	딤후 3:5
9	아킵보 - 주 안에서 받은 직분을 삼가 이루라	골 4:17
10	아내는 연약한 그릇, 생명의 은혜를 유업으로 함께 받을 자	벧전 3:7
11	경건에 이르기를 연습하라	딤전 4:7
12	내가 이 복음을 위하여 반포자, 사도, 교사로 세우심을 입었노라	딤후 1:11
13	누구든지 일하기 싫어하거든 먹지도 말게 하라	살후 3:10
14	그는 변함도 없으시고 회전하는 그림자도 없으시니라	약 1:17
15	율법은 장차 오는 좋은 일의 그림자	히 10:1
16	저희가 섬기는 것은 하늘에 있는 것의 모형과 그림자	히 8:5
17	처녀에 대하여	고전 7:25
18	자주 나는 병을 인하여 포도주를 조금씩 쓰라	딤전 5:23
19	너희는 하나님을 본받는 자 되고	엡 5:1
20	위로부터 난 지혜는 성결, 화평, 관용, 양순, 긍휼, 선한 열매 가득	약 3:17
21	가인의 길, 발람의 어그러진 길, 고라의 패역	유 1:11
22	장래 노하심에서 우리를 건지시는 예수	살전 1:10
23	세상 초등 학문	갈 4, 골 2
24	그레데인들(거짓말장이, 악한 짐승, 배만 위하는 게으름장이)	딛 1:12
25	어떤 이는 투기와 분쟁, 어떤 이는 착한 뜻으로	빌 1:15
26	너는 말씀을 전파하라 때를 얻든지 못 얻든지 항상 힘쓰라	딤후 4:2
27	정결하고 더러움이 없는 경건은 고아와 과부를 환난 중에 돌아보는 것	약 1:27

28	모든 것을 잃어버리고 배설물로 여김	빌 3:8
29	금, 은, 나무, 질그릇 - 귀히 쓰는 그릇	딤후 2:20-21
30	화목하게 하는 직책	고후 5:18
31	믿음의 주요 또 온전케 하시는 이인 예수를 바라보자	히 12:2
32	어지러움의 하나님 아니요, 화평의 하나님	고전 14:33
33	사도, 선지자, 복음 전하는 자, 목사, 교사	엡 4:11
34	우리를 흑암의 권세에서 건져 내사 사랑의 아들의 나라로 옮기셨으니	골 1:13
35	죄의 삯은 사망	롬 6:23
36	내가 전에는 훼방자요, 핍박자요, 포행자이었다	딤전 1:13
37	밤과 낮으로 일하면서 하나님의 복음을 전파	살전 2:9
38	음행하는 자들을 사귀지 말라	고전 5:9
39	음행을 피하라	고전 6:18
40	주께는 하루가 천 년 같고 천 년이 하루 같은 이 한 가지를 잊지 말라	벧후 3:8
41	두렵고 떨림으로 너희 구원을 이루라	빌 2:12
42	너희가 마게도냐와 아가야 모든 믿는 자의 본이 되었는지라	살전 1:7
43	아담은 오실 자의 표상	롬 5:14
44	이단에 속한 사람을 한두 번 훈계한 후에 멀리하라	딛 3:10
45	너희는 선을 행하다가 낙심치 말라	살후 3:13
46	첫 사람 아담(산 영), 마지막 아담(살려 주는 영) - 부활장	고전 15:45
47	장로는 택하심을 입은 부녀와 그의 자녀에게 편지하노니	요이 1:1
48	마음의 법과 죄의 법	롬 7:23
49	믿음과 진리 안에서 내가 이방인의 스승이 되었노라	딤전 2:7
50	빛의 열매는 착함, 의로움, 진실함	엡 5:9
51	굳세게 서서 다시는 종의 멍에를 메지 말라	갈 5:1
52	탐심은 우상 숭배니라	골 3:5
53	세상의 초등 학문 - 붙잡지도, 맛보지도, 만지지도 말라	골 2:20-21

54	사랑은 율법의 완성	롬 13:10
55	그리스도는 율법의 마침	롬 10:4
56	신약에서 가장 짧은 책	요이
57	너희 담대함을 버리지 말라 이것이 큰 상을 얻느니라	히 10:35
58	겐그레아 교회 일군 뵈뵈	롬 16:1
59	어떠한 형편에든지 자족하기를 배웠노니	빌 4:11
60	하나님이 우리에게 주신 것은 - 오직 능력과 사랑과 근신하는 마음	딤후 1:7
61	너희 속에 착한 일을 시작하신 이가 그리스도 예수의 날까지	빌 1:6
62	예수의 피를 힘입어 성소에 들어갈 담력을 얻었나니	히 10:19
63	피흘림이 없은즉 사함이 없느니라	히 9:22
64	바알 앞에 무릎 꿇지 않은 7,000명	롬 11:4
65	구원의 투구와 성령의 검 곧 하나님의 말씀을 가지라	엡 6:17
66	하나님의 뜻은 이것이니 너희의 거룩함이라	살전 4:3
67	사도의 표 된 것(참음, 표적, 기사, 능력)	고후 12:12
68	맡은 자에게 구할 것은 충성	고전 4:2
69	깊도다 하나님의 지혜와 지식의 부요함	롬 11:33
70	열심으로 서로 사랑할지니 사랑은 허다한 죄를 덮느니라	벧전 4:8
71	몸, 성령, 주, 믿음, 세례, 하나님도 하나	엡 4:4-6
72	그 은혜를 인하여 믿음으로 구원 - 하나님의 선물	엡 2:8
73	거룩한 입맞춤	고전, 고후, 살전, 롬
74	사랑의 입맞춤	벧전
75	적게 심는 자는 적게 거두고 많이 심는 자는 많이 거둠	고후 9:6
76	증거하는 이가 셋이니 성령과 물과 피라	요일 5:8
77	맹세는 저희 모든 다투는 일에 최후 확정이니라	히 6:16
78	거룩한 산 제사	롬 12:1
79	누구든지 네 연소함을 업신여기지 못하게 하라(디모데에게…)	딤전 4:12
80	너희에게 쓰는 것은 하나님 앞에서 거짓말이 아니다	갈 1:20

81	사람의 성내는 것이 하나님의 의를 이루지 못함	약 1:20
82	우리의 시민권은 하늘에 있는지라	빌 3:20
83	하나님의 심판대	롬 14:10
84	그리스도의 심판대	고후 5:10
85	그는 우리의 화평이신지라 - 중간에 막힌 담을 허시고	엡 2:14
86	세월을 아끼라 때가 악하니라	엡 5:16
87	그리스도의 향기	고후 2:15
88	죄인 중에 내가 괴수니라	딤전 1:15
89	아담의 칠세손 에녹	유 1:14
90	믿음의 결국 곧 영혼의 구원을 받음이라	벧전 1:9
91	39대 매 5번(신 25), 3번 태장, 1번 돌 맞음, 3번 파선	고후 11:24-25
92	영으로 옥에 있는 영들에게 전파하시니라	벧전 3:19
93	마귀를 대적하라 그리하면 너희를 피하리라	약 4:7
94	사람이 선을 행할 줄 알고도 행치 아니하면 죄니라	약 4:17
95	주의 날이 밤의 도적같이, 해산 고통같이 이름	살전 5:2-3
96	어리석도다 갈라디아 사람들아	갈 3:1
97	사람이 시험받을 때에 내가 하나님께 시험을 받는다 하지 말라	약 1:13
98	그리스도의 편지	고후 3:3
99	행함이 없는 믿음은 그 자체가 죽은 것이라	약 2:17
100	중생의 씻음과 성령의 새롭게 하심	딛 3:5
101	돈을 사랑함이 일만 악의 뿌리	딤전 6:10
102	한 번 죽는 것은 사람에게 정한 것이요 그 후에는 심판이 있으리니	히 9:27
103	믿는 도리의 사도시며 대제사장이신 예수를 깊이 생각하라	히 3:1
104	바울, 아볼로, 게바, 그리스도	고전 1:12
105	돈을 사랑치 말고 있는 바를 족한 줄 알라	히 13:5
106	태로부터 나를 택정, 은혜로 나를 부르신 이	갈 1:15
107	우리 하나님은 소멸하는 불이심이니라	히 12:29

108	항상 기뻐하라 쉬지 말고 기도하라 범사에 감사하라	살전 5:16-18
109	예수 죽인 것을 몸에 짊어짐	고후 4:10
110	모이기를 폐하는 어떤 사람들의 습관과 같이 하지 말고	히 10:25
111	환난, 인내, 연단, 소망	롬 5:3-4
112	배도하는 일, 불법의 사람, 멸망의 아들	살후 2:3
113	얀네와 얌브레가 모세를 대적	딤후 3:8
114	너희는 내게 배우고 받고 듣고 본 바를 행하라	빌 4:9
115	경의 모든 예언은 사사로이 풀 것이 아니니	벧후 1:20
116	우리가 말과 혀로만 사랑하지 말고 오직 행함과 진실함으로 하자	요일 3:18
117	하나님의 동역자, 하나님의 밭, 하나님의 집	고전 3:9
118	고난당하는 자는 기도, 즐거워하는 자는 찬송	약 5:13
119	평안의 복음의 예비한 것으로 신을 신고	엡 6:15
120	집마다 지은 이가 있으니 만물을 지으신 이는 하나님	히 3:4
121	방언은 자기의 덕, 예언은 교회의 덕	고전 14
122	장로는 사랑하는 가이오에게 편지	요삼 1:4
123	욕심이 잉태한즉 죄를 낳고 죄가 장성한즉 사망을 낳느니라	약 1:15
124	그리스도 안에 있으면 새로운 피조물	고후 5:17
125	하나님의 능하신 손 아래서 겸손하라 때가 되면 높이시리라	벧전 5:6
126	집사의 직분을 잘 한 자는 아름다운 지위와 믿음에 큰 담력을 얻음	딤전 3:13
127	넓이, 길이, 높이, 깊이가 어떠함을 깨달아	엡 3:19
128	징계가 없으면 사생자요 참아들이 아니니라	히 12:8
129	하나님의 씨	요일 3:9
130	경건하게 살고자 하는 자는 핍박을 받으리라	딤후 3:12
131	개, 행악하는 자, 손할례당을 삼가라	빌 3:2
132	이방을 위하여 갇힌 자 된 나 바울은	엡 3:1
133	사랑을 받는 의원 누가	골 4:14
134	세상을 이긴 이김은 이것이니 우리의 믿음이니라	요일 5:4
135	만물 안에서 만물을 충만케 하시는 자의 충만	엡 1:23

■ 시편 문제 잡기

1	시편 1편에서 1절에서 6절까지 첫 글자를 쓰시오.	복, 오, 저, 악, 그, 대
2	시편 23편에서 1절에서 6절까지 첫 글자를 쓰시오.	여, 그, 내, 내, 주, 나
3	시편 100편에서 1절에서 5절까지 첫 글자를 쓰시오.	온, 기, 여, 감, 대
4	시편에서 '창조시'를 쓰시오.	시 8, 19, 104, 147편(팔로 일군 백사장에서 식사칠)
5	성전으로 올라가는 노래 시편은?	시 120 - 134
6	"온유한 자가 땅을 차지한다"는 내용이 있는 시편은?	시 37:11
7	이스라엘의 역사를 기록한 시편은?	시 78, 105, 106, 114 (칠판에 105, 106이라 쓴 114)
8	예수께서 비유로 말씀하실 것을 예고한 시편은?	시 78(칠판의 비유)

※ 다음의 출처를 쓰시오.

9	하나님이여 **침묵치** 마소서 하나님이여 **잠잠치** 말고 **고요치** 마소서	시 83:1(팔세! 팔세! 침묵치 말고 팔세!)
10	이스라엘의 하나님을 영원부터 영원까지 찬송할지로다 **아멘 아멘**	시 41:13 (1권 마지막 - 아멘 아멘)
11	시편의 각 권의 첫 장은?	시 1, 42, 73, 90, 107(12307)
12	**어찌하여 열방이** 분노하며 민족들이 허사를 경영하는고	시 2:1
13	여호와여 **큰 물이** 소리를 높였고 **큰 물이** 그 소리를 높였고 큰 물이 그 물결을 높이나이다 높이 계신 여호와의 능력은 **많은 물 소리**와 바다의 큰 파도보다 위대하시니이다	시 93:3-4(많은 물 소리 =구세주의 물 소리)
14	주의 궁정에서 한 날이 다른 곳에서 천 날보다 나은즉 악인의 장막에 거함보다 내 **하나님 문지기**로 있는 것이 좋사오니	시 84:10 (문지기가 84배나 좋아)
15	하나님이여 사슴이 시냇물을 찾기에 갈급함같이 내 영혼이 주를 찾기에 갈급하니이다	시 42:1 (사슴과 시냇물 사이)
16	여호와께서 내 주에게 말씀하시기를 내가 네 원수로 네 **발등상** 되게 하기까지 너는 내 우편에 앉으라 하셨도다	시 110:1(발등상)
17	주의 권능의 날에 주의 백성이 거룩한 옷을 입고 즐거이 헌신하니 **새벽 이슬 같은 주의 청년**들이 주께 나오는도다	시 110:3 (새벽이슬 같은 주의 청년)
18	내가 영을 전하노라 여호와께서 내게 이르시되 **너는 내 아들이라** 오늘 날 내가 너를 낳았도다	시 2:7(아들 이치)
19	'**멜기세덱의 반차**'를 언급한 시편은?	시 110
20	여호와여 **보수하시는 하나님**이여 보수하시는 하나님이여 빛을 비춰소서	시 94:1(구네 서점을 보수하시는 하나님)
21	주께서 나의 앉고 일어섬을 아시며 멀리서도 나의 생각을 통촉하시오며	시 139:2(다윗의 조직 신학)
22	여호와여 주는 **나의 방패**시요, **나의 영광**이시요, **나의 머리를 드시는 자**니이다	시 3:3

23	**천만인이 나를 둘러 치려** 하여도 나는 두려워 아니하리이다	시 3:6(압살롬 시편)
24	시가서에서 **'지혜의 근본'**에 대해 언급한 곳은?	잠1:7, 잠9:10, 욥28:28, 시111:10
25	그러므로 내 심령이 속에서 상하며 내 마음이 속에서 참담하니이다	시 143:4
26	주를 향하여 손을 펴고 내 영혼이 **마른 땅같이 주를 사모**하나이다(셀라)	시 143:6
27	**압살롬**을 피할 때 지은 시편은?	시 3
28	**가난한 자**를 진토에서 일으키시며 **궁핍한 자**를 거름 무더기에서 드셔서	시 113:7 (가난한 자, 궁핍한 자)
29	주께서 **내 마음에 두신 기쁨**은 저희의 곡식과 새 포도주의 풍성할 때보다 더하니이다	시 4:7
30	내가 **평안히 눕고 자기도 하리니** 나를 안전히 거하게 하시는 이는 오직 여호와시니이다	시 4:8(저녁 찬송)
31	가난한 자와 고아를 위하여 판단하며 곤란한 자와 빈궁한 자에게 공의를 베풀지며	시 82:3
32	**내 속에 생각이 많을 때**에 주의 위안이 내 영혼을 즐겁게 하시나이다	시 94:19 (94가지 생각)
33	우리가 종일 주를 위하여 죽임을 당케 되며 **도살할 양**같이 여김을 받았나이다	시 44:22 (도살할 양 - 죽을 사)
34	또 잉태하지 못하던 여자로 집에 거하게 하사 자녀의 **즐거운 어미**가 되게 하시는도다 할렐루야	시 113:9(즐거운 어미)
35	여호와여 주는 의인에게 복을 주시고 **방패**로 함같이 **은혜**로 저를 호위하시리이다	시 5:12(방패로, 은혜로)
36	내가 **주의 신을 떠나** 어디로 가며 주의 앞에서 어디로 피하리이까	시 139:7
37	여호와라 이름하신 주만 **온 세계의 지존자**로 알게 하소서	시 83:18
38	아침에 나로 주의 인자한 말씀을 듣게 하소서 내가 주를 의뢰함이니이다 **나의 다닐 길을 알게 하소서** 내가 내 영혼을 주께 받듦이니이다	시 143:8
39	**사망** 중에서는 주를 기억함이 없사오니 **음부**에서 주께 감사할 자 누구리이까	시 6:5(~누구유?)
40	내가 주께 감사하옴은 나를 지으심이 **신묘막측**하심이라 주의 행사가 기이함을 내 영혼이 잘 아나이다	시 139:14(신묘막측)
41	**'사랑의 노래'**이며 **'왕의 결혼'**에 관한 시편은?	시 45(사랑의 오래)
42	고라와 관련된 시편을 쓰시오.	시 42, 44-49, 84-85, 87-88
43	**죽은 자가** 여호와를 찬양하지 못하나니 적막한 데 내려가는 아무도 못하리로다	시 115:17(죽은 자)
44	하나님은 우리의 **피난처**시요 **힘**이시니 환난 중에 만날 큰 **도움**이시라	시 46:1

45	나는 너를 애굽 땅에서 인도하여 낸 여호와 네 하나님이니 **네 입을 넓게 열라** 내가 채우리라	시 81:10(악어 입은 81cm)
46	**회개**에 대한 시편은?	시 6, 32, 38, 51, 102, 130, 143
47	**무신론** 시편은?	시 10, 14, 53
48	**창조** 시편은?	시 8, 19, 104, 147
49	주의 인자하심으로 나의 원수들을 끊으시고 내 영혼을 괴롭게 하는 자를 다 멸하소서 **나는 주의 종이니이다**	시 143:12
50	**긍휼과 진리**가 같이 만나고 **의와 화평**이 서로 입맞추었으며 진리는 땅에서 솟아나고 의는 하늘에서 하감하였도다	시 85:10-11
51	너희 만민들아 **손바닥을 치고** 즐거운 소리로 하나님께 외칠지어다	시 47:1 (사치기! 사치기! 손바닥 치고)
52	**공의**로 세계를 심판하심이여 **정직**으로 만민에게 판단을 행하시리로다	시 9:8
53	**'성도의 죽음'**에 대한 시편은?	시 116
54	하나님이여 내가 주께 새 노래로 노래하며 **열 줄 비파**로 주를 찬양하리이다	시 144:9 (비파의 줄 수 - 10줄)
55	주는 선하사 **사유하기**를 즐기시며 주께 부르짖는 자에게 인자함이 후하심이니이다	시 86:5(사유)
56	여호와께 노래하여 그 이름을 송축하며 **그 구원을 날마다 선파**할지어다	시 96:2
57	**궁핍한 자**가 항상 잊어버림을 보지 아니함이여 **가난한 자**가 영영히 실망치 아니하리로다	시 9:18(궁핍한 자)
58	이러한 백성은 복이 있나니 여호와를 자기 하나님으로 삼는 백성은 복이 있도다	시 144:15
59	**찬양하라** 하나님을 **찬양하라 찬양하라** 우리 왕을 **찬양하라** 하나님은 온 땅에 왕이심이라 지혜의 시로 찬양할지어다	시 47:6-7(사치기! 사치기! 찬양하라 지혜의 시로)
60	**대표적 탄식시**는?	시 13
61	여호와여 저희로 두렵게 하시며 열방으로 자기는 **인생뿐인** 줄 알게 하소서	시 9:20
62	**'성전 사모가'** 시편은?	시 84
63	만군의 여호와여 **주의 장막이 어찌 그리 사랑스러운지요** 내 영혼이 여호와의 궁정을 사모하여 쇠약함이여 내 마음과 육체가 생존하시는 하나님께 부르짖나이다	시 84:1-2
64	여호와께서 그 성전에 계시니 여호와의 보좌는 하늘에 있음이여 그 눈이 인생을 통촉하시고 그 **안목**이 저희를 감찰하시도다	시 11:4(눈 1:1 안목)
65	하나님이여 주의 이름과 같이 찬송도 땅 끝까지 미쳤으며 주의 오른손에는 정의가 충만하였나이다	시 48:10
66	역사 시편 중에서 **'요셉의 옥중시'**로 분류되는 시편은?	시 105

67	**압살롬**을 피할 때 지은 시편은?	시 3
68	너희는 시온을 **편답하고** 그것을 순행하며 그 망대들을 **계수하라**	시 48:12(사방팔방 - 편답하고 계수하라)
69	감사하라 그 인자하심이 영원함이로다 (26번 반복)	시 136
70	만방의 모든 신은 **헛것**이요 여호와께서는 하늘을 지으셨음이로다	시 96:5(헛것 = 헛구역질)
71	여호와의 말씀에 가련한 자의 눌림과 궁핍한 자의 탄식을 인하여 내가 이제 일어나 저를 그 원하는 **안전지대**에 두리라	시 12:5(12달 - 안전지대)
72	우리가 **바벨론**의 여러 강변 거기 앉아서 시온을 기억하며 울었도다	시 137:1(바벨론 언급)
73	만군의 하나님이여 우리를 돌이키시고 **주의 얼굴빛**을 비취사 우리로 구원을 얻게 하소서	시 80:7
74	여호와여 예루살렘이 해 받던 날을 기억하시고 **에돔 자손을 치소서**	시 137:7(에돔 심판)
75	여호와의 말씀은 순결함이여 **흙 도가니에 일곱 번 단련한** 은 같도다	시 12:6 (12살 때 일곱 번 단련)
76	**'대우주적 합창시'**에 속하는 시편은?	시 148
77	사람은 존귀하나 장구치 못함이여 **멸망하는 짐승** 같도다	시 49:12 (멸망하는 짐승이 사구 쳤다)
78	존귀에 처하나 깨닫지 못하는 사람은 **멸망하는 짐승** 같도다	시 49:20 (멸망하는 짐승이 사구 쳤다)
79	**비루함이 인생 중에 높아지는 때**에 악인이 처처에 횡행하는도다	시 12:8(비루함이 인생 중 높아질 때 12월 8일)
80	시편 중에서 가장 짧은 시편은?	시 117:2
81	시편 중에서 가장 긴 시편은?	시 119:176
82	**'새벽이슬 같은 주의 청년들'**을 언급한 시편은?	시 110:3
83	전능하신 자 하나님 여호와께서 말씀하사 **해 돋는 데서부터 지는 데까지** 세상을 부르셨도다	시 50:1 (세상을 부르셨도다)
84	**해 돋는 데서부터 해 지는 데까지** 여호와의 이름이 찬양을 받으시리로다	시 113:3(여호와의 이름이 찬양을 받으시리로다)
85	여호와 내 하나님이여 나를 생각하사 응답하시고 나의 눈을 밝히소서 두렵건대 내가 **사망의 잠**을 잘까 하오며	시 13:3 (사망의 잠–13일의 금요일)
86	부활 시편은?	시 16, 시 49
87	부활 사상이 나오는 곳은?	시 16, 시 49; 사 26; 단 12; 호 13
88	여호와여 **구하옵나니** 이제 **구원하소서** 여호와여 우리가 **구하옵나니** 이제 형통케 하소서	시 118:25 (구원-구하옵나니-형통케)

89	아름답고 거룩한 것으로 여호와께 경배할지어다 **온 땅이여 그 앞에서 떨지어다**	시 96:9
90	환난날에 나를 **부르라** 내가 너를 **건지리니** 네가 나를 **영화롭게** 하리로다	시 50:15(부르라-건지리니 -영화롭게 5015)
91	시편 중에서 제2권 마지막 절에 나오는 인물은?	이새의 아들 다윗(시 72)
92	**땅에 있는 성도**는 존귀한 자니 나의 모든 즐거움이 저희에게 있도다	시 16:3 (땅에 있는 성도-16억)
93	여호와께서 자기를 위하여 야곱 곧 이스라엘을 자기의 **특별한 소유**로 택하셨음이로다	시 135:4 (특별한 소유-135만 원)
94	여호와께서 통치하시나니 땅은 즐거워하며 **허다한 섬은 기뻐할지어다**	시 97:1
95	내가 여호와를 항상 내 앞에 **모심이여** 그가 내 우편에 계시므로 내가 요동치 아니하리로다	시 16:8(항상 모시유)
96	주께서 생명의 길로 내게 보이시리니 주의 앞에는 기쁨이 충만하고 주의 우편에는 **영원한 즐거움**이 있나이다	시 16:11 (영원한 즐거움 있시유)
97	**형제가 연합**하여 동거함이 어찌 그리 선하고 아름다운고	시 133:1(꼭 암기)
98	**감사로 제사**를 드리는 자가 나를 영화롭게 하나니 그 행위를 옳게 하는 자에게 내가 하나님의 구원을 보이리라	시 50:23(감사로 제사)
99	나를 **눈동자같이** 지키시고 주의 날개 그늘 아래 감추사	시 17:8(한 치 오차 없이-눈동자같이)
100	**의인**을 위하여 **빛**을 뿌리고 마음이 **정직한 자**를 위하여 **기쁨**을 뿌렸도다	시 97:11 (의인-빛, 정직한 자-기쁨)
101	나는 의로운 중에 주의 얼굴을 보리니 **깰 때에 주의 형상으로 만족하리이다**	시 17:15(일찍 깰 때에)
102	**밧세바**와 동침한 후 지은 시편은?	시 51
103	하나님이여 주의 인자를 좇아 나를 긍휼히 여기시며 주의 많은 자비를 좇아 **내 죄과를 도말하소서**	시 51:1 (죄과-밧세바 동침-도말)
104	나의 힘이 되신 여호와여 내가 주를 사랑하나이다 여호와는 나의 **반석**이시요 나의 요새시요 나를 **건지시는 자**시요 나의 **하나님**이시요 나의 **피할 바위**시요 나의 **방패**시요 나의 **구원의 뿔**이시요 나의 **산성**이시로다	시 18:1-2 (반요건, 하나님, 피방구산)
105	내가 죄악 중에 출생하였음이여 모친이 **죄 중에 나를 잉태**하였나이다	시 51:5
106	**우슬초**로 나를 정결케 하소서 내가 정하리이다 나를 씻기소서 내가 눈보다 희리이다	시 51:7(우슬초)
107	하나님이여 내 속에 **정한 마음**을 창조하시고 내 안에 **정직한 영**을 새롭게 하소서	시 51:10 (정한 마음, 정직한 영)
108	자비한 자에게는 주의 **(자비하심)**을 나타내시며 완전한 자에게는 주의 **(완전하심)**을 보이시며 깨끗한 자에게는 주의 **(깨끗하심)**을 보이시며 사특한 자에게는 주의 **(거스리심)**을 보이시리니	시 18:25-26(괄호 넣기 주의)

109	**밤에 여호와의 집에 섰는 여호와의 모든 종들아** 여호와를 송축하라	시 134:1 (밤에 여호와의 집에 섰는 종)
110	**'도엑'**이 언급된 시편은?	시 52(오이밭에 도엑)
111	**여호와의 율법**은 (완전)하여 영혼을 소성케 하고 **여호와의 증거**는 (확실)하여 우둔한 자로 지혜롭게 하며	시 19:7(괄호 넣기 주의)
112	**여호와의 교훈**은 (정직)하여 마음을 기쁘게 하고 **여호와의 계명**은 (순결)하여 눈을 밝게 하도다	시 19:8(괄호 넣기 주의)
113	나의 반석이시요 나의 구속자이신 여호와여 내 입의 말과 마음의 묵상이 주의 앞에 열납되기를 원하나이다	시 19:14(식구 식사 기도)
114	**'엘로힘'** 시편은?	시 53(하나님 - 엘로힘)
115	**혹은 병거 혹은 말**을 의지하나 우리는 여호와 우리 하나님의 이름을 자랑하리로다	시 20:7 (이방인이 의지하는 것)
116	여호와께서 야곱의 모든 거처보다 **시온의 문들을** 사랑하시는도다	시 87:2
117	**내 하나님이여 내 하나님이여 어찌 나를 버리셨나이까** 어찌 나를 멀리하여 돕지 아니하옵시며 내 신음하는 소리를 듣지 아니하시나이까	시 22:1(마, 막 인용)
118	하나님이여 주의 이름으로 나를 구원하시고 주의 힘으로 나를 판단하소서	시 54:1(삼상 23장)
119	**이스라엘의 찬송 중에 거하시는 주여** 주는 거룩하시니이다	시 22:3
120	**개들이 나를 에워쌌으며** 악한 무리가 나를 둘러 **내 수족을** 찔렀나이다	시 22:16(메시야 수난 예고)
121	내 **겉옷**을 나누며 **속옷**을 제비뽑나이다	시 22:18(요 19 - 4조각)
122	그 제사장 중에는 **모세와 아론**이요 그 이름을 부르는 자 중에는 **사무엘**이라 저희가 여호와께 간구하매 응답하셨도다	시 99:6(시-모, 아, 사-99)
123	나의 말이 내가 **비둘기**같이 날개가 있으면 날아가서 편히 쉬리로다	시 55:6(비둘기)
124	**여호와의 산에 오를 자** 누구며 그 거룩한 곳에 설 자가 누군고 곧 손이 깨끗하며 마음이 청결하며 뜻을 허탄한 데 두지 아니하며 거짓 맹세치 아니하는 자로다	시 24:3-4
125	제목이 **'헤만의 마스길'**인 시편은?	시 88(꽐꽐한 헤만)
126	**문들아 너희 머리를 들지어다** 영원한 문들아 들릴지어다 영광의 왕이 들어가시리로다	시 24:7(문들아 - 이사 갈 때)
127	**청년이** 무엇으로 그 행실을 깨끗케 하리이까 **주의 말씀**을 따라 삼갈 것이니이다	시 119:9(청년 - 말씀)
128	**저녁과 아침과 정오에** 내가 근심하여 탄식하리니 여호와께서 내 소리를 들으시리로다	시 55:17(저녁, 아침, 정오)

129	나의 유리함을 주께서 계수하셨으니 나의 **눈물을 주의 병**에 담으소서 이것이 주의 책에 기록되지 아니하였나이까	시 56:8(눈물 병 - 56만 원)
130	여호와는 나의 빛이요 나의 구원이시니 **내가 누구를 두려워하리요** 여호와는 내 생명의 능력이시니 내가 누구를 무서워하리요	시 27:1(두려움 없는 27세)
131	주께서 저희를 눈물 **양식**으로 먹이시며 다량의 눈물을 마시게 하셨나이다	시 80:5 (눈물 양식 - 80만 원)
132	너는 여호와를 바랄지어다 **강하고 담대하며 여호와를 바랄지어다**	시 27:14(27세 때 - 강하고 담대하며 여호와를 바라라)
133	내가 여호와께 청하였던 한 가지 일 곧 그것을 구하리니 곧 나로 내 생전에 **여호와의 집**에 거하여 여호와의 아름다움을 앙망하며 그 전에서 사모하게 하실 것이라	시 27:4(여호와의 집)
134	내 **눈을 열어**서 주의 법의 기이한 것을 보게 하소서	시 119:18(눈을 열어)
135	다윗이 **굴에 있을 때** 지은 시편은?	시 57, 142
136	제목이 "**곤고한 자가 마음이 상하여** 그 근심을 여호와 앞에 토하는 기도"로 된 시편은?	시 102
137	제목이 '**성전 낙성가**'인 시편은?	시 30
138	**밭 가는 자**가 내 등에 갈아 그 고랑을 길게 지었도다	시 129:3
139	'**여호와의 소리**'에 대해 말하는 시편은?	시 29:3-9 (여호와의 소리이구나)
140	하나님이여 내 마음이 **확정**되었고 내 마음이 **확정**되었사오니 내가 노래하고 내가 찬송하리이다	시 57(옳지! 내 마음 확정)
141	내가 **새벽을 깨우리로다**	시 57, 108
142	그 **노염**은 **잠깐**이요 그 **은총**은 **평생**이로다 저녁에는 울음이 **기숙**할지라도 아침에는 기쁨이 오리로다	시 30:5 (기숙사의 노래 - 305호)
143	파숫군이 아침을 기다림보다 내 영혼이 주를 더 기다리나니 참으로 **파숫군의 아침을 기다림보다** 더하도다	시 130:6(파수꾼이 아침을 기다림보다 130배 더함)
144	내가 밤을 새우니 지붕 위에 **외로운 참새** 같으니이다	시 102:7(외로운 참새)
145	**가상 7언**의 내용이 있는 시편은?	시 22:1, 31:5
146	**허물의 사함**을 얻고 그 **죄의 가리움**을 받은 자는 복이 있도다	시 32:1
147	주는 **여상**하시고 주의 **년대**는 무궁하리이다	시 102:27(여상, 년대)
148	너희 의인들아 여호와를 즐거워하라 **찬송은 정직한 자의 마땅히 할 바로다**	시 33:1 (정직한 자의 삼삼한 찬송)
149	술사가 아무리 공교한 방술을 행할지라도 그 소리를 듣지 아니하는 **독사**로다	시 58:5 (독사 오빠 달팽이 먹고)
150	소멸하여 가는 **달팽이** 같게 하시며 만기 되지 못하여 출생한 자가 일광을 보지 못함 같게 하소서	시 58:8 (독사 오빠 달팽이 먹고)

151	할렐루야 새 노래로 여호와께 노래하며 성도의 회중에서 찬양할지어다	시 149:1
152	내 소유는 이것이니 곧 **주의 법도**를 지킨 것이니이다	시 119:56
153	내가 여호와를 **항상 송축함**이여 그를 송축함이 내 입에 계속하리로다	시 34:1 (아비멜렉 앞에서 미친 체하며)
154	내가 여호와께 구하매 내게 응답하시고 내 모든 두려움에서 나를 건지셨도다	시 34:4
155	너희는 여호와의 **선하심을 맛보아 알지어다** 그에게 피하는 자는 복이 있도다	시 34:8 (맛보아/알지어다 - 3 / 4)
156	**젊은 사자**는 궁핍하여 주릴지라도 여호와를 찾는 자는 모든 좋은 것에 부족함이 없으리로다	시 34:10(찾는 자 - 34명)
157	여호와는 **마음이 상한 자**에게 가까이 하시고 **중심에 통회하는 자**를 구원하시는도다	시 34:18 (상한 자, 통회하는 자 - 세네)
158	고난당하기 전에는 내가 그릇 행하였더니 이제는 주의 말씀을 지키나이다	시 119:67(고난당하기 전)
159	**"아비멜렉 앞에서 미친 체하다가 쫓겨나서 지은 시"**인 시편은?	시 34
160	주의 **멧비둘기**의 생명을 들짐승에게 주지 마시며 주의 가난한 자의 목숨을 영영히 잊지 마소서	시 74:19(멧비둘기 - 74年生)
161	**고난당한 것**이 내게 유익이라 이로 인하여 내가 주의 율례를 배우게 되었나이다	시 119:71 (고난당한 것-119 소방차)
162	때에 사람의 말이 진실로 의인에게 갚음이 있고 진실로 땅에서 판단하시는 하나님이 계시다 하리로다	시 58:11
163	나는 저희가 병 들었을 때에 굵은 베옷을 입으며 금식하여 내 영혼을 괴롭게 하였더니 **내 기도가 내 품으로 돌아왔도다**	시 35:13(더블 축복 - 세오)
164	**"하나님의 사람 모세의 기도"**라는 제목이 있는 시편은?	시 90
165	내가 **주의 증거**를 묵상하므로 나의 명철함이 나의 모든 **스승보다** 승하며 주의 법도를 지키므로 나의 명철함이 **노인보다** 승하니이다	시 119:99-100 (스승보다, 노인보다)
166	저희가 주의 집의 살진 것으로 풍족할 것이라 주께서 주의 **복락의 강수**로 마시우시리이다	시 36:8(복락의 강수)
167	대저 생명의 원천이 주께 있사오니 주의 **광명 중에 우리가 광명**을 보리이다	시 36:9(광명, 광명)
168	**호흡이 있는 자**마다 여호와를 찬양할지어다 할렐루야	시 150:6(시편의 마지막 절)
179	제목이 **"사울이 사람을 보내어 다윗을 죽이려고 그 집을 지킬 때"**로 된 시편은?	시 59(오구 있구나)
180	행악자를 인하여 **불평**하여 하지 말며 불의를 행하는 자를 투기하지 말지어다	시 37:1
181	**주의 말씀의 맛**이 내게 어찌 그리 단지요 내 입에 꿀보다 더하니이다	시 119:103 (꿀-119, 꿀, 송이꿀-19)

182	네 **의를 빛같이** 나타내시며 네 **공의를 정오의 빛같이** 하시리로다	시 37:6
183	**주의 말씀**은 내 발에 등이요 내 길에 빛이니이다	시 119:105
184	내 영혼아 여호와를 송축하라 내 속에 있는 것들아 다 그 성호를 송축하라	시 103:1
185	산상보훈의 팔복 중 **온유한 자의 복**이 나오는 시편은?	시 37:11
186	**주의 의로운 규례**를 인하여 내가 하루 일곱 번씩 주를 찬양하나이다	시 119:164
187	내 마음이 눌릴 때에 땅 끝에서부터 주께 부르짖으오리니 **나보다 높은 바위**에 나를 인도하소서	시 61:2(61배 높은 바위)
188	**욥기**와 비슷한 시편은?	시 38
189	주여 주는 대대에 우리의 거처가 되셨나이다 (모세의 시편)	시 90:1
190	**산이 생기기 전**, 땅과 세계도 주께서 조성하시기 전 곧 영원부터 영원까지 주는 하나님이시니이다	시 90:2
191	나의 영혼이 **잠잠히 하나님만 바람이여** 나의 구원이 그에게서 나는도다	시 62:1
192	주께서 나의 날을 **손 넓이만큼** 되게 하시매 나의 일생이 주의 앞에는 없는 것 같사오니 사람마다 그 든든히 선 때도 진실로 허사뿐이니이다	시 39:5(손 넓이 삼구)
193	**동이 서에서 먼 것같이** 우리 죄과를 우리에게서 멀리 옮기셨으며	시 103:12
194	주의 목전에는 **천년**이 지나간 어제 같으며 밤의 한 경점 같을 뿐임이니이다	시 90:4
195	여호와여 **나의 종말과 연한의 어떠함**을 알게 하사 나로 나의 연약함을 알게 하소서	시 39:4
196	**'참회시'**에 속하는 시편은?	시 6, 32, 38, 51, 102, 130, 143
197	백성들아 **시시로** 저를 의지하고 그 앞에 마음을 토하라 하나님은 우리의 피난처시로다(셀라)	시 62:8(시시로)
198	주는 나를 용서하사 내가 떠나 없어지기 전에 **나의 건강을 회복시키소서**	시 39:13(건강 회복 기원)
199	이는 저가 우리의 **체질**을 아시며 우리가 **진토**임을 기억하심이로다 인생은 그 날이 풀과 같으며 그 영화가 들의 꽃과 같도다	시 103:14-15 (체질, 진토, 풀, 꽃)
200	내가 여호와의 인자하심을 영원히 노래하며 주의 성실하심을 내 입으로 대대에 알게 하리이다	시 89:1
201	**'새 노래'**에 관해 언급한 시편은?	시 33, 40, 96, 98, 149
202	하나님이 한두 번 하신 말씀을 내가 들었나니 **권능**은 하나님께 속하였다 하셨도다	시 62:11(권능)

203	78편의 10재앙 중 빠진 재앙은?	3, 6, 9재앙(칠판에 10재앙)
204	'순례시'에 속하는 시편은?	시 48
205	제목이 '유다 광야에 있을 때에'라고 된 시편은?	시 63
206	내가 간절히 주를 찾되 물이 없어 마르고 곤핍한 땅에서 내 영혼이 주를 갈망하며 내 육체가 주를 앙모하나이다	시 63:1
207	주의 인자가 생명보다 나으므로 내 입술이 주를 찬양할 것이라	시 63:3(63빌딩 - 대한 생명)
208	바람으로 자기 사자를 삼으시며 화염으로 자기 사역자를 삼으시며	시 104:4(사자, 사역자 - 104)
209	여호와를 영원히 찬송할지어다 아멘 아멘 (제3권의 마지막)	시 89:52(아멘 아멘)
210	기도를 들으시는 주여 모든 육체가 주께 나아오리이다	시 65:2 (기도를 들으시는 주여)
211	우리의 연수가 칠십이요 강건하면 팔십이라도 그 연수의 자랑은 수고와 슬픔뿐이요 신속히 가니 우리가 날아가나이다	시 90:10(70, 80, - 90:10)
212	우리에게 우리 날 계수함을 가르치사 지혜의 마음을 얻게 하소서	시 90:12(우리의 날 계수)
213	하나님이여 우리가 주께 감사하고 감사함은 주의 이름이 가까움이라 사람들이 주의 기사를 전파하나이다	시 75:1 (주의 이름이 가까움이라)
214	지존자의 은밀한 곳에 거하는 자는 전능하신 자의 그늘 아래 거하리로다	시 91:1(은밀한 곳, 그늘)
215	예루살렘을 위하여 평안을 구하라 예루살렘을 사랑하는 자는 형통하리로다	시 122:6(평안, 형통)
216	'추수 감사'에 대한 시편은?	시 65
217	역사시 중에서 요셉이 옥에 갇혀 고생한 내용이 나오는 시편은?	시 105:17-19 (야곱 이야기 - 호 12)
218	그 영화로운 이름을 영원히 찬송할지어다 온 땅에 그 영광이 충만할지어다 아멘 아멘 이새의 아들 다윗의 기도가 필하다	시 72:19(이새의 아들 다윗의 기도가 필하다)
219	'역사시'에 속하는 시편은?	시 78, 105, 106, 114
220	온 땅이여 하나님께 즐거운 소리를 발할지어다 그 이름의 영광을 찬양하고 영화롭게 찬송할지어다	시 66:1-2
221	홍해, 므리바, 고라, 금송아지, 거역의 역사를 언급한 시편은?	시 106
222	신약성경에서 예수님이 마귀에게 시험받으실 때 마귀가 인용한 시편은?	시 91:11-12
223	'제사장적 축복 기도'에 대한 시편은?	시 67

224	솔로몬의 시편은?	시 72, 127
225	하나님이여 **주의 판단력**을 왕에게 주시고 주의 의를 왕의 아들에게 주소서	시 72:1(왕의 아들 = 솔로몬)
226	**아삽**의 시편은?	시 50, 73-83 (50 때 칠세 팔세)
227	그 거룩한 처소에 계신 하나님은 **고아의 아버지**시며 **과부의 재판장**이시라	시 68:5
228	제목이 '**성전에 올라가는 노래**'로 된 시편은?	시 120-134
229	하나님이 가라사대 저가 나를 **사랑한즉** 내가 저를 **건지리라** 저가 **내 이름을 안즉** 내가 저를 높이리라	시 91:14(사랑한 즉, 안즉- 구원의 말씀)
230	우리 혼이 새가 **사냥군의 올무**에서 벗어남같이 되었나니 올무가 끊어지므로 우리가 벗어났도다	시 124:7 (사냥꾼이 이리네 쳐!)
231	너희가 양 우리에 누울 때에는 그 날개를 은으로 입히고 그 깃을 황금으로 입힌 **비둘기** 같도다	시 68:13
232	**낮도 주의 것이요 밤도 주의 것이라** 주께서 빛과 해를 예비하셨으며 땅의 경계를 정하시며 여름과 겨울을 이루셨나이다	시 74:16-17
233	**바벨론** 시편은?	시 126, 137
234	날마다 **우리 짐을 지시는 주** 곧 우리의 구원이신 하나님을 찬송할지로다	시 68:19 (육신의 팔로 짐을 지심)
235	너희가 일찍이 일어나고 늦게 누우며 **수고의 떡**을 먹음이 헛되도다 그러므로 여호와께서 그 사랑하시는 자에게는 잠을 주시는도다	시 127:2
236	저희가 진에서 모세와 **여호와의 성도 아론**을 질투하매	시 106:16 (여호와의 성도 아론)
237	지존자여 십현금과 비파와 수금의 **정숙한 소리**로 여호와께 감사하며 주의 이름을 찬양하며 아침에 주의 인자하심을 나타내며 밤마다 주의 성실하심을 베풂이 좋으니이다	시 92:1-3
238	저가 **사모하는 영혼**을 만족케 하시며 **주린 영혼**에게 좋은 것으로 채워주심이로다	시 107:9 (주린 영혼 - 배치구)
239	저희가 **쓸개를 나의 식물**로 주며 갈할 때에 초로 마시웠사오니	시 69:21(막 15:36)
240	저가 그 **말씀**을 보내어 저희를 고치사 **위경**에서 건지시는도다	시 107:20(말씀, 위경)
241	저희가 평온함을 인하여 기뻐하는 중에 여호와께서 저희를 **소원의 항구**로 인도하시는도다	시 107:30(소원의 항구)
242	제목이 '안식일의 찬송시'라고 된 시편은?	시 92 (안식일에 구두를 신어라)
243	하나님이여 **속히 나를 건지소서** 여호와여 속히 **나를 도우소서**	시 70:1
244	**내가 산을 향하여 눈을 들리라** 나의 도움이 어디서 올꼬	시 121:1

245	하나님이여 내가 늙어 **백수가 될 때**에도 나를 버리지 마시며 내가 주의 힘을 후대에 전하고 주의 능을 장래 모든 사람에게 전하기까지 나를 버리지 마소서	시 71:18 (백수의 기도는 71세)
246	그 년수를 단촉케 하시며 그 **직분을 타인이 취하게 하시며**	시 109:8(배구하다가 직분을 타인 취함)
247	나는 사랑하나 저희는 도리어 나를 대적하니 나는 **기도**할 뿐이라	시 109:4(배구하다가)
248	"내 영혼아 네가 어찌하여 낙망하며 어찌하여 네 속에서 불안하여 하는고 너는 하나님을 바라라"의 출처는?	시 42:5, 42:1, 43:5
249	연결 시편은?	시 42편과 43편
250	여호와여 내 입 앞에 **파수꾼**을 세우시고 내 **입술의 문**을 지키소서	시 141:3(입 - 파수꾼)
251	하나님은 **의로우신 재판장**이심이여 매일 **분노하시는 하나님**이시로다	시 7:11(의로우신 재판장)
252	오라 우리가 여호와께 노래하며 우리 구원의 반석을 향하여 즐거이 부르자	시 95:1
253	**성도의 죽는 것**을 여호와께서 귀중히 보시는도다	시 116:15(성도의 죽는 것)
254	**여호와여 도우소서 경건한 자**가 끊어지며 **충실한 자**가 인생 중에 없어지도소이다	시 12:1(여호와여 12달 동안 도우소서)
255	왕이신 나의 하나님이여 내가 주를 높이고 영원히 주의 이름을 송축하리이다	시 145:1
256	여호와여 **주의 장막**에 유할 자 누구오며 **주의 성산**에 거할 자 누구오니이까	시 15:1(주의 장막, 주의 성산 - 교회 창립 15주년)
257	**하나님의 구하시는 제사**는 상한 심령이라 하나님이여 상하고 통회하는 마음을 주께서 멸시치 아니하시리이다	시 51:17 (하나님이 구하시는 제사)
258	하나님의 **도**는 (완전)하고 여호와의 **말씀**은 (정미)하니 저는 자기에게 피하는 모든 자의 (방패)로다	시 18:30(괄호 넣기 주의)
259	저가 이스라엘 집에 향하신 **인자와 성실**을 기억하셨으므로 땅의 모든 끝이 우리 하나님의 구원을 보았도다	시 98:3(인자, 성실)
260	**하늘**이 하나님의 영광을 선포하고 **궁창**이 그 손으로 하신 일을 나타내는도다	시 19:1 (창조시 - 8, 19, 104, 147)
261	**온유한 자**를 공의로 지도하심이여 **온유한 자**에게 그 도를 가르치시리로다	시 25:9(온유한 자이오)
262	내 눈이 이 땅의 **충성된 자**를 살펴 나와 함께 거하게 하리니 완전한 길에 행하는 자가 나를 수종하리로다	시 101:6(충성된 자 - 101명)
263	**네 짐을 여호와께 맡겨 버리라** 너를 붙드시고 의인의 요동함을 영영히 허락지 아니하시리로다	시 55:22(짐 - 55 kg)
264	여호와여 나를 **살피시고 시험하사** 내 뜻과 내 마음을 **단련하소서**	시 26:2(26세 때-살피시고, 시험하사, 단련하소서)
265	**여호와로 자기 하나님을 삼은 나라** 곧 하나님의 기업으로 빼신 바 된 백성은 복이 있도다	시 33:12 (자기 하나님을 삼은 나라)

266	**낮도 주의 것이요 밤도 주의 것**이라 주께서 빛과 해를 예비하셨으며 땅의 경계를 정하시며 여름과 겨울을 이루셨나이다	시 74:16-17
267	여호와를 의뢰하여 선을 행하라 땅에 거하여 **그의 성실로 식물**을 삼을 지어다	시 37:3 (그의 성실-삼촌의 성실)
268	여호와를 기뻐하라 저가 네 **마음의 소원**을 이루어 주시리로다	시 37:4
269	제목이 **"요압이 돌아와 에돔을 염곡에서 쳐서 일만 이천 인을 죽인 때에"**로 된 시편은?	시 60[육군(공)에 의해 죽임]
270	나를 **기가 막힐 웅덩이와 수렁**에서 끌어 올리시고 내 발을 반석 위에 두사 내 걸음을 견고케 하셨도다	시 40:2(기가 막힐 웅덩이, 수렁 - 40m)
271	**'가룻 유다'**가 배반할 것을 예고한 시편은?	시 41:9 (4·19 때 가룻 유다 배반)
272	내가 입을 열고 **비유**를 베풀어서 옛 비밀한 말을 발표하리니	시 78:2(칠판에 비유)
273	하나님은 우리를 긍휼히 여기사 복을 주시고 그 얼굴빛으로 우리에게 비취사	시 67:1(축복문)
274	**'가정 예찬시'**에 속하는 시편은?	시 128
275	**종의 눈**이 그 **상전의 손**을 **여종의 눈**이 그 **주모의 손**을 바람같이 우리 눈이 여호와 우리 하나님을 바라며 우리를 긍휼히 여기시기를 기다리나이다	시 123:2(눈, 손, 눈, 손, 눈)
276	**이스라엘을 지키시는 자**는 졸지도 아니하고 주무시지도 아니하시리로다	시 121:4

■ 잠언 문제 잡기

1	**"솔로몬의 잠언이라"**로 시작하는 장은?	잠 1, 10, 25
2	**'히스기야 신하'**가 기록한 잠언은?	잠 25-29(이오 이구나)
3	지혜를 **의인화**하고 있는 장은?	잠 3, 8
4	**'지혜의 선재설'**이 언급되는 장은?	잠 3, 8
5	"겸손은 존귀의 앞잡이니라"의 출처는?	잠 15:33, 18:12
6	**'빚보증'** 금지를 말하는 곳은?	잠 22:26(둘둘이 보증 금지)
7	잠언에서 사고서 팔지 말아야 될 것은?	진리, 지혜, 훈계, 명철 (잠 23:23 지식은 아님)
8	**'은쟁반에 금사과'**를 언급한 곳은?	잠 25:11 (은쟁반에 금사과는 25만 원)
9	**'추수하는 날의 얼음냉수'**를 언급한 곳은?	잠 25:13(추수하는 날의 얼음 냉수는 이천오백 원)
10	잠언 30장은 누구의 잠언인가?	야게의 아들 아굴
11	잠언 30장은 누구를 위해 쓴 것인가?	이디엘, 우갈
12	"심히 기이히 여기고도 깨닫지 못하는 것"을 쓰시오. (30:18-20)	독수리의 자취, 뱀의 자취, 남녀의 자취, 음녀의 자취 (독뱀배음)
13	"세상을 진동시키며 세상으로 견딜 수 없게 하는 것"을 쓰시오. (30:21-23)	종(임금), 미련한 자(배부름), 꺼림받는 계집(시집), 계집종(주모) (종미꺼계)
14	"땅에 작고도 가장 지혜로운 것"을 쓰시오. (30:24-28)	개미, 사반, 메뚜기, 도마뱀 (메개도사)
15	"잘 걸으며 위풍 있게 다니는 것"을 쓰시오. (30:29-31)	사자, 사냥개, 수염소, 왕 (사사수왕)

※ 다음의 출처를 쓰시오.

16	좀 더 **자자**, 좀 더 **졸자**, 손을 모으고 좀 더 **눕자**	잠 6:10, 24:33
17	**교만**은 패망의 선봉이요 **거만한 마음**은 넘어짐의 앞잡이니라	잠 16:18(암송할 것)
18	잠언 30장을 쓴 야게의 아들은 누구인가?	아굴
19	나를 사랑하는 자들이 나의 사랑을 입으며 나를 간절히 찾는 자가 나를 만날 것이니라	잠 8:17(나를 사랑하는 자들, 나를 간절히 찾는 자 - 8자)
20	너는 마음을 다하여 여호와를 의뢰하고 네 명철을 의지하지 말라	잠 3:5(암송할 것)
21	너는 범사에 그를 인정하라 그리하면 네 길을 지도하시리라	잠 3:6(암송할 것)

22	여호와를 경외하는 것이 **지식의 근본**이어늘 미련한 자는 지혜와 훈계를 멸시하느니라	잠 1:7(지식의 근본)
23	여호와의 미워하시는 것 곧 그 마음에 싫어하는 것은?	~눈, ~혀, ~손, ~마음, ~발 거짓 증인, 이간하는 자 (잠 6:16-19)
24	**무릇** 지킬만한 것보다 더욱 네 마음을 지키라 **생명의 근원**이 이에서 남이니라	잠 4:23(무릇, 생명의 근원)
25	너는 **네 우물에서** 물을 마시며 네 샘에서 흐르는 물을 마시라	잠 5:15(우물, 샘)
26	나의 누이, 나의 신부는 **잠근 동산**이요 **덮은 우물**이요 **봉한 샘**이로구나	아 4:12 (덮은 우물, 봉한 샘 - 아사)
27	**르무엘의 어머니**가 왕에게 훈계한 잠언은?	잠 31
28	지혜는 **진주보다** 귀하니 너의 사모하는 모든 것으로 이에 비교할 수 없도다	잠 3:15(진주보다)
29	그 우편 손에는 **장수**가 있고 그 좌편 손에는 **부귀**가 있나니	잠 3:16(장수, 부귀)
30	**나 지혜**는 명철로 주소를 삼으며 지식과 근신을 찾아 얻나니	잠 8:12(나 지혜는)
31	여호와께서는 **지혜**로 땅을 세우셨으며 **명철**로 하늘을 굳게 펴셨고	잠 3:19(지혜, 명철)
32	내 명령을 지켜서 살며 내 법을 네 눈동자처럼 지키라	잠 7:2(장신대 학부 표어)
33	**어진 여인**은 그 지아비의 면류관이나 **욕을 끼치는 여인**은 그 지아비로 뼈가 썩음 같게 하느니라	잠 12:4
34	그는 정직한 자를 위하여 **완전한 지혜**를 예비하시며 행실이 온전한 자에게 방패가 되시나니	잠 2:7(잠언 이치)
35	의인의 열매는 **생명나무**라 지혜로운 자는 **사람을 얻느니라**	잠 11:30(사람을 얻음)
36	**악인의 제사**는 여호와께서 미워하셔도 **정직한 자의 기도**는 그가 기뻐하시느니라	잠 15:8 (악인의 제사, 정직한 자의 기도)
37	게으른 자여 **개미**에게로 가서 그 하는 것을 보고 지혜를 얻으라	잠 6:6(개미)
38	**거만한 자를 책망하지 말라** 그가 너를 미워할까 두려우니라 지혜 있는 자를 책망하라 그가 너를 사랑하리라	잠 9:8(책망)
39	지혜 있는 자에게 교훈을 더하라 그가 더욱 지혜로와질 것이요 의로운 사람을 가르치라 그의 학식이 더하리라	잠 9:9
40	**인자와 진리**로 네게서 떠나지 않게 하고 그것을 네 목에 매며 **네 마음판에 새기라**	잠 3:3(삼삼한 인자와 진리)
41	사람이 마음으로 자기의 길을 계획할지라도 그 걸음을 인도하는 자는 여호와시니라	잠 16:9(잠언 열여구)
42	대저 **명령**은 (등불)이요 **법**은 (빛)이요 **훈계의 책망**은 곧 (생명의 길)이라	잠 6:23(명령, 법 - 잠언 육군)

43	교만이 오면 욕도 오거니와 **겸손한 자**에게는 지혜가 있느니라	잠 11:2
44	**분외의 말**을 하는 것도 미련한 자에게 합당치 아니하거든 하물며 **거짓 말을 하는 것**이 존귀한 자에게 합당하겠느냐	잠 17:7
45	지혜가 부르지 아니하느냐 명철이 소리를 높이지 아니하느냐	잠 8:1(지혜의 선재, 의인화)
46	소망이 더디 이루게 되면 그것이 마음을 상하게 하나니 **소원이 이루는 것은 곧 생명나무니라**	잠 13:12(소원 열쇠)
47	너의 행사를 여호와께 맡기라 그리하면 **너의 경영하는 것**이 이루리라	잠 16:3
48	죽고 사는 것이 **혀**의 권세에 달렸나니 **혀**를 쓰기 좋아하는 자는 그 열매를 먹으리라	잠 18:21(혀, 혀 - 열매)
49	**의인의 수고는 생명**에 이르고 **악인의 소득은 죄**에 이르느니라	잠 10:16
50	**훈계를 좋아하는 자**는 지식을 좋아하나니 **징계를 싫어하는 자**는 짐승과 같으니라	잠 12:1
51	**고난 중에 낳은 자녀**가 후일에 네 귀에 말하기를 이 곳이 우리에게 좁으니 넓혀서 우리로 거처하게 하라 하리니	사 49:20
52	**여호와의 도**가 정직한 자에게는 산성이요 행악하는 자에게는 멸망이니라	잠 10:29(여호와의 도)
53	죽고 사는 것이 **혀의 권세**에 달렸나니 혀를 쓰기 좋아하는 자는 그 열매를 먹으리라	잠 18:21(혀의 권세)
54	**유순한 대답**은 분노를 쉽게 하여도 과격한 말은 노를 격동하느니라	잠 15:1(유순한 대답)
55	네 **양 떼**의 형편을 부지런히 살피며 네 **소 떼**에 마음을 두라	잠 27:23(목자의 이치)
56	**말이 많으면** 허물을 면키 어려우나 그 입술을 제어하는 자는 지혜가 있느니라	잠 10:19 (말말말말말말말말말)
57	**마른 떡 한 조각**만 있고도 화목하는 것이 **육선**이 집에 가득하고 다투는 것보다 나으니라	잠 17:1(마른 떡 한 조각)
58	여호와를 경외하는 것은 **지혜의 훈계**라 겸손은 존귀의 앞잡이니라	잠 15:33
59	**까닭 없는 저주**는 참새의 떠도는 것과 제비의 날아가는 것같이 이르지 아니하느니라	잠 26:2(까닭 없는 저주 이유)
60	아름다운 여인이 삼가지 아니하는 것은 마치 **돼지 코에 금고리** 같으니라	잠 11:22
61	**마음의 경영**은 사람에게 있어도 **말의 응답**은 여호와께로서 나느니라	잠 16:1(마음의 경영, 말의 응답)
62	백발은 **영화의 면류관**이라 의로운 길에서 얻으리라	잠 16:31(영화의 면류관)
63	손자는 **노인의 면류관**이요 아비는 자식의 영화니라	잠 17:6(노인의 면류관)
64	여호와께서 복을 주시므로 사람으로 부하게 하시고 **근심**을 겸하여 주지 아니하시느니라	잠 10:22(복 + 근심)

65	사람의 마음의 교만은 멸망의 선봉이요 **겸손은 존귀의 앞잡이**니라	잠 18:12(겸손은 존귀의 앞잡이)
66	사람의 행위가 자기 보기에는 모두 정직하여도 **여호와는 심령을 감찰하시느니라**	잠 21:2(심령 감찰)
67	**게으른 자는** 그 손을 그릇에 넣고도 입으로 올리기를 괴로와하느니라	잠 19:24, 26:15
68	경우에 합당한 말은 아로새긴 **은쟁반에 금사과**니라	잠 25:11 (은쟁반에 금사과 - 25만 원)
69	**친구**는 사랑이 끊이지 아니하고 **형제**는 위급한 때까지 위하여 났느니라	잠 17:17
70	너는 사람으로 더불어 손을 잡지 말며 남의 **빚에 보증**이 되지 말라	잠 22:26(둘둘이 보증 금지)
71	**심판**은 거만한 자를 위하여 예비된 것이요 **채찍**은 어리석은 자의 등을 위하여 예비된 것이니라	잠 19:29(심판, 채찍)
72	슬기로운 자의 책망은 청종하는 귀에 **금고리와 정금 장식**이니라	잠 25:12 (금고리와 정금 장식이오)
73	**포도주**는 거만케 하는 것이요 **독주**는 떠들게 하는 것이라 무릇 이에 미혹되는 자에게는 지혜가 없느니라	잠 20:1 (포도주, 독주 좋아하는 20대)
74	**다투는 여인**과 함께 큰 집에서 사는 것보다 **움막**에서 혼자 사는 것이 나으니라	잠 21:9(움막 - 21:9, 25:24)
75	**다투며 성내는 여인**과 함께 사는 것보다 **광야**에서 혼자 사는 것이 나으니라	잠 21:19(광야)
76	**게으름이 사람**으로 깊이 잠들게 하나니 **해태한 사람**은 주릴 것이니라	잠 19:15
77	대저 의인은 일곱 번 넘어질지라도 다시 일어나려니와 악인은 재앙으로 인하여 엎드러지느니라	잠 24:16
78	**개가 그 토한 것을 도로 먹는 것**같이 미련한 자는 그 미련한 것을 거듭 행하느니라	잠 26:11(벧후 2:22)
79	많은 재물보다 **명예를 택할 것**이요 은이나 금보다 **은총을 더욱 택할 것**이니라	잠 22:1 (재물<명예, 은금<은총)
80	**마음이 상한 자**에게 노래하는 것은 추운 날에 옷을 벗음 같고 쏘다 위에 초를 부음 같으니라	잠 25:20(마음이 상한 자)
81	겸손과 여호와를 경외함의 보응은 **재물과 영광과 생명**이니라	잠 22:4(재영생)
82	누가 **현숙한 여인**을 찾아 얻겠느냐 그 값은 **진주보다** 더하니라	잠 31:10(현숙한 부인)
83	**(진리)**를 사고서 **팔지 말며 (지혜)**와 **(훈계)**와 **(명철)**도 그리할지니라	잠 23:23(팔지 말 것들)
84	너는 **내일 일을 자랑하지 말라** 하루 동안에 무슨 일이 날는지 네가 알 수 없음이니라	잠 27:1
85	고운 것도 거짓되고 아름다운 것도 헛되나 오직 **여호와를 경외하는 여자는** 청찬을 받을 것이라	잠 31:30 (여호와를 경외하는 여자)

86	아굴이 주께 두 가지 일을 구하였다. 그 내용은 무엇인가?	① 허탄과 거짓말을 내게서 멀리하시고 ② 필요한 양식으로 내게 먹이소서(잠 30:7-9)
87	두 딸이 있어 **다고 다고** 하는 것은?	거머리(잠 30:15)
88	**'지혜의 근본'**에 대해 말하는 곳은?	잠 1:7, 잠 9:10; 시 110:10; 욥 28:28
89	여호와를 경외하는 것이 **지혜의 근본**이요 거룩하신 자를 아는 것이 명철이니라	잠 9:10(지혜의 근본)
90	**초달**을 차마 못 하는 자는 그 자식을 미워함이라 자식을 사랑하는 자는 근실히 징계하느니라	잠 13:24(초달)
91	네 원수가 배고파하거든 식물을 먹이고 목말라하거든 물을 마시우라 그리하는 것은 **핀 숯**으로 그의 머리에 놓는 것과 일반이요	잠 25:21-22(핀 숯)
92	**미련한 아들**은 그 아비의 재앙이요 **다투는 아내**는 이어 떨어지는 물방울이니라	잠 19:13(식구의 도리)
93	집과 재물은 조상에게서 상속하거니와 **슬기로운 아내**는 여호와께로서 말미암느니라	잠 19:14(식구의 도리)
94	**사람의 영혼은 여호와의 등불**이라 사람의 깊은 속을 살피느니라	잠 20:27 (사람의 영혼=여호와의 등불)
95	**면책**은 숨은 사랑보다 나으니라	잠 27:5(면책)
96	**묵시가 없으면** 백성이 방자히 행하거니와 율법을 지키는 자는 복이 있느니라	잠 29:18(묵시이구나)
97	도가니로 은을, 풀무로 금을, **칭찬으로 사람을 시련**하느니라	잠 27:21 (칭찬으로 사람을 시련)

■ 전도서 문제 잡기

1	'때'(time)에 대해서 말하고 있는 곳은?	전 3
2	'서원'에 대해서 말하고 있는 곳은?	전 5(신 23:21)
3	"삼겹줄은 쉽게 끊어지지 아니한다"에 대해서 말하고 있는 곳은?	전 4:12

※ 다음의 출처를 쓰시오.

4	내 아들아 또 경계를 받으라 **여러 책**을 짓는 것은 끝이 없고 많이 공부하는 것은 몸을 피곤케 하느니라	전 12:12(여러 책 - 12권)
5	일의 결국을 다 들었으니 하나님을 경외하고 그 명령을 지킬지어다 이것이 **사람의 본분**이니라	전 12:13(사람의 본분)
6	하나님은 모든 행위와 모든 은밀한 일을 **선악간**에 심판하시리라	전 12:14(선악간)
7	지혜자의 마음은 **초상집**에 있으되 우매자의 마음은 **연락하는 집**에 있느니라	전 7:4 (초상집, 연락하는 집)
8	**울 때**가 있고 **웃을 때**가 있으며 **슬퍼할 때**가 있고 **춤출 때**가 있으며	전 3:4 (때에 대하여)
9	**노동자**는 먹는 것이 많든지 적든지 잠을 달게 자거니와 부자는 배부름으로 자지 못하느니라	전 5:12(전 오동자예요)
10	저가 **모태**에서 벌거벗고 나왔은즉 그 나온 대로 돌아가고 수고하여 얻은 것을 아무것도 손에 가지고 가지 못하리니	전 5:15(전 오태예요)
11	전도자가 가로되 헛되고 헛되며 헛되고 헛되니 모든 것이 헛되도다 사람이 해 아래서 수고하는 모든 수고가 자기에게 무엇이 유익한고	전 1:2-3(암송할 것)
12	일의 끝이 시작보다 낫고 **참는 마음**이 교만한 마음보다 나으니	전 7:8(참는 마음)
13	네가 하나님께 **서원**하였거든 갚기를 더디게 말라 하나님은 우매자를 기뻐하지 아니하시나니 **서원**한 것을 갚으라	전 5:4(서원)
14	**죄인이 백 번 악을 행하고도 장수**하거니와 내가 정녕히 아노니 하나님을 경외하여 그 앞에서 경외하는 자가 잘 될 것이요	전 8:12
15	사람이 사는 동안에 기뻐하며 **선을 행하는 것**보다 나은 것이 없는 줄을 내가 알았고	전 3:12
16	사람이 먹고 마시며 수고하는 가운데서 심령으로 낙을 누리게 하는 것보다 나은 것이 없나니 내가 이것도 본즉 **하나님의 손**에서 나는 것이로다	전 2:24
17	**지나치게** 의인이 되지 말며 지나치게 지혜자도 되지 말라 어찌하여 스스로 패망케 하겠느냐	전 7:16 (지나치게 - 되지 말라)
18	한 사람이면 패하겠거니와 두 사람이면 능히 당하나니 **삼겹 줄**은 쉽게 끊어지지 아니하느니라	전 4:12(삼겹 줄 - 삼겹살은 전사들이 좋아함)

19	형통한 날에는 기뻐하고 곤고한 날에는 생각하라 하나님이 이 두 가지를 병행하게 하사 사람으로 그 장래 일을 능히 헤아려 알지 못하게 하셨느니라	전 7:14(전치 14주)
20	사람마다 먹고 마시는 것과 수고함으로 낙을 누리는 것이 하나님의 선물인 줄을 또한 알았도다	전 3:13 (전세방도 하나님의 선물)
21	선을 행하고 죄를 범치 아니하는 의인은 세상에 아주 없느니라	전 7:20(전치 20주)
22	너는 하나님 앞에서 함부로 입을 열지 말며 급한 마음으로 말을 내지 말라 하나님은 하늘에 계시고 너는 땅에 있음이니라 그런즉 마땅히 말을 적게 할 것이라	전 5:2(입 조심)
23	천하에 범사가 기한이 있고 모든 목적이 이룰 때가 있나니	전 3:1
24	너는 청년의 때 곧 곤고한 날이 이르기 전, 나는 아무 낙이 없다고 할 해가 가깝기 전에 너의 창조자를 기억하라	전 12:1(청년의 때)
25	청년이여 네 어린 때를 즐거워하며 네 청년의 날을 마음에 기뻐하여 마음에 원하는 길과 네 눈이 보는 대로 좇아 행하라 그러나 하나님이 이 모든 일로 인하여 너를 심판하실 줄 알라	전 11:9(청년의 날)
26	죽은 파리가 향기름으로 악취가 나게 하는 것같이 적은 우매가 지혜와 존귀로 패하게 하느니라	전 10:1 (죽은 파리 = 시파리)
27	게으른즉 서까래가 퇴락하고 손이 풀어진즉 집이 새느니라	전 10:18(서까래)
28	나의 깨달은 것이 이것이라 곧 하나님이 사람을 정직하게 지으셨으나 사람은 많은 꾀를 낸 것이니라	전 7:29(천치 바보이구나)
29	너는 네 식물을 물 위에 던지라 여러 날 후에 도로 찾으리라	전 11:1
30	모든 산 자 중에 참예한 자가 소망이 있음은 산 개가 죽은 사자보다 나음이니라	전 9:4 (구사일생으로 산 개)
31	지혜가 많으면 번뇌도 많으니 지식을 더하는 자는 근심을 더하느니라	전 1:18(지식 + 근심)

■ 아가서 문제 잡기

1	아가서 1장 1절을 쓰시오.	솔로몬의 아가라
2	우리를 위하여 여우 곧 **포도원을 허는 작은 여우**를 잡으라 우리의 포도 원에 꽃이 피었음이니라	아 2:15
3	솔로몬 왕은 자기의 연을 무엇으로 만들었는가?	레바논 나무(아 3:9)
4	솔로몬의 연을 이스라엘 용사 중 몇 사람이 옹위하였는가?	60명(아 3:7)
5	나의 누이, 나의 신부는 **잠근 동산**이요 **덮은 우물**이요 **봉한 샘**이로구나	아 4:12(잠근 동산, 덮은 우물, 봉한 샘 - 아사한다)
6	예루살렘 여자들아 너희에게 내가 부탁한다 너희가 나의 사랑하는 자를 만나거든 내가 사랑하므로 **병**이 났다고 하려무나	아 5:8(오빠 상사병)
7	왕후가 육십이요 비빈이 팔십이요 시녀가 무수하되	아 6:8(60, 80-6:8)
8	너는 나를 인같이 마음에 품고 도장같이 팔에 두라 사랑은 죽음같이 강 하고 투기는 음부같이 잔혹하며 불같이 일어나니 그 기세가 여호와의 불 과 같으니라	아 8:6(사랑은 아파요)
9	**'술람미 여자'**를 언급하고 있는 곳은?	아 6:13-14
10	"섞은 포도주를 가득히 부은 둥근 잔"에 비유한 것은?	배꼽(아 7:2)
11	솔로몬의 포도원이 있는 곳은 어디인가?	바알하몬(아 8:11)
12	"예루살렘 여자들아 내가 ( )와 ( )으로 너희에게 부탁한다 내 사랑이 원하기 전에는 흔들지 말고 깨우지 말지니라"의 ( )에 들어갈 말은?	노루, 들사슴(아 2:7)
13	"예루살렘 여자들아 내가 비록 검으나 아름다우니 ( )의 장막 같을지라 도 ( )의 휘장과도 같구나"의 ( )에 들어갈 말은?	게달, 솔로몬(아 1:5)
14	"돌아오고 돌아오라 ( ) 여자야 돌아오고 돌아오라 우리로 너를 보 게 하라"의 ( )에 들어갈 말은?	술람미(아 6:13)
15	**'백합화로 두른 밀단'**에 비유한 것은?	허리(아 7:2)
16	**'암사슴의 쌍태 새끼'**에 비유한 것은?	유방(아 7:3)
17	**'상아 망대'**에 비유한 것은?	목(아 7:4)
18	**'다메섹을 향한 레바논 망대'**에 비유한 것은?	코(아 7:4)
19	"나의 사랑하는 자는 내게 엔게디 포도원의 ( ) 송이로구나"의 ( ) 안의 말은?	고벨화(아 1:14)
20	아가서는 총 몇 장으로 되어 있는가?	8장

2003학년도 신학대학원 입학시험 문제 - 성경(구약)

I.다음 물음의 맞는 답을 골라 그 번호를 객관식 O.M.R 답안지에 표시하시오.(1번~80번)	정 답
1. "네 아비[아버지]의 하나님께로 말미암나니 그가 너를 도우실 것이요 전능자로 말미암나니 그가 네게 복을 주실 것이라 위로 하늘의 복과 아래로 원천[깊은 샘]의 복과 젖먹이는 복과 태의 복이로다"는 야곱이 누구에게 한 말인가? ① 베냐민　　② 유다　　③ 레위　　④ 요셉	④ 요셉
2. "내가 형님의 얼굴을 뵈온즉 하나님의 얼굴을 본 것 같사오며 형님도 나를 기뻐하심이니이다"는 창세기 몇 장에 나오는가? ① 28장　　② 32장　　③ 33장　　④ 45장	③ 33장
3. 야곱이 임종한 나이는? ① 147세　　② 143세　　③ 130세　　④ 120세	① 147세
4. 서로 관계없는 것끼리 맺어진 것은? ① 벧엘 - 루스　② 세겜 - 마므레　③ 단 - 라이스　④ 헤브론 - 기럇아르바	② 세겜 - 마므레
5. 히브리 종에 대한 율법 가운데 옳지 않은 것은? ① 제 칠년에는 값없이[몸값을 물지 않고] 나가 자유할 것이다. ② 처자도 언제나 데리고 나갈 수 있다. ③ 종이 자유하지 않고 계속 상전을 섬기기를 바라면 그리할 수 있다. ④ 종으로 팔린 여자를 상전이 자기 아들에게 주었으면 딸같이 대접해야 한다.	② 처자도 언제나 데리고 나갈 수 있다.
6. "이스라엘아 네가 (　) 시대로부터 범죄하였거늘[범죄하더니 지금까지 죄를 짓는구나] 무리가 (　)에 서서 흉악한 족속을 치는 전쟁을 거기서 면하였도다[그러니 범죄한 자손들에 대한 전쟁이 어찌 (　)에서 일어나지 않겠느냐]"(호 10:9)에서 두 괄호 안에 공통으로 들어갈 지명은? ① 기브아　　② 벧엘　　③ 길갈　　④ 바알브올	① 기브아
7. "그 날에 내가 응[응답]하리라 나는 하늘에 응[응답]하고 하늘은 땅에 응[응답]하고 땅은 곡식과 포도주와 기름에 응[응답]하고 또 이것들은 (　)에 응[응답]하리라"(호 2:21-22)에서 괄호 안에 들어갈 말은? ① 이스르엘　② 이스라엘　③ 유다　④ 사마리아	① 이스르엘
8. "너희는 보습을 쳐서 칼을 만들지어다 낫을 쳐서 창을 만들지어다 약한 자도 이르기를 나는 강하다 할지어다"라는 말씀이 기록된 곳은? ① 이사야 2장　② 이사야 4장　③ 요엘 3장　④ 호세아 14장	③ 요엘 3장
9. 여호와께서 사면의 열국[민족들]을 다 심판하시려고 그들을 불러 올리실 곳은 어디인가? ① 힌놈의 골짜기　② 르바임 골짜기　③ 아얄론 골짜기　④ 여호사밧 골짜기	④ 여호사밧 골짜기
10. "공법을 인진[정의를 쓴 쑥]으로 변하며[바꾸며] 정의[공의]를 땅에 던지는 자들아"는 아모스 몇 장에 나오는가? ① 5장　　② 7장　　③ 8장　　④ 9장	① 5장
11. "너희 하나님은 참으로 모든 신[신들]의 신이시요 모든 왕의 주재시로다 네가 능히 이 은밀한 것을 나타내었으니 네 하나님은 또 은밀한 것을 나타내시는 자시로다[이시로다]"고 말한 사람은? ① 느부갓네살　② 고레스　　③ 아하스　　④ 히스기야	① 느부갓네살
12. 느부갓네살 왕의 환관장은? ① 아스부나스　② 아리옥　③ 벨사살　④ 다리오	① 아스부나스
13. 번제물 중에서 제사장의 몫이 되는 것은? ① 정강이　② 뒷다리　③ 가죽　④ 기름	③ 가죽
14. 거룩하고 속된 것을 분별하며 부정하고 정한 것을 분별하는 직무는? ① 왕　　② 예언자　　③ 제사장　　④ 지혜자	③ 제사장

15. 이스라엘 백성이 광야 여정에서 모세의 지도권에 도전했던 곳은? ① 르비딤　　② 숙곳　　③ 에담　　④ 믹돌	① 르비딤
16. 이스라엘의 2차 인구조사 결과 1차 인구조사 결과보다 그 수가 가장 많이 증가하거나 감소된 지파는 각각 어느 지파인가? ① 르우벤, 베냐민 ② 므낫세, 시므온 ③ 유다, 시므온 ④ 므낫세, 르우벤	② 므낫세, 시므온
17. 이스라엘 백성들이 광야에서 성막 중심으로 진칠 때 동쪽에 위치한 지파는? ① 르우벤　　② 유다　　③ 에브라임　　④ 단	② 유다
18. 이스라엘의 인구조사에서 그 계수에 들지 아니하는 지파는? ① 르우벤　　② 레위　　③ 시므온　　④ 단	② 레위
19. 벧[벳]브올 맞은편 모압땅에 있는 골짜기에 장사된 사람은? ① 사무엘　　② 여호수아　　③ 엘르아살　　④ 모세	④ 모세
20. "사람이 떡으로만 사는 것이 아니요 여호와의 입에서 나오는 모든 말씀으로 사는 줄을 너로 알게 하려 하심이니라"는 말씀은 신명기 몇 장에 나오는가? ① 6장　　② 8장　　③ 12장　　④ 18장	② 8장
21. "네 마음이 교만하여 네 하나님 여호와를 (　　)[염려]하노라"에서 괄호 안에 들어갈 말은? ① 떠날까　　② 멸시할까　　③ 잊어버릴까　　④ 모독할까	③ 잊어버릴까
22. 도피성이 있던 장소가 아닌 것은? ① 세겜　　② 길르앗 라못　　③ 헤브론　　④ 벧엘	④ 벧엘
23. 이스라엘 지도자들에게 하나님만을 섬길 것을 촉구할 때 여호수아는 무엇이라고 했는가? ① 오직 나는 여호와를 섬기겠노라 ② 오직 나와 내 집은 여호와를 섬기겠노라 ③ 오직 나는 나의 열조의 신을 섬기겠노라 ④ 오직 나와 내 집은 우리 열조의 신을 섬기겠노라	② 오직 나와 내 집은 여호와를 섬기겠노라
24. 사사 시대에 여호와의 절기를 맞이하여 실로에서 춤추는 여인들을 붙들어다가 아내로 삼은 사람들은? ① 요셉 자손　② 유다 자손　③ 갓 자손　④ 베냐민 자손	④ 베냐민 자손
25. 기드온이 여호와의 사자를 만난 곳에 여호와를 위하여 단을 쌓고 이름을 무엇이라고 하였는가? ① 여호와 이레　② 여호와 닛시　③ 여호와 살롬　④ 여호와 라파	③ 여호와 살롬
26. "여호와께서 나를 징벌하셨고 (　　) 나를 괴롭게 하셨거늘 너희가 어찌 나를 나오미라 칭하느뇨[부르느냐]"에서 괄호 안에 들어갈 말은? ① 하나님이　② 전능자가　③ 지존자가　④ 영원하신 하나님이	② 전능자가
27. 나오미의 남편 이름은? ① 보아스　② 느다넬　③ 엘리멜렉　④ 이다말	③ 엘리멜렉
28. 사울을 피해 놉 땅으로 피신한 다윗이 그곳 제사장 아히멜렉에게 요구한 것은? ① 갑옷과 방패　② 갑옷과 떡　③ 떡과 창, 칼　④ 칼과 방패	③ 떡과 창, 칼
29. 엘리 제사장의 두 아들은? ① 홉니와 비느하스 ② 아론과 나답 ③ 엘가나와 비느하스 ④ 나답과 후르	① 홉니와 비느하스
30. 다윗이 압살롬을 피해 도망갈 때 그의 주인을 따르지 않고 다윗을 따라간 므비보셋의 종은 누구인가? ① 시므이　② 아마사　③ 아히도벨　④ 시바	④ 시바
31. 압살롬이 아비 다윗에게 반기를 들고 처음으로 일어난 곳은 어디인가? ① 헤브론　② 예루살렘　③ 베들레헴　④ 기브아	① 헤브론
32. 솔로몬 왕 때 아힐룻의 아들 여호사밧의 직책은? ① 제사장　② 서기관　③ 사관　④ 궁내대신	③ 사관

33. 솔로몬이 성전을 건축한 시기와 기간은? ① 왕위에 오른 그 해부터 7년 동안 ② 왕이 된 지 4년부터 11년까지 7년 동안 ③ 왕이 된 지 4년부터 17년까지 13년 동안 ④ 왕위에 오른 그 해부터 20년 동안	② 왕이 된 지 4년부터 11년까지 7년 동안
34. 솔로몬 왕이 여호와의 성전과 자기의 궁을 짓는 데 모두 몇 년 걸렸는가? ① 15년 ② 20년 ③ 25년 ④ 30년	② 20년
35. 예후 다음으로 이스라엘 왕이 된 사람들의 이름을 차례대로 올바르게 적은 것은? ① 여호아하스-요아스-여로보암-스가랴-살룸-므나헴-브가히야-베가-호세아 ② 요아스-스가랴-여호아하스-여로보암-므나헴-살룸-브가히야-베가-호세아 ③ 요아스-스가랴-살룸-여로보암-여호아하스-므나헴-베가-브가히야-호세아 ④ 여호아하스-여로보암-요아스-살룸-스가랴-브가히야-므나헴-베가-호세아	① 여호아하스-요아스-여로보암-스가랴-살룸-므나헴-브가히야-베가-호세아
36. 즉위 석 달 만에 바벨론으로 사로잡혀간 유다 왕은? ① 여호아하스 ② 여호야김 ③ 시드기야 ④ 여호야긴	④ 여호야긴
37. "여호와여 구하오니 내가 ( )과 전심으로 주 앞에 행하며 주의[주께서] 보시기에 선하게 행한 것을 기억하옵소서 하고 [히스기야가] 심히 통곡하더라"에서 괄호 안에 들어갈 말은? ① 진실 ② 믿음 ③ 사랑 ④ 뜻	① 진실
38. 다음 중에서 레위의 족보가 순서대로 올바르게 나열되어 있는 항목은? ① 레위-아므랏-그핫-아론-엘르아살-비느하스 ② 레위-그핫-아므람-아론-비느하스-엘르아살 ③ 레위-그핫-아므람-아론-엘르아살-비느하스 ④ 레위-아므람-그핫-아론-비느하스-엘르아살	③ 레위-그핫-아므람-아론-엘르아살-비느하스
39. 다윗의 대표적 찬송과 감사 기도는 역대상 몇 장에 나오는가? ① 26장 ② 27장 ③ 28장 ④ 29장	④ 29장
40. 다윗이 예루살렘을 빼앗기 전에 거기서 살던 사람들은? ① 아모리 사람 ② 여부스 사람 ③ 브리스 사람 ④ 그니스 사람	② 여부스 사람
41. 온 국민이 바알의 당[신당]으로 가서 그 당[신당]을 훼파하고[부수고] 그 단들과 우상들을[그의 제단들과 형상들을] 깨뜨리고 그 단[제단] 앞에서 바알의 제사장 맛단을 죽였을 때 그 개혁을 주도한 사람은? ① 히스기야 ② 요시야 ③ 여호람 ④ 여호야다	④ 여호야다
42. 역대하 4장에 나타난 솔로몬이 지은 성전에서 제사장들이 씻기 위해 만든 기구는? ① 물두멍 ② 보아스 ③ 야긴 ④ 바다	④ 바다
43. 이방 여인을 취하였으나 에스라의 권고를 듣고 이방 여인을 내어보낸 사람들의 이름 목록은 에스라 몇 장에 나오는가? ① 7장 ② 8장 ③ 9장 ④ 10장	④ 10장
44. 학사 겸 제사장으로서 사독의 5대손이고 아론의 16대손인 사람은? ① 느헤미야 ② 에스라 ③ 여호수아 ④ 스룹바벨	② 에스라
45. 다음 인물 중 바사왕 다리오 당시 강[유브라데] 서편 총독이었던 사람은? ① 닷드내와 스달보스내 ② 르훔과 심새 ③ 스룹바벨과 예수아 ④ 산발랏과 도비아	① 닷드내와 스달보스내
46. 바사의 아닥사스다 왕의 술 시중을 들다가 왕의 허락을 받고 예루살렘에 돌아와 그 성벽을 중건한 사람은 누구인가? ① 스룹바벨 ② 예수아 ③ 에스라 ④ 느헤미야	④ 느헤미야
47. 아하수에로 왕은 누구에게 "나라의 절반이라도 그대에게 주겠노라"고 말했는가? ① 에스더 ② 하만 ③ 와스디 ④ 모르드개	① 에스더

48. 다음 중 욥이 한 말이 아닌 것은? ① "누가 깨끗한 것을 더러운 것 가운데서 낼 수 있으리이까 하나도 없나이다" ② "하나님은 아프게 하시다가 싸매시며 상하게 하시다가 그 손으로 고치시나니" ③ "주를 경외함이 곧 지혜요 악을 떠남이 명철이라 하셨느니라" ④ "의인은 그 길을 독실히 행하고 손이 깨끗한 자는 점점 힘을 얻느니라"	② "하나님은 아프게 하시다가 싸매시며, 상하게 하시다가 그 손으로 고치시나니"
49. 다음 중 욥기의 내용과 일치하는 것은? ① 욥기에는 '하나님의 아들들'이 등장한다. ② 욥은 고난이 극에 이르자 자살을 시도하였다. ③ 욥의 아내는 욥이 더 이상 생활 능력이 없어지자 욥을 떠났다. ④ 욥의 세 친구들의 변론 가운데 빌닷의 변론이 가장 길고 설득력이 있다.	① 욥기에는 '하나님의 아들들'이 등장한다.
50. "대인[어른]이라고 지혜로운 것이 아니요[지혜롭거나] 노인이라고 공의[정의]를 깨닫는 것이 아니라[아니니라]"라고 말한 사람은? ① 솔로몬　　② 엘리후　　③ 빌닷　　④ 이사야	② 엘리후
51. 하나님의 명령에 따라 욥의 세 친구는 번제로 수송아지[수소]와 수양[숫양]을 각각 몇 마리 드렸는가? ① 세 마리　　② 다섯 마리　　③ 일곱 마리　　④ 열 마리	③ 일곱 마리
52. "어리석은 자는 그[그의] 마음에 이르기를 하나님이 없다 하도다[하는도다]"로 시작하는 시편은? ① 13편과 55편　　② 25편과 67편　　③ 17편과 43편　　④ 14편과 53편	④ 14편과 53편
53. 다음 표현 중 시편에 나오지 않는 것은? ① "강하고 담대하며 여호와를 바랄[기다릴]지어다" ② "예루살렘을 위하여 평안을 구하라" ③ "너는 하나님의 전에[앞으로] 들어갈 때에 네 발을 삼갈지어다" ④ "너는 멜기세덱의 반차를 좇아[서열을 따라] 영원한 제사장이라"	③ "너는 하나님의 전에[앞으로] 들어갈 때에 네 발을 삼갈지어다"
54. 다음 중 150편의 시편 가운데 한 번도 그 저자로 언급되지 않는 사람은? ① 솔로몬　　② 사무엘　　③ 헤만　　④ 모세	② 사무엘
55. "만군의 여호와여 주의 장막이 어찌 그리 사랑스러운지요"로 시작되는 시편은? ① 시 18편　　② 시 84편　　③ 시 48편　　④ 시 98편	② 시 84편
56. "(　　)을 양 떼같이 인도하시는 이스라엘의 목자여 귀를 기울이소서 그룹 사이에 좌정하신 자(이)여 비춰소서[비추소서] 에브라임과 베냐민과 므낫세 앞에서 주의 용력[능력]을 내사 우리를 구원하러 오소서"(시 80:1-2)에서 괄호 안에 들어갈 말은? ① 야곱　　② 요셉　　③ 성민　　④ 르우벤	② 요셉
57. "충성된 사자는 그를 보낸 이에게 마치 추수하는 날에 얼음 냉수 같아서 능히 그 주인의 마음을 시원케[시원하게] 하느니라… 네 원수가 배고파하거든 식물[음식]을 먹이고 목말라하거든 물을 마시우라[마시게 하라]"는 말씀은 잠언 몇 장에 나오는가? ① 25장　　② 26장　　③ 27장　　④ 28장	① 25장
58. "아름다운 여인이 삼가지 아니하는 것은 마치 (　　) 코에 금고리 같으니라"(잠 11:22)에서 괄호 안에 들어갈 말은? ① 개　　② 돼지　　③ 원숭이　　④ 소	② 돼지
59. "미움은 다툼을 일으켜도 사랑은 모든 허물을 가리우느니라[가리느니라]"는 말씀이 들어 있는 책은? ① 레위기　　② 시편　　③ 잠언　　④ 아가	③ 잠언
60. 다음 가운데서 전도서에 들어 있지 않은 말씀은? ① "사람의 지혜는 그 사람의 얼굴에 광채가 나게 하나니" ② "소망이 더디 이루게 되면 그것이 마음을 상하게 하나니" ③ "두 사람이 함께 누우면 따뜻하거니와 한 사람이면 어찌 따뜻하fi" ④ "악한 일에 징벌이 속히 실행되지 않으므로 인생들이 악을 행하기에 마음이 담대하도다"	② "소망이 더디 이루게 되면 그것이 마음을 상하게 하나니"

61. "여러 책[많은 책들]을 짓는 것은 끝이 없고 많이 공부하는 것은 몸을 피곤케[피곤하게] 하느니라"는 말씀이 기록된 곳은? ① 전도서 12장　② 전도서 11장　③ 전도서 10장　④ 잠언 10장	① 전도서 12장
62. 아가에서 밝힌 솔로몬의 포도원이 있는 곳은? ① 바알갓　　② 바알하몬　　③ 바알레유다　　④ 바알하솔	② 바알하몬
63. "아브라함은 우리를 모르고 이스라엘은 우리를 인정치 아니할지라도 여호와 주는 우리의 아버지시라"는 어느 책에 나오는가? ① 이사야　　② 예레미야　　③ 에스겔　　④ 바알하솔	① 이사야
64. "( )은 사람이요 신이 아니며 그[그들의] 말들은 육체요 영이 아니라 여호와께서 그[그의] 손을 드시면[펴시면] 돕는 자도 넘어지며 도움을 받는 자도 엎드러져서 다 함께 멸망하리라"(사 31:3)에서 괄호 안에 들어갈 말은? ① 바벨론　　② 에돔　　③ 앗수르　　④ 애굽	④ 애굽
65. "화 있을진저 ( ) 사람이여[( ) 사람은 화 있을진저] 그는 나의[내] 진노의 막대기요 그 손의 몽둥이는 나의 분한이라[분노라]"(사 10:5)에서 괄호 안에 들어갈 이름은? ① 앗수르　　② 애굽　　③ 바벨론　　④ 갈대아	① 앗수르
66. "화로다 나여 망하게 되었도다 나는 입술이 부정한 사람이요 입술이 부정한 백성 중에 거[거주]하면서 만군의 여호와이신 왕을 뵈었음이로다"라고 말한 사람은? ① 모세　　② 이사야　　③ 욥　　④ 에스겔	② 이사야
67. 다음 가운데서 예레미야의 박해자나 적으로 등장하지 않는 사람은? ① 바스훌　　② 여호야김　　③ 에벳멜렉　　④ 하나냐	③ 에벳멜렉
68. 바룩의 탄식과 이에 대한 여호와의 말씀은 예레미야 몇 장에 들어 있는가? ① 45장　　② 39장　　③ 36장　　④ 25장	① 45장
69. 오지병을[옹기를] 힌놈의 아들의 골짜기에서 깨뜨리면서 하나님이 예루살렘 성[성읍]을 도벳 같게 하리라고 선포하는 예레미야를 때리고 여호와의 집[성전에 있는] 베냐민의 위문에 있는 차꼬에[목에 씌우는 나무 고랑으로] 채운 사람은? ① 에벳멜렉　　② 하나냐　　③ 바스훌　　④ 마아세야	③ 바스훌
70. 베냐민 땅에서 백성 중 분깃을 받으려고 예루살렘을 떠나려 하다가 갈대아인에게 항복하려 한다는 혐의를 받고 문지기 우두머리에게 잡혀 옥에 갇힌 선지자는? ① 이사야　　② 예레미야　　③ 미가　　④ 에스겔	② 예레미야
71. "여호와여 우리를 주께로 돌이키소서 그리하시면 우리가 주께로 돌아가겠사오니 우리의 날[날들]을 다시 새롭게 하사 옛적 같게 하옵소서"는 다음 어느 책에 나오는가? ① 시편　　② 에스더　　③ 예레미야　　④ 예레미야애가	④ 예레미야애가
72. 에스겔이 보니 몇 사람이 살육하는 기계[죽이는 무기]를 들고 예루살렘의 북향한 윗문으로 들어오는데, "그 중에 한 사람은 가는 베옷을 입고 허리에 서기관의 먹 그릇을 찼더라" 여호와께서 먹물을 찬 사람에게 "예루살렘 성읍 중에… 가증한 일로 인하여[말미암아] 탄식하며 우는 자의 이마에 표하라[표를 그리라] 하시고… 그 남은 자들에게 이마에 그 표시가 없는 모든 사람을 죽이라고 하셔서 그들이 다 준행하였다(겔 9:2-7). 살육하는 기계[죽이는 무기]를 들고 들어온 사람은 모두 몇 사람인가? ① 4명　　② 6명　　③ 7명　　④ 9명	② 6명
73. '자기 마음에서 나는 대로[자기 마음대로]' 또 '두어 웅큼[움큼] 보리와 두어 조각 떡을 위하여' 거짓말로 예언하는 예언자들을 책망하는 말씀은 에스겔 몇 장에 나오는가? ① 10장　　② 11장　　③ 13장　　④ 14장	③ 13장

74. 에스겔 14장에 언급된 세 의인 가운데 들어가지 않는 사람은? ① 다니엘　　② 욥　　③ 아브라함　　④ 노아	③ 아브라함
75. 성전 내부와 성전 지역의 각 부분을 측량한 내용이 자세히 나오는 책은? ① 이사야　　② 예레미야　　③ 에스겔　　④ 다니엘	③ 에스겔
76. 이스라엘 백성들이 출애굽 하던 때에 준비한 양에 대하여 기술한 내용 중에 틀린 것은 어떤 것인가? ① 양이나 염소 중에서 흠이 없는 일 년 된 수컷으로 하며, 첫째 달 곧 아빕월 열흘에 그것을 취하여 십사일까지 간직하였다가 십사일 해가 질 때 그것을 잡아라 ② 잡은 양의 피는 우슬초 묶음을 취하여 그 양을 먹을 집의 문 좌우 설주와 인방에 발라라 ③ 고기는 구워서 무교병과 쓴 나물과 아울러서 먹되, 날로나 삶아서는 먹지 말라 ④ 그 머리와 정강이와 내장은 먹지 말고 불에 태워 집 밖에 버려라	④ 그 머리와 정강이와 내장은 먹지 말고 불에 태워 집 밖에 버려라
77. 애굽 사람들이 이스라엘 자손들에게 강요하지 않은 일은 어떤 것인가? ① 국고성 지키기　② 흙 이기기　③ 벽돌 굽기　④ 여러 가지 농사일	① 국고성 지키기
78. 무교절은 며칠 동안 지키는가? ① 7일　　② 5일　　③ 3일　　④ 10일	① 7일
79. 문둥[나]병 환자가 정결하게 된 후에 드리는 속건제에서, 속건제의 희생의 피를 정결함을 받는 자의 우편 귓부리와 우편 손 엄지손가락과 우편 발 엄지가락에 바른 다음, 한 록의 기름을 같은 순서로 바르고 그 남은 기름은 어떻게 처리했는가? ① 정결함을 받는 자의 발 앞에 붓는다. ② 정결함을 받는 자의 좌편 손바닥에 바른다. ③ 정결함을 받는 자의 가슴에 바른다. ④ 정결함을 받는 자의 머리에 바른다.	④ 정결함을 받는 자의 머리에 바른다.
80. 소제물에 대해서 틀린 것은? ① 모든 소제물에는 누룩과 꿀을 넣는다. ② 모든 소제물에는 소금을 넣는다. ③ 모든 소제물에는 기름을 넣는다. ④ 모든 소제물에는 유향을 넣는다.	① 모든 소제물에는 누룩과 꿀을 넣는다.
Ⅱ. 다음 물음에 가장 적절한 답을 O.M.R. 주관식 답안지에 적으시오. (1번-10번)	정　답
1. "하나님이 그들에게 복을 주시며[하나님이] 그들에게 이르시되 생육하고 번성하여 땅에 충만하라, 땅을 (　　　)"에서 괄호 안에 들어갈 말은?	정복하라
2. 하나님이 모세를 통해 이스라엘 백성에게 "너희가 내게 대하여 제사장 나라가 되며 거룩한 백성이 되리라"라는 말씀을 처음으로 하신 장소는 어디인가?	시내 산 / 호렙 산
3. "토지를 (　　　) 팔지 말 것은 토지는 다 내 것임이라"에서 괄호 안에 들어갈 말은?	영영히 / 영구히
4. "하나님은 인생[사람]이 아니시니 (　　　)치[(　　　)을 하지] 않으시고 인자가[인생이] 아니시니 후회가 없으시도다"에서 괄호 안에 들어갈 말은?	식언 / 거짓말
5. "너희의 하나님 여호와는 신의[신 가운데] 신이시며 주의[주 가운데] 주시요 크고 능하시며 두려우신 하나님이시라 사람을 (　　　)로 보지 아니하시며 뇌물을 받지 아니하시고"(신 10:17)에서 괄호 안에 들어갈 말은?	외모
6. "룻이 가로되… 어머니께서 가시는 곳에 나도 가고 어머니께서 유숙하시는[머무시는] 곳에서 나도 유숙하겠나이다[머물겠나이다] 어머니의 (　　　)이 나의 (　　　)이 되고 어머니의 하나님이 나의 하나님이 되시리니…"에서 두 괄호 안에 공통으로 들어갈 낱말은?	백성
7. 사울의 아들 이스바알이 이스보셋이라 불렸다면 기드온의 별명인 여룹바알은 사무엘하 11장 21절에서 무엇이라 불리었나?	여룹베셋

8. 솔로몬이 죽은 후에 그를 대신하여 왕이 된 아들은?	르호보암
9. 솔로몬이 일천번제를 드린 회막이 있던 곳은?	기브온
10. "내가 (　　) 께 대하여 귀로 듣기만 하였삽더니 이제는 눈으로 (　　) 를 뵈옵나이다"에서 두 괄호 안에 공통으로 들어갈 낱말은?	주
III. 다음 구절을 O.M.R. 주관식 답안지에 쓰시오. (11번-15번)	정 답
11. 여호수아 1장 7절	오직 강하고 극히 담대하여 나의 종 모세가 네게 명령한 그 율법을 다 지켜 행하고 우로나 좌로나 치우치지 말라 그리하면 어디로 가든지 형통하리니
12. 역대하 20장 12절	우리 하나님이여 저희를 징벌하지 아니하시나이까 우리를 치러 오는 이 큰 무리를 우리가 대적할 능력이 없고 어떻게 할 줄도 알지 못하옵고 오직 주만 바라보나이다 하고
13. 시편 121편 1-2절	내가 산을 향하여 눈을 들리라 나의 도움이 어디서 올까 나의 도움은 천지를 지으신 여호와에게서로다
14. 오바댜 1장 15절	여호와께서 만국을 벌할 날이 가까웠나니 네가 행한 대로 너도 받을 것인즉 네가 행한 것이 네 머리로 돌아갈 것이라
15. 말라기 3장 10절	만군의 여호와가 이르노라 너희의 온전한 십일조를 창고에 들여 나의 집에 양식이 있게 하고 그것으로 나를 시험하여 내가 하늘 문을 열고 너희에게 복을 쌓을 곳이 없도록 붓지 아니하나 보라

2003학년도 신학대학원 입학시험 문제 - 성경(신약)

	정 답
Ⅰ. 다음 물음에 맞는 답을 골라 그 번호를 O.M.R. 답안지에 표시하시오.(1번-80번)	
1. "나는 세상의 빛이니 나를 따르는 자는 어두움[어둠]에 다니지 아니하고 생명의 빛을 얻으리라"는 말씀이 있는 요한복음의 장은? ① 7장　　② 8장　　③ 9장　　④ 10장	② 8장
2. 로마서에서 "우리가 다 하나님의 심판대 앞에 서리라"가 나오는 곳은? ① 12장 21절　② 14장 10절　③ 11장 18절　④ 9장 16절	② 14장 10절
3. 고린도후서 5장 16절에 나오는 말씀은? ① 자비의 아버지시요 모든 위로의 하나님이시며 ② 인치시고 보증으로 성령을 우리 마음에 주셨느니라 ③ 비록 우리가 그리스도도 육체대로[육신을 따라] 알았으나 ④ 보라 지금은 은혜 받을 만한 때요	③ 비록 우리가 그리스도도 육체대로[육신을 따라] 알았으나
4. 에베소서 2장 20절에서 바울이 에베소 교회의 성도들을 가리켜 누구의 터 위에 세우심을 입은 자라고 하였는가? ① 예수 그리스도　② 사도들　③ 선지자들　④ 사도들과 선지자들	④ 사도들과 선지자들
5. '라가'라는 말이 나오는 복음서는? ① 마태복음　② 마가복음　③ 누가복음　④ 요한복음	① 마태복음
6. 다음 중 예수의 수난과 죽음을 다루는 곳을 잘못 지적한 곳은? ① 마태복음 26-27장　　　② 마가복음 14-15장 ③ 누가복음 21-23장　　　④ 요한복음 18-19장	③ 누가복음 21-23장
7. 다음 중 요한복음에 나타나지 않는 예수의 칭호는? ① 말씀　② 하나님의 어린양　③ 랍비　④ 다윗의 아들	④ 다윗의 아들
8. 로마서에서 "그러므로 사랑은 율법의 완성이니라"는 말씀이 나오는 곳은? ① 4장 4절　② 5장 5절　③ 8장 31절　④ 13장 10절	④ 13장 10절
9. 요한계시록에서 "좌우에 날 선 검을 가지신 이"가 말씀하신 교회는? ① 에베소 교회　② 서머나 교회　③ 버가모 교회　④ 두아디라 교회	③ 버가모 교회
10. 요한계시록 13장에서 바다에서 나온 짐승의 머리와 뿔의 수는? ① 일곱 머리, 일곱 뿔　　② 일곱 머리, 열 뿔 ③ 열 머리, 일곱 뿔　　　④ 열 머리, 열 뿔	② 일곱 머리, 열 뿔
11. '달리다굼'이란 말은 마가복음 어디에서 나오는가? ① 10장 43절　② 12장 25절　③ 5장 41절　④ 7장 34절	③ 5장 41절
12. 마태복음 9장에서 첫번째로 나오는 예수의 이적은? ① 문둥병자[나병환자]를 고치심 ② 백부장의 하인을 고치심 ③ 귀신을 내쫓으심 ④ 중풍병자를 고치심	④ 중풍병자를 고치심
13. 사도행전에서 바울 일행이 멜리데 섬에서 몇 달 동안 머문 후 떠났는가? ① 두 달　　② 석 달　　③ 네 달　　④ 다섯 달	② 석 달
14. 다음 로마서 구절 중 그리스도께서 "율법의 마침"이 되신다고 말하는 구절은? ① 3장 20절　② 7장 13절　③ 10장 4절　④ 13장 13절	③ 10장 4절
15. 아담을 그리스도의 모형으로 여기는 곳은? ① 로마서 3장과 고린도전서 12장 ② 로마서 5장과 고린도전서 15장 ③ 로마서 7장과 고린도전서 15장 ④ 로마서 7장과 고린도전서 12장	② 로마서 5장과 고린도전서 15장

16. 복음서 중에서 '갈릴리-갈릴리에서 예루살렘으로 가는 길-예루살렘'이라는 지리적 구도로 예수의 공적인 활동을 기록한 책이 아닌 것은? ① 마태복음　② 마가복음　③ 누가복음　④ 요한복음	④ 요한복음
17. 마가복음에서 예수께서 하나님의 나라에 관한 여러 비유들을 말씀하시고 설명하시는 장은? ① 2장　　　② 4장　　　③ 10장　　　④ 16장	② 4장
18. 요한복음에서 예수에 의해 나중에 게바라고 불린 시몬은 누구의 아들인가? ① 야고보서　② 요한　　③ 유다　　④ 세베대	② 요한
19. 바울이 자기가 고생한 것을 가장 많이 언급한 책은? ① 고린도전서　② 고린도후서　③ 갈라디아서　④ 로마서	② 고린도후서
20. 바울이 고린도 교회의 분쟁 소식을 누구에게 받았는가? ① 디모데　② 글로에의 집 사람들　③ 스데바나　④ 아볼로	② 글로에의 집 사람들
21. 바울의 편지 서언에 나타나는 인사말에 상용(尙用)적으로 사용되는 어휘는? ① 기쁨과 감사　② 은혜와 평강　③ 찬양과 기도　④ 은혜와 감사	② 은혜와 평강
22. 요한복음에서 예수께서 '처음[첫] 표적'을 행하신 곳은? ① 베다니　② 가버나움　③ 베데스다　④ 가나	④ 가나
23. 예수께서 열두 살 때 예루살렘에 올라가신 일을 기록한 복음서는? ① 마태복음　② 누가복음　③ 요한복음　④ 누가복음과 요한복음	② 누가복음
24. 고린도후서에서 "주는 영이시니 주의 영이 계신 곳에는 자유함이[자유가] 있느니라"는 말씀이 나오는 장은? ① 1장　　　② 2장　　　③ 3장　　　④ 4장	③ 3장
25. 마가복음에서 예수께서 중풍병자를 고치신 사건 직전에 나오는 사건은? ① 베드로의 장모를 고치심 ② 문둥병자[나병환자]를 고치심 ③ 귀신들린 자를 고치심 ④ 한 편 손 마른 자를 고치심	② 문둥병자[나병환자]를 고치심
26. 사도행전 10장에서 베드로가 기도하려고 지붕에 올라간 시간은? ① 제 삼시　② 제 육시　③ 제 구시　④ 제 십일시	② 제 육시
27. "보배로운 산 돌이신 예수"에 대해서 언급하고 있는 장은? ① 야고보서 3장　② 베드로전서 2장　③ 베드로후서 2장　④ 야고보서 2장	② 베드로전서 2장
28. 마태복음에 나타난 포도원 품군[품꾼]의 비유에서 주인이 품군[품꾼]들을 얻기 위해 나간 시간이 아닌 것은? ① 제 6시　② 제 9시　③ 제 10시　④ 제 11시	③ 제 10시
29. 누가복음은 총 몇 장인가? ① 16장　　② 20장　　③ 24장　　④ 28장	③ 24장
30. 사도행전 5장 33절 이하에 등장한 사도들에게 우호적인 교법사[율법 교사]의 이름은? ① 니고데모　② 가말리엘　③ 가야바　④ 데오빌로	② 가말리엘
31. 성령의 탄식이 나오는 로마서의 장은? ① 5장　　　② 6장　　　③ 7장　　　④ 8장	④ 8장
32. 다음 중 로마서 6장의 주제는? ① 예수와 합하여 세례 받음 ② 하나님은 사랑이심 ③ 율법에서 자유함 ④ 성령 안에서 자유함	① 예수와 합하여 세례 받음

33. 사도행전 15장에서 이방인 성도들이 멀리해야 할 것 네 가지에 포함되지 않은 것은? ① 우상의 제물　② 피　③ 음행　④ 술	④ 술
34. 다음 중 요한복음에만 나오는 내용은? ① 예루살렘 성전을 깨끗하게 하심 ② 떡 다섯 개와 물고기 두 마리로 오천 명을 먹이심 ③ 실로암 못가의 소경[맹인] 치유 ④ 예수께서 물위를 걸어가심	③ 실로암 못가의 소경[맹인] 치유
35. 여인들에 대한 보도가 가장 많은 복음서는? ① 마태복음　② 마가복음　③ 누가복음　④ 요한복음	③ 누가복음
36. 누가복음에서 "사람들이 동서남북으로부터 와서 하나님의 나라 잔치에 참석[참예]하리니"라는 말씀이 나오는 곳은? ① 11장 42절　② 9장 61절　③ 17장 10절　④ 13장 29절	④ 13장 29절
37. 고린도전서를 보낸 사람은? ① 바울과 누가　② 바울과 소스데네　③ 바울과 실라　④ 바울과 디모데	② 바울과 소스데네
38. 골로새서를 보내는 사람은? ① 바울과 디모데　② 바울과 실라　③ 바울과 디도　④ 바울과 아볼로	① 바울과 디모데
39. "범죄한 천사들"과 "지옥"이 언급된 곳은? ① 야고보서 3장　② 베드로전서 2장　③ 베드로후서 2장　④ 요한일서 3장	③ 베드로후서 2장
40. 예수께서 제자들에게 가르쳐 주신 기도가 나오는 마태복음의 장은? ① 5장　② 6장　③ 10장　④ 18장	② 6장
41. 마태복음에만 기록된 기적은? ① 두 소경[맹인]을 한꺼번에 고치심 ② 떡 다섯 개와 물고기 두 마리로 오천 명을 먹이심 ③ 귀신을 내쫓으심 ④ 문둥병자[나병환자]를 고치심	① 두 소경[맹인]을 한꺼번에 고치심
42. 세례 요한이 사역을 시작할 때를 다시 통치자들의 통치와 관련해 기록되어 있는 복음서는? ① 마태복음　② 마가복음　③ 누가복음　④ 요한복음	③ 누가복음
43. 요한복음에만 나오는 이야기는? ① 세례 요한의 이야기 ② 떡 다섯 개와 물고기 두 마리로 오천 명을 먹이심 ③ 나사로가 다시 살리심을 받음 ④ 여인이 예수께 향유를 붓는 사건	③ 나사로가 다시 살리심을 받음
44. "하나님의 나라는 볼 수 있게 임하는 것이 아니요 또 여기 있다 저기 있다고[도] 못하리니 하나님의 나라는 너희 안에 있느니라"라는 구절은 어느 복음서에 나타나는가? ① 마태복음　② 마가복음　③ 누가복음　④ 요한복음	③ 누가복음
45. "예수께서 그 사람을 따로 데리고 무리를 떠나사 손가락을 그의 양 귀에 넣고 침 뱉아[침을 뱉어] 그의 혀에 손을 대시며"라는 구절은 어느 복음서에 나오는가? ① 마태복음　② 마가복음　③ 누가복음　④ 요한복음	② 마가복음
46. "예수 그리스도는 어제나 오늘이나 영원토록 동일하시니라"는 말씀이 있는 서신은? ① 고린도후서　② 디모데전서　③ 야고보서　④ 히브리서	④ 히브리서
47. "내가 너희에게 선지자들과 지혜 있는 자들과 서기관들을 보내매 너희가 그 중에서 더러는 죽이고[죽이거나]"라는 말씀이 나오는 복음서는? ① 마태복음　② 마가복음　③ 누가복음　④ 요한복음	① 마태복음

48. 누가복음에서 "예수께서 가르치심을 시작할 때에 삼십 세쯤 되시니라"는 말씀이 나오는 곳은? ① 3장 23절　② 17장 12절　③ 5장 8절　④ 12장 8절	① 3장 23절
49. 로마서 16장에서 브리스가와 아굴라는 바울에 의해 무엇이라 칭함을 받았는가? ① 교회의 일꾼들　② 나의 동역자들　③ 나의 자녀들　④ 처음 익은 열매들	② 나의 동역자들
50. 요한계시록에서 '일곱째 인'의 내용이 나오는 장은? ① 5장　② 6장　③ 7장　④ 8장	④ 8장
51. 예수의 족보[계보]를 하나님에게까지 거슬러 올라가도록 기록하고 있는 복음서는? ① 마태복음　② 마가복음　③ 누가복음　④ 요한복음	③ 누가복음
52. "이는 내게 사는 것이 그리스도니 죽는 것도 유익함이라"는 말씀이 기록된 서신은? ① 갈라디아서　② 에베소서　③ 빌립보서　④ 골로새서	③ 빌립보서
53. 디모데후서 1장 5절에서 바울이 언급한 로이스는 디모데와 어떤 관계인가? ① 이모　② 어머니　③ 외조모　④ 누이동생	③ 외조모
54. 고린도전서 8-10장에서 바울이 주로 다루는 고린도 교회의 문제는? ① 머리에 수건을 쓰는 문제 ② 예배에서 일어난 여러 가지 문제 ③ 우상에게 바친 제물을 먹는 문제 ④ 몸의 부활에 관한 문제	③ 우상에게 바친 제물을 먹는 문제
55. 사도행전에서 바울이 성령이 있음[계심]도 듣지 못하고 요한의 세례만 아는 제자들을 만난 도시는? ① 로마　② 안디옥　③ 고린도　④ 에베소	④ 에베소
56. 누가복음에서 예수께서 공적인 활동을 시작하실 때 나사렛의 회당에서 행한 설교의 내용이 아닌 것은? ① 가난한 자에게 복음을 전하게 하셨다. ② 귀신을 쫓아내는 권세를 주었다. ③ 포로된 자에게 자유함을 주었다. ④ 주의 은혜의 해를 전파하게 하셨다.	② 귀신을 쫓아내는 권세를 주었다.
57. 다음 중 셋은 오직 누가복음에 기록된 기사이나 그것에 해당되지 않는 것은? ① 나인성 과부의 아들 소생　② 마르다와 마리아 ③ 세리장 삭개오　④ 가난한 과부의 헌금	④ 가난한 과부의 헌금
58. "모든 것이 내게 가하나 다 유익한 것이 아니요 모든 것이 내게 가하나 내가 아무에게든지[무엇에든지] 제재를 받지[얽매이지] 아니하리라"란 말씀이 나오는 고린도전서의 장은? ① 5장　② 6장　③ 7장　④ 9장	② 6장
59. 요한계시록에서 '다섯째 대접'의 내용은? ① 황충이 재앙　② 어두움 재앙 ③ 유브라데 강의 전쟁　④ 해가 사람을 태움	② 어두움 재앙
60. 마가복음에서 "사람이 만일 온 천하를 얻고도 제[자기] 목숨을 잃으면 무엇이 유익하리요"라는 말씀이 나오는 곳은? ① 8장 36절　② 6장 56절　③ 10장 12절　④ 12장 7절	① 8장 36절

문제	정답
61. 바울이 데살로니가 성도들에게 "말로나 우리[우리의] 편지로 가르침을 받은 유전[전통]을 지키라"고 말한 곳은? ① 데살로니가전서 2장　　② 데살로니가전서 5장 ③ 데살로니가후서 2장　　④ 데살로니가후서 3장	③ 데살로니가후서 2장
62. 마태복음 25장에 나오는 천국에 대한 비유의 수는? ① 1개　　② 2개　　③ 3개　　④ 4개	③ 3개
63. 요한복음에서 베데스다 못은 예루살렘의 어느 문 옆에 있는가? ① 분문　　② 사자문　　③ 양문　　④ 미문	③ 양문
64. 예수 그리스도가 "우리의 화평"으로서 막힌 담을 허신 분임을 강조하는 책은? ① 갈라디아서　② 에베소서　③ 빌립보서　④ 골로새서	② 에베소서
65. 히브리서는 총 몇 장으로 되어 있는가? ① 11장　　② 12장　　③ 13장　　④ 14장	③ 13장
66. 하나님을 '사랑'으로 정의한 곳은? ① 야고보서 4장　② 베드로전서 1장　③ 요한일서 4장　④ 베드로후서 1장	③ 요한일서 4장
67. 요한계시록 1장에서 요한이 본 일곱 별은 무엇을 의미하는가? ① 일곱 교회　② 일곱 천사　③ 일곱 교회의 사자　④ 일곱 나라	③ 일곱 교회의 사자
68. "그러므로 우리에게 큰 대제사장이 있으니 (　　)하신 자[이] 곧 하나님의 아들 예수시라"는 히브리서의 말씀에서 괄호 안에 들어가는 말은? ① 승천　　② 부활　　③ 존귀　　④ 영원	① 승천
69. '하나님의 감동으로 된 성경'에 대해 언급한 곳은? ① 디모데전서 2장　② 디모데전서 4장　③ 디모데후서 2장　④ 디모데후서 3장	④ 디모데후서 3장
70. 누가복음에 나타나는 찬양시가 아닌 것은? ① 마리아의 찬양 노래　　② 사가랴의 찬양 노래 ③ 시므온의 찬양 노래　　④ 안나의 찬양 노래	④ 안나의 찬양 노래
71. 사도행전에서 바울과 그 일행이 사람들로부터 "천하를 어지럽게 하던 이 사람들이 여기도 이르렀다"라는 말을 들은 곳은? ① 더베　　② 에베소　　③ 아덴　　④ 데살로니가	④ 데살로니가
72. 데살로니가전서에 의하면 바울이 데살로니가 교회에 디모데를 보낼 당시 바울 일행은 어디에 머물고 있었는가? ① 갈라디아　② 에베소　③ 예루살렘　④ 아덴	④ 아덴
73. "하나님의 나라는 먹는 것과 마시는 것이 아니요 (　　) 안에서[안에 있는] 의와 (　　)과/와 희락이라"는 로마서의 말씀에서 괄호 안에 차례로 들어가는 말은? ① 능력, 평화　　② 성령, 평강　　③ 능력, 자비　　④ 성령, 자비	② 성령, 평강
74. "주 예수 그리스도의 은혜와 하나님의 사랑과 성령의 교통하심이 너희 무리와 함께 있을지어다"라는 말씀이 나오는 고린도후서의 장은? ① 10장　　② 11장　　③ 12장　　④ 13장	④ 13장
75. "우리의[우리가] 믿는 도리의 (　　)시며[이시며] 대제사장이신 예수를 깊이 생각하라"는 히브리서의 말씀에서 괄호 안에 들어가는 말은? ① 목자　　② 예언자　　③ 사도　　④ 인도자	③ 사도
76. 요한계시록에서 네 생물과 이십 사 장로들이 어린 양 앞에서 각각 가지고 있던 두 가지는 향이 가득한 금대접과 또 무엇인가? ① 비파　　② 수금　　③ 가야금　　④ 거문고	④ 거문고

문제	정답
77. 요한계시록의 일곱 교회 중 가장 마지막 언급된 교회는? ① 두아디라　② 라오디게아　③ 서머나　④ 빌라델비아	② 라오디게아
78. 바울로부터 "어리석도다"라는 책망을 받은 교회는? ① 고린도 교회　② 갈라디아 교회　③ 에베소 교회　④ 빌립보 교회	② 갈라디아 교회
79. "복음에는 하나님의 의가 나타나서 믿음으로 믿음에 이르게 하나니"라는 로마서의 말씀이 기록된 곳은? ① 1장 16절　② 1장 17절　③ 1장 18절　④ 1장 19절	② 1장 17절
80. 고린도전서에서 바울이 "내가 자유자가[자유인이] 아니냐 사도가 아니냐 예수 우리 주를 보지 못하였느냐"라는 말씀이 나오는 장은? ① 8장　② 9장　③ 10장　④ 11장	② 9장
II. 다음 괄호 안에 들어갈 말을 O.M.R.주관식 답안지에 적으시오.(1번-10번)	정 답
1. 골로새서는 총 몇 장인가?	4장
2. "주는 (　　　)이시니 주의 (　　　)이/가 계신 곳에는 (　　　)이 있느니라"는 말씀에서 괄호 안에 차례로 들어가는 말은?	영/영/자유함
3. "아바 아버지여"란 어구가 나오는 복음서는?	마가복음 14:36; 갈라디아서 4:6; 로마서 8:15
4. "이제는 율법 외에 하나님의 한 (　　　)이/가 나타났으니 율법과 선지자들에게 증거를 받은 것이라"는 말씀에서 괄호 안에 들어가는 말은?	의
5. "그는 근본 하나님의 (　　　)시나 (　　　)과 동등 됨을 취할 것으로 여기지 아니하시고"라는 말씀에서 괄호 안에 차례로 들어가는 말은?	본체/하나님
6. 요한복음의 서두에서 태초에 계신 것은 무엇인가?	말씀
7. "믿음의 결국 곧 영혼의 구원"이 언급된 책과 장은?	베드로전서 1장
8. "누구든지 하나님의 뜻대로 하는 자는 내 (　　　)요 (　　　)요 (　　　)이니라"는 말씀에서 괄호 안에 차례로 들어가는 말은?	형제/자매/모친
9. 바울의 성찬 말씀은 어느 서신 몇 장에 기록되어 있는가?	고린도전서 11장
10. "(　　　)이/가 없는 믿음은 죽은 것이라"는 말씀에서 괄호 안에 들어가는 말은?	행함
III. 다음 구절을 O.M.R. 주관식 답안지에 쓰시오.(11-15)	정 답
11. 로마서 10장 4절	그리스도는 모든 믿는 자에게 의를 이루기 위하여 율법의 마침이 되시니라
12. 사도행전 1장 8절	오직 성령이 너희에게 임하시면 너희가 권능을 받고 예루살렘과 온 유대와 사마리아와 땅 끝까지 이르러 내 증인이 되리라
13. 요한복음 13장 34절	새 계명을 너희에게 주노니 서로 사랑하라 내가 너희를 사랑한 것같이 너희도 서로 사랑하라
14. 마가복음 1장 1절	하나님의 아들 예수 그리스도의 복음의 시작이라

15. 요한일서 4장 16절	하나님이 우리를 사랑하시는 사랑을 우리가 알고 믿었노니 하나님은 사랑이시라 사랑 안에 거하는 자는 하나님 안에 거하고 하나님도 그의 안에 거하시느니라

2004학년도 신학대학원 입학시험 문제 - 성경(구약)

I. 다음 물음의 맞는 답을 골라 그 번호를 객관식 O.M.R 답안지에 쓰시오. (1번~80번)	정 답
1. 이삭이 임종한 나이는? ① 160세　　② 170세　　③ 180세　　④ 190세	③ 180세(창 35:28)
2. 막벨라 밭 굴은 아브라함이 누구에게서 샀는가? ① 헷 족속 에브론　　② 아모리 족속 에브론 ③ 가나안 족속 에브론　　④ 여부스 족속 에브론	① 헷 족속 에브론 (창 23:16-19)
3. '십계명'이라는 표현이 나오는 책은? ① 신명기에만　　② 출애굽기, 레위기, 신명기에만 ③ 출애굽기에만　　④ 출애굽기, 신명기에만	④ 출애굽기, 신명기에만 (출 34:28; 신 4:13, 10:4)
4. 다음 중 아론의 아들의 이름이 아닌 것은? ① 게르솜　　② 나답　　③ 엘르아살　　④ 이다말	① 게르솜(출 2:22-)
5. 이스라엘 백성이 시내 광야에서 증거궤를 만드는 데 사용한 나무 재료는? ① 감람나무　　② 조각목　　③백향목　　④ 상수리나무	② 조각목(출 25:10)
6. 모세에게 천부장, 백부장, 오십부장, 십부장의 제도를 세우도록 충고한 사람은? ① 모세의 장인　　② 아론　　③ 여호수아　　④ 미리암	① 모세의 장인(출 18장)
7. 다음 중 희년에 대한 설명으로 맞지 않는 것은? ① 성벽 있는 성 내의 가옥은 판 지 만 일 년 안에는 무를 수 있고 그 기한 안에 무르지 못하면 희년이 되어서야 주인에게로 돌아간다. ② 레위 족속의 성읍의 가옥은 언제든지 무를 수 있고 레위 사람이 무르지 아니하면 희년이 되어야 레위인에게 돌아간다. ③ 희년에는 파종하지 말며 스스로 난 것을 거두지 말며 가꾸지 아니한 포도를 거두지 말라. ④ 희년이 되면 그 땅이 주인에게 돌아가게 되므로 땅을 사고 팔 때에는 희년까지의 기간에 따라 그 값을 결정하라.	① 성벽 있는 성 내의 가옥은 판 지 만 일 년 안에는 무를 수 있고 그 기한 안에 무르지 못하면 희년이 되어서야 주인에게로 돌아간다. (레 25:29-30) ※② (레 25:32-33) ③ (레 25:11) ④ (레 25:27)
8. 다음 제사 중 태워 드려야 할 희생 제물의 기름의 항목이 가장 많은 제사는? ① 소제　　② 번제　　③ 화목제　　④ 속죄제	③ 화목제
9. 이스라엘 백성이 지키는 초막절은 구약 성경의 달력으로 어느 달에 들어 있는가? ① 1월　　② 3월　　③ 7월　　④ 9월	③ 7월
10. 속죄제에서 제사장이 손가락에 그 피를 찍어 여호와 앞 곧 성소의 휘장 앞에 일곱 번 뿌리는 것은 누가 범죄한 경우인가? ① 제사장　　② 평민　　③ 흉악범　　④ 가난한 자	① 제사장(레 4:6)
11. 이스라엘 자손이 행진하게 되어 회막을 옮길 때 회막 안 지성물을 멜 수 있도록 포장하는 일은 누가 하는가? ① 고핫 자손　　② 아론과 그 아들들　　③ 게르손 자손　　④ 므라리 자손	② 아론과 그 아들들(민 4:1-20)
12. 율법서의 등사본을 레위 사람 제사장 앞에서 책에 기록하여 평생에 자기 옆에 두고 읽어 그의 하나님 여호와 경외하기를 배우며 이 율법의 모든 말과 규례를 지켜 행해야 할 사람은? ① 제사장　　② 선지자　　③ 왕　　④ 재판장	③ 왕(신 17:18-19)
13. 레위인, 객, 고아와 과부들을 구제하는 십일조는 언제 내는가? ① 매 삼 년 끝　② 일 년에 한 번　③ 이 년에 한 번　④ 매 오 년 끝	① 매 삼 년 끝(신 14:28-29)
14. 에발 산에서 저주를 선포할 때 레위 사람이 큰 소리로 말하면 이스라엘 백성은 어떻게 또는 무엇이라고 응답했는가? ① 할렐루야　　② 샬롬　　③ 아멘　　④ 침묵	③ 아멘(신 27:11-26)

15. 이스라엘 백성에게 내리던 만나가 그친 곳은? ① 신 광야　② 모압 땅　③ 여리고 평지　④ 미스바	③ 여리고 평지(수 5:10-12)
16. '태양아 너는 기브온 위에 머무르라 달아 너도 아얄론 골짜기에서 그리할지어다'라고 말한 사람은? ① 예루살렘　② 여호수아　③ 기브온　④ 라기스 왕	② 여호수아(수 10:12)
17. 여호수아가 가나안 땅을 각 지파에게 기업으로 나누어 줄 때 기업을 받지 못한 지파는? ① 시므온　② 르우벤　③ 기브온　④ 라기스 왕	④ 라기스 왕(수 13:14, 33)
18. 삼손이 마지막으로 다곤의 신전을 무너뜨리고 죽었다. 그때 함께 죽은 사람의 수는? ① 약 삼백 명　② 약 일천 명　③ 약 천 삼백 명　④ 약 삼천 명	④ 약 삼천 명(삿 16:27)
19. 기드온이 물리친 이방 족속의 이름은? ① 암몬　② 모압　③ 미디안　④ 가나안	③ 미디안(삿 7-8장)
20. 삼손이 낸 수수께끼 중에 '강한 자에게서 단 것이 나왔느니라'라고 말했을 때 강한 자는 무엇을 가리켰나? ① 삼손　② 사자　③ 블레셋 사람　④ 호랑이	② 사자(삿 14:14, 18)
21. 블레셋 땅에서 돌아온 여호와의 궤를 기럇여아림에 사는 아비나답의 집으로 옮겨서 그의 아들 엘리아살이 지켰다. 그 궤는 얼마동안 그 곳에 있었는가? ① 칠 년　② 십사 년　③ 이십 년　④ 삼십 년	③ 이십 년(삼상 7:2)
22. 이스라엘이 왕을 요구했을 때, 이스라엘을 크게 위협한 민족은? ① 블레셋　② 앗수르　③ 애굽　④ 아말렉	① 블레셋(삼상 8장)
23. 엘가나가 아들을 낳지 못하는 그의 부인 한나에게 '내가 그대에게 열 아들보다 낫지 아니하냐'고 한 말은 사무엘상 몇 장에 나오는가? ① 4장　② 3장　③ 2장　④ 1장	④ 1장(삼상 1:8)
24. 누이 다말의 일로 압살롬이 죽인 이복형제의 이름은? ① 스바다　② 아도니야　③ 길르압　④ 암논	④ 암논(삼하 13장)
25. 다음 중 압살롬의 모반 사건과 관련이 없는 사람은? ① 아히도벨　② 후새　③ 요압　④ 아도니야	④ 아도니야
26. 다음 중 히스기야 왕의 아들은? ① 시드기야　② 요시야　③ 아하스　④ 므낫세	④ 므낫세 (왕하 20:21; 대하 32:33)
27. 아합과 여호사밧 당시의 선지자가 아닌 사람은? ① 미가야　② 시드기야　③ 예후　④ 아마랴	④ 아마랴(대하 19:11)
28. 왕이 된 솔로몬이 아비아달을 추방한 뒤 그 대신에 제사장으로 삼은 사람은? ① 사독　② 나단　③ 학깃　④ 여호야다	① 사독(왕상 2:35)
29. 아합의 궁내대신 오바댜가 이세벨의 위협을 무릅쓰고 여호와의 선지자를 오십 명씩 굴에 숨겨 떡과 물을 먹였다. 모두 몇 명을 숨겼는가? ① 오십 명　② 백 명　③ 백 오십 명　④ 이백 명	② 백 명(왕상 18:4)
30. 길갈에 있던 엘리사의 제자들이 흉년에 들 포도덩굴에서 들 호박을 떠다가 국을 끓였더니 독이 생겨 못 먹게 되었다. 그 때 엘리사가 무엇을 넣어 해독을 시켰는가? ① 가루　② 소금　③ 기름　④ 풀잎	① 가루(왕하 4:41)
31. 아하스 왕이 도움을 요청한 앗수르 왕은? ① 사르곤　② 디글랏빌레셀　③ 산헤립　④ 느부갓네살	② 디글랏빌레셀(왕하 16:7)
32. 다음 유다 말기의 왕들 중에 요시야의 아들이 아닌 사람은? ① 여호아하스　② 여호야김　③ 여호야긴　④ 시드기야	③ 여호야긴 (왕하 23:30, 34, 왕하 24:17)

33. 역대하에서 농사를 좋아한다는 평가를 받은 유다 왕은? ① 웃시야　　② 아마샤　　③ 여호사밧　　④ 히스기야	① 웃시야(대하 26:10)
34. 이복형제를 죽인 압살롬은 어디로 도망갔는가? ① 그술 왕　　② 헷 왕　　③ 모압 왕　　④ 수리아 왕	① 그술 왕(삼하 13:37)
35. 바사 왕 고레스가 창고지기 미드르닷에게 명령하여 그 그릇들을 꺼내어 세어서 넘겨 준 유다 총독은? ① 세스바살　② 스룹바벨　③ 예수아　　④ 느헤미야	① 세스바살(스 1:8)
36. 다음 중 바사 왕이 아닌 사람은? ① 다리오　　② 아닥사스다　③ 느부갓네살　④ 고레스	③ 느부갓네살(왕하 24:1-)
37. 다음 중에서 예루살렘의 성문에 들지 않는 것은? ① 양문　　② 샘문　　③ 어문　　　④ 용문	④ 용문(느 3:1, 3, 15)
38. '옛적 (　　)과/와 아삽의 때에는 노래하는 자의 지도자가 있어서 하나님께 찬송하는 노래와 감사하는 노래를 하였음이며'(느 12:46)에 들어갈 말은? ① 다윗　　② 솔로몬　　③ 웃시야　　④ 요시야	① 다윗
39. 아하수에로 왕 몇 년에 에스더가 왕후가 되었는가? ① 제 오년　　② 제 육년　　③ 제 칠년　　④ 제 팔년	③ 제 칠년(에 2:16)
40. 하만은 어느 족속 사람이었는가? ① 히위 사람　② 아각 사람　③ 아모리 사람　④ 여부스 사람	② 아각 사람(에 3:1-)
41. '주신 이도 여호와시요 거두신 이도 여호와시오니 여호와의 이름이 찬송을 받으실지니이다'가 나오는 욥기의 장, 절은? ① 1:20　　② 2:20　　③ 1:21　　④ 2:21	③ 1:21
42. '전도자가 이르되 헛되고 헛되며 헛되고 헛되니 모든 것이 헛되도다'는 전도서 1장 몇 절에 나오는가? ① 2절　　② 3절　　③ 4절　　④ 5절	① 2절
43. '내 영광아 깰지어다 비파야, 수금아, 깰지어다 내가 새벽을 깨우리로다'가 나오는 시편은? ① 57편　　② 66편　　③ 76편　　④ 41편	① 57편(시 57:8)
44. '우리에게 우리 날 계수함을 가르치사 지혜로운 마음을 얻게 하소서'라고 기도한 사람은? ① 모세　　② 다니엘　　③ 솔로몬　　④ 다윗	① 모세(시 90:12)
45. "나의 (　　), 나의 (　　), 만군의 여호와여 주의 제단에서 (　　)도 제 집을 얻고 (　　)도 새끼 둘 보금자리를 얻었나이다"(시 84:3)에 차례로 들어갈 말은? ① 하나님, 왕, 제비, 참새　　② 왕, 하나님, 참새, 제비 ③ 왕, 하나님, 제비, 참새　　④ 하나님, 왕, 참새, 제비	② 왕, 하나님, 참새, 제비
46. "집과 재물은 조상에게서 상속하거니와 (　　) 아내는 여호와께로서 말미암느니라"(잠 19:14)에 들어갈 말은? ① 부지런한　② 현숙한　　③ 슬기로운　④ 의로운	③ 슬기로운
47. '유순한 대답은 분노를 쉬게 하여도 (　　)한 말은 노를 격동하느니라'(잠 15:1) 에 들어갈 말은? ① 거만　　② 과격　　③ 성급　　④ 무절제	② 과격
48. '사람의 (　　)는 그의 얼굴에 광채가 나게 하나니 그의 얼굴의 사나운 것이 변하느니라'(전 8:1)에 들어갈 말은? ① 지혜　　② 명예　　③ 부귀　　④ 온유	① 지혜

49. '내가 가는 길을 그가 아시나니 그가 나를 단련하신 후에는 내가 순금같이 되어 나오리라'고 말한 사람은? ① 예레미야 ② 다윗 ③ 모세 ④ 욥	④ 욥(욥 23:10)
50. 아가에서 가장 자주 나오는 꽃은? ① 고벨화 ② 수선화 ③ 백합화 ④ 번홍화	③ 백합화(아 2:1-2, 16, 4:5, 5:13, 6:2-3, 7:2) ※① (아 1:14, 4:13), ② (아 2:1), ④ (아 4:14)
51. "눈은 헤스본 바드랍빔 문 곁에 있는 연못 같고 코는 다메섹을 향한 ( ) 망대 같구나 머리는 갈멜 산 같고 드리운 머리털은 자주 빛이 있으니 왕이 그 머리카락에 매이었구나"(아 7:4-5)에 들어갈 말은? ① 레바논 ② 여리고 ③ 사마리아 ④ 길르앗	① 레바논
52. 앗수르의 ( ) 왕이 군대를 보내어 아스돗을 쳐서 취하던 때에 이사야가 삼 년 동안 벗은 몸과 벗은 발로 행하였다. 괄호 안에 들어갈 사람은? ① 산헤립 ② 사르곤 ③ 살만에셀 ④ 디글랏빌레셀	② 사르곤(사 20:1, 3)
53. '오호라 너희 모든 목마른 자들아 물로 나아오라 돈 없는 자도 오라 너희는 와서 사 먹되 돈 없이, 값없이 와서 포도주와 젖을 사라'가 나오는 책, 장은? ① 이사야 50장 ② 에스겔 33장 ③ 에스겔 20장 ④ 이사야 55장	④ 이사야 55장(사 55:1)
54. 유다왕 웃시야와 요담과 아하스와 히스기야 시대에 유다와 예루살렘에 관하여 계시를 보고 예언한 사람은? ① 아모스 ② 호세아 ③ 이사야 ④ 예레미야	③ 이사야(사 1:1)
55. 제사장 힐기야의 아들 예레미야는 ( )의 다스린 지 십삼 년에 여호와의 말씀을 받았고 ( )의 제 십일 년까지 유다의 선지자로 일하였다.(렘 1:1-3) 괄호 안에 차례로 들어갈 왕들의 이름은? ① 므낫세, 시드기야 ② 요시야, 여호야긴 ③ 요시야, 시드기야 ④ 므낫세, 요시야	③ 요시야, 시드기야
56. 예레미야서에서 '여호와의 손에 잡혀 있어 온 세계가 취하게 하는 금잔'이라고 한 이방 나라는? ① 앗수르 ② 바벨론 ③ 바사(=페르샤) ④ 헬라	② 바벨론(렘 51:7)
57. 여호와께서 예레미야에게 이르신 말씀을 받아서 두루마리 책에 기록한 사람은 누구인가? ① 요나답 ② 레갑 ③ 바룩 ④ 하바시냐	③ 바룩(렘 45:1)
58. 예레미야의 예언이 적힌 두루마리를 면도칼로 베어 불에 던져서 불태운 왕은? ① 아하스 ② 여호야긴 ③ 여호야김 ④ 시드기야	③ 여호야김(렘 36:23)
59. 여호와께서 말씀하시기를 여호와의 거룩함을 여러 나라의 목전에서 드러나게 하기 위하여, 그리고 이스라엘 백성이 여호와가 하나님 되심을 알게 하기 위하여 이스라엘 백성을 흩어진 여러 민족 가운데에서 모아 ( ) 곧 이스라엘 땅으로 돌아오게 하겠다고 하셨다.(겔 20장) 괄호 안에 들어갈 말은? ① 거룩한 땅 ② 가나안 땅 ③ 맹세한 땅 ④ 아름다운 땅	③ 맹세한 땅(겔 20:41-42)
60. 두로 왕을 가리켜 '너는 완전한 도장이었고 지혜가 충족하며 온전히 아름다웠도다 네가 옛적에 하나님의 동산 에덴에 있어서 각종 보석…으로 단장하였음이여'가 나오는 에스겔의 장은? ① 28장 ② 29장 ③ 30장 ④ 32장	① 28장(겔 28:12-13)
61. 다음 중 쇠똥으로 떡을 구워 먹은 예언자는? ① 요나 ② 호세아 ③ 예레미야 ④ 이사야	③ 예레미야(겔 4:15)
62. 선지자가 본 이상 또는 환상에 대한 내용이 가장 많이 들어 있는 책은? ① 호세아 ② 에스겔 ③ 예레미야 ④ 이사야	② 에스겔
63. 자기가 베푼 잔치 자리에서 사람의 손가락이 나타나서 벽에 글자 쓰는 것을 본 왕은? ① 느부갓네살 ② 벨사살 ③ 벨드사살 ④ 고레스	② 벨사살(단 5장)

64. 창세기 32장에서 야곱이 얍복 나루에서 밤새 씨름한 이야기가 나오는 호세 아서의 장은? ① 11장　　② 12장　　③ 13장　　④ 14장	② 12장(호 12:3-4)
65. '이스라엘 자손들아 여호와의 말씀을 들으라 여호와께서 이 땅 주민과 논쟁 하시나니 이 땅에는 진실도 없고 인애도 없고 하나님을 아는 지식도 없고'는 호 세아 몇 장 1절에 나오는가? ① 4장　　② 5장　　③ 6장　　④ 7장	① 4장
66. 제사장 집안에서 선지자가 된 사람은? ① 이사야와 예레미야　　② 예레미야와 에스겔 ③ 이사야와 에스겔　　④ 예레미야와 하박국	② 예레미야와 에스겔
67. '내가 은 (　　　) 개와 보리 한 호멜 반으로 나를 위하여 그를 사고'(호 3:2) 에 들어갈 말은? ① 열　　② 열다섯　　③ 스무　　④ 스물다섯	② 열다섯
68. 예언자 요엘은 누구의 아들인가? ① 브에리　　② 브두엘　　③ 아모스　　④ 스알디엘	② 브두엘(욜 1:1)
69. '주께서 혹시 마음과 뜻을 돌이키시고 그 뒤에 복을 내리사 너희 하나님 여 호와께 소제와 전제를 드리게 하지 아니하실는지 누가 알겠느냐'가 나오는 책 은? ① 호세아　　② 요엘　　③ 이사야　　④ 예레미야	② 요엘(욜 2:14)
70. '처녀 이스라엘이 엎드러졌음이여 다시 일어나지 못하리로다 자기 땅에 던지 움이여 일으킬 자 없으리로다'라는 탄식이 나오는 책은? ① 이사야　　② 예레미야　　③ 아모스　　④ 예레미야 애가	③ 아모스(암 5:2)
71. '메뚜기 재앙', '불', '다림줄', '여름 과일 한 광주리'에 대한 이상을 본 예언자 는? ① 에스겔　　② 다니엘　　③ 아모스　　④ 스가랴	③ 아모스(암 7-8장)
72. 다음 중 베들레헴에서 메시야가 태어나리라는 예언이 나오는 미가서의 장, 절은? ① 5:1　　② 5:2　　③ 6:1　　④ 6:2	② 5:2
73. '의인은 그의 믿음으로 말미암아 살리라'고 말한 예언자는? ① 학개　　② 하박국　　③ 스바냐　　④ 말라기	② 하박국(합 2:4)
74. 예언자 스바냐는 유다의 어느 왕 때 예언하였는가? ① 므낫세　　② 히스기야　　③ 요시야　　④ 시드기야	③ 요시야(습 1:1)
75. 더러운 옷을 입고 천사 앞에 서 있는 대제사장 여호수아를 환상 가운데서 본 예언자는? ① 스바냐　　② 요엘　　③ 학개　　④ 스가랴	④ 스가랴(슥 3:3)
76. '우리가 전한 것을 누가 믿었느냐 여호와의 팔이 누구에게 나타났느냐'가 나 오는 이사야서의 장은? ① 42장　　② 53장　　③ 55장　　④ 63장	② 53장(사 53:1)
77. 다음 중 이사야의 아들은? ① 로암미　　② 로루하마　　③ 마헬살랄하스바스　　④ 이스르엘	③ 마헬살랄하스바스(사 8:3)
78. 바벨론 왕이 예루살렘을 함락한 뒤에 유다의 총독으로 세운 그다랴를 암살 한 사람들이 달아난 곳은? ① 암몬　　② 애굽　　③ 모압　　④ 블레셋	① 암몬(렘 41:15)
79. 웅덩이에 들어간 지 여러 날 만에 예레미야를 이끌어내고 "여호와께로부터 받은 말씀이 있느냐"라고 비밀히 물어본 유다 왕은? ① 요시야　　② 여호야김　　③ 여호야긴　　④ 시드기야	④ 시드기야(렘 37:17)

80. "나는 인애를 원하고 제사를 원하지 아니하며 번제보다 하나님을 아는 것을 원하노라"고 말한 예언자는? ① 이사야 ② 미가 ③ 호세아 ④ 아모스	③ 호세아(호 6:6)
II. 다음 물음의 맞는 답을 주관식 O.M.R 답안지에 쓰시오. (1번~10번)	정 답
1. "기드온이 그들에게 이르되 내가 너희를 다스리지 아니하겠고 나의 아들도 너희를 다스리지 아니할 것이요 ( )께서 너희를 다스리시리라 하니라"에 들어갈 말은?	여호와(삿 8:23)
2. "다윗이 블레셋 사람에게 이르되 너는 칼과 창과 ( )으로 내게 나아오거니와 나는 만군의 여호와의 이름 곧 네가 모욕하는 이스라엘 군대의 하나님의 이름으로 네게 나아가노라"에 들어갈 말은?	단창(삼상 17:45)
3. 유다 왕 르호보암의 뒤를 이어 왕이 된 사람은?	아비얌(왕상 14:31) 또는 아비야(대하 12:16)
4. 패전의 위기 앞에서 자기의 맏아들을 번제로 드렸던 모압 왕의 이름은?	메사(왕하 3:27)
5. 유다의 마지막 왕은?	시드기야
6. "모든 것이 주께로 말미암았사오니 우리가 주의 손에서 받은 것으로 주께 드렸을 뿐이니이다"(대상 29:14)라고 여호와께 아뢴 왕은?	다윗
7. "이때에 네가 만일 잠잠하여 말이 없으면 유다인은 ( )로 말미암아 놓임과 구원을 얻으려니와 너와 네 아버지 집은 멸망하리라 네가 왕후의 자리를 얻은 것이 이때를 위함이 아닌지 누가 알겠느냐 하니"에 들어갈 말은?	다른 데
8. "사랑은 ( ) 같이 강하고 질투는 스올같이 잔인하며 불길같이 일어나니 그 기세가 여호와의 불과 같으니라"(아 8:6)에 들어갈 말은?	죽음
9. "소는 그 임자를 알고 나귀는 그 주인의 구유를 알건마는 이스라엘은 알지 못하고 ( )은 깨닫지 못하는도다 하셨도다"에 들어갈 말은?	나의 백성
10. "주 여호와께서 이와 같이 말씀하시되 이스라엘 중에서 천 명이 행군해 나가던 성읍에는 백 명만 남고 백 명이 행군해 나가던 성읍에는 열 명만 남으리라"고 말한 예언자는?	아모스
III. 다음 구절을 주관식 O.M.R 답안지에 쓰시오. (11번~15번)	정 답
11. 창세기 12장 1~3절	여호와께서 아브람에게 이르시되 너는 너의 고향과 아버지의 집을 떠나 내가 네게 보여 줄 땅으로 가라 …
12. 사사기 8장 23절	기드온이 그들에게 이르되 내가 너희를 다스리지 아니하겠고 나의 아들도 너희를 다스리지 아니할 것이요 여호와께서 너희를 다스리시리라 하시니라
13. 시편 51편 10절	하나님이여 내 속에 정한 마음을 창조하시고 내 안에 정직한 영을 새롭게 하소서
14. 이사야 61장 1~3절	주 여호와의 영이 내게 내리셨으니 이는 여호와께서 내게 기름을 부으사 가난한 자에게 아름다운 소식을 전하게 하려 하심이라 나를 보내사 마음이 상한 자를 고치며 포로 된 자에게 자유를, 갇힌 자에게 놓임을 선포하며, …
15. 나훔 1장 7절	여호와는 선하시며 환난 날에 산성이시라 그는 자기에게 피하는 자들을 아시느니

2004학년도 신학대학원 입학시험 문제 - 성경(신약)

I. 다음 물음의 맞는 답을 골라 그 번호를 객관식 O.M.R 답안지에 쓰시오. (1번~80번)	정 답
1. '사망에 이르는 죄'가 나오는 책, 장은? ① 요한일서 5장 ② 베드로전서 3장 ③ 야고보서 2장 ④ 베드로후서 1장	① 요한일서 5장(요일 5:16)
2. 요한계시록의 일곱 교회 중 '열면 닫을 사람이 없고 닫으면 열 사람이 없는 그'가 말씀하신 교회는? ① 버가모 교회 ② 사데 교회 ③ 빌라델비아 교회 ④ 라오디게아 교회	③ 빌라델비아 교회(계 3:7)
3. 다음 중 '에녹'의 이름이 나오는 책은? ① 베드로전서 ② 베드로후서 ③ 유다서 ④ 요한일서	③ 유다서(유 1:14)
4. 부활하신 예수께서 갈릴리에 나타나심을 언급하는 복음서는? ① 마태복음과 마가복음 ② 마태복음과 누가복음 ③ 마가복음과 누가복음 ④ 누가복음과 요한복음	① 마태복음과 마가복음 (마 28:7, 10, 16; 막 16:7)
5. 로마서 12장에 나오는 성령의 은사가 아닌 것은? ① 방언 ② 예언 ③ 구제 ④ 가르침	① 방언(롬 12:6-8)
6. '예루살렘'이라는 용어가 가장 많이 사용됨으로써 예루살렘의 중요성을 강조하는 복음서는? ① 마태복음 ② 마가복음 ③ 누가복음 ④ 요한복음	③ 누가복음
7. 마태복음 3장에서 세례 요한이 '독사의 자식들'이라고 비난한 사람들은? ① 바리새인 ② 사두개인 ③ 서기관 ④ 바리새인과 사두개인	④ 바리새인과 사두개인(마 3:7)
8. 사도행전에서 루스드라 사람들이 치유의 이적이 일어난 것을 보고 누구를 '제우스'라고 했는가? ① 베드로 ② 바울 ③ 바나바 ④ 빌립	③ 바나바(행 14:12)
9. 요한복음에서 세례 요한이 옥에 갇히기 전에 세례를 주던 곳은? ① 살렘 ② 벳새다 ③ 애논 ④ 베다니	③ 애논(요 3:23)
10. 마태복음에서 '세례 요한보다 큰 이'는 누구를 가리키는가? ① 모세 ② 아브라함 ③ 천국에서 극히 작은 자 ④ 엘리야	③ 천국에서 극히 작은 자 (마 11:11)
11. 하나님께서 십자가의 순종을 한 그리스도에게 모든 이름 위에 뛰어난 이름을 주셨다고 그리스도를 찬양하는 말씀이 나오는 빌립보서의 장은? ① 1장 ② 2장 ③ 3장 ④ 4장	② 2장(빌 2:6-11)
12. 이방인에 비교해 볼 때, 유대인의 나음 중 로마서 3중에 언급된 첫번째의 항목은 무엇인가? ① 하나님의 말씀을 맡았음 ② 할례를 받았음 ③ 구원을 받았음 ④ 선민이 되었음	① 하나님의 말씀을 맡았음(롬 3:1-2)
13. '보이는 것은 잠깐이요 보이지 않는 것은 영원함이라'가 나오는 책은? ① 로마서 ② 고린도전서 ③ 고린도후서 ④ 에베소서	③ 고린도후서(고후 4:18)
14. '망령되고 허탄한 신화를 버리고 ( )에 이르도록 네 자신을 연단하라'는 디모데전서의 말씀에서 괄호 안에 들어갈 말은? ① 믿음 ② 온전함 ③ 진리 ④ 경건	④ 경건(딤전 4:7)
15. 바울이 '온전한 자들 중에서 지혜'를 말씀하고 있는 고린도전서의 장은? ① 1장 ② 2장 ③ 3장 ④ 4장	② 2장(고전 2:6)
16. 다음 중 히브리서에서 그리스도에 대해 사용된 칭호는? ① 다윗의 아들 ② 대제사장 ③ 어린 양 ④ 알파와 오메가	② 대제사장(히 3:1-)
17. 요한계시록 16장의 주요 내용은? ① 일곱 나팔 ② 일곱 인 ③ 일곱 대접 ④ 일곱 교회	③ 일곱 대접

18. 히브리서 7장에서, 율법 후에 하나님이 주신 맹세의 말씀은 누구를 제사장으로 세웠는가? ① 아들　　② 성령　　③ 보혜사　　④ 성자	① 아들(히 7:28)
19. 요한계시록의 일곱 교회 중 책망 받음 없이 단지 칭찬만 받은 두 교회는? ① 서머나와 두아디라 교회　　② 에베소와 빌라델비아 교회 ③ 빌라델비아와 라오디게아 교회 ④ 서머나와 빌라델비아 교회	④ 서머나와 빌라델비아 교회
20. 히브리서에 의하면 우리의 대제사장이신 예수는 누구의 반차를 쫓았는가? ① 모세　　② 아론　　③ 멜기세덱　　④ 사가랴	③ 멜기세덱(히 5:6, 10, 6:20, 7:11, 17)
21. 마가복음 9장이 가르치는 교훈이 아닌 것은? ① 겸손　　② 형제 용서　　③ 관용　　④ 작은 자 실족 금지	② 형제 용서
22. 요한복음에서 '진리의 성령이 오실 때에 그가 나를 증언하실 것이요'가 나오는 장, 절은? ① 15:26　　② 14:26　　③ 16:13　　④ 17:12	① 15:26
23. 누가복음에서 '너희가 악할지라도 (　　) 자식에게 줄줄 알거든 하물며 너희 하늘 아버지께서 구하는 자에게 (　　) 주시지 않겠느냐'에 차례로 들어갈 말은? ① 좋은 것으로, 좋은 것을　　② 좋은 것으로, 성령을 ③ 좋은 것을, 좋은 것으로　　④ 좋은 것을, 성령을	④ 좋은 것을, 성령을(눅 11:13)
24. 다음 중 마가복음에서 예수께서 갈릴리에서 예루살렘으로 가시는 길에 행하신 일이 아닌 것은? ① 이혼에 대해 가르치심　　② 악한 포도원 농부 비유를 말씀하심 ③ 맹인 바디매오를 고치심　　④ 어린아이를 축복하심	② 악한 포도원 농부 비유를 말씀하심(막 12:1-12) ※① (막 10:1-12), ③ (막 10:46-52), ④ (막 10:13-16)
25. 에베소에서 마술을 행했던 사람들이 불사른 책값은 얼마인가? ① 금 오만　　② 금 삼만　　③ 은 오만　　④ 은 삼만	③ 은 오만(행 19:19)
26. '이단에 속한 사람을 한두 번 훈계한 후에 멀리하라'가 나오는 책은? ① 요한일서　　② 골로새서　　③ 디도서　　④ 유다서	③ 디도서(딛 3:10)
27. 마태복음에서 교회 생활에 관한 예수의 말씀이 특별히 수록된 장은? ① 12장　　② 14장　　③ 15장　　④ 18장	④ 18장
28. 요한복음에서 '그들을 진리로 거룩하게 하옵소서 아버지의 말씀은 진리니이다'가 나오는 장, 절은? ① 4:23　　② 14:15　　③ 8:36　　④ 17:17	④ 17:17
29. 마가복음에서 제일 먼저 나오는 이적은? ① 중풍병자를 고치심　　② 가버나움 회당의 귀신들린 자를 고치심 ③ 베드로의 장모를 고치심　　④ 나병환자를 고치심	② 가버나움 회당의 귀신들린 자를 고치심(막 1:21-28)
30. 사도행전에서 바울이 드로아에서 행한 설교가 나오는 장은? ① 14장　　② 21장　　③ 17장　　④ 20장	④ 20장
31. 한 장 전체를 아브라함의 믿음으로 기록한 로마서의 장은? ① 3장　　② 4장　　③ 5장　　④ 6장	② 4장
32. 바울이 고린도전서에서, 부활하신 예수 그리스도께서 누구에게 먼저 나타났다고 언급하는가? ① 게바　　② 열두 제자　　③ 야고보　　④ 오백여 형제	① 게바(고전 15:5)
33. '하나님의 뜻대로 하는 (　　)은 후회할 것이 없는 구원에 이르게 하는 (　　)를/을 이루는 것이요 세상 근심은 사망을 이루는 것이니라'는 고린도후서의 말씀에서 괄호 안에 차례로 들어갈 말은? ① 근심, 회개　　② 근심, 구원 ③ 고난 받음, 능력　　④ 고난 받음, 구원	① 근심, 회개(고후 7:10)
34. '나는 네가 순종할 것을 확신하므로 네게 썼노니 네가 내가 말한 것보다 더 (　　)할 줄을 아노라'는 빌레몬서의 말씀에서 괄호 안에 들어갈 말은? ① 행　　② 근심　　③ 역사　　④ 기뻐	① 행(몬 1:21)

35. 요한계시록에서 다음 중 '둘째 사망'에 참여하는 자가 아닌 사람은? ① 두려워하는 자들과 믿지 아니하는 자들 ② 흉악한 자들과 살인자들과 음행하는 자들 ③ 조는 자들과 잠자는 자들 ④ 점술가들과 우상 숭배자들과 거짓말하는 모든 자들	③ 조는 자들과 잠자는 자들(계 21:8)
36. 누가복음에서 죽었다가 다시 살아난 야이로의 딸의 나이는? ① 아홉 살　② 열 살　③ 열두 살　④ 열네 살	③ 열두 살(눅 8:42)
37. 요한복음에서 예수께서 십자가상에서 하신 마지막 말씀은? ① 아버지여 내 영혼을 아버지 손에 부탁하나이다 ② 다 이루었다 ③ 내가 목마르다 ④ 여자여 보소서 아들이니이다	② 다 이루었다(요 19:30) ※①(눅 23:46), ③(요 19:28), ④(요 19:26)
38. '그러나 성경이 모든 것을 (　　　) 아래에 가두었으니 이는 예수 그리스도 를 믿음으로 말미암는 약속을 믿는 자들에게 주려 함이라'는 갈라디아서의 말씀 에서 괄호 안에 들어갈 말은? ① 율법　② 심판　③ 형벌　④ 죄	④ 죄(갈 3:22)
39. '분을 내어도 죄를 짓지 말며 해가 지도록 분을 품지 말고'가 나오는 에베소 서의 장은? ① 1장　② 2장　③ 3장　④ 4장	④ 4장(엡 4:26)
40. 바울이 자기가 당한 고난을 자세하게 나열하면서 기록한 고린도후서의 장은? ① 8장　② 9장　③ 10장　④ 11장	④ 11장(고후 11:23-33)
41. 다음 중 예수의 동생 이름이 아닌 것은? ① 야고보　② 요셉　③ 시몬　④ 요한	④ 요한(마 13:55; 막 6:3)
42. 바울이 가이사랴에서 갇혀 있을 때 드루실라와 함께 바울을 보러 온 사람은? ① 루시아　② 베스도　③ 벨릭스　④ 아그립바	③ 벨릭스(행 24:24)
43. 로마서에서 바울이 아담과 그리스도를 비교한 장은? ① 4장　② 5장　③ 6장　④ 7장	② 5장(롬 5:12-21)
44. 고린도교회의 분파를 바울에게 알린 사람은? ① 글로에의 집 사람들　② 그리스보　③ 가이오　④ 스데바나	① 글로에의 집 사람들(고전 1:11)
45. 예수께서 광야에서 사탄에게 시험 받은 사실에 대해 각 복음서의 표현이 적 합한 것은? ① 마태복음과 누가복음 : 예수께서 성령에게 이끌리어 광야에서 마귀에게 시험 　을 받으셨다. ② 마태복음과 마가복음 : 성령이 예수를 광야로 몰아내셨다 ③ 마가복음과 누가복음 : 성령이 예수를 광야로 몰아내셨다 ④ 마태복음과 마가복음 : 예수께서 성령에게 이끌리어 광야에서 마귀에게 시험 　을 받으셨다	① 마태복음과 누가복음 : 예수께서 성령에게 이끌리어 광야에서 마귀에게 시험을 받으셨다(마 4:1; 눅 4:1-2). ※(막 1:12)
46. 겟세마네 동산에서의 예수의 고뇌가 기록되어 있지 않은 복음서는? ① 마태복음　② 마가복음　③ 누가복음　④ 요한복음	④ 요한복음
47. 다음 중 누가복음에만 나오는 비유는? ① 진주 비유　② 겨자씨 비유　③ 무화과 비유　④ 바리새인과 세리 비유	④ 바리새인과 세리 비유(눅 18:9-14)
48. '그리스도 예수 안에서는 할례나 무할례나 효력이 없으되 (　　　)로써/으로 써 역사하는 믿음뿐이니라'는 갈라디아서의 말씀에서 괄호 안에 들어갈 말은? ① 자유　② 소망　③ 인내　④ 사랑	④ 사랑(갈 5:6)
49. 예수께서 예루살렘으로 가실 때 그에게 높은 자리를 특별히 구한 제자의 이 름을 밝힌 복음서는? ① 마태복음　② 마가복음　③ 누가복음　④ 요한복음	② 마가복음(막 10:35)

50. 복음서에 나오는 여자의 이름이 아닌 것은? ① 수산나　② 요안나　③ 살로메　④ 유니게	④ 유니게(딤후 1:5) ※(눅 8:3; 막 15:40, 16:1)
51. 고린도전서에서 바울 사도가 자신이 복음의 사역을 함으로써 먹고 마실 권리가 있음을 말하는 장은? ① 7장　② 8장　③ 9장　④ 10장	③ 9장(고전 9:4)
52. 아내와 남편, 자녀와 부모, 종과 상전에 관한 권면이 나오는 서신은? ① 에베소서와 골로새서　② 갈라디아서와 에베소서 ③ 빌립보서와 골로새서　④ 에베소서와 빌립보서	① 에베소서와 골로새서 (엡 5:22-6:9; 골 3:18-4:1)
53. '본디오 빌라도'가 나오는 서신은? ① 디모데전서　② 디모데후서　③ 디도서　④ 베드로전서	① 디모데전서(딤전 6:13)
54. 사도행전에서 예루살렘 교회가 안디옥 소문을 듣고 그곳 지도자로 누구를 파송했는가? ① 베드로　② 바울　③ 바나바　④ 빌립	③ 바나바(행 11:22)
55. 예수께서 가나의 혼인 잔치에서 물을 포도주로 바꾸신 돌 항아리는 모두 몇 개인가? ① 한 개　② 세 개　③ 여섯 개　④ 일곱 개	③ 여섯 개(요 2:6)
56. '내가 너희 보기를 간절히 원하는 것은 어떤 신령한 은사를 너희에게 나누어 주어 너희를 견고하게 하려 함이니'가 나오는 바울 서신은? ① 로마서　② 고린도전서　③ 고린도후서　④ 갈라디아서	① 로마서(롬 1:11)
57. '또 너희는 많은 환난 가운데서 (　　)의 기쁨으로 말씀을 받아 우리와 주를 본받은 자가 되었으니'라는 데살로니가전서의 말씀에서 괄호 안에 들어갈 말은? ① 은혜　② 신앙　③ 성령　④ 주님	③ 성령(살전 1:6)
58. 디모데전서와 디모데후서의 장 수를 차례대로 말한 것은? ① 5장과 4장　② 5장과 5장　③ 6장과 4장　④ 6장과 5장	③ 6장과 4장
59. 옛 언약과 새 언약의 대비가 나오는 히브리서의 장은? ① 5장　② 6장　③ 7장　④ 8장	④ 8장
60. '깨어 믿음에 굳게 서서 남자답게 강건하라'가 나오는 책은? ① 고린도전서　② 고린도후서　③ 베드로전서　④ 데살로니가전서	① 고린도전서(고전 16:13)
61. 마태복음과 마가복음, 그리고 누가복음에 의하면 예수의 예루살렘 입성 전에 행하신 마지막 이적은? ① 귀신들린 아이를 고치심 ② 여리고의 눈먼 사람을 고치심 ③ 떡 다섯 개와 물고기 두 마리로 오천 명을 먹이심 ④ 귀먹고 어눌한 사람을 고치심	② 여리고의 눈먼 사람을 고치심(마 20:29-34; 막 10:46-52; 눅 18:35-43)
62. '피차 사랑의 빚 외에는 아무에게든지 아무 빚도 지지 말라'가 나오는 로마서의 장은? ① 12장　② 13장　③ 14장　④ 15장	② 13장(롬 13:8)
63. '하나님의 계명과 사람의 전통'을 다루는 마가복음의 장은? ① 6장　② 7장　③ 8장　④ 9장	② 7장(막 7:8)
64. 누가복음에서 예수의 비유들이 모여 있는 장은? ① 5장　② 10장　③ 15장　④ 20장	③ 15장
65. 사도행전 21장에서 바울과 함께 가이사랴에서 예루살렘으로 올라간 구브로 사람의 이름은? ① 유두고　② 나손　③ 실라　④ 아볼로	② 나손(행 21:16)
66. '이 모든 것 위에 사랑을 더하라 이는 온전하게 매는 띠니라'가 나오는 골로새서의 장은? ① 1장　② 2장　③ 3장　④ 4장	③ 3장(골 3:14)

67. 고린도후서에서 바울이 연보에 대해 언급하는 장은? ① 5~6장　　② 6~7장　　③ 7~8장　　④ 8~9장	④ 8~9장
68. 빌립보 교회가 누구를 통해서 바울을 위해 쓸 것을 보내 주었는가? ① 에바브라　　② 디도　　③ 에바브라디도　　④ 디모데	③ 에바브라디도(빌 4:18)
69. 예수께서 서기관들과 바리새인들에 대하여 하신 비난이 가장 길게 기록된 복음서는? ① 마태복음　　② 마가복음　　③ 누가복음　　④ 요한복음	① 마태복음(마 23:13, 15, 16, 23, 25, 27, 29)
70. 예수께서 운명하셨을 때 사람들이 가슴을 쳤다는 것을 기록한 복음서는? ① 마태복음　　② 마가복음　　③ 누가복음　　④ 요한복음	③ 누가복음(눅 23:48)
71. 갈라디아서에서 바울이 '그리스도의 법'을 언급한 장, 절은? ① 1:10　　② 6:2　　③ 5:13　　④ 3:9	② 6:2
72. 요한복음에서 예수께서 베데스다에서 고치신 병자는 몇 년 된 병자였으며 언제 고치셨는가? ① 서른여덟 해, 안식일에　　② 날 때부터, 안식년에 ③ 서른여덟 해, 예비일에　　④ 날 때부터, 예비일에	① 서른여덟 해, 안식일에(요 5:5, 9)
73. 사도행전에서 안디옥 교회의 교사나 선지자가 아닌 사람은? ① 바나바　　② 바울　　③ 루기오　　④ 브로고로	④ 브로고로(행 13:1) ※(행 6:5)
74. 예수께서 세례를 받으실 때 기도하셨다는 기록은 어느 복음서에 나오는가? ① 마태복음　　② 마가복음　　③ 누가복음　　④ 요한복음	③ 누가복음(눅 3:21)
75. 종말에 관한 설교가 나오는 누가복음의 장은? ① 19장　　② 20장　　③ 21장　　④ 22장	③ 21장
76. '낮은 형제는 자기의 높음을 자랑하고'가 나오는 책, 장은? ① 요한일서 2장　　② 베드로후서 2장　　③ 베드로전서 1장　　④ 야고보서 1장	④ 야고보서 1장(약 1:9)
77. '증언하는 이가 셋이니 성령과 물과 피라 또한 이 셋은 합하여 하나이니라'가 나오는 책, 장은? ① 요한일서 3장　　② 요한일서 5장　　③ 베드로전서 1장　　④ 베드로후서 1장	② 요한일서 5장(요일 5:7-8)
78. '하늘로부터 오는 우리 처소로 덧입기를 간절히 사모하노라'가 나오는 고린도후서의 장, 절은? ① 4:6　　② 5:2　　③ 6:10　　④ 7:6	② 5:2
79. 요한계시록에서 '일곱째 천사의 나팔'에 대한 내용이 나오는 장은? ① 8장　　② 9장　　③ 10장　　④ 11장	④ 11장(계 11:15)
80. '갓난아기들같이 순전하고 신령한 젖을 사모하라 이는 그로 말미암아 너희로 구원에 이르도록 자라게 하려 함이라'가 나오는 서신은? ① 야고보서　　② 베드로전서　　③ 히브리서　　④ 빌립보서	② 베드로전서(벧전 2:2)
II. 다음 물음의 맞는 답을 주관식 O.M.R 답안지에 쓰시오.(1번~10번)	정　답
1. '출교'라는 말이 나오는 복음서는?	요한복음(9:22, 12:42, 16:2)
2. 그리스도인이 됨을 하나님께서 그분의 영광을 아는 빛을 우리 마음에 비추신 것으로 설명하는 서신은?	고린도후서(4:6)
3. 사도행전에서 청년 사울의 이름이 처음 나오는 장은?	7장(:58)
4. '이제는 율법 외에 하나님의 한 의가 나타났으니 율법과 (　　　)에게 증거를 받은 것이라'에 들어갈 말은?	선지자들(롬 3:21)
5. 에베소서에서 성령의 은사를 나열한 장은?	4장(:11)

6. '볼지어다 내가 세상 ( ) 너희와 항상 함께 있으리라'는 말씀에서 괄호 안에 들어갈 말은?	끝날까지
7. '그는 보이지 아니하시는 하나님의 ( )이시요 모든 ( )보다 먼저 나신 자니'에 차례로 들어갈 말은?	형상 / 창조물
8. 사도행전 1장에서 사도를 뽑는 제비뽑기에서 탈락한 사람의 이름은?	요셉
9. '구하라 그러면 너희에게 주실 것이요 찾으라 그러면 (.) 문을 두드리라 그러면 너희에게 열릴 것이니'에 들어갈 말은?	찾을 것이요
10. '또 내가 새 하늘과 새 땅을 보니 처음 하늘과 처음 땅이 없어졌고 ( )도 다시 있지 않더라'에 들어갈 말은?	바다
III. 다음 구절을 주관식 O.M.R 답안지에 쓰시오.(11번~15번)	
11. 마가복음 10장 45절	인자의 온 것은 섬김을 받으려 함이 아니라 도리어 섬기려 하고 자기 목숨을 많은 사람의 대속물로 주려 함이니라
12. 요한복음 8장 32절	진리로 알지니 진리가 너희를 자유롭게 하리라
13. 사도행전 4장 12절	다른 이로써는 구원을 받을 수 없나니 천하 사람 중에 구원을 받을 만한 다른 이름을 우리에게 주신 일이 없음이라 하였더라
14. 야고보서 1장 15절	욕심이 잉태한즉 죄를 낳고 죄가 장성한즉 사망을 낳느니라
15. 로마서 4장 25절	예수는 우리가 범죄한 것 때문에 내줌이 되고 또한 우리를 의롭다 하시기 위하여 살아나셨느니라